Oliver Ruß

Hedging-Verhalten deutscher Unternehmen

GABLER EDITION WISSENSCHAFT

Oliver Ruß

Hedging-Verhalten deutscher Unternehmen

Empirische Analyse der ökonomischen Bestimmungsfaktoren

Mit einem Geleitwort von Prof. Dr. Günther Gebhardt

Springer Fachmedien Wiesbaden GmbH

Bibliografische Information Der Deutschen Bibliothek
Die Deutsche Bibliothek verzeichnet diese Publikation in der Deutschen Nationalbibliografie; detaillierte bibliografische Daten sind im Internet über <http://dnb.ddb.de> abrufbar.

Dissertation Universität Frankfurt/Main, 2002

1. Auflage November 2002

Ursprünglich erschienen bei Deutscher Universitäts-Verlag GmbH, Wiesbaden, 2002.

Lektorat: Brigitte Siegel / Nicole Schweitzer
www.duv.de

Umschlaggestaltung: Regine Zimmer, Dipl.-Designerin, Frankfurt/Main

Gedruckt auf säurefreiem und chlorfrei gebleichtem Papier

ISBN 978-3-8244-7687-9 ISBN 978-3-322-89662-9 (eBook)
DOI 10.1007/978-3-322-89662-9

Geleitwort

Die Frage, ob ein aktives Risikomanagement auf Unternehmensebene erfolgen oder ob man dies nicht den Anteilseignern überlassen sollte, ist in der finanzwirtschaftlichen Theorie mit neoklassischen und institutionenökonomischen Ansätzen vertieft analysiert worden. Erst in den Neunziger Jahren sind diese Erklärungsansätze zunächst mit Daten zur Praxis des Risikomanagements amerikanischer Unternehmen auch empirisch untersucht worden. Die Arbeit von Oliver Ruß schafft hier den Anschluss an die internationale Literatur, indem er einen an meinem Lehrstuhl unter seiner aktiven Mitwirkung geschaffenen Datensatz zur Praxis des Risikomanagements bei deutschen Unternehmen problemorientiert auswertet. Dabei konzentriert er sich auf das für deutsche Unternehmen besonders wichtige Währungsmanagement unter dem Einsatz von derivativen Instrumenten.

Der eigene Untersuchungsaufbau wird aus einer umfassenden und sorgfältigen Analyse der theoretischen Literatur sowie der vorliegenden empirischen Arbeiten entwickelt und berücksichtigt gezielt die institutionellen Besonderheiten des deutschen Umfeldes, die auch wesentlich seine sehr interessanten und zum Teil überraschenden empirischen Befunde prägen. So stellt Oliver Ruß die Bedeutung der Anteilseignerstruktur fest, beobachtet bei den in Deutschland häufigen Familienunternehmen jedoch – entgegen den Prognosen der gängigen Theorieansätze – ein weniger ausgeprägtes Währungsrisikomanagement. Als besonders wichtige Erklärungsfaktoren erweisen sich Managermotive, die in den bislang vorliegenden amerikanischen Arbeiten noch nicht in dieser Tiefe analysiert wurden. Der in den amerikanischen Studien besonders erfolgreiche Erklärungsansatz von Froot/ Scharfstein (1993) bewährt sich im deutschen Umfeld nicht in gleicher Weise.

Oliver Ruß hat mit dieser Arbeit einen wichtigen Beitrag zu den Bestimmungsgründen des Risikomanagementverhaltens deutscher Unternehmen geliefert und zugleich die Bedingtheit der Ergebnisse aus den Studien am amerikanischen Markt aufgezeigt. Es gelingt ihm, den Anschluss an eine aktuelle internationale Literaturdiskussion zu erreichen und diese um interessante Ergebnisse für den deutschen Bereich mit unterschiedlichen institutionellen Gegebenheiten zu bereichern. Ich wünsche dieser für die Theorie und Praxis des Risikomanagements wichtigen Arbeit die wohl verdiente Aufmerksamkeit.

Prof. Dr. Günther Gebhardt

Vorwort

Die vorliegende Arbeit ist am Fachbereich Wirtschaftswissenschaften der Johann Wolfgang Goethe-Universität, Frankfurt im Januar 2002 als Dissertation angenommen worden. Sie entstand während meiner Tätigkeit als wissenschaftlicher Mitarbeiter an der Professur für Betriebswirtschaftslehre, insbesondere Wirtschaftsprüfung an der Universität Frankfurt sowie eines anschließenden Promotionsstipendiums des Landes Hessen.

Das Gelingen der Dissertation wäre ohne die Unterstützung verschiedener Personen nicht möglich gewesen. Ganz besonders möchte ich mich bei meinem Doktorvater Herrn Professor Dr. Günther Gebhardt bedanken. Stets hat er die Entwicklung der Arbeit mit großer Aufmerksamkeit begleitet und gefördert. In bester Erinnerung bleiben mir dabei neben den interessanten fachlichen Diskussionen auch die zahlreichen persönlichen Gespräche. Herrn Professor Dr. Christian Schlag möchte ich für die unkomplizierte Übernahme des Zweitgutachtens meinen Dank aussprechen.

Außerdem möchte ich mich für die Anregungen und die Unterstützungen meiner Kolleginnen und Kollegen am Lehrstuhl bedanken. Nennen möchte ich hier Dipl.-Kffr. Silke Blaschke, Dipl.-Kfm. Holger Daske, Dipl.-Kfm. Christian Gaber, Dr. Stefan Heiden, Dr. Karin Mayer und ganz besonders Dr. Frank Schwenold.

Ein besonderes Wort des Dankes möchte ich an meine langjährige Freundin Dipl.-Kffr. Anja Fröhlich richten. Sie unterstütze mich bei den redaktionellen Arbeiten und dem Korrekturlesen in einem weit über das Übliche hinausgehenden Maße. Vor allem aber möchte ich mich bei ihr für die moralische Unterstützung, die Geduld und die Liebe bedanken.

Besonderen Dank schulde ich meinen Eltern, die mich während meiner gesamten Ausbildungszeit fortdauernd und in jeglicher Hinsicht unterstützten. Meinen Eltern widme ich diese Arbeit.

Oliver Ruß

Inhaltsverzeichnis

Abbildungs- und Tabellenverzeichnis

Abkürzungsverzeichnis

Abb.	Abbildung
Abs.	Absatz
abzgl.	Abzüglich
AG	Aktiengesellschaft
AktG	Aktiengesetz
APT	Arbitrage Pricing Theory
arith.	arithmetisch
Aufl.	Auflage
ausländ.	ausländisch
Bspw.	beispielsweise
bzw.	beziehungsweise
CAPM	Capital Asset Pricing Model
CEO	Chief Executive Officer
CFO	Chief Financial Officer
d.h.	das heißt
Diss.	Dissertation
DM	Deutsche Mark
EBIT	Earnings before Interest and Tax
EBITD	Earnings before Interest, Tax and Depreciation
EU	Europäische Union
F&E	Forschungs- und Entwicklungskosten
f.	Folgend
FASB	Financial Accounting Standards Bord
FAZ	Frankfurter Allgemeine Zeitung
FX	Wechselkurs
GmbH	Gesellschaft mit beschränkter Haftung
HGB	Handelsgesetzbuch
Hrsg.	Herausgeber
hrsg.	herausgegeben
IAS	International Accounting Standards
IASC	International Accounting Standards Committee
IDW	Institut der Wirtschaftsprüfer
inländ.	inländisch
KG	Kommanditgesellschaft
KGaA	Kommanditgesellschaft auf Aktien

kurzf.	kurzfristig
langf.	langfristig
Max.	Maximum
Min.	Minimum
Mio.	Millionen
Mrd.	Milliarden
N	Umfang der Teilgruppe
n.s.	nicht signifikant
NACE	Offizieller Branchenindex der Europäischen Gemeinschaft
No.	Nummer
Nr.	Nummer
o.	oder
OLS	Ordinary Least Square
OTC	over the counter
PublG	Publizitätsgesetz
P-Value	Probability Value
Rn.	Randnummer
S&P	Standard & Poor's
S.	Seite
SFAS	Statement of Financial Accounting Standards
SIC	Standard Industrial Classification
Sig.	Signifikanzniveau
Std. abw.	Standardabweichung
Tab.	Tabelle
Tz.	Textziffer
u.a.	und andere
Univ.	Universität
USA	United States of America
V&V	Verkaufs- und Verwaltungskosten
Verbl.	Verbindlichkeiten
vgl.	vergleiche
Vol.	Volume
vs.	versus
z.B.	zum Beispiel
zugl.	zugleich

Symbolverzeichnis

β_0	Regressionskonstante
β_k	Logit-Koeffizient
χ^2	Chi-Quadrat-Prüfgröße
$\varnothing$	Durchschnittswert
μ	arithmetisches Mittel
σ	Standardabweichung
v	Freiheitsgrade
a	Außenfinanzierungsvolumen
C	zusätzliche Kosten der Außenfinanzierung
$\hat{C}$	Hosmer-Lemeshow-Teststatistik
e	Eulerische Zahl
E_0	Erwartungswert
h_i^0	beobachtete absolute Häufigkeit
h_i^e	erwartete absolute Häufigkeit
H_0	Nullhypothese
i	Laufindex für Unternehmen
I	Investitionsauszahlungen
j	Laufindex für Gruppen
k	Laufindex für Kennzahlen
NPV	Kapitalwert
P_i	Hedging-Wahrscheinlichkeit
R	Rangsumme
R^2	Bestimmtheitsmaß
t	Zeitpunkt
w	intern erwirtschafteter Cashflow
w^2	Wald-Teststatistik
wk_n	Wechselkurs der n-ten Währung
x	Unternehmenskennzahl
Y_i	Realisierung der abhängigen Variablen
Z	Prüfstatistik des Mann-Whitney-U-Test

1 Einleitung

1.1 Problemstellung

International tätige Unternehmen sehen sich seit dem Zusammenbruch des Bretton-Woods-Systems Anfang der siebziger Jahre ausgeprägten Wechselkursschwankungen ausgesetzt. Diese Wechselkursschwankungen bedeuten für international tätige Konzerne erhebliche Risikopotenziale.[1] Die zeitweise starken Aufwertungen der DM gegenüber dem US-Dollar und anderen Währungen hatten die internationale Wettbewerbsposition deutscher Unternehmen deutlich beeinträchtigt und zu erheblichen Umsatzeinbußen geführt.

Die Unternehmen reagieren auf dieses Risikopotenzial sowohl mit realwirtschaftlichen Hedging-Maßnahmen – wie z.B. dem Aufbau von Produktionsstätten in den entsprechenden Auslandsmärkten – als auch mit dem Einsatz von Finanzinstrumenten. Von den Finanzinstituten wird mittlerweile ein umfangreiches Angebot an Instrumenten zur Übertragung von Marktpreisrisiken zur Verfügung gestellt. Die Märkte für derivative Instrumente – wie Termingeschäfte, Optionen, Swaps und innovative Kombinationen dieser Grundformen – sind seit Anfang der achtziger Jahre exponentiell gewachsen.[2]

Der Einsatz derivativer Instrumente birgt aber erhebliche Risiken. Großes Aufsehen erregten die spektakulären Fälle Procter&Gamble und Metallgesellschaft, wobei bei letzterem sogar der Fortbestand des Unternehmens ungewiss war und nur durch die massive finanzielle Unterstützung des Großaktionärs Deutsche Bank ein drohender Konkurs abgewendet werden konnte.[3]

Auf dem Forschungsgebiet der finanzwirtschaftlichen Bewertung einzelner derivativer Instrumente wurden in den vergangenen 25 Jahren erhebliche theoretische Fortschritte erzielt, die auch schnell von der Praxis adaptiert wurden. Auch gab es in den letzten Jahren erhebliche Erkenntnisgewinne auf dem Gebiet des Risikomanagements von Banken. Über die ökonomischen Bestimmungsfaktoren des Einsatzes von Währungsderivaten bei Handels-, Dienstleistungs- und Industrieunternehmen ist dagegen erstaunlicherweise relativ wenig bekannt. Dieses Forschungsdefizit gilt insbesondere für die Hedging-Motive deutscher Unternehmen.

---

1 Vgl. z.B. Gebhardt/ Mansch (2001), S. 1f. und Eiteman/Stonehill/Moffett (2001), S. 151.

2 Von 1986 bis 1996 verdreißigfachte sich das Volumen des Marktes für Derivate. Vgl. Bartram (1999a), S. 71.

3 Für einen Überblick über Derivate-Desaster vgl. Po (1997), S. 41–55. Für den Fall der Metallgesellschaft vgl. Geschäftsbericht Metallgesellschaft 1993/94, S. 8f. und S. 14f. sowie z.B. Culp/Miller (1995) oder Spremann/Herbeck (1997).

Wechselkursschwankungen beeinflussen die zukünftigen Zahlungsströme und somit den Unternehmenswert. Allerdings ist die Wechselkursabhängigkeit der Zahlungsströme und des Unternehmenswertes noch keine hinreichende Bedingung für eine Relevanz eines Währungsmanagements auf Unternehmensebene. Vielmehr ist ausgehend von der Unternehmenszielsetzung einer Marktwertmaximierung zu hinterfragen, inwieweit eine Reduzierung des Wechselkursrisikos zu einer Erhöhung des Unternehmenswertes führt.

Die Diskussion der ökonomischen Relevanz der Hedging-Entscheidung ist verglichen mit anderen finanzierungstheoretischen Fragestellungen – wie bspw. der optimalen Kapitalstruktur oder Dividendenpolitik – relativ jung. Die ersten theoretischen Arbeiten zur Relevanz eines unternehmerischen Hedging datieren Mitte der achtziger Jahre.[4]

Unter den idealisierenden Annahmen eines vollkommenen Kapitalmarkts kann für die Hedging-Entscheidung, wie für sämtliche Finanzierungsentscheidungen, ein Irrelevanz-Theorem abgeleitet werden.[5] Erst durch die Aufhebung der restriktiven Annahmen eines vollkommenen Kapitalmarkts und durch die explizite Berücksichtigung von Marktunvollkommenheiten kann eine ökonomische Relevanz der Hedging-Entscheidung gezeigt werden.

Die ökonomischen Erklärungsansätze können in zwei – nicht überschneidungsfreie – Gruppen unterteilt werden. In den frühen Beiträgen wurde eine Relevanz aus Marktunvollkommenheiten wie Transaktionskosten, Marktzugangsbeschränkungen, Steuern und Insolvenzkosten abgeleitet.[6] Die späteren Beiträge sind zunehmend informationsökonomisch geprägt und beschäftigen sich mit der Wirkung eines Währungsmanagements als Mechanismus zur Reduzierung von Agency-Kosten.[7] Grundlage der Argumentation bildet dabei die finanzielle Agency-Theorie, die ein Unternehmen als ein Nexus von Vertragsbeziehungen auffasst und sich mit der optimalen Ausgestaltung der Finanzierungsbeziehungen zwischen den am Unternehmen beteiligten Interessengruppen beschäftigt.

Der wichtigste Beitrag der jüngeren Literatur ist der Ansatz von Froot/ Scharfstein/ Stein (1993), der den derzeit umfassendsten und geschlossensten Erklärungsansatz darstellt. Entgegen dem Idealbild eines vollkommenen Kapitalmarkts werden – begründet durch konkurskosteninduzierte Agency-Probleme und Informationsasymmetrien – höhere Kosten der Außenfinanzierung unterstellt. In diesem Fall kann ein wechselkursbedingter Rückgang der operativen Cashflows zu einer Unterinvestitionssituation führen. Durch ein Hedging kann

[4] Zu nennen sind hier insbesondere die Beiträge von Dufey/Srinivasulu (1983) und Smith/Stulz (1985).

[5] Vgl. Froot/Scharfstein/Stein (1994), S. 91; Pritsch/Hommel (1997), S. 673.

[6] Vgl. z.B. Smith/Stulz (1985); Shapiro/Titman (1986), S. 216 oder Smith/Smithson/ Wilford (1990).

[7] Vgl. Bessembinder (1991); DeMarzo/Duffie (1991); Dobson/Soenen (1993); Froot/ Scharfstein/Stein (1993); DeMarzo/Duffie (1995) Breeden/Viswanathan (1998).

die Innenfinanzierungskraft sichergestellt und eine solche Unterinvestitionssituation vermieden werden.

Erstmalig wurde der empirische Gehalt der ökonomischen Hedging-Theorie von Nance/Smith/Smithson (1993) untersucht. Dabei wurden ausgehend von der Hedging-Theorie Unternehmenscharakteristika identifiziert, die mit hoher Wahrscheinlichkeit einen Derivateeinsatz erwarten lassen, und Hypothesen über die Einflussrichtung postuliert. Im Rahmen von multivariaten Logit-Analysen erfolgte eine Überprüfung der Hypothesen. Die nachfolgenden empirischen Studien folgten zumeist diesem Grundaufbau.[8]

In der Mehrzahl dieser Studien erwiesen sich größenbedingte Kostenvorteile als eine wesentliche Determinante der Hedging-Entscheidung. Überdies werden die Befunde zumeist als konsistent mit den informationsökonomischen Überlegungen und dem Erklärungsansatz von Froot/Scharfstein/Stein (1993) eingeschätzt. Unternehmen mit umfangreichen Investitionsopportunitäten, hoher Verschuldung und geringen Liquiditätsbeständen verwenden weit häufiger Derivate. Allerdings vermitteln die bisherigen empirischen Ergebnisse kein klares abschließendes Bild.

Zielsetzung der Arbeit ist die Untersuchung, inwieweit die theoretischen Erklärungsansätze die unterschiedliche Praxis des Risikomanagements deutscher Unternehmen erklären können. Dazu sind zuerst die theoretischen Erklärungsansätze für ein Währungsmanagement auf Unternehmensebene aufzuarbeiten. Aufgrund der deutlich unterschiedlichen institutionellen Rahmenbedingungen zwischen Deutschland und USA ist hier eine Übertragbarkeit der vorwiegend amerikanischen Beiträge zu diskutieren. Des Weiteren werden die vorliegenden empirischen Befunde ausführlich dargestellt und kritisch diskutiert. Eine solche studienübergreifende Aufarbeitung und Diskussion der vorliegenden Befunde ist bisher noch nicht vorgelegt worden.

In einer empirischen Analyse wird das Hedging-Verhalten deutscher Unternehmen untersucht. Dabei sollen die dem Hedging-Verhalten zugrunde liegenden ökonomischen Erklärungsfaktoren identifiziert bzw. die theoretischen Erklärungsansätze für ein unternehmerisches Hedging überprüft werden. Da sich die bisherigen empirischen Studien fast ausschließlich mit amerikanischen Unternehmen beschäftigen, erscheinen die Befunde für deutsche Unternehmen von besonderem Interesse. Durch Vergleich der deutschen mit den amerikanischen Befunden vor dem Hintergrund der unterschiedlichen institutionellen Rahmenbedingungen lassen sich weitere Rückschlüsse über den Erklärungsgehalt der verschiedenen Theorieansätze gewinnen.

---

[8] Vgl. Francis/Stephan (1993); Dolde (1995); Mian (1996); Berkman/Bradbury (1996); Tufano (1996); Géczy/Minton/Schrand (1997); Adam (1997), Goldberg/Godwin/Kim/Tritschler (1998); Gay/Nam (1998), Howton/Perfect (1998a;1998b); Allayannis/Ofek (1998); Wysocki (1998); Guay (1999); Graham/Rogers (1999); Haushalter (2000) und Knopf/Nam/Thornton (2000).

1.2 Gang der Untersuchung

Die theoretischen Grundlagen eines Währungsderivateeinsatzes von Nichtfinanzunternehmen werden in Kapitel 2 dargelegt. In Abschnitt 2.1 werden die verschiedenen Exposure-Konzepte vorgestellt und aufgezeigt, inwieweit Unternehmen einem Wechselkursrisiko ausgesetzt sind. Abschnitt 2.2 beschäftigt sich mit den theoretischen Erklärungsansätzen für ein Währungsmanagement auf Unternehmensebene. Ziel ist eine Aufarbeitung, Systematisierung und kritische Reflexion der Literaturbeiträge. Auch soll die Übertragbarkeit der vorwiegend aus dem amerikanischen Raum stammenden Literaturbeiträge auf das institutionelle Umfeld in Deutschland hinterfragt werden.

In Abschnitt 2.2.1 wird die Frage der ökonomischen Relevanz eines unternehmerischen Hedging bei vollkommenem Kapitalmarkt untersucht und ein Irrelevanz-Theorem abgeleitet. Darauf aufbauend analysiert Abschnitt 2.2.2 die Implikationen von real existierenden Marktunvollkommenheiten auf die Relevanz der Hedging-Entscheidung. Zunächst wird die Bedeutung von Transaktionskosten, Steuern und Konkurskosten für die Hedging-Entscheidung untersucht. Nachfolgend werden Informationsasymmetrien und Interessengegensätze berücksichtigt und die Hedging-Entscheidung aus einer informationsökonomischen Perspektive diskutiert. Zudem werden in Abschnitt 2.2.2 Implikationen für die empirische Untersuchung herausgearbeitet.

Kapitel 3 beschäftigt sich mit den empirischen Befunden zum Wechselkursrisiko und Hedging. Der umfangreiche Abschnitt 3.1 beinhaltet eine Aufarbeitung und kritische Diskussion der vorliegenden Studien zur ökonomischen Theorie eines unternehmerischen Hedging. Die Ausführungen beschränken sich dabei nicht auf die Herausarbeitung der wesentlichen Ergebnisse, sondern gehen detailliert auf die Auswertungskonzeptionen ein. Die methodische Vorgehensweise und die Operationalisierung der theoretischen Erklärungsansätze werden ausführlich erläutert und kritisch diskutiert.

Abschnitt 3.2 beinhaltet darüber hinaus einen ergebnisorientierten Überblick über angrenzende empirische Forschungsrichtungen. Die Ergebnisse der Kapitalmarktstudien zum Währungs-Exposure und zum Einfluss der Exposure-Höhe auf die Kapitalkosten werden dargestellt. Auch die Studien zum Zusammenhang zwischen Derivateeinsatz und Unternehmensrisiko werden vorgestellt. Zudem werden die Ergebnisse der Studien zu den empirischen Bestimmungsgründen des Einsatzes von Zins-Swaps wiedergegeben. Eine Auseinandersetzung mit diesen angrenzenden empirischen Forschungsarbeiten erscheint für das Gesamtverständnis der Bestimmungsgründe eines Währungsderivateeinsatzes unerlässlich. Abschnitt 3.3 diskutiert abschließend studienübergreifend die empirischen Befunde und zeigt den derzeitigen Stand der Forschung.

Gegenstand von Kapitel 4 ist eine eigene empirische Untersuchung der Bestimmungsgründe des Hedging-Verhaltens deutscher Unternehmen. Die Informationen über das Hedging-Verhalten wurden mittels einer Fragebogenaktion gewonnen. Abschnitt 4.1 erläutert die Fragebogenkonzeption und beinhaltet eine Beschreibung des Unternehmenssamples. Daneben wird auf die verwendeten Anteilseigner- und Jahresabschlussdaten eingegangen sowie die vorgenommenen Bilanzbereinigungen erläutert. In Abschnitt 4.2 werden die verwendeten Kennzahlen dargestellt und Hypothesen über die Einflussrichtung aufgestellt. Außerdem werden alternative Möglichkeiten der Kennzahlenbildung und Probleme der Operationalisierung diskutiert.

In einem ersten Untersuchungsschritt werden in Abschnitt 4.3 im Rahmen univariater Betrachtungen die Kennzahlenausprägungen von hedgenden Unternehmen denen von nicht-hedgenden Unternehmen gegenübergestellt und die Kennzahlenunterschiede auf statistische Signifikanz überprüft. Im zweiten Untersuchungsschritt in Abschnitt 4.4 erfolgt eine multivariate Analyse des Hedging-Verhaltens. Abhängige Variable der Modellschätzung ist eine dichotome Hedging-Variable und erklärende Variablen bilden die Unternehmenskennzahlen. Die Untersuchung der Einflussrichtung und der statistischen Signifikanz erfolgt dabei mittels multipler Logit-Analysen.

Kapitel 5 beschließt die Arbeit mit einer zusammenfassenden Diskussion der wesentlichen Ergebnisse. Dabei werden die Ergebnisse vor dem Hintergrund der bisherigen Studien diskutiert und weiterer Forschungsbedarf aufgezeigt.

2 Theorie des unternehmerischen Währungsmanagements

2.1 Wechselkursrisiko und Exposure-Konzepte

Wechselkurse sind im Zeitablauf zum Teil enormen Schwankungen unterworfen und können bei internationalen Unternehmen zu erheblichen Veränderungen von in Heimatwährung[9] ausgedrückten Zahlungsströmen und Vermögenspositionen führen. Das Währungsrisiko sei hier definiert als die von unerwarteten Wechselkursänderungen verursachte zusätzliche Streuung von Zahlungsströmen und Vermögenspositionen.[10] Diejenigen Zahlungsströme oder Vermögenspositionen, die Wechselkursschwankungen ausgesetzt sind, werden als Währungs-Exposure bezeichnet.[11] Durch Multiplikation des Währungs-Exposure mit der Wechselkursänderung ergibt sich die Höhe des Währungsgewinns bzw. -verlusts.[12] Das Währungsrisiko[13] ist somit abhängig von der Exposure-Höhe und der Wechselkursunsicherheit bzw. der Fähigkeit der Wechselkursvorhersage.

In der Theorie wird die Möglichkeit der Prognose zukünftiger Wechselkurse allerdings mit Skepsis betrachtet.[14] Eine dem Kassa- bzw. Terminkurs systematisch überlegene Wechselkursprognose konnte in empirischen Untersuchungen nicht nachgewiesen werden.[15] Zur theoretischen Begründung der Nicht-Prognostizierbarkeit von Wechselkursen wird auf die Informationseffizienz der Devisenmärkte verwiesen. Nach der Effizienzhypothese sind sämtliche Informationen über die zukünftigen Wechselkurse bereits im aktuellen Kursniveau enthalten und neue Informationen führen unverzüglich zu Kursanpassungen. Dadurch vollzieht sich im Zeitablauf abhängig von neu eintreffenden Informationen ein ständiger Preisanpassungsprozess. Da die neuen Informationen definitionsgemäß

---

9 Zur Problematik der Wahl der Bezugswährung vgl. Stützel (1970), S. 12-14.

10 Vgl. Pausenberger/Glaum (1993), S. 766; Levi (1996), S. 302f.

11 Vgl. Adler/Dumas (1984), S. 42; Jorion/Khoury (1995), S. 4; Levi (1996), S. 293; Buckley (1996), S. 133.

12 Vgl. Mayerhofer (1992), S. 22-25; Pausenberger/Glaum (1993), S. 767 und Levi (1996), S. 302f.

13 Zum Währungsrisiko wird in der Literatur teilweise auch das Konvertierungs- bzw. Transferrisiko gezählt, welches hier allerdings nicht näher betrachtet wird. Vgl. Franke (1989), S. 2198-2200 oder Büschgen (1997), S. 307.

14 Vgl. Dornbusch (1994), S. 15-19; Glaum (1994), S. 69-75; Klingenbeck (1996), S. 28-36; Shapiro (1996), S. 222.

15 Vgl. die ausführliche Diskussion der vorliegenden Befunde bei Levi (1996), S. 391-410.

zufällig eintreffen, folgt die Wechselkursentwicklung einem Zufallspfad. Gewährleistet wird die sofortige Preisanpassung durch einen Antizipationsmechanismus, wonach die (rational handelnden) Marktteilnehmer zukünftige Wechselkursentwicklungen bereits heute vorwegnehmen.

Da eine systematisch erfolgreiche Wechselkursprognose nicht möglich erscheint, beschäftigen sich die Beiträge zum Währungsmanagement mit der Steuerung des Währungs-Exposure.[16] In der Literatur wird dabei zwischen dem Translation Exposure (Abschnitt 2.1.1), dem Transaction Exposure (Abschnitt 2.1.2) und dem Economic Exposure (Abschnitt 2.1.3) unterschieden.[17]

2.1.1 Translation Exposure

Das Translation Exposure entsteht bei internationalen Konzernen im Rahmen der Konsolidierung ausländischer Tochtergesellschaften.[18] Die in der jeweiligen Landeswährung aufgestellten Einzelabschlüsse der Auslandstochergesellschaften sind vor der Zusammenfassung zum Konzernabschluss in Konzernwährung umzurechnen.

Die Umrechnung der Bilanzpositionen kann prinzipiell entweder mit dem aktuellen Kurs zum Bilanzstichtag oder mit dem zum Zeitpunkt der Entstehung der Bilanzposition gültigen Kurs erfolgen. Bilanzpositionen, die zu historischen Wechselkursen umgerechnet werden, unterliegen keinem Wechselkursrisiko. Dagegen sind zu Stichtagskursen umzurechnende Bilanzpositionen einem Wechselkursrisiko ausgesetzt. Das Translation Exposure entspricht der Differenz der Aktiva und Passiva, die mit Stichtagskursen umgerechnet werden.[19]

Im bilanztheoretischen Schrifttum sind verschiedene Umrechnungsmethoden kontrovers diskutiert worden.[20] Im Mittelpunkt der Kontroverse standen die Stichtagskursmethode und die Zeitbezugsmethode. Bei der Stichtagskursmethode werden sämtliche Bilanzpositionen – bis auf das Eigenkapital – einheitlich zu Stichtagskursen umgerechnet.

Bei der Zeitbezugsmethode erfolgt eine differenzierte Umrechnung der Bilanzpositionen mit Stichtagskursen oder historischen Kursen. Entsprechend dem Zeitbezug werden zu Anschaffungswerten bilanzierte Positionen mit den historischen Kursen und zu Tageswerten bilanzierte Positionen mit dem aktuellen Kurs umgerechnet. Während die „Reinform" der Zeitbezugsmethode für jede Bilanz-

---

[16] Vgl. Glaum (1994), S. 78-84; Madura (1995), S. 268.

[17] Vgl. z.B. Srinivasulu (1983), S. 39; Eiteman/Stonehill/Moffett (2001), S. 152f. oder Gebhardt/Ruß (1999), S. 48-53.

[18] Zur Währungsumrechnung vgl. Busse von Colbe/Ordelheide (1993), S. 123-190.

[19] Vgl. Gamper (1995), S. 139f.; Shapiro (1996), S. 237; Baker (1998), S. 105.

[20] Vgl. Gebhardt/Bergmann (1991).

position einen Niederst- bzw. Höchstwerttest vorsieht,[21] verlangen die institutionellen Regelungen eine schematische Umrechnung einiger Bilanzpositionen (wie bspw. immaterielle Vermögensgegenstände, Sachanlagen und Beteiligungen) zu historischen Kursen und anderer Bilanzpositionen (wie bspw. monetäres Umlaufvermögen, Verbindlichkeiten und Rückstellungen) zum aktuellen Kurs.[22]

Bei beiden Methoden werden in der Konzernbilanz die Umrechnungsdifferenzen innerhalb des Eigenkapitals gesondert ausgewiesen. Die Umrechnungsdifferenz wird bei der Stichtagskursmethode typischerweise erfolgsneutral und bei der Zeitbezugsmethode erfolgswirksam erfasst.

Die Umrechnung der Erfolgsrechnung der Auslandsgesellschaften erfolgt bei der Zeitbezugsmethode mit dem Jahresdurchschnittskurs, lediglich für Abschreibungen und Materialverbrauch werden die Umrechnungskurse der korrespondierenden Bilanzpositionen herangezogen. Bei der Stichtagskursmethode erfolgt die Umrechnung der Erfolgsrechnung mit Jahresdurchschnittskursen oder Stichtagskursen.

Im bilanztheoretischen Schrifttum wird die Konsistenz der Zeitbezugsmethode mit den HGB-Bewertungsprinzipien (insb. Anschaffungswertprinzip, Niederstwertprinzip, Einheitsgrundsatz) betont.[23] Andererseits wird argumentiert, dass die Stichtagskursmethode eher der ökonomischen Realität gerecht werde.[24] Das HGB enthält keine expliziten Regelungen zur Währungsumrechnung, sodass für deutsche Konzerne – bei Einhaltung der Methodenstetigkeit – ein Methodenwahlrecht besteht. Der US-amerikanische Rechnungslegungsgrundsatz SFAS No. 52 und der internationale Rechnungslegungsgrundsatz IAS No. 21 verlangen die funktionale Methode, wonach die Umrechnungsmethode abhängig ist vom Integrationsgrad der Tochtergesellschaft in den Gesamtkonzern. Bei engen Liefer- und Leistungsverflechtungen mit den übrigen Konzerngesellschaften ist die Zeitbezugsmethode und bei hoher Selbstständigkeit die Stichtagskursmethode anzuwenden.[25]

---

[21] Entsprechend der „Reinform" der Zeitbezugsmethode wird für jede Bilanzposition der zum historischen Kurs umgerechnete Anschaffungswert mit dem zum aktuellen Kurs umgerechneten Tageswert verglichen. Für Vermögenswerte erfolgt dabei ein Niederstwerttest und für Schulden ein Höchstwerttest. Zur „Reinform" der Zeitbezugsmethode vgl. Gebhardt/Bergmann (1991), Rn. 196-218.

[22] Während SFAS No. 52 den Niederstwerttest auf das Vorratsvermögen beschränkt, beinhaltet IAS No. 21 keinen Niederstwerttest. Vgl. SFAS No. 52, Tz. 49-53.

[23] Die Anwendung der „Reinform" der Zeitbezugsmethode führt zu Wertansätzen, die mit denen übereinstimmen, wenn anstelle der Auslandstochergesellschaft eine Betriebsstätte im Ausland bestehen würde. Vgl. Gebhardt/Bergman (1991), Rn. 196 und 212.

[24] Zu einer kritischen Diskussion vgl. Gebhardt/Bergman (1991), Rn. 211-223.

[25] Auch in Hochinflationsländern ist die Zeitbezugsmethode anzuwenden. Vgl. SFAS No. 52, Tz. 11 und IAS No. 21, Tz. 34.

Aus den obigen Ausführungen wurde offensichtlich, dass die Höhe des Translation Exposure wesentlich von der Umrechnungsmethode abhängt. Das Translation Exposure als Differenz der mit dem aktuellen Kurs umgerechneten Aktiva und Passiva entspricht bei der Stichtagskursmethode genau dem Eigenkapital der Tochtergesellschaft. Eine Steuerung des Translation Exposure ist vor allem durch eine Veränderung der Bilanzstrukturen der Auslandstochtergesellschaften, insbesondere durch eine Fremdkapitalfinanzierung in Auslandswährung, möglich.[26]

In der angelsächsischen Finance-Literatur wird das Translation Exposure als eine ungeeignete Entscheidungsgrundlage für ein systematisches Währungsmanagement eingeschätzt.[27] Das Konzept des Translation Exposure sei ausschließlich buchwertorientiert und erfasse demnach nicht die ökonomisch relevanten Zahlungsströme. Aufgrund der Vergangenheitsorientierung könnten zukünftige Erfolgsrisiken nicht adäquat abgebildet werden. Das Translation Exposure sei dementsprechend nicht zukunfts- und entscheidungsorientiert. Die Unzulänglichkeit verdeutliche auch die Abhängigkeit der Exposure-Höhe von der gewählten Umrechnungsmethode.

Eine nicht unerhebliche Bedeutung kommt dem Translation Exposure insofern zu, als der Jahresabschluss ein Kommunikationsinstrument darstellt und zur Überbrückung von Informationsasymmetrien dient. Die Umrechnungsdifferenzen sind teilweise betragsmäßig beachtlich und können die Konzerneigenkapitalquote sowie bei erfolgswirksamer Verrechnung das Konzernergebnis erheblich belasten. Da diese Bilanzkennzahlen das Verhalten von Dritten (wie z.B. von Aktionären, von Fremdkapitalgebern oder von Arbeitnehmern) beeinflussen können, besitzt das Translation Exposure auch ökonomische Konsequenzen.[28] Folglich erscheint die Berücksichtigung des Translation Exposure als Nebenbedingung beim Währungsmanagement durchaus angebracht.

2.1.2 Transaction Exposure

Das Transaction Exposure (Umtauschrisiko) entsteht bei Vertragsabschluss in Fremdwährung und resultiert aus der zeitlichen Differenz zwischen Vertragsabschluss- und Zahlungszeitpunkt.[29] Wechselkursänderungen während dieses

---

[26] Vgl. Oxelheim/Whilborg (1997), S. 151-153; Eiteman/Stonehill/Moffett (2001), S. 249.

[27] Vgl. z.B. Madura (1995), S. 361f.; Sercu/Uppal (1995), S. 525f.; Buckley (1996), S. 167-171.

[28] Diese Argumentation unterstellt, dass die ökonomische Irrelevanz eines geringeren Konzernergebnisses oder einer verschlechterten Konzerneigenkapitalquote infolge wechselkursbedingter Umrechnungsdifferenzen den Dritten nicht glaubhaft vermittelt werden kann.

[29] Vgl. Breuer (1997b), S. 117f.; Büschgen (1997), S. 312; Baker (1998), S. 106f.

Zeitraums führen zu einer Veränderung des Gegenwertes in Heimatwährung. Die zukünftige Zahlungshöhe in Heimatwährung ist bei Vertragsabschluss nicht bekannt und hängt ab vom Wechselkurs am Zahlungszeitpunkt. Im Gegensatz zum Translation Exposure sind die Umtauschverluste bzw. -gewinne aus dem Transaction Exposure liquiditäts- und erfolgswirksam. Ein Transaction Exposure resultiert überwiegend aus Export- und Importgeschäften, kann sich aber auch aus Kapitalbeschaffungsaktivitäten, Investitionsvorhaben oder konzerninternen Transaktionen ergeben.[30]

Innerhalb des Transaction Exposure kann zwischen dem bilanziellen Transaction Exposure und dem nicht bilanziellen Transaction Exposure unterschieden werden. Das bilanzielle Transaction Exposure umfasst neben den Fremdwährungsforderungen und -verbindlichkeiten zudem die Kassenbestände in Fremdwährung.[31] Das nicht bilanzielle Transaction Exposure beinhaltet neben den schwebenden Geschäften aus dem operativen Geschäft auch die nicht bilanzierten Finanzinstrumente. Darüber hinaus wird in der Literatur zumeist auch das Contingent Exposure zum Transaction Exposure gezählt.[32] Das Contingent Exposure entsteht bei der Abgabe eines verbindlichen Angebotes in Fremdwährung. Bei Angebotsannahme wird aus dem Contingent Exposure ein Transaction Exposure. Zuvor jedoch ist ungewiss, ob überhaupt ein Transaction Exposure entsteht. Aufgrund der Zuschlagsmöglichkeit besteht für das Unternehmen aber bereits bei Angebotsabgabe ein Währungsrisiko. Ein Contingent Exposure entsteht typischerweise in Zusammenhang mit internationalen Ausschreibungen.

Das Transaction Exposure umfasst sämtliche fixierte zukünftige Fremdwährungszahlungen. Da diese Fremdwährungszahlungen zu unterschiedlichen zukünftigen Zeitpunkten anfallen, besitzt das Transaction Exposure eine zeitliche Struktur. Zur Abbildung des Transaction Exposure wird in einigen Literaturbeiträgen die Bildung von Barwerten der zeitpunktbezogenen Fremdwährungszahlungen sowie die Zusammenfassung zu einer Barwertgröße vorgeschlagen.[33] Eine solche barwertbezogene Exposure-Definition erscheint allerdings nicht unproblematisch, da für eine zielgerichtete Steuerung des Währungsrisikos eine Orientierung an der zeitlichen Struktur der Zahlungen notwendig ist.[34] In der Literatur wird daher zur Abbildung des Transaction Exposure zumeist eine nach Währungen und Laufzeiten segmentierte Darstellung der Fremdwährungszah-

---

[30] Vgl. Gamper (1995), S. 132; Eiteman/Stonehill/Moffett (2001), S. 156.

[31] In der Literatur wird teilweise das bilanzierte Transaction Exposure und das Translation Exposure zum Accounting Exposure zusammengefasst. Vgl. z.B. Shapiro (1996), S. 252.

[32] Vgl. Mayerhofer (1992), S. 17; Eiteman/Stonehill/Moffett (2001), S. 157.

[33] Vgl. Menichetti (1993), S. 64-67; Sercu/Uppal (1995), S. 476-482.

[34] Zur Kritik an der barwertbezogenen Exposure-Definition vgl. Pfennig (1998), S. 18f.

lungen empfohlen.[35] Da sich Long- und Short-Positionen gleicher Währung und gleicher Laufzeit kompensieren, stellt nur die Saldogröße ein Transaction Exposure dar.[36]

Für das Management des Transaction Exposure steht den Unternehmen eine Vielzahl von Instrumenten zur Verfügung. Zur Absicherung des Transaction Exposure eignen sich insbesondere derivative Finanzinstrumente. Durch diese Instrumente wird den wechselkursabhängigen Risikopositionen eine kompensierende Gegenposition gegenübergestellt.[37] Wechselkursbedingte Wertänderungen des Grundgeschäftes werden durch wechselkursbedingte Wertänderungen des Absicherungsgeschäftes ausgeglichen. Dominierende Instrumente des Währungsmanagements sind Devisentermingeschäfte, Devisenoptionen sowie Währungs-Swaps.[38]

Neben dem Einsatz von Finanzinstrumenten verfügen die Unternehmen über zahlreiche weitere Möglichkeiten zum Management des Transaction Exposure. Dazu zählen vor allem die Fakturierungspolitik, Währungsgleitklauseln, Cash-Pooling, Forfaitierung, Transferpreisgestaltung sowie Leading&Lagging.[39] Beim Leading&Lagging werden durch eine zeitliche Beschleunigung oder Verzögerung konzerninterner Zahlungen die Fremdwährungsforderungen und -verbindlichkeiten und somit das Transaction Exposure gesteuert.

Das Transaction Exposure bildet in der Praxis derzeit den Schwerpunkt der unternehmerischen Hedging-Aktivitäten.[40] In der Literatur wird am Konzept des Transaction Exposure insbesondere die Zahlungsstromorientierung positiv beurteilt. Weitere Vorzüge des Transaction Exposure sind darüber hinaus die relativ einfache Erfassung sowie die Verfügbarkeit geeigneter Absicherungsinstrumente. Allerdings wird in der weniger instrumentenbezogenen Literatur zum Währungsmanagement die ausgeprägte Fokussierung auf das Transaction Exposure deutlich kritisiert.[41] Durch eine Beschränkung auf vertraglich fixierte Geschäfte erfasst das Transaction Exposure nur eine Teilmenge der Wechselkursrisiken. Zukünftige Geschäftsabschlüsse werden nicht in die Absicherungsüberlegungen einbezogen. Wechselkursänderungen beeinflussen die zukünftigen Geschäfts-

---

35 Vgl. z.B. Gamper (1995), S. 135-138; Buckley (1996), S. 186-192; Klingenbeck (1996), S. 72-77; Pfennig (1998), S. 19.

36 Daneben können noch weitere Risiken – wie insbesondere Ausfallrisiken – bestehen. Vgl. Gebhardt/ Mansch (2001), S. 35-38.

37 Vgl. Levi (1996), S 379-384; Eiteman/Stonehill/Moffett (2001), S. 167.

38 Vgl. z.B. Bodnar/Gebhardt (1999), S. 169-171, Gebhardt/Ruß (1999), S. 53-58. Für eine Darstellung der Finanzinstrumente zum Management von Währungsrisiken vgl. z.B. Jorion/Khoury (1995), S. 182-207; Smith/Smithson/Wilford (1995), S. 358-406.

39 Für eine ausführliche Darstellung der Instrumente vgl. Fastrich/Hepp (1991), S. 303-376 oder Gamper (1995), S. 273-350.

40 Vgl. z.B. Bodnar/Gebhardt (1999), S. 167-169; Gebhardt/Ruß (1999), S. 49-52.

41 Vgl. Flood/Lessard (1986), S. 34; Pausenberger/Glaum (1993), S. 772.

abschlüsse, indem bspw. eine Aufwertung der Inlandswährung die Absatzchancen im Ausland reduziert.

2.1.3 Economic Exposure

Das Konzept des Economic Exposure beschäftigt sich mit den Auswirkungen und vielfältigen Wirkungskanälen von Wechselkursänderungen auf alle zukünftigen Zahlungsströme und damit auf den Marktwert der Unternehmung. Im Rahmen des Konzeptes des Economic Exposure wird Wechselkursrisiko als die von unerwarteten Wechselkursänderungen verursachte zusätzliche Streuung des Unternehmenswertes verstanden.[42] Das Economic Exposure ist dementsprechend definiert als die Wechselkursabhängigkeit des Unternehmenswertes.

Die Grundintention des Konzeptes des Economic Exposure ist die Analyse der langfristigen Auswirkungen von Wechselkursänderungen auf die Wettbewerbsfähigkeit und die operativen Zahlungsströme.[43] So führt eine Aufwertung der Heimatwährung typischerweise zu einer verschlechterten Wettbewerbssituation gegenüber ausländischen Anbietern mit der Folge niedrigerer Einzahlungen aus dem operativen Geschäft. Da Wechselkursänderungen zu nachhaltigen Wettbewerbsverschiebungen führen können, werden Wechselkurse als eine strategische Variable angesehen. Die veränderte Wettbewerbsfähigkeit resultiert dabei aus veränderten Konditionen auf den Beschaffungs- und Absatzmärkten relativ zu den Konkurrenzunternehmen.

Das Economic Exposure umfasst sämtliche zukünftige Zahlungsüberschüsse – sowohl vertraglich fixierte als auch erwartete Ein- und Auszahlungen. Insofern wird in der Literatur das Transaction Exposure als Teilmenge des Economic Exposure angesehen.[44] Die Wechselkursabhängigkeit der (nicht vertraglich fixierten) potentiellen zukünftigen Zahlungsströme wird als Operating Exposure bezeichnet.[45] Dabei berücksichtigt das Operating Exposure nicht nur die Unsicherheit über die in Heimatwährung ausgedrückte Zahlungshöhe, sondern bereits die Unsicherheit über die Höhe der umzutauschenden Fremdwährungszahlungen. Im Gegensatz zum Transaction Exposure ist beim Operating Exposure die Men-

---

[42] Vgl. Shapiro (1996), S. 277.

[43] Vgl. Srinivasulu (1981), S. 20f.; Flood/Lessard (1986), S. 28f.; Moffett/Karlsen (1994), S. 161f.

[44] Vgl. Pringle/Connolly (1993), S. 66f.; Sercu/Uppal (1995), S. 487; Shapiro (1996), S. 284.

[45] Vgl. z.B. Levi (1996), S. 330; Shapiro (1996), S. 304f.; Eiteman/Stonehill/Moffett (2001), S. 152f. In der Literatur sind teilweise unterschiedliche Abgrenzungen zu finden. So wird oftmals unter Economic Exposure lediglich die Wechselkursabhängigkeit der geplanten Zahlungen verstanden und die Summe aus Economic Exposure und Transaction Exposure als Cashflow Exposure bezeichnet. So z.B. bei Srinivasulu (1983), S. 66f.; Glaum (1991), S. 45; Moffett/Karlsen (1994), S. 160.

genkomponente somit nicht festgelegt, sondern selbst eine Funktion des Wechselkurses.

In der Literatur wird das Operating Exposure in einen Conversion Effect und einen Competitive Effect unterteilt (vgl. Abb. 1).[46] Der Conversion Effect besteht in der Umrechnung der in lokaler Währung ausgedrückten Einzahlungsüberschüsse in die Heimatwährung. Dieser Umrechungseffekt ist mit dem Transaction Exposure vergleichbar. Der Competitive Effect beschreibt dagegen die Wechselkurssensitivität der in lokaler Währung ausgedrückten Einzahlungsüberschüsse.

Der Competitive Effect resultiert aus der Wechselkursabhängigkeit der in lokaler Währung ausgedrückten Einzahlungsüberschüsse. Diese Einzahlungsüberschüsse in lokaler Währung entsprechen der Differenz der lokalen Ein- und Auszahlungen.[47]

Die lokalen Einzahlungen ergeben sich aus wiederum der Multiplikation der lokalen Outputpreise und Outputmengen. Wechselkursbedingte Preisänderungen ergeben sich bei Exportgütern sowie bei Outputgütern, die mit Importgütern konkurrieren oder die Input für Exportgüter sind. Das Ausmaß der Preisänderungen ist von den jeweiligen Marktstrukturen, insbesondere von der währungsmäßigen Wertschöpfungsstruktur der Marktführer, abhängig. Die lokalen Auszahlungen ergeben sich aus der Multiplikation der jeweiligen lokalen Inputpreise und Inputmengen. Wechselkursschwankungen führen zu Preisänderungen bei importierten Inputgütern sowie bei Inputgütern, die mit Importgütern konkurrieren oder die mit Importgütern erstellt werden.

Infolge der wechselkursbedingten Veränderungen der relativen Preisstrukturen von Output- und Inputgütern wird die gewinnmaximierende Unternehmung die Output- und Inputmengen anpassen. Die Summe aller Preiseffekte und Mengenanpassungen wird als Competitive Effect bezeichnet.[48] Das Ausmaß des Competitive Effect hängt ab von den Wechselkurselastizitäten der einzelnen Output- und Inputgüter, die durch die Wettbewerbssituation auf den entsprechenden Märkten determiniert werden. Bemerkenswerterweise besteht der Competitive Effect auch für Unternehmen, bei denen sämtliche Absatz- und Beschaffungsgeschäfte ausschließlich im Inland erfolgen.[49] Insofern können auch rein national agierende Unternehmen einem Wechselkursrisiko ausgesetzt sein.

---

46 Vgl. Flood/Lessard (1986), S. 26; Lessard/Lightstone (1986), S. 186; Glaum (1990), S. 67f.; Glaum (1991), S. 46-48; Pausenberger/Glaum (1993), S. 772-774 und Pfennig (1998), S. 25-30.

47 Zum Competitive Effect vgl. Glaum (1990), S. 68; Glaum (1991), S. 46-48; Pausenberger/Glaum (1993), S. 773; Pfennig (1998), S. 26-30.

48 Vgl. Glaum (1990), S. 68; Pausenberger/Glaum (1993), S. 773.

49 Vgl. Franke/Menichetti (1994), S. 669; Pfennig (1998), S. 28-30.

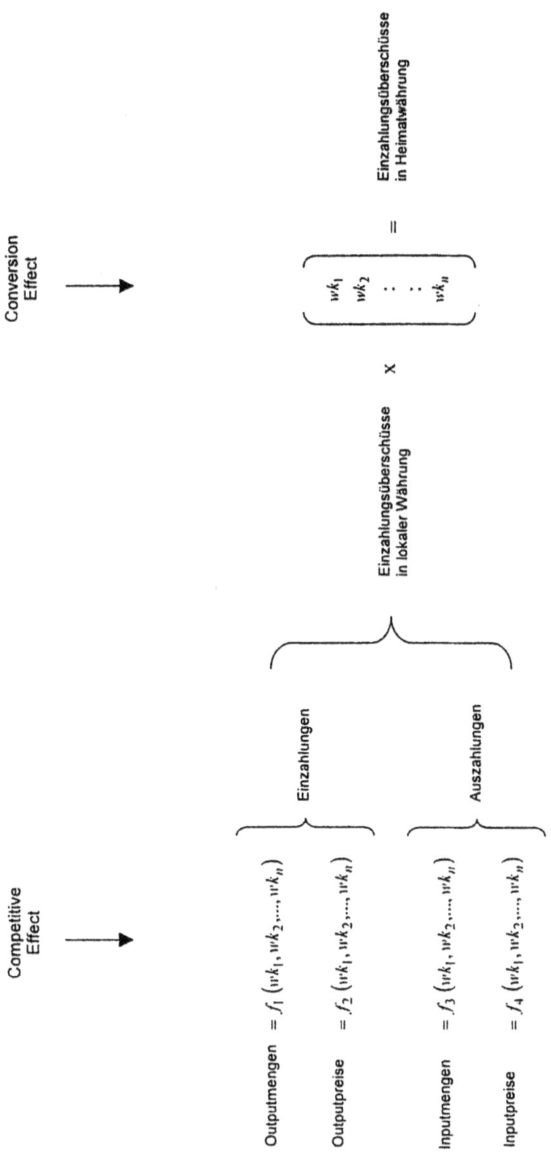

Abb. 1: Das Konzept des Economic Exposure: Competitive und Conversion Effect[50]

[50] Vgl. Glaum (1990), S. 68; Glaum (1991), S. 48; Pausenberger/Glaum (1993), S. 774.

Im Gegensatz zum Transaction und Translation Exposure sind für das Operating Exposure reale Wechselkursänderungen maßgeblich.[51] Reflektieren die Wechselkursänderungen lediglich Inflationsunterschiede, so bleiben die relativen Kostensituationen und somit die Wettbewerbsposition unverändert. Bei Gültigkeit der Kaufkraftparitätentheorie, wonach Wechselkursänderungen gerade Inflationsunterschiede ausgleichen, würde folglich kein Operating Exposure bestehen. Entsprechend verschiedener empirischer Untersuchungen besitzt die Kaufkraftparitätentheorie zwar bei der Erklärung der langfristigen Wechselkursentwicklung eine gewisse Bedeutung, kurz- und mittelfristig bestehen jedoch erhebliche Abweichungen von den Paritäten.[52]

Die Grundidee des Managements des Economic Exposure besteht in der Angleichung der Währungsstrukturen bzw. Wechselkurssensitivitäten der Einzahlungen und Auszahlungen.[53] Diese Angleichung verringert die Wechselkurssensitivität der in Heimatwährung ausgedrückten Einzahlungsüberschüsse, was ebenfalls eine Reduzierung der Wechselkurssensitivität des Unternehmenswertes bedeutet.

Zur Steuerung des Economic Exposure kann auf realwirtschaftliche oder finanzwirtschaftliche Maßnahmen zurückgegriffen werden. Die realwirtschaftlichen Maßnahmen können in absatz-, beschaffungs- und produktionswirtschaftliche Maßnahmen unterteilt werden.[54] Zu den absatzwirtschaftlichen Maßnahmen zählt die Marktauswahl und die Produktdifferenzierung. Eine Produktdifferenzierung verringert die Preiselastizität der Nachfrage und ermöglicht somit eine Preisüberwälzung von nachteilhaften Wechselkursänderungen.[55] Die absatzwirtschaftlichen Maßnahmen reduzieren das Operating Exposure durch eine verringerte Wechselkurssensitivität der Einzahlungen.

Den beschaffungs- und produktionswirtschaftlichen Maßnahmen gemeinsam ist die Erhöhung der Auszahlungen in Fremdwährung. Bei den beschaffungswirtschaftlichen Maßnahmen erfolgt dies durch eine internationale Beschaffungspolitik und bei den produktionswirtschaftlichen Maßnahmen durch eine Verlagerung von Teilen der Wertschöpfung in die betreffenden Währungsräume. Die beschaffungs- und produktionswirtschaftlichen Maßnahmen ermöglichen

[51] Vgl. Cornell/Shapiro (1983), S. 17-20 oder Pringle/Connolly (1993), S. 61-64.

[52] Vgl. die empirischen Studien zur Kaufkraftparität von Frankel/Rose (1996) und Goldberg/Gosnell/Okunev (1997) sowie die dort angegebene Literatur.

[53] Vgl. Ahkam (1995), S. 8; Madura (1995), S. 357; Klingenbeck (1996), S. 60-61.

[54] Für eine ausführliche Darstellung der realwirtschaftlichen Maßnahmen vgl. Shapiro (1996), S. 305-322 und Roth (1997), S. 172-235.

[55] Eine Reihe von Beiträgen beschäftigte sich unter den Oberbegriffen „Pricing-to-market" und „pass-through" mit der Möglichkeit der Weitergabe von Wechselkursänderungen auf die lokalen Preise. Vgl. dazu den Literaturüberblick bei Roth (1997), S. 79-86 und Bodnar/Dumas/Marston (1999) sowie die dort angegebenen Literaturquellen.

durch eine Erhöhung der Fremdwährungsauszahlungen ein Hedging von Wechselkursrisiken aus Fremdwährungseinzahlungen. Überdies können durch eine Angleichung an die Währungsstruktur der Kosten ausländischer Konkurrenzunternehmen mögliche wechselkursbedingte Wettbewerbsrisiken vermindert werden.[56]

Zu den finanzwirtschaftlichen Maßnahmen zählen die Fremdfinanzierung in Auslandswährung sowie der Einsatz derivativer Instrumente. Eine Absicherung des Operating Exposure mit ausschließlich finanzwirtschaftlichen Instrumenten wird in der Literatur allerdings als problematisch beurteilt.[57] Insbesondere können bei einer dauerhaften Niveauänderung der Wechselkurse nach Fälligkeit der Finanzinstrumente die neuen Sicherungsgeschäfte nur zu ungünstigeren Konditionen abgeschlossen werden.[58] Finanzinstrumente ermöglichen insofern lediglich eine zeitliche Überbrückung bis operative Maßnahmen eingeleitet werden können.

Als weitere Möglichkeit zur Steuerung des Operating Exposure wird in der Literatur eine Erhöhung der Flexibilität genannt.[59] Während die obigen Maßnahmen durch eine Angleichung der Währungsstruktur auf den Aufbau einer entsprechenden Gegenposition abzielten, ermöglicht eine erhöhte Flexibilität eine nachträgliche Anpassung an eingetretene Wechselkursänderungen. Eine Flexibilisierung der Währungsstruktur bedeutet dabei vor allem die Fähigkeit der Produktionsverlagerung oder des Lieferantenwechsels.[60]

In der Theorie wird das Economic Exposure aufgrund des umfassenden Charakters, der Zahlungsbezogenheit und der Zukunftsorientierung als das relevante Exposure-Konzept betrachtet.[61] Bei den Absicherungsüberlegungen in der Unternehmenspraxis findet das Operating Exposure hingegen kaum Berücksichtigung. Zunehmend umfassen Absicherungsmaßnahmen zwar auch nicht vertraglich fixierte Zahlungen der näheren Zukunft, was eine Annäherung an das Konzept des Operating Exposure bedeutet.[62] Im Gegensatz zum Grundgedanken des Operating Exposure werden Wettbewerbsüberlegungen jedoch nicht angestellt, sondern im Sinne eines „erweiterten" Transaction Exposure lediglich die für den

56 Vgl. Holland (1993), S. 148.

57 Zur Problematik des Managements des Operating Exposure mit Finanzinstrumenten vgl. Grant/Soenen (1991) und Brealey/Kaplanis (1995).

58 Daneben ist problematisch, dass den Finanzinstrumenten nominale Wechselkurse zugrunde liegen, reale Wechselkurse allerdings das Operating Exposure determinieren.

59 Vgl. z.B. Bernhard (1992), S. 118-130.

60 Ein neuerer Literaturzweig untersucht den Wert operativer Flexibilität in Verbindung mit Währungsrisiken durch Anwendung der Theorie der Realoptionen auf internationale Produktionsnetze bei Existenz von Währungsrisiken. Vgl. z.B. Kogut/Kulatilaka (1994) oder Mello/Parsons/Triantis (1995).

61 Vgl. Madura (1995), S. 508f.; Buckley (1996), S. 165-167.

62 Vgl. Gebhardt/Ruß (1999), S. 49-51 und Glaum/Förschle (2000), S. 41f.

Planungszeitraum budgetierten Fremdwährungszahlungen berücksichtigt. Somit stützt sich die Absicherungsentscheidung vorwiegend auf den Conversion Effect und weniger auf den Competitive Effect. Diese partielle Sichtweise erscheint nicht unproblematisch und kann zu suboptimalen Absicherungsmaßnahmen führen.

Die geringe Bedeutung des Economic Exposure in der Unternehmenspraxis dürfte durch die außerordentliche Komplexität des Konzeptes begründet sein.[63] Eine zielgerichtete Steuerung des Economic Exposure setzt eine Abbildung bzw. Messung voraus. Aufgrund der hohen Komplexität erweist sich eine solche Abbildung bzw. Messung als äußerst schwierig.[64]

2.2 Erklärungsansätze für ein Währungsmanagement auf Unternehmensebene

Nachfolgend werden die theoretischen Erklärungsansätze für ein Währungsmanagement auf Unternehmensebene aufgezeigt. Ziel ist nicht nur eine umfassende Aufarbeitung und Systematisierung, sondern auch eine kritische Reflexion der Literaturbeiträge. Dabei soll auch diskutiert werden, inwieweit die vorwiegend aus dem anglo-amerikanischen Raum stammenden Beiträge auf das institutionelle Umfeld in Deutschland übertragbar sind.

Bei den Ausführungen zum Economic Exposure in Abschnitt 2.1.3 wurde dargestellt, wie Wechselkursänderungen die zukünftigen Zahlungsströme und somit den Unternehmenswert beeinflussen. Die Abhängigkeit der Zahlungsströme und des Unternehmenswertes von Wechselkursänderungen ist jedoch noch keine hinreichende Bedingung für ein Währungsmanagement auf Unternehmensebene. Vielmehr ist ausgehend von der Unternehmenszielsetzung einer Marktwertmaximierung[65] zu hinterfragen, inwieweit eine Reduzierung des Wechselkursrisikos zu einer Erhöhung des Unternehmenswertes führt.[66]

---

[63] Vgl. Madura (1995), S. 508; Shapiro (1996), S. 299.

[64] Zu den Literaturvorschlägen zur Abbildung des Economic Exposure zählen u.a. Simulationsstudien, Szenario- und Regressionsanalysen. Vgl. dazu Garner/Shapiro (1984); Moser (1985); Gebhardt (1985), S. 84-174 und S. 269-296; Bilson (1994); Ahkam (1995), S. 11-15; Smith/Smithson/Wilford (1995), S. 134-144; Oxelheim/Whilborg (1997), S. 87-142 und Stulz/Williamsen (1997), S. 13-51.

[65] Zur Begründung der Unternehmenszielsetzung Marktwertmaximierung vgl. z.B. Richter (1996), S. 11-53 und Drukarczyk (1992), S. 67-92 sowie die dort angegebene Literatur.

[66] Die Frage der Relevanz eines unternehmerischen Hedging ähnelt der Frage, inwieweit durch den Abschluss von Versicherungsverträgen eine Unternehmenswerterhöhung möglich ist. Für die ökonomische Begründung von Versicherungsverträgen vor dem Hintergrund der modernen Finanzierungstheorie vgl. Mayers/Smith (1982); Mayers/

Im Folgenden untersucht Abschnitt 2.2.1 in einem ersten Untersuchungsschritt den Zusammenhang zwischen unternehmerischem Hedging und Unternehmenswert unter den idealisierenden Annahmen eines vollkommenen Kapitalmarktes. Darauf aufbauend analysiert der nachfolgende Abschnitt 2.2.2 die Implikationen von real existierenden Marktunvollkommenheiten auf die Hedging-Entscheidung. Abschnitt 2.2.2.1 behandelt die Implikationen von Transaktionskosten, Steuern und Konkurskosten. In Abschnitt 2.2.2.2 werden Informationsasymmetrien und Interessengegensätze berücksichtigt und die Hedging-Entscheidung aus einer informationsökonomischen Perspektive diskutiert. Es zeigt sich unter den Annahmen eines vollkommenen Kapitalmarktes die Irrelevanz eines unternehmerischen Hedging. Erst durch die Berücksichtigung von Marktunvollkommenheiten kann eine wertsteigernde Wirkung eines Hedging auf Unternehmensebene begründet werden.

In den folgenden Ausführungen wird – wie in den einschlägigen Literaturbeiträgen – ein Währungsmanagement mit einem Einsatz von Währungsderivaten gleichgesetzt. Expliziter Untersuchungsgegenstand der vorliegenden Arbeit ist der Einsatz von Währungsderivaten. Die nachfolgenden Ausführungen zum Währungsmanagement sind prinzipiell auch auf das Zins- und Güterpreismanagement übertragbar. Spezifische Besonderheiten des Zins- und Güterpreismanagements werden im Rahmen der vorliegenden Arbeit allerdings nicht tiefergehend behandelt.

2.2.1 Währungsmanagement bei vollkommenem Kapitalmarkt

Unter den idealisierenden Annahmen eines vollkommenen Kapitalmarktes führt ein Management von Währungsrisiken nicht zur Erhöhung des finanziellen Nutzens der Anteilseigner bzw. zur Erhöhung des Unternehmenswertes. Einem vollkommenen Kapitalmarkt liegen folgende Annahmen zugrunde:[67]

1) keine Transaktionskosten, keine Steuern und keine Konkurskosten;
2) beliebige Teilbarkeit aller Wertpapiere sowie keine Marktzugangsbeschränkungen;
3) keine Informationsasymmetrien.

Ausgehend von einem vollkommenen Kapitalmarkt zeigten Modigliani/Miller (1958) die Unabhängigkeit des Marktwertes einer Unternehmung von der gewählten Kapitalstruktur (Modigliani/Miller-Theorem). Begründet wurde die Irrelevanz der Kapitalstruktur durch eine Arbitrageüberlegung, wonach bei einem vollkommenen Kapitalmarkt jede vom Unternehmen gewählte Kapitalstruktur auf Anteilseignerebene durch private Verschuldung (kostenlos) repliziert

---

Smith (1987); Mayers/Smith (1992); Grillet (1992a); Grillet (1992b); Doherty/ Smith (1993).

[67] Vgl. Franke/Hax (1999), S. 334f.

werden kann (Homemade Leverage).[68] Da jede Kapitalstruktur auf Anteilseignerebene kostenlos replizierbar ist, führt eine Veränderung der Kapitalstruktur des Unternehmens nicht zu einer Erhöhung des finanziellen Nutzens der Anteilseigner.

Analog zur Arbitrageüberlegung von Modigliani/Miller (1958) können auf einem vollkommenen Kapitalmarkt die Anteilseigner jede beliebige Abhängigkeit gegenüber Währungsrisiken durch den Einsatz von Währungsderivaten erreichen (Homemade Hedging).[69] Wenn jede Veränderung der originären Risikoposition auf Anteilseignerebene (kostenlos) replizierbar ist, ergeben sich für die Anteilseigner keine Vorteile aus einem Währungsmanagement auf Unternehmensebene. Der Wert eines ungehedgten und eines gehedgten Unternehmens ist folglich gleich.

In späteren Literaturbeiträgen wurde zur Begründung der Irrelevanz der Kapitalstruktur auf die Wertadditivitätseigenschaft des vollkommenen Kapitalmarktes[70] verwiesen.[71] Demnach ist der Marktwert der Einzahlungsüberschüsse aus einem gegebenen Investitionsprogramm gleich dem Marktwert der Auszahlungen an die Kapitalgeber. Der Marktwert der Unternehmung bestimmt sich somit aus den erwarteten operativen Zahlungsüberschüssen und ist unabhängig von der Aufteilung der Zahlungsüberschüsse auf die verschiedenen Kapitalgeber.

Übertragen auf die Hedging-Entscheidung bedeutet dies, dass der Marktwert der Unternehmung unabhängig davon ist, wie durch finanzwirtschaftliche Hedging-Instrumente die operativen Zahlungsüberschüsse zwischen den Anteilseignern und den Derivatepartnern aufgeteilt werden.[72] Alternativ kann argumentiert werden, dass bei Wertadditivität der Marktwert der Unternehmung ohne Hedging-Maßnahmen gleich dem Marktwert mit Hedging-Maßnahmen ist, da der Kapitalwert von Hedging-Instrumenten auf vollkommenen Kapitalmärkten null beträgt.[73]

Neben der Argumentation in Analogie zum Modigliani/Miller-Theorem, lässt sich für diese Modellwelt die Irrelevanz der Hedging-Entscheidung auch im Kontext des Capital Asset Pricing Model (CAPM) zeigen.[74] Der Wert einer Un-

---

[68] Zu einer Darstellung des Arbitragebeweises vgl. Swoboda (1994), S. 95-100 oder Schmidt/Terberger (1999), S. 253-258.

[69] Zur Diskussion der Hedging-Entscheidung in Analogie zum Modigliani/Miller-Theorem vgl. Baron (1976), S. 259f.; Giddy (1977), S. 32; Dufey/Srinivasulu (1983), S. 57 oder MacMinn (1987), S. 1171.

[70] Zur Wertadditivitätseigenschaft eines vollkommenen Kapitalmarktes vgl. Franke/Hax (1999), S. 335-337.

[71] Vgl. Haley/Schall (1973), S. 190-193.

[72] Vgl. Menichetti (1993), S. 9f.; Giddy (1994), S. 156.

[73] Vgl. Pfennig (1998), S. 80.

[74] Vgl. Logue/Oldfield (1977), S. 17; Dufey/Srinivasulu (1983), S. 56f.; Menichetti (1993), S. 14-18; Fite/Pfleiderer (1995), S. 143f. und Roth (1997), S. 60-63.

ternehmung ergibt sich durch Diskontierung der erwarteten Zahlungsüberschüsse mit den risikoadjustierten Kapitalkosten. Der Kapitalkostensatz setzt sich entsprechend des CAPM zusammen aus dem risikofreien Zinssatz und einer Risikoprämie, die nur vom systematischen bzw. nicht-diversifizierbaren Risiko abhängt.[75] Das CAPM postuliert einen linearen Zusammenhang zwischen der Risikoprämie und dem systematischen Risiko. Das systematische Risiko ist das auf Anteilseignerebene nicht diversifizierbare Risiko und entspricht der Kovarianz der erwarteten Rendite des betrachteten Assets und der Rendite des relevanten Marktportfolios. Das CAPM beruht auf der Portfoliotheorie, wonach rational handelnde risikoaverse Anleger möglichst breit diversifizierte Portfolios halten. Da das unsystematische Risiko auf Anteilseignerebene durch Diversifikation kostenlos reduziert werden kann, fordern die Anleger nur für die Übernahme des systematischen Risikos eine Risikoprämie. Es stellt sich nun die Frage, ob Wechselkursrisiken systematisch oder unsystematisch sind.

In den Theoriebeiträgen werden Wechselkursrisiken oftmals als unsystematisch bezeichnet.[76] In diesem Fall können Hedging-Maßnahmen die Kapitalkosten nicht verringern und der Unternehmenswert bleibt unverändert. Die Reduzierung der wechselkursbedingten Variabilität des Unternehmenswertes bringt für die Anteilseigner keinen zusätzlichen finanziellen Nutzen, da das unsystematische Wechselkursrisiko auf Anteilseignerebene durch Diversifikation kostenlos eliminiert werden kann.[77] Die Portfolios der Anteilseigner enthalten sowohl Vermögenswerte, die positiv als auch solche, die negativ mit Wechselkursänderungen korreliert sind, sodass Wechselkursschwankungen den Gesamtwert der Portfolios nicht beeinflussen. Da die diversifizierten Anteilseigner das unsystematische Wechselkursrisiko kostenlos eliminieren können, führt ein Hedging unsystematischer Risiken nicht zu einer Reduzierung der Renditeforderung der Anteilseigner.

Sind hingegen Währungsrisiken systematisch, so kann zwar durch Finanzinstrumente das systematische Risiko an den Kapitalmarkt abgegeben und somit die Kapitalkosten verringert werden. Allerdings sind auf einem vollkommenen Kapitalmarkt die Finanzinstrumente ebenfalls entsprechend des CAPM bewertet. Der Kontraktpartner wird für die Übernahme des systematischen Risikos eine Risikokompensation fordern. Eine Veränderung des systematischen Risikos ist folglich nicht nur mit einer Verringerung der Kapitalkosten, sondern auch mit einer kompensierenden Veränderung der Höhe der bewertungsrelevanten Zah-

---

75 Für eine Darstellung des CAPM vgl. z.B. Brealey/Myers (1996), S. 179-188 oder Schmidt/Terberger (1999), S. 343-375.

76 Vgl. z.B. Rawls/Smithson (1990), S. 10; Dobson/Soenen (1993), S. 35 oder Stulz (1996), S. 12.

77 Vgl. Shapiro/Titman (1986), S. 216; Rawls/Smithson (1990), S. 9f. und Fite/Pfleiderer (1995), S. 142f.

lungsüberschüsse verbunden („wandern entlang der Wertpapiermarktlinie"), sodass im Ergebnis der Unternehmenswert ebenfalls unverändert bleibt.[78]

Zusammenfassend kann festgehalten werden, dass ausgehend von den idealisierenden Annahmen eines vollkommenen Kapitalmarktes ein Währungsmanagement auf Unternehmensebene nicht den Marktwert der Unternehmung bzw. den finanziellen Nutzen der Anteilseigner erhöht. Entstehen dem Unternehmen durch den Aufbau und den Betrieb eines Risikomanagements zusätzliche Kosten, so ist es aus Anteilseignersicht sogar unvorteilhaft.[79]

2.2.2 Währungsmanagement bei unvollkommenem Kapitalmarkt

In diesem Abschnitt werden die Implikationen von real existierenden Marktunvollkommenheiten auf die Relevanz der Hedging-Entscheidung analysiert und Erklärungsansätze für ein unternehmerisches Währungsmanagement aufgezeigt. Die folgenden Ausführungen sind der neoinstitutionalistischen Finanzierungstheorie zuzuordnen. Der Neoinstitutionalismus verwirft nicht die neoklassischen Annahmen und Ergebnisse, sondern verwendet diese vielmehr als gedanklichen Ausgangspunkt und untersucht die Implikationen der Aufhebung einzelner Annahmen.[80]

In Abschnitt 2.2.2.1 werden die ersten beiden der drei im vorherigen Abschnitt 2.2.1 dargestellten Annahmen eines vollkommenen Kapitalmarktes aufgehoben und die Implikationen von Transaktionskosten, Marktzugangsbeschränkungen, Steuern und Konkurskosten für die Relevanz der Hedging-Entscheidung untersucht. Abschnitt 2.2.2.2 hebt die Annahme gleich verteilter Informationen (Annahme 3) auf und zeigt die Wirkung eines Währungsmanagements als Mechanismus zur Reduzierung von Agency-Kosten. Die im Folgenden darzulegenden neoinstitutionalistischen Erklärungsansätze eines unternehmerischen Risikomanagements sind inhaltlich nicht überschneidungsfrei, was sich auch in den unterschiedlichen Abgrenzungen der Erklärungsansätze in der Literatur widerspiegelt.

2.2.2.1 Traditionelle Hedging-Motive

2.2.2.1.1 Nicht-diversifizierte Anteilseigner

Der obigen Argumentation im Rahmen des CAPM lag die Annahme breit diversifizierter Portfolios der Anteilseigner zugrunde. Sind die Anteilseigner hingegen weniger breit diversifiziert und haben einen erheblichen Teil ihres Vermögens in ein Unternehmen investiert, so sind für diese Anteilseigner die gesamten Unter-

---

78 Vgl. Dufey/Srinivasulu (1983), S. 56; Levi/Sercu (1991), S. 27; Smith (1995), S. 24.

79 Vgl. Shapiro/Titman (1986), S. 216.

80 Zur neoinstitutionalistischen Finanzierungstheorie vgl. z.B. Swoboda (1994), S. 162-261 oder Schmidt/Terberger (1999), S. 383-473.

nehmensrisiken ökonomisch relevant.[81] Eine wechselkursinduzierte Änderung des Unternehmenswertes beeinflusst direkt die Vermögensposition der wenig diversifizierten Anteilseigner. Ein Management der Gesamtrisiken erhöht damit den finanziellen Nutzen der wenig diversifizierten Anteilseigner.[82]

Während bei den großen Publikumsgesellschaften überwiegend von international diversifizierten Anteilseignern ausgegangen werden kann, ist der Diversifikationsgrad der Anteilseigner bei mittelständischen Unternehmen oftmals deutlich geringer.[83]

Das Hedging-Motiv eines geringen Diversifikationsgrades erscheint für die mittelständisch geprägte deutsche Wirtschaft durchaus nicht unwesentlich. Verglichen mit dem anglo-amerikanischen Raum sind viele deutsche Unternehmen nicht-börsengehandelt oder ein Großteil der Anteile auch börsengehandelter Gesellschaften befindet sich noch in Familienbesitz.[84] Für diese Inhaberfamilien stellt die Unternehmensbeteiligung zumeist einen Großteil ihres Privatvermögens dar. Folglich sollte bei Familienunternehmen mit größerer Wahrscheinlichkeit ein Hedging zu beobachten sein.

2.2.2.1.2 Transaktions- und Informationskosten

Reale Kapitalmärkte sind abweichend vom Idealbild eines vollkommenen Kapitalmarktes von Transaktionskosten und Informationsasymmetrien gekennzeichnet. Die Arbitrageüberlegung, wonach die Anteilseigner jede beliebige Risikoposition in ihrem Portfolio replizieren können (Homemade Hedging), unterstellte gleiche Transaktionskosten für Unternehmen und Anteilseigner. Allerdings können Unternehmen gegenüber Privatanlegern aufgrund von Größenvorteilen zu günstigeren Konditionen Absicherungsinstrumente erwerben oder Dienstleistungen Dritter in Anspruch nehmen.[85] Darüber hinaus bestehen neben größenbedingten Transaktionskostenvorteilen an Terminmärkten und ausländischen Kreditmärkten teilweise institutionelle Zugangsbeschränkungen.[86] Ein weiterer größenbedingter Kostenvorteil liegt in der Aneignung des für einen Derivateeinsatz notwendigen Know-how.[87]

---

[81] Vgl. Mayers/Smith (1990), S. 37f.; Stulz (1996), S. 13; Fite/Pfleiderer (1995), S. 146; Herbeck (1997), S. 20.

[82] Ein geringer Diversifikationsgrad ist allerdings noch keine hinreichende Bedingung für ein unternehmerisches Währungsmanagement. Zwar liefert ein geringer Diversifikationsgrad der Anteilseigner eine Begründung für ein Währungsmanagement. Dies muss aber nicht zwingend auf Unternehmensebene geschehen, sondern kann alternativ auf Anteilseignerebene erfolgen.

[83] Vgl. Dolde (1993), S. 34; Klingenbeck (1996), S. 45; Fenn/Post/Sharpe (1997), S. 21.

[84] Vgl. Franks/Mayer (1997a), S. 30-35.

[85] Vgl. Dufey/Srinivasulu (1983), S. 57f.; Bartram (1999b), S. 161.

[86] Vgl. Giddy (1977); Stephan (1989), S. 27.

[87] Vgl. Klingenbeck (1996), S. 44; Bartram (1999b), S. 46.

Allerdings hat die Bedeutung von größenbedingten Transaktionskostenvorteilen und institutionellen Zugangsbeschränkungen in den letzten Jahren deutlich abgenommen.[88] Die Märkte für Absicherungsinstrumente haben sich weiterentwickelt und können mittlerweile auch kostengünstig von Privatanlegern genutzt werden. Des Weiteren wird ein immer größerer Teil des Privatvermögens über institutionelle Anleger, welche gegenüber Industrieunternehmen keine Transaktionskostennachteile haben, verwaltet.[89] Allerdings verfügen internationale Unternehmen über die Möglichkeit von realwirtschaftliche Maßnahmen, die Privatanleger und institutionelle Anleger nicht nutzen können.[90]

Neben Transaktionskosten und Zugangsbeschränkungen existieren Informationskosten, die ein Währungsmanagement auf Unternehmensebene vorteilhaft erscheinen lassen. Dieses Informationskostenargument wurde von DeMarzo/ Duffie (1991) formal dargestellt und ausführlich diskutiert.[91] Die Grundintention des Modells wurde allerdings bereits in früheren Literaturbeiträgen angesprochen.[92] Für eine zielgerichtete Absicherungsstrategie sind detaillierte Informationen über Umfang und zeitliche Struktur der originären Exposure-Position notwendig. Diese Exposure-Informationen sind auf Unternehmensebene vorhanden bzw. können aus dem Planungsprozess gewonnen werden. Die Übermittlung der Exposure-Informationen an die Anteilseigner wäre mit erheblichen Kosten verbunden.[93] Zu den Kosten der Informationsübermittlung zählt auch eine mögliche Verschlechterung der Wettbewerbssituation, da die veröffentlichten Informationen eventuell von Konkurrenzunternehmen verwertet werden könnten.[94]

Aufgrund der diskutierten Transaktions- und Informationskosten ist ein Währungsmanagement zwar kostengünstiger auf Unternehmens- als auf Anteilseignerebene, jedoch liefert das Transaktions- und Informationskostenargument keine Begründung, warum überhaupt Währungsrisiken gehedgt werden sollten. Allerdings liefert ein unzureichender Diversifikationsgrad der Anteilseigner in Verbindung mit Transaktions- und Informationskosten eine hinreichende Begründung für ein unternehmerisches Währungsmanagement: Aufgrund eines geringen Diversifikationsgrades sollten im Anteilseignerinteresse Währungsrisi-

[88] Vgl. Klingenbeck (1996), S. 43.

[89] Vgl. Klingenbeck (1996), S. 43; Bartram (1999b), S. 45.

[90] Vgl. Dufey/Srinivasulu (1983), S. 58; Stephan (1989), S. 27.

[91] Vgl. DeMarzo/Duffie (1991), S. 262-268.

[92] Vgl. z.B. Dufey/Srinivasulu (1983), S. 58.

[93] Außerdem liegt zwischen Entstehung der Risikoposition auf Unternehmensebene und Veröffentlichung eine zeitliche Diskrepanz, sodass die Anpassung der Investorenportfolios nur mit zeitlicher Verzögerung erfolgen kann. Vgl. DeMarzo/Duffie (1991), S. 262-268.

[94] Vgl. DeMarzo/Duffie (1991), S. 263; Herbeck (1997), S. 20.

ken gehedgt werden und aufgrund von Transaktions- und Informationskosten sollte dies auf Unternehmensebene erfolgen.[95]

Einzuwenden ist hier allerdings, dass die diversifizierten Anteilseigner eventuell unterschiedliche Risikopräferenzen aufweisen und das vermeintlich transaktionskostenminimierende Hedging auf Unternehmensebene kompensierende Portfolioadjustierungen auf Anteilseignerebene auslöst. Als Gründe für unterschiedliche Risikopräferenzen werden unterschiedliche Konsumpräferenzen, unterschiedliche Bezugswährungen oder Währungs-Exposures außerhalb des Investment-Portfolios genannt.

Ausgehend von den obigen Erläuterungen zu den Transaktionskostenvorteilen sollten größere Unternehmen mit einer Vielzahl von Kleinaktionären mit einer höheren Hedging-Wahrscheinlichkeit ein Währungsmanagement betreiben. Größere Unternehmen können größenbedingte Transaktionskostenvorteile realisieren und unterliegen in geringerem Maße größenbedingten Zugangsbeschränkungen. Auch können größere Unternehmen relativ günstiger als kleinere Unternehmen das spezifische Know-how erwerben und eine für ein Derivateprogramm notwendige Infrastruktur aufbauen.

Aufgrund des von DeMarzo/Duffie (1991) aufgezeigten Informationsproblems sollten jene Unternehmen Derivate einsetzen, bei denen die Anteilseigner keine Informationen über Höhe und Struktur des Wechselkurs-Exposures besitzen. Unternehmen mit geringeren Informationsunterschieden zwischen Management und Anteilseignern sind Tochtergesellschaften.[96] Die Obergesellschaften haben Einblick in die Zahlen des internen Rechnungswesens der Tochtergesellschaften und sind damit auch über die konkreten Risikopositionen informiert. Daneben sind die Informationsunterschiede zwischen Unternehmen und Anteilseignern bei kleineren Unternehmen ausgeprägter. Daraus resultiert – entgegen obiger Hypothese – ein negativer Zusammenhang zwischen Unternehmensgröße und Hedging-Wahrscheinlichkeit.

---

[95] Vgl. Dufey/Srinivasulu (1983), S. 60; Levi/Sercu (1991), S. 29; Giddy (1994), S. 157 und Fite/Pfleiderer (1995), S. 149f.

[96] Zur Quantifizierung der Informationsunterschiede verwendeten Géczy/Minton/Schrand (1997) den Prozentsatz der von institutionellen Investoren gehaltenen Anteile sowie die Anzahl der das Unternehmen beobachtenden Analysten. Diese beiden Informationsvariablen beziehen sich auf Informationsunterschiede bezüglich der Unternehmensentwicklung im Allgemeinen und weniger bezüglich der bestehenden Währungs-Exposures. Damit bilden die von Géczy/Minton/Schrand (1997) verwendeten Informationsvariablen mehr die Art von Informationsunterschieden ab, die dem Modell von Froot/Scharfstein/Stein (1993) bzw. Myers/Majluf (1984) zugrunde liegen, nicht jedoch die von DeMarzo/Duffie (1991) beschriebenen Exposure-Informationsunterschiede.

2.2.2.1.3 Steuern

Bei den Analysen im Rahmen einer neoklassischen Modellwelt in Abschnitt 2.2.1 wurden Steuern ausgeblendet. Smith/Stulz (1985) zeigten die ökonomische Relevanz der Hedging-Entscheidung bei Berücksichtigung von Unternehmenssteuern.[97] In späteren Beiträgen untersuchten insbesondere Eytan (1990) und Graham/Smith (1998) die Hedging-Entscheidung unter Berücksichtigung von Unternehmenssteuern. Demnach führt ein Hedging zu einer Unternehmenswerterhöhung, wenn die Steuerfunktion konvex verläuft, d.h. die Steuerlast progressiv mit der Bemessungsgrundlage ansteigt. Da bei einem konvexen Steuerverlauf ein möglicher Ertragsanstieg relativ stärker besteuert wird als ein Ertragsrückgang, führt die mit einem unternehmerischen Währungsmanagement verbundene Gewinnglättung zu einer Reduzierung des Erwartungswertes der Steuerzahlungen.[98] Dabei fällt die Reduzierung der Steuerlast umso größer aus, je konvexer die Steuerfunktion und je volatiler die Unternehmenserträge. Bei einer streng konvexen Steuerfunktion wird eine maximale Reduktion des Barwertes der Steuerzahlung durch ein vollständiges Hedging erreicht.[99]

In den meisten Steuersystemen sind die Unternehmenssteuern proportional zu den jeweiligen Bemessungsgrundlagen.[100] Eine Konvexität der Steuerfunktion resultiert jedoch aus einer steuerlich asymmetrischen Behandlung von Gewinnen und Verlusten. Während auf Gewinne Steuerzahlungen zu entrichten sind, werden bei Verlusten keine sofortigen Steuerrückzahlungen gewährt. Verlustvorträge können zwar in den Folgejahren genutzt werden, allerdings entsteht in diesem Fall ein Zinsverlust.[101] Die Konvexität der Steuerfunktion ergibt sich somit aus der Unverzinslichkeit der Verlustvorträge. In einem solchen Steuersystem mit linearem Steuertarif und unverzinslichen Verlustvorträgen führt ein unternehmerisches Währungsmanagement zu einer Marktwerterhöhung, wenn durch ein Hedging die Wahrscheinlichkeit eines steuerlichen Verlustes reduziert wird.

Das aufgezeigte Steuerargument ist in unveränderter Form in der deutschen Literatur zu finden.[102] Dort wird oftmals argumentiert, die Unternehmenssteuern von Kapitalgesellschaften (Körperschaft- und Gewerbeertragsteuer) sind proportional zu den entsprechenden Bemessungsgrundlagen und die Konvexität des

---

[97] Vgl. Smith/Stulz (1985), S. 392-395.

[98] Vgl. dazu die nummerischen Beispiele bei Menichetti (1993), S. 52-54, Smith/Smithson/Wilford (1995), S. 102-105 oder Buckley (1996), S. 181-184.

[99] Vgl. Graham/Smith (1998), S. 9.

[100] Eine Konvexität des amerikanischen Steuersystems besteht aufgrund von Sprungstellen in Steuersystem bei null und 100.000 Dollar.

[101] Vgl. Eytan (1990), S. 536-539; Menichetti (1993), S. 52 oder Graham/Smith (1998), S. 3.

[102] Vgl. Menichetti (1993), S. 52-54; Pritsch/Hommel (1997), S. 684; Bartram (1999), S. 49-51.

deutschen Steuersystems resultiere lediglich aus der Existenz von (nicht-verzinslichen) Verlustvorträgen.

Allerdings handelt es sich bei vielen deutschen Unternehmen um Personengesellschaften, für deren Bewertung der persönliche Einkommensteuersatz der Unternehmensinhaber relevant ist.[103] Aufgrund der Konvexität der Einkommensteuer reduziert ein unternehmerisches Hedging den Barwert der Steuerlast.

Aber auch für deutsche Kapitalgesellschaften erscheint eine differenziertere Betrachtung angebracht. Die Möglichkeit der Anrechnung der auf ausgeschüttete Gewinne entfallenen Körperschaftsteuer auf die Einkommensteuer bei in Deutschland einkommensteuerpflichtigen Anteilseignern wird in diesen Beiträgen nicht berücksichtigt. In der neueren deutschen Literatur zur Unternehmensbewertung wird gefordert, für die ausgeschütteten Gewinne keinen Abzug der Körperschaftsteuer von den bewertungsrelevanten Zahlungsüberschüssen vorzunehmen.[104] Vielmehr wird verlangt, die Zahlungsüberschüsse um die Einkommensteuer der Anteilseigner zu kürzen und mit einem um die Einkommensteuer verminderten Diskontierungssatz zu kapitalisieren. Hierbei sei der persönliche Einkommensteuersatz der jeweiligen Anteilseigner relevant. Da der Einkommensteuertarif in Deutschland progressiv verläuft, können (deutsche) Unternehmen durch ein Risikomanagement den Erwartungswert der Einkommensteuer der (in Deutschland steuerpflichtigen) Anteilseigner reduzieren und damit den von den Anteilseignern dem Unternehmen beigemessenen Wert erhöhen. Die Anrechenbarkeit der Körperschaftsteuer und die progressiv verlaufende Einkommensteuer führen somit letztlich zu einer Konvexität im deutschen Steuersystem und liefern somit eine Begründung für ein Risikomanagement auf Unternehmensebene.

Durch die im Frühjahr 2000 verabschiedete Steuerreform, die einen Übergang vom Anrechnungs- zum Halbeinkunftsverfahren beinhaltet, wird diese Konvexität teilweise aufgehoben. Da Dividenden auf Anteilseignerebene hälftig der Einkommensteuer unterliegen, hängt der Unternehmenswert aber weiterhin ab vom persönlichen Einkommensteuersatz. Aufgrund der Konvexität der Einkommensteuerfunktion bedeutet ein Hedging eine Reduzierung der Steuerlast auf Anteilseignerebene.

Erstaunlicherweise wurde weder in amerikanischen noch in deutschen Beiträgen der Zusammenhang zwischen Hedging und Unternehmenswert unter Berücksichtigung der persönlichen Einkommensteuern diskutiert. Die Beiträge zur Relevanz eines Hedging beschränken sich auf die Berücksichtigung der Unternehmenssteuern, obwohl in der Literatur zur Unternehmensbewertung durchweg

---

[103] Zur Bewertung von Personengesellschaften vgl. Mandl/Rabel (1997), S. 177-179.

[104] Vgl. Drukarczyk/Richter (1995), S. 561-563; IDW (1998), Rn. 198; IDW (2000), Rn. 37 und 122. Bei Thesaurierung ist auch die Körperschaftsteuer auf einbehaltene Gewinne im Bewertungskalkül zu berücksichtigen.

eine Bewertung aus Anteilseignersicht unter Berücksichtigung der persönlichen Einkommensteuern gefordert wird.[105]

Unternehmen, deren Vorsteuernergebnis hohen Schwankungen unterliegt, sodass ein steuerlicher Verlust mit vergleichsweise hoher Wahrscheinlichkeit möglich ist, sollten tendenziell eher ein Risikomanagement betreiben. Das Steuerargument ist insbesondere für Unternehmen aus zyklischen Branchen nicht unbedeutsam; dies gilt insbesondere dann, wenn das Unternehmen lediglich in einer Branche und in wenigen Regionen tätig ist. In diesem Sinne sollten auch diversifizierte Unternehmen mit geringerer Wahrscheinlichkeit hedgen. Insgesamt ist das Steuermotiv direkt jedoch nur schwer operationalisierbar.

2.2.2.1.4 Konkurskosten

Entgegen der Idealvorstellung einer neoklassischen Modellwelt sind Unternehmen mit Konkursrisiken behaftet. Der Barwert der Konkurskosten entspricht dem Produkt aus Konkurswahrscheinlichkeit und absoluter Konkurskostenhöhe. Entsprechend den Ausführungen in der Hedging-Theorie führt ein Währungsmanagement infolge der Reduzierung der Konkurswahrscheinlichkeit zu einer Unternehmenswerterhöhung in Höhe des verringerten Barwertes der Konkurskosten.[106]

In der Finanzierungstheorie wird zwischen direkten und indirekten Konkurskosten unterschieden.[107] Die direkten Konkurskosten entstehen in unmittelbarem Zusammenhang mit dem Konkursverfahren und umfassen vor allem Gerichtskosten sowie Kosten des Konkursverwalters. Die direkten Konkurskosten sind weitgehend größenunabhängig. Sie besitzen daher für kleinere Unternehmen eine gewisse Bedeutung, sind aber bei größeren Unternehmen vernachlässigbar.[108]

Die indirekten Konkurskosten werden dagegen betragsmäßig als wesentlich bedeutsamer eingeschätzt.[109] Diese sind dem eigentlichen Konkurs vorgelagert und bestehen bereits bei einer positiven Konkurswahrscheinlichkeit. Die indirekten Konkurskosten umfassen die mit zunehmender Konkurswahrscheinlichkeit ansteigenden Kosten der Gestaltung von Vertragsbeziehungen mit den am Unternehmen beteiligten Stakeholdern, wie Kunden, Lieferanten, Mitarbeiter und insbesondere Kreditgeber.[110] Durch die mit einem unternehmerischen Risiko-

[105] Vgl. Miller (1977), S. 261; Brealey/Myers (1996), S. 482f.; Drukarczyk (1998), S. 127; Wagner (1999), S. 2;

[106] Vgl. Smith/Stulz (1985), S. 395-398; MacMinn (1987), S. 1179-1184; Buckley (1996), S. 179-191; Ross (1996), S. 14-18; Herbeck (1997), S. 36-44 und Bühlmann (1998), S. 121-132.

[107] Vgl. Franke/Hax (1999), S. 459.

[108] Vgl. Nance/Smith/Smithson (1993), S. 269; Pritsch/Hommel (1997), S. 683.

[109] Vgl. die empirischen Untersuchungen von Altman (1984) und Andrade/Kaplan (1998).

[110] Vgl. Shapiro/Titman (1986), S. 216-220; Fite/Pfleiderer (1995), S. 154f.; Smith/Smithson/Wilford (1995), S. 106 und Bühlmann (1998), S. 125-128.

management verbundene geringere Konkurswahrscheinlichkeit können die Kosten der Vertragsgestaltung mit den Stakeholdern gesenkt und somit der Unternehmenswert gesteigert werden. Die mit zunehmender Konkurswahrscheinlichkeit ansteigenden Kosten der Vertragsgestaltung sind dabei letztlich die Folge verschiedener konkurskostenbedingter Agency-Konflikte. Die konkurskosteninduzierten Agency-Probleme sowie die Implikationen für das empirische Finanzierungsverhalten werden innerhalb des folgenden Abschnitts 2.2.2.2 tiefergehend untersucht.

2.2.2.2 Agency-Konflikte und Währungsmanagement

Die folgenden Ausführungen beruhen auf der finanziellen Agency-Theorie und untersuchen, inwieweit ein unternehmerisches Währungsmanagement ein Mechanismus zur Reduzierung möglicher Agency-Kosten ist. Die finanzielle Agency-Theorie betrachtet ein Unternehmen als ein Nexus aus einer Vielzahl von vertraglichen Beziehungen und beschäftigt sich mit der optimalen Ausgestaltung der Finanzierungsbeziehungen zwischen den am Unternehmen beteiligten Interessengruppen.[111]

Allgemein liegt eine Prinzipal-Agent-Beziehung vor, wenn eine Person oder Personengruppe (Prinzipal) Entscheidungsbefugnis an eine andere Person oder Personengruppe (Agent) delegiert, wobei der Prinzipal die Konsequenzen der Handlungen des Agenten trägt. Ein Agency-Konflikt besteht, wenn der Agent über einen Informationsvorsprung gegenüber dem Prinzipal verfügt und eigene Interessen verfolgt. Ein opportunistisch handelnder Agent wird seinen eigenen Nutzen und nicht den des Prinzipals maximieren. Die Agency-Kosten ergeben sich als Differenz zwischen dem Nutzenwert des Prinzipals in einer Situation mit vollkommenen Informationen und dem in einer Situation mit unvollkommenen Informationen. Rationale Prinzipale werden diese Interessenkonflikte bei der Vertragsgestaltung berücksichtigen und die Agency-Kosten auf den Agenten abwälzen.

Den folgenden Ausführungen liegt die weite Abgrenzung einer Agency-Beziehung nach Arrow (1985) zugrunde. Demnach werden abhängig von der Art des Informationsvorsprungs des Agenten zwei Formen von Agency-Problemen unterschieden: Hidden Information und Hidden Action.[112] Im Fall der Hidden Information verfügt der Agent vor Vertragsabschluss über Informationen bezüglich relevanter Sachverhalte. Beispiele für Hidden Information aus der finanziel-

[111] Die finanzielle Agency-Theorie hat ihren Ursprung in dem viel beachteten Artikel von Jensen/Meckling (1976). Für einen Überblick über die verschiedenen Ansätze der finanziellen Agency-Theorie vgl. z.B. Cools (1993), S. 83-134 oder Swoboda (1994), S. 162-261.

[112] In der Literatur ist auch eine weitere Abgrenzung eines Agency-Problems, die nur das Hidden Action Problem umfasst, zu finden. Vgl. Swoboda (1994), S. 162-164.

len Agency-Theorie sind die Agency-Konflikte, die aus einem Informationsvorsprung eines Managers über seine Fähigkeiten oder über den wahren Wert eines Finanzierungstitels resultieren.

Eine Situation von Hidden Action bzw. von Moral Hazard liegt vor, wenn nach Vertragsabschluss die Handlungen des Agenten nicht oder nicht kostenlos beobachtet werden können. Das Ergebnis der Handlung des Agenten wird dabei von exogenen Einflussfaktoren überlagert. Dies führt zu Handlungsspielräumen für ein opportunistisches Verhalten des Agenten. Beispiele für Hidden Action sind die Neigungen der Manager zur Überinvestition oder die Anreize der Anteilseigner für eine riskante Investitionspolitik zulasten der Fremdkapitalgeber. Wie in den nachfolgenden Ausführungen aufgezeigt wird, kann sowohl aus Hidden Information- als auch aus Hidden Action-Problemen eine ökonomische Begründung für ein unternehmerisches Währungsmanagement abgeleitet werden.

Im folgenden Abschnitt 2.2.2.2.1 werden mögliche Konfliktpotenziale zwischen den Stakeholdern und den Anteilseignern aufgezeigt und untersucht, inwieweit ein Währungsmanagement eine Reduzierung der Agency-Kosten ermöglicht. Darauf folgend werden zwei Stakeholdergruppen näher betrachtet: Abschnitt 2.2.2.2.2 beschäftigt sich mit dem Manager-Anteilseigner-Konflikt und Abschnitt 2.2.2.2.3 mit dem Fremdkapitalgeber-Anteilseigner-Konflikt. Abschnitt 2.2.2.2.4 untersucht Hedging vor dem Hintergrund von Agency-Problemen bei Eigenkapitalaufnahme. In Abschnitt 2.2.2.2.5 wird das Modell von Froot/Scharfstein/Stein (1993) vorgestellt, das auf informationsökonomisch bedingten höheren Außenfinanzierungskosten beruht und das den gegenwärtig umfassendsten geschlossenen Ansatz zur Begründung eines unternehmerischen Risikomanagements darstellt.

2.2.2.2.1 Stakeholder-Anteilseigner-Konflikt

Die Stakeholder eines Unternehmens – wie Mitarbeiter, Kunden und Zulieferer – sind zumeist unzureichend diversifiziert oder die Übernahme von zusätzlichen Risiken, einschließlich der unsystematischen Risiken, verursacht auf Stakeholderebene zusätzliche Kosten.[113] Ob und zu welchem Preis die Stakeholder bereit sind, Geschäftsbeziehungen mit dem Unternehmen einzugehen, hängt von den mit der Geschäftsbeziehung verbundenen Risiken ab. Bei hoher Konkurswahrscheinlichkeit und hohem Gesamtrisiko fordern die Stakeholder entsprechende Kompensationszahlungen für das übernommene Risiko. Die höheren Kompensationszahlungen reduzieren die Zahlungsüberschüsse und vermindern somit den Unternehmenswert.[114]

---

[113] Vgl. Smith/Stulz (1985), S. 399; Shapiro/Titman (1986), S. 216; Mayers/Smith (1990), S. 21 und Bartram (1999), S. 40f.

[114] Vgl. Smith/Stulz (1985), S. 399; Shapiro/Titman (1986), S. 220.

Cornell/Shapiro (1987) unterteilen die Ansprüche der Stakeholder in explizite und implizite Ansprüche. Explizite Ansprüche sind vertraglich kontrahierte Ansprüche; implizite Ansprüche sind die mit einer Geschäftsbeziehung einhergehenden vertraglich nicht explizit kontrahierten bzw. nicht kontrahierbaren Erwartungen der Stakeholder.[115] Beispiele für implizite Ansprüche sind die Erwartungen der Mitarbeiter bezüglich Arbeitsplatzsicherheit und die Erwartungen der Kunden bezüglich zukünftiger Serviceleistungen. Die verschiedenen Stakeholdergruppen halten sowohl explizite als auch implizite Ansprüche. So haben bspw. Lieferanten sowohl explizite Ansprüche in Form von Forderungen aus Lieferung und Leistung als auch implizite Ansprüche in Form zukünftiger Geschäftsopportunitäten.

Die expliziten Ansprüche der Stakeholder sind prinzipiell vergleichbar mit den Ansprüchen der Fremdkapitalgeber und führen zu ähnlichen Anreizkonflikten.[116] Die Halter expliziter Ansprüche partizipieren nicht an einem möglichen Erfolg, müssen aber einen möglichen Verlust teilweise mittragen. Für die Anteilseigner besteht daher ein Anreiz, durch eine riskante Investitionspolitik den Wert der eigenen Ansprüche zulasten der Ansprüche der Halter expliziter Ansprüche zu erhöhen.

Die aus expliziten Ansprüchen resultierenden Agency-Kosten sind den indirekten Konkurskosten zuzurechnen. Ist ein Konkurs ausgeschlossen, bestehen auch keine Anreizkonflikte, da eine Vermögensverschiebung zulasten der Halter expliziter Ansprüche nicht möglich ist. Ein Risikomanagement reduziert die Konkurswahrscheinlichkeit und ist somit ein Mechanismus zur Entschärfung des Moral Hazard-Problems. Die Agency-Konflikte im Zusammenhang mit expliziten Ansprüchen werden in Abschnitt 2.2.2.2.3 im Rahmen des Fremdkapitalgeber-Anteilseigner-Konfliktes nochmals aufgegriffen und tiefergehend diskutiert.

Der Wert, den die Stakeholder den impliziten Ansprüchen beimessen, ist neben der Konkurswahrscheinlichkeit zudem vom Gesamtrisiko abhängig.[117] Die impliziten Ansprüche können auch dann an Wert verlieren, falls ein Konkurs ausgeschlossen ist. So können bspw. bei Restrukturierungen, die zwar die Konkurswahrscheinlichkeit verringern, aber mit einer Geschäftsschrumpfung verbunden sind, die impliziten Ansprüche von Mitarbeitern und Lieferanten, wie zukünftige Karrierechancen bzw. Geschäftsopportunitäten, an Wert verlieren.

Darüber hinaus ist die Abhängigkeit der impliziten Ansprüche vom Unternehmenswert oftmals konkav.[118] So werden sich bspw. die impliziten Ansprüche „Serviceleistung" und „Arbeitsplatzsicherheit" bei positiver Unternehmensentwicklung relativ weniger stark verbessern als bei negativer Unternehmens-

115 Vgl. Cornell/Shapiro (1987), S. 6.

116 Vgl. Bessembinder (1991), S. 522; Pfennig (1998), S. 116.

117 Vgl. Cornell/Shapiro (1987), S. 12.

118 Vgl. Cornell/Shapiro (1987), S. 12; Pfennig (1998), S. 88.

entwicklung verschlechtern. Bei einer solchen Konkavität führt ein Risikomanagement zu einer weiteren Erhöhung des Wertes der impliziten Ansprüche.

Eine wesentliche Stakeholdergruppe sind die Kunden. Finanzielle Schwierigkeiten können die Konditionen der Absatzgeschäfte nachteilig beeinflussen.[119] Im Falle einer höheren Konkurswahrscheinlichkeit wird dem expliziten Anspruch „Garantieleistung" ein geringerer Wert beigemessen. Zudem verlieren die impliziten Ansprüche (wie Ersatzteilbereitstellung, Wartung oder andere Serviceleistungen) bei einer sich verschlechternden Unternehmenssituation an Wert.[120] Außerdem stellen bei vielen Produkten implizite Ansprüche in Form zukünftiger Erweiterungs- oder Upgrade-Möglichkeiten einen wesentlichen Wert für den Kunden dar.

In Zusammenhang mit der Stakeholdergruppe Kunden wird in der Hedging-Literatur ein weiteres Anreizproblem diskutiert. Unternehmen mit hohem Konkursrisiko besitzen einen Anreiz, Produkte mit verminderter Qualität anzubieten.[121] Während Unternehmen mit geringem Konkursrisiko spätere Ersatzforderungen und insbesondere Reputationsverluste fürchten müssen, kann sich die Produktion eines Gutes minderwertiger Qualität für eine Unternehmung mit sehr hohem Konkursrisiko als rational erweisen. Ein Unternehmen in angespannter finanzieller Lage kann nur sehr schwer Qualität glaubwürdig signalisieren. Infolge einer hohen Konkurswahrscheinlichkeit ist ein möglicher Reputationsverlust kein glaubwürdiger Bindungsmechanismus.[122] Die Kunden werden diese Fehlanreize antizipieren und bei der Preisbildung berücksichtigen, sodass das Unternehmen letztlich die Agency-Kosten dieses Kunden-Anteilseigner-Konfliktes trägt. Durch die Reduzierung der Konkurswahrscheinlichkeit kann ein Risikomanagement dieses Hidden Information-Problem entschärfen.

Die Gestaltung der Geschäftsbeziehungen mit der Stakeholdergruppe Zulieferunternehmen wird sich bei höherer Konkurswahrscheinlichkeit und höherem Gesamtrisiko ebenfalls als schwieriger erweisen.[123] Bei hoher Unsicherheit über die zukünftige Geschäftsentwicklung haben die impliziten und expliziten Ansprüche einen geringeren Wert und die Lieferanten fordern eine entsprechende Risikokompensation. Die Gestaltung der Geschäftsbeziehungen wird sich ins-

---

[119] Vgl. Shapiro/Titman (1986), S. 217-219; Smith (1995), S. 25.

[120] Eindrucksvolle Beispiele sind die beträchtlichen Absatzeinbußen infolge Existenz bedrohender finanzieller Schwierigkeiten des amerikanischen Automobilkonzerns Chrysler Ende der siebziger Jahre, des deutschen Elektrounternehmens AEG Anfang der achtziger Jahre oder des niederländischen Softwareunternehmens Baan Ende der neunziger Jahre.

[121] Vgl. Shapiro/Titman (1986), S. 217f.; Smith/Smithson/Wilford (1995), S. 107.

[122] Der in finanzielle Schwierigkeiten geratene amerikanische Automobilkonzern Chrysler versuchte Qualität zu signalisieren, indem alle Neuwagen eine weit über dem Branchendurchschnitt liegende Garantiezeit besaßen. Vgl. Shapiro/Titman (1986), S. 218f.

[123] Vgl. Shapiro/Titman (1986), S. 219; Bartram (1999b), S. 41.

besondere dann als schwierig erweisen, wenn von Seiten der Lieferanten spezifische Investitionen erforderlich sind. Auch die Anwerbung von neuen Mitarbeitern und die Vertragsgestaltung mit den bisherigen Mitarbeitern kann sich bei unsicherer Unternehmensentwicklung schwieriger gestalten.[124]

Insgesamt können die Unternehmen die impliziten und expliziten Ansprüche bei hoher Konkurswahrscheinlichkeit und hohem Gesamtrisiko nur zu einem niedrigeren Wert veräußern bzw. die Stakeholder fordern entsprechende Risikokompensationen. Darüber hinaus können die Stakeholder aufgrund unzureichender Informationen das Risiko kaum korrekt einschätzen und werden daher die Risikoprämien überhöht ansetzen.[125]

Durch ein Währungsmanagement können die Konkurswahrscheinlichkeit und das Gesamtrisiko gesenkt und damit der Wert der expliziten und impliziten Ansprüche erhöht werden.[126] Das Unternehmen kann dann die expliziten und impliziten Ansprüche günstiger veräußern bzw. muss geringere Risikokompensationen entrichten, was zu einer Erhöhung der bewertungsrelevanten Zahlungsströme und somit des Unternehmenswertes führt.

Unternehmen, bei denen der Stakeholder-Anteilseigner-Konflikt besonders ausgeprägt ist, sind Unternehmen mit langlebigen und sehr spezifischen Produkten sowie Unternehmen, die von Seiten der Lieferanten und Geschäftspartner sehr spezifische Investitionen verlangen. Auch bei jungen Unternehmen, die noch keine Reputation aufgebaut haben, können zusätzliche Kosten aus dem Stakeholder-Anteilseigner-Konflikt entstehen. Folglich sollte bei diesen Unternehmen mit größerer Wahrscheinlichkeit ein Risikomanagement zu beobachten sein.

2.2.2.2.2 Manager-Anteilseigner-Konflikt

2.2.2.2.2.1 Theoretische Erklärungsansätze

Die moderne Publikumsgesellschaft ist durch die Trennung von Eigentum und Unternehmensführung gekennzeichnet. Eine besondere Bedeutung bei der Erklärung eines unternehmerischen Währungsmanagements kommt den Managerinteressen zu, da die Manager letztlich über die Hedging-Maßnahmen zu entscheiden haben.[127]

In der Hedging-Literatur werden in Verbindung mit dem Manager-Anteilseigner-Konflikt verschiedene Überlegungen diskutiert. Die Literatur beschäftigt sich überwiegend mit den Agency-Kosten infolge unterschiedlicher Risikopräferenzen von Managern und Anteilseignern. Daneben untersuchen einige Beiträge

---

[124] Vgl. Shapiro/Titman (1986), S. 219; Bartram (1999b), S. 41.

[125] Vgl. Menichetti (1993), S. 42.

[126] Vgl. Shapiro/Titman (1986), S. 216; Menichetti (1993), S. 41f.; Pfennig (1998), S. 117.

[127] Vgl. Stulz (1984), S. 127; Lypny (1993), S. 208.

den Zusammenhang zwischen Entlohnungssystem und Manageranreizen. In einigen neueren Beiträgen wird das Managerverhalten vor dem Hintergrund des Einflusses eines Hedging auf den Informationsgehalt der Ergebnisgrößen analysiert.

Die Manager halten typischerweise unzureichend diversifizierte Portfolios und ein Großteil des Managervermögens ist in Form von Humankapital im Unternehmen investiert.[128] Das Humankapital entspricht dabei dem Barwert aller zukünftigen Einkommenszahlungen. Aufgrund des geringen Diversifikationsgrades sind für die Manager die gesamten Unternehmensrisiken relevant. Zusätzlich ist eine Managementtätigkeit mit nicht-monetären Vorteilen, wie Sozialprestige, verbunden.

Die Manager halten vorwiegend implizite Ansprüche in Form zukünftiger Karrieremöglichkeiten und zukünftiger Einkommenszahlungen. Im Konkursfall würden die Manager nicht nur ihren Arbeitsplatz verlieren, sondern auch erhebliche Reputationsverluste hinnehmen müssen, sodass sie entweder überhaupt keinen neuen Arbeitsvertrag oder nur einen zu wesentlich ungünstigeren Konditionen erhalten würden. Allerdings vermindert sich die Reputation der Manager bzw. deren Marktwert nicht nur im Konkursfall, sondern bereits bei einer sich verschlechternden Unternehmenssituation. Daher ist für die Manager das Gesamtrisiko relevant. Die Manager werden für ein erhöhtes Risiko eine entsprechende Risikokompensation fordern.[129] Ein Risikomanagement verringert das Unternehmensrisiko sowie die geforderte Risikoprämie der Manager und führt somit zu einer Unternehmenswertsteigerung.

In den einschlägigen Theoriebeiträgen wird Hedging vor allem als ein Mechanismus zur Reduzierung der Agency-Kosten des Risikopräferenzproblems diskutiert.[130] Die Trennung von Unternehmensführung und Eigentum ermöglicht den Managern eine Orientierung an den Eigeninteressen. Für die unzureichend diversifizierten Manager besteht ein Anreiz das Gesamtrisiko zu senken. Eine solche Risikoreduktion könnte bspw. durch eine höhere Eigenkapitalquote oder einen höheren Diversifikationsgrad des Unternehmens erreicht werden. Beides ist mit erheblichen Kosten für die Anteilseigner verbunden. Eine Eigenkapitalerhöhung führt zu höheren Agency-Kosten des Eigenkapitals[131] und macht even-

---

[128] Vgl. Mayers/Smith (1982), S. 283; Campbell/Kracaw (1987), S. 316; Bühlmann (1998), S. 173 und Cummins/Phillips/Smith (1998), S. 33.

[129] Vgl. Smith/Stulz (1985), S. 402; Fite/Pfleiderer (1995), S. 159; Stulz (1996), S. 19; Cummins/Phillips/Smith (1998), S. 33 und Raposo (1999), S. 44.

[130] Vgl. Smith/Stulz (1985), S. 402; Pritsch/Hommel (1997), S. 676f.

[131] Die Agency-Kosten des Eigenkapitals resultieren insbesondere aus dem Manager-Anteilseigner-Konflikt und werden in der Literatur unter den Begriffen Managerial Consumption und Überinvestition diskutiert. Vgl. die einschlägigen Beiträge von Jensen/Meckling (1976) und Jensen (1986).

tuelle Steuervorteile des Fremdkapitals zunichte.[132] Auch eine Risikoreduktion durch Branchendiversifikation wird in der Literatur als äußerst problematisch angesehen.[133]

Werden keine Hedging-Maßnahmen durchgeführt, so besteht die Gefahr einer Ablehnung von Investitionsprojekten durch die risikoaversen Manager aufgrund eines hohen Gesamtrisikos, obwohl diese aus Anteilseignersicht vorteilhaft wären. Dementsprechend ist vorstellbar, dass das Management ein kapitalwertnegatives, aber sicheres Investitionsprojekt durchführt. Während sich die Manager bei ihren Investitions- und Finanzierungsentscheidungen am Gesamtrisiko orientieren, ist für die Anteilseigner hingegen nur das systematische Risiko relevant. Die unterschiedlichen Risikopräferenzen zwischen Management und Anteilseignern führen zu Abweichungen gegenüber dem marktwertmaximalen Investitions- und Finanzierungsprogramm. Ein Risikomanagement kann diese Fehlanreize teilweise reduzieren, indem die unsystematischen Risiken eines kapitalwertpositiven Investitionsprojektes gesenkt werden und das Projekt somit ebenfalls aus Managersicht vorteilhaft ist.[134]

Eine Entschärfung des Manager-Anteilseigner-Konfliktes durch Hedging lässt sich auch im Rahmen des viel beachteten Ansatzes von Stulz (1990) zeigen. In seinem Modell bedeutet eine höhere Cashflow-Volatilität höhere Agency-Kosten in Form von Überinvestitions- oder Unterinvestitionskosten.[135] Ein zu hoher Cashflow führt zu der von Jensen (1986) beschriebenen Überinvestitionssituation, in der das Management aus Eigeninteressen auf die Ausschüttung überschüssiger Finanzmittel verzichtet und auch kapitalwertnegative Investitionsprojekte durchführt.[136] Folge eines zu geringen Cashflows sind Unterinvestitionssituationen, da aufgrund von Informationsasymmetrien das Management nicht die gesamten notwendigen Finanzmittel aufnehmen kann. Die Anteilseigner sind sich den Manageranreizen zur Überinvestition bewusst und das Management kann

---

[132] Steuervorteile einer Fremdfinanzierung ergeben sich in Deutschland aufgrund der Gewerbeertragsteuer. Bemessungsgrundlage der Gewerbeertragsteuer ist der Gewinn vor Steuern zuzüglich der Hälfte der Zinsaufwendungen für Dauerschulden. Der Übergang vom Anrechnungs- zum Halbeinkunftsverfahren infolge der im Frühjahr 2000 verabschiedeten Steuerreform führt zu weiteren Steuervorteilen einer Fremdfinanzierung gegenüber einer Eigenkapitalfinanzierung. Durch das Anrechnungsverfahren wurde eine steuerliche Diskriminierung einer Eigenkapitalfinanzierung durch die Körperschaftsteuer vermieden.

[133] Vgl. Berger/Ofek (1995), May (1995) oder Denis/Denis/Sarin (1997).

[134] Vgl. Smith/Stulz (1985), S. 402; Pritsch/Hommel (1997), S. 676f.

[135] Vgl. Stulz (1990), S. 3f.

[136] Entsprechend der Free Cash Flow-Hypothese von Jensen (1986) versuchen die Manager durch ein Unternehmenswachstum ihr Ansehen und Machtpotenzial zu steigern. Daher werden überschüssige Finanzmittel nicht ausgeschüttet, sondern in kapitalwertnegative Projekte investiert. Vgl. Jensen (1986), S. 323.

den Anteilseignern nicht glaubwürdig die ausschließliche Durchführung kapitalwertpositiver Investitionen versichern.

In dem Modell von Stulz (1990) besteht folglich ein positiver Zusammenhang zwischen Cashflow-Volatilität und Agency-Kosten.[137] Ein Hedging ermöglicht die Verringerung der Cashflow-Volatilität und senkt durch die Reduzierung der Eintrittswahrscheinlichkeit für Überinvestitions- oder Unterinvestitionssituationen auch die Agency-Kosten.[138]

In den obigen Ausführungen zum Risikopräferenzproblem und zum Ansatz von Stulz (1990) wurde ein Risikomanagement als Mechanismus zur Entschärfung des Manager-Anteilseigner-Konfliktes vorgestellt. Bei Levi/Sercu (1991) und in einigen empirischen Studien wird dagegen argumentiert, dass Hedging selbst ein Agency-Problem darstellt.[139] Die risikoaversen und unzureichend diversifizierten Manager haben typischerweise einen ausgeprägten Anreiz zur Risikoreduktion. Für die Manager sind die Kosten der Absicherung ihres persönlichen Exposure geringer, wenn auf Unternehmensebene gehedgt wird. Daher besteht die Gefahr, dass die Manager Absicherungsmaßnahmen durchführen, selbst wenn diese aufgrund der hohen Hedging-Kosten aus Anteilseignersicht unvorteilhaft sind.

Auf ein weiteres Agency-Problem im Zusammenhang mit Managerinteressen und Hedging verweist Tufano (1998). In der Corporate Governance-Literatur wird dem Kapitalmarkt eine Kontrollfunktion zugesprochen. Durch wiederkehrende externe Finanzmittelaufnahmen übt der Kapitalmarkt eine disziplinierende Wirkung auf das Management aus. Die mit einem Hedging verbundene Sicherstellung der Innenfinanzierungskraft führt indes zu weniger häufigen Finanzmittelaufnahmen, wodurch das Management sich der Kontrolle des Kapitalmarktes entzieht.[140] Die Manager haben somit ein Interesse an einer Implementierung eines Risikomanagements. Ein Risikomanagement führt zu zusätzlichen Freiräumen für die Manager und erhöht somit die Agency-Kosten des Manager-Anteilseigner-Konfliktes.

Eine Reihe von Beiträgen beschäftigt sich mit dem Einfluss der Entlohnungsfunktion auf das Hedging-Verhalten. Smith/Stulz (1985) untersuchen die Auswirkungen des Verlaufes der Entlohnungsfunktion auf die Manageranreize.[141] Die Entlohnungsfunktion zeigt den Zusammenhang zwischen Unternehmenswert und Managerentlohnung. Bei einer konkaven Entlohnungsfunktion besteht die optimale Hedging-Strategie für die Manager in einer vollständigen Absicherung. Bei einer konvexen Entlohnungsfunktion hängt der Absicherungsgrad zusätzlich

[137] Vgl. Stulz (1990), S. 16-18.

[138] Vgl. Stulz (1990), S. 18.

[139] Vgl. Tufano (1996), S. 1109; Fenn/Post/Sharpe (1997), S. 20; Knopf/Nam/Thornton (2000), S. 1f.

[140] Vgl. Tufano (1998), S. 68.

[141] Vgl. Smith/Stulz (1985), S. 399-402.

von der Nutzenfunktion der Manager, die den Entlohnungen Nutzenwerte zuweist, ab. Das optimale Hedging-Verhalten ist dabei abhängig von den Steigungen der Entlohnungs- und Nutzenfunktion. Dabei kann sich auch für einen risikoaversen Manager – bei ausgeprägter Konvexität der Entlohnungsfunktion – ein vollständiger Verzicht auf Hedging als optimal erweisen.[142] Eine ausgeprägte Konvexität entsteht bspw. bei einer Managerentlohnung mittels Aktienoptionen.

Campbell/Kracaw (1987) erweitern Smith/Stulz (1985) um Überlegungen zum Arbeitseinsatz der Manager.[143] Dabei zeigt sich, dass ein Hedging bei konkaver Entlohnungsfunktion den Arbeitseinsatz der Manager erhöhen kann.[144] Begründet wird dies durch einen mit zunehmendem Risiko einhergehenden abnehmenden Arbeitseinsatz der risikoaversen Manager. Ein Hedging führt infolge des erhöhten Arbeitseinsatzes zu einer Unternehmenswertsteigerung und ist somit im Interesse der Anteilseigner.[145]

Eine neuere angrenzende Forschungsrichtung beschäftigt sich mit dem Einfluss von Hedging-Maßnahmen auf den Informationsgehalt der Ergebnisgrößen. DeMarzo/Duffie (1995) argumentieren, dass ein Hedging mögliche Störeinflüsse reduziert und den Informationsgehalt der Ergebnisgrößen erhöht.[146] In dem Modell von DeMarzo/Duffie (1995) zeigt sich darüber hinaus, dass es für die Anteilseigner optimal ist, wenn lediglich die Ergebnisgrößen nicht jedoch die Hedging-Strategien offen gelegt werden.[147] Bei Veröffentlichung der Hedging-Strategie werden die Manager auf eine aus Anteilseignersicht sinnvolle Absicherung eventuell verzichten, da die Ergebnisgrößen in diesem Fall aussagekräftiger sind und die Anteilseigner daher sensibler auf Ergebnisänderungen reagieren.

Breeden/Viswanathan (1998) greifen die Überlegungen zum Informationsgehalt der Ergebnisgrößen auf und unterstellen Informationsasymmetrien über die Fähigkeiten der Manager. In dem Modell erweist sich Hedging als ein Mechanismus zur Signalisierung der wahren Fähigkeiten der Manager. Fähige Manager führen im Modell Hedging-Aktionen durch, um die Störwirkungen auf die Ergebnisgröße zu reduzieren und ihre Fähigkeit zu signalisieren.[148] Dagegen haben weniger fähige Manager den Anreiz, Hedging-Aktionen zu unterlassen, um eine Beurteilung durch die Anteilseigner zu erschweren. Während im Modell

---

[142] Vgl. Smith/Stulz (1985), S. 401.

[143] Auch die Beiträge von Chang (1997) und Gillenkirchen/Velthuis (1997) beschäftigen sich mit dem Zusammenhang zwischen Risikomanagement, Anreizverträgen und Managerverhalten.

[144] Vgl. Campbell/Kracaw (1987), S. 320-324.

[145] Zu ähnlichen Modellaussagen gelangen Gillenkirchen/Velthuis (1997), deren Untersuchung sich mit optimalen Anreizverträgen beschäftigt, wobei die Manager das Anstrengungsniveau bestimmen und das unsystematische Risiko beeinflussen können.

[146] Ähnlich argumentieren auch Fite/Pfleiderer (1995), S. 159-162.

[147] Vgl. DeMarzo/Duffie (1995), S. 744-746.

[148] Vgl. Breeden/Viswanathan (1998), S. 6.

die Hedging-Entscheidung selbst annahmegemäß nicht beobachtbar ist, können die Anteilseigner aber aus den Ergebnisentwicklungen Rückschlüsse über die Fähigkeit der Manager gewinnen.[149]

2.2.2.2.2.2 Implikationen für empirisches Hedging-Verhalten

In der normativen Hedging-Literatur wird ein unternehmerisches Risikomanagement als ein Mechanismus zur Entschärfung des Risikopräferenzproblems diskutiert. In empirischen Untersuchungen wird als deskriptiver Erklärungsansatz ebenfalls auf die Managerinteressen verwiesen. Allerdings wird dort Hedging weniger als ein Instrument zur Lösung des Risikopräferenzproblems diskutiert, sondern es wird argumentiert, dass die (unzureichend diversifizierten) Manager als Entscheidungsträger bei der Hedging-Entscheidung vorwiegend ihre Eigeninteressen verfolgen. Die opportunistischen Manager würden dementsprechend ein Risikomanagementsystem auch dann implementieren, wenn dies aufgrund der hohen Hedging-Kosten aus Anteilseignersicht nicht vorteilhaft wäre.[150] In diesem Sinne ist Hedging nicht ein Mechanismus zur Reduzierung der Agency-Kosten des Risikopräferenzproblems, sondern stellt selbst ein Agency-Problem dar. Diese Agency-Kosten des Hedging werden in der normativen Hedging-Diskussion nur ansatzweise aufgegriffen.

Das Risikopräferenzproblem und die eigeninteressenbedingten Manageranreize für eine Risikoreduzierung sind umso ausgeprägter, je höher das Gesamtrisiko des Unternehmens, je konkaver die Entlohnungsfunktion und je höher das gebundene Humankapital ist.[151] Für die empirische Untersuchung ergibt sich daraus die Hypothese eines positiven Zusammenhangs zwischen der Höhe des gebundenen Managervermögens und einem Hedging.

Inwieweit Managerinteressen die Hedging-Entscheidung beeinflussen, ist neben den Manageranreizen auch von der Möglichkeit der Durchsetzung der Managerinteressen abhängig. In der Corporate Governance-Literatur wird die Bedeutung von Großaktionären für die Kontrolle des Managements hervorgehoben.[152] Großaktionären wird dabei die Fähigkeit zugesprochen, durch die aktive Wahrnehmung ihrer Stimmrechte das opportunistische Managerverhalten einzu-

---

149 Vgl. Breeden/Viswanathan (1998), S. 26.

150 Interessant wären Informationen über die konkrete Ausgestaltung der Entlohnungsfunktion. Abhängig vom Verlauf der Entlohnungsfunktion ergeben sich für die Manager unterschiedliche Hedging-Anreize. Vgl. Smith/Stulz (1985), S. 399-402; Campbell/Kracaw (1987) und Gillenkirchen/Velthuis (1997).

151 Vereinfachend ist hier auf die Höhe des gebundenen Humankapitals abgestellt. Tatsächlich entscheidend ist jedoch erstens der Anteil des gebundenen Humankapitals relativ zum Privatvermögen des Managers sowie zweitens der Grad der Risikoaversion des Managers.

152 Vgl. bspw. Franks/Mayer (1997a), S. 43; Bolton/Thadden (1998), S. 3 oder Maug (1998), S. 69.

schränken.[153] Daher sollte in der Teilgruppe der hedgenden Unternehmen ein höherer Streubesitz beobachtbar sein.

Allerdings ist zu bedenken, dass im Mittelpunkt der theoretischen und empirischen Beiträge zu Corporate Governance-Problemen der Manager-Anteilseigner-Konflikt in Form von Managerial Consumption sowie der Free Cash Flow-Hypothese steht. Der hier vorliegende Manager-Anteilseigner-Konflikt resultiert dagegen aus divergierenden Risikopräferenzen. Der Großaktionär wird nur dann auf das Management disziplinierend einwirken, wenn der Großaktionär ähnliche Risikopräferenzen besitzt wie die diversifizierten Anteilseigner. Falls der Großaktionär nicht diversifiziert ist oder das hedgbare Unternehmensrisiko auf Großaktionärsebene zusätzliche Kosten verursacht, so ist auch der Großaktionär – entgegen den Interessen der diversifizierten Anteilseigner – an einer Risikoreduzierung interessiert.[154] Für die empirische Arbeit ist problematisch, dass die zusätzlichen Kosten auf Großaktionärsebene und damit auch die Kontrollwirkung kaum quantifizierbar sind.

Aus den neueren Arbeiten von DeMarzo/Duffie (1995) und Breeden/Viswanathan (1998), in denen Hedging zu einer Erhöhung des Informationsgehalts der Ergebnisgröße führt und Hedging somit eine transparentere Beurteilung der Manager ermöglicht, kann darüber hinaus abgeleitet werden, dass die Fähigkeiten und Qualifikationen der Manager von hedgenden Unternehmen höher sind. Zwar kann dies durchaus ein wesentlicher Erklärungsansatz für das empirische Hedging-Verhalten sein, allerdings ist dieser Ansatz nur schwer zu operationalisieren.

2.2.2.2.3 Agency-Kosten des Fremdkapitals

Breiten Raum nehmen in der Literatur die Implikationen eines Währungsmanagements auf den Fremdkapitalgeber-Anteilseigner-Konflikt und die Fremdkapitalkosten ein. Dabei werden zwei Formen des Fremdkapitalgeber-Anteilseigner-Konfliktes diskutiert: zum einen das Risk Shifting-Problem (Abschnitt 2.2.2.2.3.1) und zum anderen das Unterinvestitionsproblem nach Myers (1977) (Abschnitt 2.2.2.2.3.2). Beide Konfliktpotenziale resultieren aus der unterschiedlichen Gestalt der Zahlungsansprüche der Fremdkapital- und der Eigenkapital-

---

153 Ein Kontrolleinfluss von Großaktionären bei deutschen Unternehmen bestätigt sich bspw. in der empirischen Untersuchung von Schmid (1996b). Bei Franks/Mayer (1997b) konnte dagegen ein disziplinierender Einfluss von Großaktionären nicht nachgewiesen werden. Vgl. Schmid (1996b), S. 546-551 und Franks/Mayer (1997b), S. 24.

154 Tufano (1996), der sich ebenfalls mit der disziplinierenden Kontrollwirkung von Großaktionären in Zusammenhang mit der Hedging-Entscheidung beschäftigt, betont ausdrücklich, dass die von ihm betrachteten Großaktionäre breit diversifizierte institutionelle Anleger sind. Vgl. Tufano (1996), S. 1120.

geber sowie dem Informationsvorsprung der Manager-Anteilseigner[155] gegenüber den Fremdkapitalgebern. In beiden Fällen handelt es sich um Hidden Action-Probleme.

Das Risk Shifting-Problem wie auch das Unterinvestitionsproblem beschreibt eine Situation, in der für die Manager-Anteilseigner von verschuldeten Unternehmen ein Anreiz besteht, von dem Investitionsprogramm abzuweichen, welches bei voller Eigenfinanzierung realisiert würde. Die Fehlanreize zur Abweichung vom optimalen marktwertmaximierenden Investitionsprogramm beruhen dabei auf Vermögensverschiebungseffekten. Da rationale Fremdkapitalgeber dieses Fehlverhalten antizipieren und bei der Kreditvertragsgestaltung berücksichtigen, tragen letztlich die Anteilseigner die Agency-Kosten des Fremdkapitalgeber-Anteilseigner-Konfliktes. Ein Hedging stellt einen Mechanismus zur Reduzierung der fremdkapitalinduzierten Fehlanreize dar. Die mit einer Fremdkapitalaufnahme zugesicherten Hedging-Maßnahmen induzieren eine marktwertmaximierende Investitionsentscheidung der Anteilseigner. Die folgenden Ausführungen beziehen sich zwar explizit auf den Fremdkapitalgeber-Anteilseigner-Konflikt, sind jedoch prinzipiell auf die Konfliktpotenziale zwischen den Stakeholdern mit expliziten Ansprüchen und den Anteilseignern übertragbar.

2.2.2.2.3.1 Risk Shifting-Problem

Bei einem mit Fremdkapital finanzierten Unternehmen besteht für die Anteilseigner ein Anreiz zu einer riskanten Investitionspolitik, durch die der Marktwert des Eigenkapitals zulasten der Fremdkapitalgeber erhöht wird. Dieser in der Literatur als Risk Shifting oder Asset Substitution bezeichnete Agency-Konflikt geht auf Fama/Miller (1972) und Jensen/Meckling (1976) zurück und beruht auf der Asymmetrie der Ansprüche der Eigen- und Fremdkapitalgeber.[156] Im Erfolgsfall sind die Zahlungen an die Fremdkapitalgeber auf den Zins- und Rückzahlungsbetrag beschränkt, wohingegen im Verlustfall die Fremdkapitalgeber eventuell geringere Beträge erhalten.[157]

Das Risk Shifting-Problem bzw. die dahinter stehenden asymmetrischen Ansprüche der Kapitalgeber lassen sich alternativ mittels der Optionspreistheorie veranschaulichen. Die Vermögenspositionen der Anteilseigner und Fremdkapitalgeber können als Optionspositionen interpretiert werden.[158] Die Vermögensposition der Anteilseigner entspricht ökonomisch einer Kaufoption auf den Un-

[155] Die Annahme eines Manager-Anteilseigners bzw. eines im Interesse der Anteilseigner handelnden Managers ist eine vereinfachende Annahme, um den Manager-Anteilseigner-Konflikt auszublenden. Vgl. Perridon/Steiner (1995), S. 490.

[156] Vgl. Jensen/Meckling (1976), S. 334-337.

[157] Für ein nummerisches Beispiel vgl. Franke/Hax (1999), S. 421f.oder Jaffe/Ross/Westerfield (1999), S. 399-402.

[158] Vgl. Brealey/Myers (1996), S. 563-566 oder Jaffe/Ross/Westerfield (1999), S. 565-570.

ternehmenswert, wobei der Basiswert der Kaufoption der Unternehmenswert und der Ausübungspreis der Fremdkapitalbetrag ist. Die Fremdkapitalgeberposition kann finanzwirtschaftlich als ein Portfolio, bestehend aus der Stillhalterposition dieser Kaufoption und dem Unternehmenswert, aufgefasst werden.[159] Gemäß der Optionspreistheorie besteht ein positiver Zusammenhang zwischen Optionswert und Volatilität des Basiswertes. Eine Erhöhung der Volatilität des Unternehmenswertes führt zu einer Erhöhung des Wertes der Long-Position der Anteilseigner und einer Verringerung des Wertes der Stillhalterposition der Fremdkapitalgeber. Ein Volatilitätsanstieg bedeutet folglich eine Erhöhung des Marktwertes des Eigenkapitals und eine Verringerung des Marktwertes des Fremdkapitals. Insofern führt eine riskante Investitionspolitik zu einem Vermögenstransfer von den Fremdkapitalgebern zu den Anteilseignern.[160]

Die Eigenkapitalgeber einer verschuldeten Unternehmung haben daher nach Abschluss der Kreditverträge einen Anreiz, durch eine riskante Investitionspolitik die Volatilität zu erhöhen. Es kommt somit zu Abweichungen gegenüber dem marktwertmaximierenden Investitionsprogramm; die Anteilseigner wählen Investitionsprojekte, die bei ausschließlicher Eigenfinanzierung nicht realisiert würden.[161] Die Risikoanreizwirkung der Fremdfinanzierung führt somit zu Wohlfahrtsverlusten. Die Fehlanreize für eine solche wohlfahrtsmindernde riskante Investitionspolitik steigen dabei mit zunehmendem Verschuldungsgrad.[162]

Rationale Fremdkapitalgeber werden dieses Konfliktpotenzial antizipieren und bei der Gestaltung der Kreditverträge berücksichtigen.[163] Die Fremdkapitalgeber werden eine Risikokompensation in Form höherer Fremdkapitalkosten fordern. Außerdem werden die Fremdkapitalgeber versuchen, durch entsprechende Kreditvertragsklauseln die Zins- und Tilgungszahlungen sicherzustellen.[164] Beispiele für solche Vertragsklauseln sind die Bereitstellung von Kreditsicherheiten, Gläubigermitspracherechte bei Investitionsvorhaben, Kündigungsklauseln, Einräumung von Options- oder Wandlungsrechten, Dividendenbeschränkungen oder

---

[159] Alternativ kann die Vermögensposition der Anteilseigner als ein Portfolio aus dem Unternehmen und einer Verkaufsoption auf das Unternehmen aufgefasst werden; die Fremdkapitalgeber halten die Stillhalterposition der Verkaufsoption und eine risikolose Anleihe. Vgl. Jaffe/Ross/Westerfield (1999), S. 567-570.

[160] Vgl. Smith/Smithson/Wilford (1995), S. 107f.; Jaffe/Ross/Westerfield (1999), S. 570-572.

[161] Vgl. Zwirner (1989), S. 183; Swoboda (1994), S. 173; Pfennig (1998), S. 108-111.

[162] Vgl. Zwirner (1989), S. 185.

[163] Vgl. Jaffe/Ross/Westerfield (1999), S. 423.

[164] Vgl. Dobson/Soenen (1993), S. 40; Pritsch/Hommel (1997), S. 679; Jaffe/Ross/Westerfield (1999), S. 402.

Eigenkapitalanforderungen.[165] Insgesamt haben diese Vertragsklauseln jedoch nicht unbedeutende Kreditnebenkosten zur Folge.

In der Hedging-Literatur wird ein unternehmerisches Währungsmanagement als ein Instrument zur Entschärfung des Risk Shifting-Problems diskutiert.[166] Falls durch Hedging-Maßnahmen eine vollständige Rückzahlung des Kreditbetrages in jedem Umweltzustand gewährleistet wird, so ist eine Vermögensverschiebung zulasten der Fremdkapitalgeber nicht möglich. In diesem Fall induzieren die bei den Vertragsverhandlungen zugesicherten Hedging-Maßnahmen ein marktwertmaximierendes Verhalten der Anteilseigner und die Agency-Kosten des Fremdkapitals betragen null.[167] Wird durch ein Währungsmanagement die Konkurswahrscheinlichkeit reduziert, so werden die fremdkapitalinduzierten Fehlanreize gesenkt und die Agency-Kosten des Fremdkapitals verringert.

Ein Hedging führt in ähnlicher Weise zu einer Verringerung fremdkapitalinduzierter Fehlanreize bzw. zur Senkung der Agency-Kosten des Fremdkapitals wie eine Erhöhung der Eigenkapitalquote. An dieser Stelle zeigt sich deutlich der Zusammenhang zwischen Kapitalstruktur- und Hedging-Entscheidung.[168] Durch ein Hedging können bei konstantem Verschuldungsgrad die Agency-Kosten des Fremdkapitals gesenkt werden. Alternativ ermöglicht ein Hedging einen höheren Verschuldungsgrad bei unveränderten Agency-Kosten des Fremdkapitals; infolge des höheren Verschuldungsgrades ergeben sich geringere Agency-Kosten des Eigenkapitals und steuerliche Vorteile aus der höheren Fremdfinanzierung.[169]

Bei der Beurteilung eines unternehmerischen Hedging als Mechanismus zur Entschärfung des Risk Shifting-Problems ist allerdings zu hinterfragen, welche konkreten Bindungs- oder Kontrollmechanismen die Beibehaltung einer zuvor bei Kreditvergabe zugesicherten Absicherungspolitik sicherstellen. Diesem Bindungsaspekt wird in der Literatur erstaunlicherweise relativ wenig Aufmerksamkeit gewidmet. In gleicher Weise wie die Anteilseigner einen Anreiz besitzen, nach der Kreditvergabe ein risikoreicheres Investitionsprogramm durchzuführen, bestehen Anreize, durch die Aufgabe der Absicherungsstrategie das Risiko und somit den Marktwert des Eigenkapitals zu erhöhen.[170] Darüber hinaus besteht für

[165] Zu den verschiedenen Instrumente zur Reduzierung der fremdkapitalinduzierten Fehlanreize vgl. Swoboda (1994), S. 175-178 und S. 213-218 sowie die dort angegebene Literatur.

[166] Vgl. Shapiro/Titman (1986), S. 217; Pritsch/Hommel (1997), S. 679.

[167] Vgl. Zwirner (1989), S. 184; Dobson/Soenen (1993), S. 39f.; Smith/Smithson/Wilford (1995), S. 108.

[168] Vgl. Zwirner (1989), S. 184; Dobson/Soenen (1993), S. 39f.; Smith/Smithson/Wilford (1995), S. 108.

[169] Vgl. Fußnote 131 und 132.

[170] Auf dieses Bindungsproblem haben bereits Smith/Stulz (1985), S. 389 hingewiesen.

die Anteilseigner sogar ein Anreiz, durch einen spekulativen Einsatz von derivativen Finanzinstrumenten die Risikoposition des Unternehmens zu erhöhen.[171]

Ein bloßer Verweis auf Reputationseffekte erscheint zur Lösung dieses Agency-Konflikts wenig überzeugend. Ein Reputationsaufbau ist für ein Unternehmen in finanziell schwieriger Situation nur schwer möglich, da im Konkursfall mit einem Reputationsverlust keine weiteren negativen Konsequenzen verbunden sind. Die glaubwürdige Bindungswirkung eines möglichen Reputationsverlustes gilt folglich für Unternehmen mit hoher Konkurswahrscheinlichkeit nur eingeschränkt.

In der Literatur wird auf spezifische Kreditvertragsklauseln verwiesen, die das Unternehmen zu einem Währungsmanagement verpflichten.[172] Zwar könnte hier eingewandt werden, dass alternativ die Anteilseigner gleich zur Durchführung des optimalen Investitionsprogramms vertraglich verpflichtet werden könnten. Allerdings wird in der Literatur argumentiert, die Kosten der Überwachung der Hedging-Strategie seien geringer als die Kosten der Überwachung der Investitionspolitik.[173] Die Probleme bei der Überwachung und der Beurteilung der Zweckmäßigkeit eines Hedging-Programms zeigen sich allerdings deutlich am kontrovers diskutierten Fall der Metallgesellschaft AG.[174]

2.2.2.2.3.2 Unterinvestitionsproblem nach Myers

Neben dem Risk Shifting-Problem wird in der Literatur mit dem Unterinvestitionsproblem nach Myers (1977) ein weiterer fremdkapitalinduzierter Fehlanreiz diskutiert, der ein unternehmerisches Währungsmanagement begründen kann.[175] Beim Unterinvestitionsproblem kommt es wie beim Risk Shifting-Problem zu Abweichungen gegenüber dem marktwertmaximierenden Investitionsprogramm, welches bei vollständiger Eigenfinanzierung realisiert würde. Während beim Risk Shifting-Problem die Eigenkapitalgeber den Anreiz haben, riskantere Inves-

---

171 Vgl. Pfennig (1998), S. 112.

172 Vgl. Zwirner (1989), S. 184; Pfennig (1998), S. 103.

173 Vgl. Smith/Stulz (1985), S. 398; Pfennig (1998), S. 103.

174 Im Geschäftsjahr 1993/94 wurde das Konzernergebnis der Metallgesellschaft AG mit einem Verlust von über 3 Mrd. DM resultierend aus börsengehandelten Termingeschäften des amerikanischen Tochterunternehmens MGRM belastet, womit praktisch das gesamte Eigenkapital der Metallgesellschaft AG aufgezehrt wurde. Mit der verfolgten Hedging-Strategie sollten langfristige Lieferverpflichtungen mit kurzfristig revolvierenden Termingeschäften gehedgt werden. Während einige Autoren die Hedging-Strategie der Metallgesellschaft als problematisch einschätzten, kritisierten andere Autoren die Glattstellung der Terminpositionen und beurteilten die Hedging-Strategie der MGRM als prinzipiell zweckmäßig. Vgl. Geschäftsbericht Metallgesellschaft 1993/94, S. 8f. und S. 14f. sowie die Diskussionen bei Culp/Miller (1995), Kropp (1995) oder Spremann/Herbeck (1997) und die dort angegebene Literatur.

175 Vgl. Mayers/Smith (1987), S. 47-51; Bessembinder (1991), S. 520; Dobson/Soenen (1993), S. 36-39; Pfennig (1998), S. 100-103.

titionsprojekte durchzuführen, werden beim Unterinvestitionsproblem kapitalwertpositive Projekte ausgelassen.

Das Unterinvestitionsproblem nach Myers (1977) beschreibt eine Situation, in der ein Investitionsprojekt teilweise fremdfinanziert wird und zur Finanzierung erst eine Fremdkapitalaufnahme und anschließend eine Einzahlung der Eigenkapitalgeber erfolgt. In dieser Situation können jedoch unter bestimmten Bedingungen für die Anteilseigner fremdkapitalinduzierte Anreize bestehen, die nachgelagerte Einzahlung nicht zu leisten und das kapitalwertpositive Projekt zu unterlassen.

Aus der nachgelagerten Einzahlung der Anteilseigner und der Durchführung des kapitalwertpositiven Projektes ergeben sich zwei Effekte:[176] Erstens wird der Kapitalwert des Projektes realisiert und zweitens findet ein Vermögenstransfer von den Anteilseignern zu den Fremdkapitalgebern statt, da infolge der erhöhten Haftungsmasse die Ausfallwahrscheinlichkeit des Fremdkapitals sinkt. Ist der Kapitalwert des Projektes geringer als der Vermögenstransfer, werden die Anteilseigner kein Eigenkapital zur Finanzierung der kapitalwertpositiven Investitionen bereitstellen und es entsteht eine Unterinvestitionssituation. Eine Unterinvestition ist insbesondere bei hoher Konkurswahrscheinlichkeit und hoher Verschuldungsquote wahrscheinlich. Rationale Fremdkapitalgeber werden diese fremdkapitalinduzierten Fehlanreize wiederum erkennen und bei der Vertragsgestaltung berücksichtigen. Das Unternehmen muss höhere Zinszahlungen entrichten oder Kreditsicherheiten bereitstellen. Letztlich tragen die Anteilseigner die Agency-Kosten des Unterinvestitionsproblems.

Das aufgezeigte Unterinvestitionsproblem wurde erstmals von Mayers/Smith (1987) in Zusammenhang mit Absicherungsinstrumenten (Versicherungsverträgen) diskutiert.[177] In einem späteren Beitrag erweiterte Bessembinder (1991) die Modellierung von Myers (1977) um die Möglichkeit des Einsatzes von Termingeschäften. Die Untersuchungen zeigten, dass durch Absicherungsmaßnahmen die Unterinvestitionssituation vermieden und die Fremdkapitalkosten gesenkt werden können. Der Grund für die Vermeidung einer Unterinvestitionssituation liegt in der Verminderung der Konkurswahrscheinlichkeit. Durch die Verminderung der Konkurswahrscheinlichkeit sind Vermögensverschiebungseffekte weniger wahrscheinlich. Somit sind fremdkapitalinduzierte Fehlanreize weniger wahrscheinlich und die Anteilseigner werden mit größerer Wahrscheinlichkeit die Einzahlung leisten, um das kapitalwertpositive Projekt durchführen zu können.[178] Daher werden wiederum auch die Fremdkapitalgeber gewillt sein, das zur

---

[176] Vgl. Myers (1977), S. 149-154.

[177] Die Ausführungen beziehen sich zwar auf Versicherungsverträge, können aber nach Mayers/Smith (1987), S. 51f. auch auf Finanzderivate übertragen werden.

[178] Vgl. Mayers/Smith (1987), S. 47-51; Zwirner (1989), S. 179; Bessembinder (1991), S. 522f.; Pfennig (1998), S. 102 und das nummerische Beispiel bei Smith/Smithson/Wilford (1995), S. 110-113.

Finanzierung notwendige Kapital bereitzustellen bzw. zu günstigeren Bedingungen bereitzustellen.

Ähnlich wie beim Risk Shifting-Problem wirkt auch hier ein Hedging-Programm wie eine Eigenkapitalerhöhung und senkt die Agency-Kosten des Fremdkapitals. Allerdings stellt sich ebenfalls hier die Frage, welche Kontroll- und Bindungsmechanismen die Beibehaltung der zugesicherten Absicherungsstrategie gewährleisten. Die Anteilseigner haben einen Anreiz, nach der Fremdkapitalaufnahme das zugesicherte Hedging-Programm aufzugeben und die Einzahlung zur Finanzierung des Investitionsprojektes zu unterlassen.[179]

Sowohl das Unterinvestitionsproblem als auch das Risk Shifting-Problem können den indirekten Konkurskosten zugerechnet werden. Bestünde keine Ausfallwahrscheinlichkeit des Fremdkapitals, würden die Agency-Kosten des Fremdkapitals null betragen. Während die Literatur dem Risk Shifting-Problem eine hohe praktische Relevanz zuspricht, wird das Unterinvestitionsproblem nach Myers (1977) teilweise als weniger bedeutsam eingeschätzt.[180] Insbesondere aber für Unternehmen mit finanziellen Schwierigkeiten und hohem Verschuldungsgrad erscheint das Unterinvestitionsproblem nicht unwesentlich.[181]

2.2.2.2.3.3 Implikationen für empirisches Hedging-Verhalten

Das Risk Shifting-Problem ist abhängig von der Höhe der Konkurswahrscheinlichkeit. Bei zunehmender Konkurswahrscheinlichkeit besteht für die Anteilseigner ein stärkerer Anreiz, zulasten der Fremdkapitalgeber das Investitionsrisiko zu erhöhen. Auch eine Unterinvestitionssituation nach Myers (1977) ist mit zunehmender Konkurswahrscheinlichkeit wahrscheinlicher. Durch die mit einem Risikomanagement verbundene Reduzierung der Konkurswahrscheinlichkeit können der Erwartungswert der Konkurskosten gesenkt und der Unternehmenswert erhöht werden. Ein Indikator für die Konkurswahrscheinlichkeit ist die Unternehmensverschuldung. Insofern kann für die empirische Untersuchung die Hypothese eines positiven Zusammenhangs zwischen Verschuldung und Hedging postuliert werden.

Ein ausgeprägter Fremdkapitalgeber-Anteilseigner-Konflikt besteht auch für Wachstumsunternehmen, da die zukünftigen Cashflows mit erheblichen Informationsproblemen behaftet sind und die immateriellen Vermögensgegenstände nicht als Kreditsicherheit dienen können. Dementsprechend sollte zwischen Hedging und Wachstumsopportunitäten ein positiver Zusammenhang bestehen.

Des Weiteren sollte in der Teilgruppe der hedgenden Unternehmen ein höherer Anteil von nicht-diversifizierten Unternehmen sein. Bei diversifizierten Un-

---

[179] Vgl. Bessembinder (1991), S. 528f.; Pfennig (1998), S. 103.

[180] Vgl. Klingenbeck (1996), S. 48.

[181] Vgl. Dolde (1995), S. 190; Brealey/Myers (1996), S. 493. Für eine Quantifizierung der Agency-Kosten des Fremdkapitals vgl. die Simulationsstudie von Parrino/Weisbach (1999).

ternehmen gegenüber nicht-diversifizierten Unternehmen sind – bei gleicher Verschuldung – die Fremdkapitalgeber-Anteilseigner-Konflikte aufgrund von Risikoausgleichseffekten auf Unternehmensebene geringer.

Die Bedeutung des Fremdkapitalgeber-Anteilseigner-Konflikts für das Hedging-Verhalten deutscher Unternehmen ist vor dem Hintergrund der Bankenlastigkeit des deutschen Finanzsystems zu beurteilen. Für Deutschland charakterisierend ist ein erheblicher Einfluss der Banken auf die Unternehmenssteuerung.[182] Deutsche Banken besitzen teilweise umfangreiche Industriebeteiligungen und erhalten darüber hinaus infolge der Wahrnehmung von Depotstimmrechten zusätzliches Einflusspotenzial.[183] Im Ergebnis sind Bankenvertreter in zahlreichen Aufsichtsräten vertreten. Da die Banken über einen direkten Einblick in die internen Planungszahlen verfügen und maßgeblichen Einfluss auf die Investitionspolitik ausüben können, ist der Fremdkapitalgeber-Anteilseigner-Konflikt wenig ausgeprägt und die Fremdkapitalkosten sind tendenziell geringer. Aufgrund des Fremdkapitalkostenarguments sollten Unternehmen, bei denen Banken in die Geschäftstätigkeit involviert sind, geringere Anreize für die Implementierung eines Risikomanagementsystems haben.

Dagegen kann argumentiert werden, die Banken befürworteten zur Sicherstellung der Kreditrückzahlung ein Risikomanagement. Außerdem erwirtschaften die Finanzinstitute im Derivategeschäft mit Unternehmenskunden nicht unwesentliche Ergebnisbeiträge. Somit ist durchaus denkbar, dass die Banken ihre Einflusspotenziale nutzen und die Implementierung eines Risikomanagements – mehr oder weniger aktiv – fördern. Für Unternehmen, bei denen ein erheblicher Bankeneinfluss besteht, sollte folglich eine höhere Derivateeinsatz-Wahrscheinlichkeit beobachtbar sein.

2.2.2.2.4 Agency-Kosten der externen Eigenfinanzierung

Eine wertsteigernde Wirkung eines Währungsmanagements lässt sich auch in Anlehnung an Myers/Majluf (1984) begründen.[184] In diesem Modell führen Informationsasymmetrien zwischen Managern und externen Eigenkapitalgebern zu einer Unterinvestitionssituation. Die Manager verzichten unter gewissen Bedingungen auf eine Emission von Eigenkapitaltiteln und unterlassen Investitionsprojekte, die bei vollständigen Informationen realisiert würden. Wie beim Risk Shifting-Problem und beim Unterinvestitionsproblem nach Myers (1977) ergeben sich Abweichungen gegenüber dem marktwertmaximierenden Investitionsprogramm. Während die Fremdkapitalgeber-Anteilseigner-Konflikte auf Vermö-

[182] Für eine Untersuchung des Bankeneinflusses auf die Unternehmenssteuerung in Deutschland vgl. Edwards/Fischer (1994), Perlitz/Segner (1994), Schmid (1996a) und Schmid (1996b).

[183] Zum Depotstimmrecht vgl. z.B. Wenger (1992).

[184] Vgl. Froot/Scharfstein/Stein (1994), S. 94; Pfennig (1998), S. 96-99.

gensverschiebungen zwischen Anteilseignern und Fremdkapitalgebern aufgrund einer positiven Konkurswahrscheinlichkeit beruhen, resultiert das im Folgenden darzulegende Unterinvestitionsproblem aus Informationsunterschieden zwischen Managern und externen Kapitalgebern.

Das Modell von Myers/Majluf (1984) unterstellt, dass Altaktionäre bei Kapitalerhöhung nicht zeichnen (können), dass die Manager im Interesse der Altaktionäre handeln und dass die Manager gegenüber den externen Eigenkapitalgebern über einen Informationsvorsprung in Hinblick auf den wahren Unternehmenswert verfügen.[185] Erachten die besser informierten Manager den augenblicklichen Aktienkurs als unterbewertet, so wird das im Interesse der Altaktionäre handelnde Management eventuell auf eine Kapitalerhöhung zur Realisierung kapitalwertpositiver Projekte verzichten.[186] Eine Emission unterbewerteter Eigenkapitaltitel würde zu einem Vermögenstransfer von den Altaktionären zu den Neuaktionären führen, wenn sich die Informationsunterschiede und damit die Fehlbewertung in der Folgezeit wieder auflösen. Das Management wird dann auf eine Eigenkapitalerhöhung verzichten, wenn die möglichen Verluste infolge des Vermögenstransfers den anteiligen Vermögenszuwachs aus dem Investitionsprojekt übersteigen. Obgleich der Investitionsverzicht aus Altaktionärssicht rational ist, wird eine mögliche Unternehmenswerterhöhung nicht realisiert. Diese nicht realisierte Unternehmenswerterhöhung entspricht den Agency-Kosten der externen Eigenfinanzierung.[187]

Darüber hinaus kann sich eine Unterinvestitionssituation zudem bei überbewerteten Aktien ergeben.[188] Die Kapitalgeber kennen den Informationsvorsprung der Manager und antizipieren, dass eine Emission nur bei unterbewerteten Aktien durchgeführt wird. Daher werten die Kapitalgeber eine bezugsrechtslose Kapitalerhöhung generell als ein negatives Signal über den wahren Unternehmenswert mit der Folge eines sinkenden Aktienkurses. Die Investitionen werden daher zuerst durch Rückgriff auf finanzielle Reserven oder über eine Fremdkapitalaufnahme[189] finanziert.[190] Eine Eigenkapitalerhöhung wird nur dann erfolgen,

---

[185] Vgl. Myers/Majluf (1984), S. 189-191; Entrup (1995), S. 67-72.

[186] Vgl. Myers/Majluf (1984), S. 192-194 und S. 198-203.

[187] Vgl. Pfennig (1998), S. 98.

[188] Vgl. Myers/Majluf (1984), S. 203; Froot/Scharfstein/Stein (1994), S. 94.

[189] Unterinvestitionssituationen können auch mit einer Emission von risikobehaftetem Fremdkapital verbunden sein, da das Management einen Informationsvorteil über den Risikogehalt und damit den wahren Wert des Fremdkapitals besitzt. Allerdings erscheint diese Form der Unterinvestition von geringerer praktischer Relevanz. Vgl. Myers/Majluf (1984), S. 209; Froot/Scharfstein/Stein (1994), S. 94.

[190] Die Hierarchie von Finanzierungsformen wird in der Literatur als Pecking Order-Theorie bezeichnet. Zur Pecking Order-Theorie vgl. Myers (1984), S. 581; Myers/ Majluf (1984), S. 207-209 oder Schwenold (2000), S. 23-27.

wenn eine zusätzliche Fremdkapitalaufnahme nicht mehr möglich ist bzw. die Kosten zu hoch sind.

In der finanzwirtschaftlichen Literatur werden als Instrumente zur Vermeidung einer solchen Unterinvestitionssituation der Aufbau von Liquiditätsreserven und die Schaffung von Fremdfinanzierungsmöglichkeiten angeführt.[191] In der Hedging-Literatur wird Hedging als ein weiterer Mechanismus zur Reduzierung der Agency-Kosten der externen Eigenfinanzierung angeführt.[192] Hedging ermöglicht eine zusätzliche Fremdkapitalaufnahme, da mit der Reduzierung der Agency-Kosten des Fremdkapitals eine Erhöhung des Verschuldungspotenzials verbunden ist. Zudem kann ein Hedging gewährleisten, dass ausreichend Finanzmittel für die Finanzierung der kapitalwertpositiven Investitionen vorhanden sind, indem ein währungsbedingter Rückgang des operativen Cashflows unter das geplante Investitionsvolumen verhindert wird.[193] Durch die Sicherstellung ausreichender Zahlungsmittel wirkt Hedging ähnlich einer Erhöhung der Liquiditätsreserven. Im Gegensatz zum Aufbau von Liquiditätsreserven vermeidet ein Hedging aber die mit hohen Liquiditätsbeständen ansteigenden Agency-Kosten des Manager-Anteilseigner-Konfliktes.

Kritisch ist anzumerken, dass die Modellierungen von Myers/Majluf (1984) nur eingeschränkt auf die deutschen Kapitalmarktverhältnisse übertragbar sind. Hier sei erstens auf das unterschiedliche Emissionsverfahren und zweitens auf die besondere Bedeutung der Hausbanken im Rahmen der Emissionen verwiesen. Der oben dargestellte Vermögensverschiebungseffekt beruht auf einer Bezugsrechtsausschlussemission. Zwar ist es deutschen Aktiengesellschaften seit der Reform des §186 AktG im Rahmen des zweiten Finanzmarktförderungsgesetzes im Jahre 1994 gestattet, unter gewissen Bedingungen eine Eigenkapitalerhöhung im Rahmen einer Bezugsrechtsausschlussemission durchzuführen, nach wie vor bevorzugt die Mehrzahl der deutschen Unternehmen jedoch Bezugsrechtsemissionen. Zeichnen die bisherigen Aktionäre die Emission entsprechend ihrem Kapitalanteil, so kann sich bei der Emission bzw. der Auflösung der Unterbewertung in der Folgezeit auch keine Vermögensverschiebung von den Altaktionären zu den Neuaktionären ergeben.[194]

Außerdem ist der deutsche gegenüber dem amerikanischen Kapitalmarkt durch eine enge Bindung der Unternehmen an jeweils nur eine oder wenige Banken gekennzeichnet. Typischerweise nehmen die Hausbanken auch im Emissi-

---

[191] Vgl. Myers/Majluf (1984), S. 216f. und Brealey/Myers (1996), S. 501.

[192] Vgl. Froot/Scharfstein/Stein (1994), S. 94; Pfennig (1998), S. 98.

[193] Vgl. Froot/Scharfstein/Stein (1993), S. 1634-1636; Froot/Scharfstein/Stein (1994), S. 94-96.

[194] Letztlich ist nicht entscheidend, ob eine Bezugsrechtsemission oder eine Bezugsrechtsausschlussemission durchgeführt wird, sondern in welchem Umfang die Altaktionäre entsprechend ihrer bisherigen Kapitalanteile an der Kapitalerhöhung teilnehmen. Vgl. dazu Eckbo/Masulis (1992).

onskonsortium eine zentrale Rolle ein. Infolge der engen Geschäftsbeziehung kann die Hausbank bei der Festsetzung des Emissionspreises auf Informationen zurückgreifen, die den übrigen Kapitalmarktteilnehmern nicht zur Verfügung stehen. Da die Konsorzialbanken aus Reputationsgründen einer Emission von überbewerteten Eigenkapitaltiteln nicht zustimmen werden, dürfte die von Myers/Majluf (1984) beschriebene Unterinvestitionssituation für deutsche Unternehmen weniger relevant sein.[195] Dabei kann die in Deutschland typische Übernahmegarantie der Emission durch die Konsorzialbanken als ein glaubwürdiges Qualitätssignal gewertet werden.[196] Die Institution der Hausbank fungiert hier als Mechanismus zur Überwindung von Informationsasymmetrien im Zusammenhang mit einer Eigenkapitalemission.

Empirische Studien zur Ankündigung von Finanzierungsmaßnahmen unterstützen die obige Argumentation, wonach die Kosten der externen Eigenfinanzierung in Deutschland geringer sind als in den USA.[197] Insgesamt erscheint daher der auf Myers/Majluf (1984) aufbauende Erklärungsansatz eines unternehmerischen Hedging für deutsche Unternehmen von vergleichsweise geringerer Bedeutung.

2.2.2.2.5 Agency-Kosten der Außenfinanzierung

2.2.2.2.5.1 Froot/Scharfstein/Stein (1993)

Der meistbeachtete Beitrag der jüngeren Literatur zum unternehmerischen Risikomanagement, der auch explizit in den neueren empirischen Untersuchungen aufgegriffen wird, stammt von Froot/Scharfstein/Stein. Der Ansatz beruht auf verschiedenen in den vorherigen Abschnitten dargestellten Agency-Konflikten. Der dem Modell zugrunde liegende ökonomische Gehalt der Koordinierung der Cashflows wurde erstmals von Lessard (1990) verbal vorgebracht und später von Froot/Scharfstein/Stein formalisiert und verfeinert.[198] Aufgrund der hohen Bedeutung wird das Modell von Froot/Scharfstein/Stein nachfolgend detailliert dargestellt. Im Folgenden wird zunächst der ökonomische Gehalt des Modells verbal verdeutlicht, anschließend die Modellstruktur erläutert und letztlich die Annahme steigender Grenzkosten der Außenfinanzierung kritisch hinterfragt.

---

[195] Natürlich entstehen in Deutschland bei der Hausbank durch den Prüfungs- und Preisfestsetzungsprozess höhere Kosten, die auch in Form von Gebühren an die Unternehmen weitergegeben werden. Bankgebühren werden jedoch bei Myers/Majluf (1984) nicht explizit modelliert. Für eine Modellierung unter Berücksichtigung der direkten Emissionskosten und der Wahl des Bezugsrechtsverfahrens vgl. Eckbo/Masulis (1992) sowie Bohren/Eckbo/Michalsen (1997).

[196] Vgl. Heiden/Gebhardt/Burkhardt (1997), S. 12f; Gebhardt/Heiden/Daske (2001), S. 6f.

[197] Während Event-Studien am amerikanischen Kapitalmarkt negative Kursreaktionen nach Ankündigungen von Kapitalerhöhungen zeigten, ergaben sich in Deutschland positive Kursreaktionen. Vgl. Heiden/Gebhardt/Burkhardt (1997), S. 81.

[198] Vgl. Lessard (1990), S. 66.

In dem Modell von Froot/Scharfstein/Stein führt ein Risikomanagement durch die Koordinierung der operativen Cashflows und der Investitionsvorhaben zu einer Unternehmenswerterhöhung. Zentrale Annahmen sind steigende Grenzkosten der Außenfinanzierung und abnehmende Grenzerträge der Investitionen. Aus der Mechanik der Finanzierungsrechnung[199] wird deutlich, dass die währungsinduzierten Schwankungen der operativen Zahlungsüberschüsse entweder zu Schwankungen der Investitionsauszahlungen oder zu Schwankungen der externen Finanzmittelaufnahme bzw. zu Veränderungen des Finanzmittelfonds führen müssen.[200] Eine Anpassung des Investitionsvolumens an die verfügbaren, intern erwirtschafteten Einzahlungsüberschüsse ist aufgrund der unterstellten abnehmenden Grenzerträge der Investitionen nachteilhaft. Im Falle einer vorteilhaften Wechselkursentwicklung können die zusätzlichen intern generierten Zahlungsmittel relativ weniger rentabel investiert werden als die verminderten Zahlungsmittel infolge einer nachteilhaften Wechselkursentwicklung.

Bei einem vollkommenen Kapitalmarkt wäre das Investitionsvolumen unabhängig von der Finanzierungsart. Alle unternehmenswertschaffenden Projekte würden durchgeführt; fehlende Finanzierungsmittel könnten in beliebiger Höhe extern aufgenommen werden. Die Kapitalkosten für intern erwirtschaftete und extern aufgenommene Finanzierungsmittel wären gleich. Entgegen dem Idealbild eines vollkommenen Kapitalmarktes unterstellen Froot/Scharfstein/Stein höhere Kosten der Außenfinanzierung aufgrund von Konkurskosten und Informationsasymmetrien.[201] In diesem Fall kann es zur Reduzierung des Investitionsprogramms kommen, wenn infolge einer Wechselkursänderung die intern generierten Zahlungsüberschüsse geringer ausfallen als das geplante Investitionsvolumen. Investitionen, welche bei einem vollkommenen Kapitalmarkt einen positiven Kapitalwert aufweisen, werden aufgrund der zusätzlichen Außenfinanzierungskosten möglicherweise nicht realisiert. Eine wechselkursinduzierte Verringerung des Cashflows kann somit infolge der höheren Kosten der Außenfinanzierung zu einer Unterinvestitionssituation führen.[202]

Im Ergebnis führen die Schwankungen der operativen Zahlungsüberschüsse entweder zu nachteilhaften Anpassungen des Investitionsprogramms oder zu ex-ante teureren externen Finanzmittelaufnahmen. Durch eine Stabilisierung der operativen Cashflows muss das Investitionsvolumen nicht angepasst oder nicht

[199] Zum dreiteiligen Aufbau einer Finanzierungsrechnung in einen operativen Bereich, einen Investitionsbereich und einen Finanzierungsbereich vgl. Mansch/Wysocki (1996), S. 1-61 oder Gebhardt (1999), Rn. 100-266.

[200] Vgl. Froot/Scharfstein/Stein (1993), S. 1630; Froot/Scharfstein/Stein (1994), S. 94-96.

[201] Vgl. Froot/Scharfstein/Stein (1993), S. 1631f.; Froot/Scharfstein/Stein (1994), S. 94.

[202] An dieser Stelle wird in der Literatur regelmäßig auf das Pharmaunternehmen Merck verwiesen. Explizites Ziel des Hedging-Programms von Merck ist die Stabilisierung der internen Finanzierungskraft, um die Durchführung der notwendigen Investitionsvorhaben zu gewährleisten. Vgl. dazu Lewent/Kearney (1990), S. 459.

auf eine externe Finanzierung zurückgegriffen werden.[203] Ein unternehmerisches Währungsmanagement erhöht somit den Unternehmenswert, indem die Stabilisierung der operativen Zahlungsüberschüsse gewährleistet wird.[204]

Das Modell von Froot/Scharfstein/Stein umfasst drei Zeitpunkte t_0, t_1 und t_2.[205] Das Unternehmen investiert in t_0 einen gegebenen Bestand an Zahlungsmitteln, der in t_1 zu Einzahlungen w führt, wobei die Höhe des Cashflows w unsicher ist. Nach der Realisierung des Cashflows w in t_1 bieten sich dem Unternehmen die Investitionsmöglichkeiten I. Die Investitionsauszahlungen I führen zu Einzahlungen von $f(I)$ in t_2. Für die Investitionen werden positive, aber abnehmende Grenzerträge angenommen. Es gelte für die erste bzw. zweite Ableitung der Einzahlungen nach dem Investitionsvolumen: $f_I > 0$ und $f_{II} < 0$. Entsprechend der Pecking Order-Theorie[206] finanziert das Unternehmen die Investitionen I erst mit dem erwirtschafteten Cashflow w und nimmt dann weiteres externes Kapital a auf: $I = w + a$. Die Kapitalgeber erhalten die extern aufgenommenen Mittel a nach Durchführung der Investition in t_2 zurück.[207] Annahmegemäß ist die Außenfinanzierung gegenüber der Innenfinanzierung mit zusätzlichen Kosten C verbunden: $C(a) \geq 0$. Dabei werden positive und steigende Grenzkosten der Außenfinanzierung unterstellt; es gelte $C_a \geq 0$ und $C_{aa} \geq 0$.[208] Die Unternehmung hat nun in t_0 die Möglichkeit, durch Hedging-Maßnahmen die Fluktuationen des internen Cashflows w in t_1 zu senken. Hierbei sei angenommen, die Fluktuationen des Cashflows w könnten durch Absicherungsmaßnahmen kostenlos eliminiert werden.

---

[203] Die intern generierten Cashflows sind die primäre Finanzierungsquelle für Investitionsausgaben. In Deutschland werden durchschnittlich fast 80 % und in den USA sogar über 90 % der Investitionsausgaben aus den intern generierten Cashflows finanziert. Vgl. Hackethal/Schmidt (2000), S. 3f. und die dort angegebene Literatur.

[204] Die dargestellte Argumentation unterstellt eine Unabhängigkeit des Investitionsvolumens und der Kosten der Außenfinanzierung von der Wechselkursentwicklung. Falls das Investitionsvolumen oder die Kosten der Außenfinanzierung mit dem operativen Cashflow korreliert sind, so ist die Hedge-Ratio entsprechend anzupassen. Eine Erhöhung der Außenfinanzierungskosten infolge eines niedrigeren Cashflows kann durch den negativen Signalcharakter eines niedrigen Cashflows begründet werden. Vgl. dazu Froot/Scharfstein/Stein (1993), S. 1638-1642; Froot/Scharfstein/Stein (1994), S. 96-98.

[205] Für die folgenden Darstellungen vgl. Froot/Scharfstein/Stein (1993), S. 1633-1636 und Herbeck (1997), S. 50-70.

[206] Zur Pecking Order-Theorie vgl. die Ausführungen in Abschnitt 2.2.2.2.4 oder Schwenold (2000), S. 23-27.

[207] Das Modell unterstellt vereinfachend einen Zinssatz von null; ein positiver Zinssatz würde die grundlegenden Ergebnisse nicht verändern.

[208] Froot/Scharfstein/Stein (1993), S. 1634 und S. 1636 geben als notwendige Bedingung $C_a \geq 0$ und $C_{aa} \geq 0$ an. Herbeck (1997), S. 71f. zeigt hingegen, dass im Falle von $C_{aa} = 0$ Absicherungsmaßnahmen nicht zu Marktwertsteigerungen führen.

Die Fragestellung lautet nun, inwieweit durch Absicherungsmaßnahmen in t_0 – unter Berücksichtigung der Wahl des optimalen Investitionsprogramms in t_1 – der Kapitalwert der Investitionsvorhaben erhöht werden kann. Der Kapitalwert *NPV(w)* entspricht den Investitionseinzahlungen *f(I)* abzüglich der Investitionsauszahlungen *I* und der zusätzlichen Außenfinanzierungskosten *C(a)*:[209]

$$NPV(w) = f(I) - I - C(a) \tag{2.1}$$

Da unterschiedliche Cashflowniveaus *w* in t_1 unterschiedliche optimale Investitionsentscheidungen $I = I^*$ implizieren, ist der Kapitalwert eine Funktion des Cashflows *w*. Wenn nun die Funktion *NPV(w)* konkav ist, führt eine Verringerung der Cashflow-Volatilität zu einem höheren Kapitalwert.[210] Im Folgenden wird zuerst die Optimalitätsbedingung für die Investitionsentscheidung in t_1 abgeleitet. Anschließend wird die Absicherungsentscheidung in t_0 untersucht, indem *P(w)* unter Berücksichtigung der jeweiligen optimalen Investitionsentscheidung in t_1 auf Konkavität überprüft wird.

Das Unternehmen wählt für jede Cashflow-Realisation *w* in t_1 die Investitionsausgaben *I* und somit auch die Höhe der extern aufzunehmenden Zahlungsmittel *a*, sodass der Kapitalwert maximiert wird:

$$NPV(w) = \max_{I}\left[f(I) - I - C(a)\right] \tag{2.2}$$

Durch Differenzierung nach *I* und Berücksichtigung von $da/dI = 1$ ergibt sich als Optimalitätsbedingung erster Ordnung:[211]

$$f_I = 1 + C(a) \tag{2.3}$$

Die Optimalitätsbedingung (2.3) ist intuitiv verständlich: Das Unternehmen erhöht die Investitionsauszahlungen *I* solange, bis der Grenzertrag einer zusätzlich investierten Einheit f_I den Grenzkosten dieser zusätzlichen Einheit $1 + C(a)$ entspricht. Es sei darauf hingewiesen, dass obige Optimalitätsbedingung eine Unterinvestitionssituation impliziert. Das optimale Investitionsvolumen $I = I^*$ gemäß der Optimalitätsbedingung (2.3) ist geringer als das Investitionsvolumen bei vollkommenem Kapitalmarkt; für letzteres gilt die Optimalitätsbedingung $f_I = 1 + C$.[212]

Nach der Ableitung der Optimalitätsbedingung ist zu untersuchen, ob die Kapitalwertfunktion *NPV(w)* konkav ist. Eine Konkavität von *NPV(w)* ist gegeben,

---

[209] Vereinfacht wurde hier ein Diskontierungssatz von null unterstellt. Vgl. Froot/Scharfstein/Stein (1993), S. 1633.

[210] Vgl. Froot/Scharfstein/Stein (1993), S. 1634; Herbeck (1997), S. 60f.

[211] Vgl. Froot/Scharfstein/Stein (1993), S. 1634f.

[212] Vgl. Froot/Scharfstein/Stein (1993), S. 1635.

falls $NPV_{ww} > 0$. Durch zweimaliges Differenzieren von Gleichung (2.1) und Berücksichtigung der oben abgeleiteten Optimalitätsbedingung ergibt sich:[213]

$$NPV_{ww} = f_{II}(dI/dw)^2 - C_{aa}(dI^*/dw - 1)^2 \tag{2.4}$$

Wird der Differenzialquotient dI^*/dw aus Gleichung (2.3) unter Berücksichtigung der Ableitungsregeln für implizite Funktionen gebildet und in Gleichung (2.4) eingesetzt, so ergibt sich nach einigen Vereinfachungen:[214]

$$NPV_{ww} = \frac{-f_{II} C_{aa}}{f_{II} - C_{aa}} \tag{2.5}$$

Da $f_{II} < 0$ und $C_{aa} > 0$, ist der Zähler positiv und der Nenner negativ, sodass NPV_{ww} negativ ist.[215] Somit ist $NPV(w)$ streng konkav. Folglich führt eine Reduzierung der Volatilität des Cashflows w zu einer Erhöhung des Kapitalwerts. Optimal ist hier eine vollständige Absicherung, da bei einem streng konkaven Funktionsverlauf von $NPV(w)$ immer $E_0(NPV(w)) < NPV(E_0(w))$ gilt, wobei $E_0(NPV(w))$ den Kapitalwert eines ungehedgten Cashflows und $NPV(E_0(w))$ den eines vollständig gehedgten bezeichnet.[216] Falls eine vollständige Absicherung nicht erreicht werden kann, so ist es optimal, die Cashflow-Volatilität so weit wie möglich zu reduzieren.[217] Bei einem streng konkaven Funktionsverlauf von $NPV(w)$ ist der Kapitalwert umso höher, je geringer die Cashflow-Volatilität.

Die kritischen Annahmen des Modells von Froot/Scharfstein/Stein sind erstens positive und abnehmende Grenzerträge der Investitionen[218] und zweitens positive und steigende Grenzkosten der Außenfinanzierung. Insbesondere die zweite Annahme über den Grenzkostenverlauf erscheint diskussionswürdig. Zur Begründung der positiven und steigenden Grenzkosten der Außenfinanzierung verweisen Froot/Scharfstein/Stein vor allem auf Informationsprobleme und Konkurskosten.[219] Nach Myers/Majluf (1984) ist, wie im vorherigen Abschnitt 2.2.2.2.4 dargelegt, eine Eigenkapitalerhöhung infolge von Informationsasymmetrien und dem negativen Signalcharakter mit hohen Kosten verbunden. Eine Eigenkapitalerhöhung wird nur dann erfolgen, wenn eine zusätzliche Fremdkapi-

---

[213] Vgl. Froot/Scharfstein/Stein (1993), S. 1635.

[214] Vgl. Froot/Scharfstein/Stein (1993), S. 1635f.; Herbeck (1997), S. 69 und S. 111-113.

[215] Vgl. Froot/Scharfstein/Stein (1993), S. 1635; Herbeck (1997), S. 69-71.

[216] Vgl. Herbeck (1997), S. 61 und S. 69-71.

[217] Vgl. Herbeck (1997), S. 70.

[218] Zur Begründung der Annahme abnehmender Grenzerträge verweisen Froot/Scharfstein/Stein (1993) auf eine mögliche Konkavität der Produktionsfunktion oder des Steuersystems. Vgl. Froot/Scharfstein/Stein (1993), S. 1633.

[219] Vgl. Froot/Scharfstein/Stein (1994), S. 94; Froot/Scharfstein/Stein (1993), S. 1631f. und die dort angegebene Literatur.

talaufnahme nicht mehr möglich ist bzw. deren Kosten zu hoch sind. Aber eine Fremdkapitalaufnahme ist ebenfalls mit zusätzlichen Kosten verbunden. Wie in Abschnitt 2.2.2.2.3 gezeigt, führt eine Fremdkapitalaufnahme aufgrund einer erhöhten Konkurswahrscheinlichkeit und den damit einhergehenden Fehlanreizen zu zusätzlichen Kosten.

Als weitere Begründung für die höheren Außenfinanzierungskosten verweisen Froot/Scharfstein/Stein auf die Eigeninteressen der Manager. Im Eigeninteresse handelnde Manager haben einen Anreiz, sich der mit einer Kapitalaufnahme verbundenen Kontrolle durch den Kapitalmarkt zu entziehen; selbst wenn keine zusätzlichen Außenfinanzierungskosten bestünden, würden sich die Manager verhalten, als hätte eine Außenfinanzierung zusätzliche ökonomische Kosten.[220] Insgesamt stellt die vorwiegend verbale Begründung der zentralen Annahme der steigenden Grenzkosten der Außenfinanzierung einen der wesentlichen Kritikpunkte des Modellansatzes dar und wurde in späteren Literaturbeiträgen auch aufgegriffen und weiter formalisiert.[221]

Die Annahme steigender Grenzkosten der Außenfinanzierung erscheint für das institutionelle Umfeld in Deutschland nicht ganz unproblematisch. Der Argumentation von Myers/Majluf (1984) kommt unter den deutschen Kapitalmarktverhältnissen, wie in Abschnitt 2.2.2.2.4 dargelegt, aufgrund der Dominanz des Bezugsrechtsverfahrens sowie der Rolle der Hausbank als Mechanismus zur Überwindung von Informationsproblemen nur eingeschränkte Gültigkeit zu.

Eine weitere Begründung für die zusätzlichen Kosten der Außenfinanzierung sind die bei einer Aktienemission anfallenden direkten Emissionskosten, wie bspw. Bankspesen. Diese Kosten dürften insbesondere in Deutschland aufgrund des umfassenden Prüfungsprozesses nicht unerheblich sein und werden an die Unternehmen weitergegeben.

Diese direkten Emissionskosten haben jedoch typischerweise Fixkostencharakter, was zwar positive, aber fallende Grenzkosten der Außenfinanzierung impliziert. Die Kapitalwertfunktion $NPV(w)$ wäre dementsprechend zumindest abschnittsweise konvex. In diesem Fall würde eine Verringerung der Cashflow-Volatilität nicht zwangsläufig zu einer Erhöhung des Kapitalwertes führen. Befinden sich die möglichen Cashflow-Realisationen w ausschließlich im konvexen Bereich, würden Absicherungsmaßnahmen den Kapitalwert sogar verringern.[222]

---

[220] Vgl. Froot/Scharfstein/Stein (1993), S. 1634.

[221] In dem dynamischen Modell von Mello/Parsons (2000) ermöglicht Hedging ähnlich wie bei Froot/Scharfstein/Stein (1993) einen intertemporalen Liquiditätsausgleich, was Konkurskosten und Finanzierungsrestriktionen reduziert. In dem Modellansatz sind allerdings gegenüber Froot/Scharfstein/Stein (1993) die Außenfinanzierungskosten endogenisiert und abhängig von der gewählten Hedging-Strategie.

[222] Vgl. dazu Gleichung (2.5). Falls $C_{aa} < 0$, so ist $NPV_{ww} < 0$; dabei muss $f_{II} - C_{aa} < 0$ sein, damit ein Schnittpunkt der Grenzertrag- und Grenzkostenkurve existiert. Vgl. dazu Herbeck (1997), S. 64 und S. 69-74.

Das Modell von Froot/Scharfstein/Stein kann folglich nur unter Vorbehalt auf die deutschen Kapitalmarktverhältnisse übertragen werden.

2.2.2.2.5.2 Implikationen für empirisches Hedging-Verhalten

Der Ansatz von Froot/Scharfstein/Stein (1993) stellt gegenwärtig den umfassendsten geschlossenen Ansatz zur Erklärung eines Währungsmanagements auf Unternehmensebene dar.[223] Darüber hinaus lassen sich aus dem Ansatz eine Reihe von Hypothesen für das empirische Hedging-Verhalten ableiten.

Wachstumsunternehmen mit umfangreichen Investitionsopportunitäten sollten mit höherer Wahrscheinlichkeit ein Risikomanagement betreiben.[224] Erstens sind Anpassungen der Investitionen für wachstumsstarke Unternehmen äußerst nachteilhaft. Zweitens sind Wachstumsunternehmen oftmals aufgrund von Informationsproblemen mit ausgeprägten Kapitalmarktrestriktionen konfrontiert. Insbesondere die Aufnahme von Fremdkapital kann sich als schwierig erweisen bzw. mit hohen Kosten verbunden sein, da die einzelnen Investitionsprojekte mit erheblichen Informationsproblemen behaftet sind und immaterielle Vermögensgegenstände typischerweise nicht als Kreditsicherheit dienen können. Aber auch die Emission von Eigenkapitaltiteln kann für wachstumsstarke Unternehmen infolge von Informationsasymmetrien zwischen Management und den Eigenkapitalgebern schwierig sein. Ausgehend von diesen Überlegungen kann daher ein positiver Zusammenhang zwischen Investitionsopportunitäten und Hedging-Wahrscheinlichkeit postuliert werden.

Unternehmen mit geringen Liquiditätsreserven sollten ausgehend von Froot/Scharfstein/Stein (1993) besonders von der Implementierung eines Risikomanagementsystems profitieren. Durch ein Währungsmanagement können infolge der Stabilisierung der Cashflows mögliche Unterinvestitionssituationen vermieden werden. In gleicher Weise kann auch der Aufbau von Liquiditätsreserven die Durchführung der Investitionsvorhaben sicherstellen.[225] Hedging ist in diesem Sinne ein Surrogat für Liquiditätsreserven. Daher sollte ein negativer Einfluss der Höhe der Liquiditätsbestände auf die Hedging-Wahrscheinlichkeit beobachtbar sein.

Unter der Annahme, dass die mit einer Dividendenkürzung verbundenen ökonomischen Kosten größer sind als die mit einer Dividendenerhöhung verbundenen Benefits, kann aus Froot/Scharfstein/Stein (1993) ein positiver Zusammenhang zwischen Ausschüttungshöhe und der Derivateeinsatz-Wahrscheinlichkeit abgeleitet werden.[226] Die mit einem Risikomanagement verbundene Stabilisie-

---

[223] Vgl. Froot/Scharfstein/Stein (1993), S. 1633.

[224] Vgl. Froot/Scharfstein/Stein (1993), S. 1652f.

[225] Vgl. Myers/Majluf (1984), S. 194f.; Froot/Scharfstein/Stein (1993), S. 1633.

[226] Im Modellkontext von Froot/Scharfstein/Stein (1993) sind Dividendenauszahlungen mit Investitionsauszahlungen vergleichbar. Vgl. Froot/Scharfstein/Stein (1993), S. 1653 und auch Lessard (1990), S. 66.

rung der intern erwirtschafteten Zahlungsmittel ermöglicht die Sicherstellung der Zahlung einer bestimmten Dividendenhöhe und vermeidet damit die Kosten einer Dividendenanpassung.

Daneben lässt sich aus Froot/Scharfstein/Stein (1993) die Hypothese eines negativen Zusammenhangs zwischen Unternehmensgröße und Hedging ableiten. Eine Unterinvestitionssituation ist für kleinere Unternehmen wahrscheinlicher, da die Informationsunterschiede zwischen Management und Investoren bei kleineren Unternehmen typischerweise ausgeprägter sind und somit eine Finanzmittelaufnahme schwieriger sein kann.

Auch ergibt sich aus Froot/Scharfstein/Stein (1993) eine geringere Hedging-Wahrscheinlichkeit für Tochterunternehmen. Unternehmen eines Konzernverbundes besitzen Zugang zum internen Kapitalmarkt und sind damit mit geringeren Kapitalmarktrestriktionen konfrontiert. Sollte der intern erwirtschaftete Cashflow nicht zur Finanzierung der geplanten Investitionsvorhaben ausreichen, so kann der Finanzmittelbedarf durch eine Aufnahme am internen Kapitalmarkt gedeckt werden. Da ein interner Kapitalmarkt mit geringeren Informations- und Anreizproblemen behaftet ist, sind die Kosten der Inanspruchnahme des internen Kapitalmarktes geringer als die des externen Kapitalmarktes.[227]

Des Weiteren sind Unterinvestitionssituationen für nicht-börsengelistete Unternehmen oder Familienunternehmen wahrscheinlicher. So ist die Aufnahme von Eigenkapitalmitteln für diese Unternehmen erheblich komplizierter. Auch die Aufnahme von Fremdkapital kann sich als zunehmend schwierig erweisen, da eine zusätzliche Aufnahme von Fremdkapital bei unverändertem Eigenkapitalbestand zu einer Verschärfung des Fremdkapitalgeber-Anteilseigner-Konfliktes führt. Dementsprechend sollten in der Gruppe der hedgenden Unternehmen vor allem nicht-börsengehandelte Unternehmen enthalten sein.

Auch lässt sich aus Froot/Scharfstein/Stein (1993) ein positiver Zusammenhang zwischen Branchendiversifikationsgrad und Hedging ableiten. Für diversifizierte Unternehmen ist ein deutliches Absinken der Innenfinanzierungskraft weniger wahrscheinlich, da die operativen Einzahlungsüberschüsse der einzelnen Branchen nicht vollständig positiv korreliert sind und sich somit Ausgleichseffekte auf Unternehmensebene ergeben.

---

227 Vgl. Löffler (1991), S. 93-110.

3 Bisherige empirische Studien zu den Bestimmungsgründen eines Derivateeinsatzes

Der empirische Gehalt der ökonomischen Theorie eines unternehmerischen Hedging war seit Mitte der 90er Jahre Untersuchungsgegenstand verschiedener Studien. Abschnitt 3.1 beinhaltet eine ausführliche Aufarbeitung und kritische Diskussion der vorliegenden empirischen Studien zu den Bestimmungsgründen eines Derivateeinsatzes von Industrieunternehmen. Empirische Studien zum Derivateeinsatz bei Finanzinstituten wurden hier nicht aufgegriffen,[228] da sich die Risikocharakteristika von Finanzinstituten und Industrieunternehmen deutlich unterscheiden. Daneben sind Finanzinstitute im Derivatehandel tätig und verwenden Derivate oftmals nicht mit der Zielsetzung des Hedging, sondern zur Umsetzung von Erwartungen. Da expliziter Untersuchungsgegenstand die ökonomische Theorie eines unternehmerischen Hedging ist, werden Studien, die lediglich die Praxis des Risikomanagements deskriptiv beschreiben, hier nicht aufgegriffen.[229]

Bei den empirischen Studien zur ökonomischen Theorie eines unternehmerischen Hedging werden ausgehend von den Erklärungsansätzen testbare Hypothesen formuliert und im Rahmen von Querschnittsanalysen überprüft. Die einzelnen Studien werden in den folgenden Abschnitten 3.1.1 bis 3.1.17 sequenziell aufgearbeitet. Eine sequenzielle Aufarbeitung wurde hier bewusst gewählt, da erstens die Studien aufeinander aufbauen und zweitens die Befunde nur im jeweiligen Untersuchungskontext sinnvoll interpretierbar sind. Die Ausführungen beschränken sich dabei nicht auf die Herausarbeitung der wesentlichen Ergebnisse, sondern darüber hinaus wird detailliert auf die Auswertungskonzeptionen eingegangen. Die methodische Vorgehensweise und die Operationalisierung der theoretischen Erklärungsansätze werden ausführlich erläutert und kritisch diskutiert.

Abschnitt 3.2 gibt einen Überblick über thematisch angrenzende empirische Forschungsarbeiten. Die Ergebnisse dieser Studien haben Implikationen für die Gesamtbeurteilung des empirischen Gehalts der Hedging-Theorie. In Abschnitt

---

[228] Für eine empirische Untersuchung der Bestimmungsgründe des Derivateeinsatzes bei Banken vgl. Gunther/Siems (1995); Sinkey/Cater (1995) und Schrand (1998) sowie des Derivateeinsatzes bei Versicherungsunternehmen vgl. Colquitt/Hoyt (1997) und Cummins/Phillips/Smith (1998).

[229] Vgl. Dolde (1993); Phillips (1995); Bodnar/Hayt/Marston/Smithson (1995); Bodnar/Marston (1996); Treasury Management Association (1996); Greenwich Associates (1996); Berkman/Bradbury/Magan (1997); Grant/Marshall (1997); Bodnar/Gebhardt (1999); Gebhardt/Ruß (1999); Joseph (2000); Marshall (2000).

3.3 werden abschließend die empirischen Befunde studienübergreifend diskutiert, die wesentlichen Ergebnisse herausgestellt und weiterer Forschungsbedarf aufgezeigt.

3.1 Studien zum Derivateeinsatz: Logit- und Tobit-Analysen

Die erste empirische Untersuchung zur ökonomischen Theorie eines Hedging auf Unternehmensebene stammt von Nance/Smith/Smithson (1993). Theoriegeleitet werden Hypothesen postuliert und im Rahmen von Querschnittsanalysen empirisch überprüft. Dazu wurden ausgehend von den theoretischen Erklärungsansätzen Unternehmenscharakteristika identifiziert, die mit einer hohen Wahrscheinlichkeit einen Derivateeinsatz erwarten lassen, und konkrete Kennzahlen zur Operationalisierung dieser Unternehmenscharakteristika gebildet.

Der Untersuchung von Nance/Smith/Smithson (1993) liegt eine dichotome Fragestellung zugrunde. Die Unternehmenscharakteristika von Unternehmen, die Derivate einsetzen, werden denen von Unternehmen, die keine Derivate einsetzen, gegenübergestellt. Im Rahmen von multiplen Logit-Analysen[230] erfolgt die Untersuchung des Zusammenhangs zwischen den Unternehmenscharakteristika bzw. den konkreten Kennzahlen und der Hedging-Wahrscheinlichkeit. Die Studie von Nance/Smith/ Smithson (1993) bildet den Ausgangs- und Bezugspunkt für weitere in der Folgezeit durchgeführte Untersuchungen. Die grundlegende Untersuchungskonzeption einer Gegenüberstellung der Unternehmenscharakteristika von hedgenden und nicht-hedgenden Unternehmen im Rahmen von Querschnittsanalysen wurde von den nachfolgenden Studien übernommen.

Die nachfolgenden Untersuchungen unterscheiden sich zum einen durch die einbezogenen Erklärungsvariablen. Zusätzliche alternative Kennzahlen wurden zur Abbildung der Unternehmenscharakteristika bzw. zur Operationalisierung der Erklärungsansätze gebildet. Zudem wurden neuere Erklärungsansätze bei der Hypothesenbildung und der Kennzahlenkonstruktion aufgegriffen. Des Weiteren wird in den neueren Studien das Hedging-Verhalten teilweise durch eine Hedge-Ratio abgebildet. Bei der abhängigen Hedging-Variablen handelt es sich dementsprechend nicht um eine dichotome, sondern um eine zensierte Variable. Statistisches Auswertungsinstrumentarium bildet in diesem Fall eine Tobit-Analyse oder die von Cragg (1971) vorgeschlagene zweistufige Vorgehensweise einer Probit-Analyse mit nachgelagerter linearer Regression.[231]

Die Studien umfassen vorwiegend amerikanische Großunternehmen, die der Fortune 500-Liste oder dem S&P 500-Index angehören. Einzig die Studie von Berkman/Bradbury (1996) bezieht sich nicht auf amerikanische, sondern auf

---

[230] Zur Logit-Analyse vgl. die methodischen Ausführungen in Abschnitt 4.4.1.

[231] Für einen Überblick über die Definition der Hedging-Variablen und über die verwendeten Schätzverfahren vgl. Tab. A 1 im Anhang.

neuseeländische Unternehmen. Die für die Hedging-Variable notwendigen Informationen entnehmen die jüngeren Studien den Geschäftsberichten. Aufgrund mangelnder Berichterstattungspflichten stützen sich die älteren Studien dagegen auf Fragebogendaten.[232] Ein Rückgriff auf Geschäftsberichtsangaben ist für die USA erst seit Inkrafttreten von SFAS No. 105 im Jahre 1990 möglich.[233]

Einige Studien untersuchen undifferenziert die Bestimmungsgründe eines Derivateeinsatzes, während andere Studien zwischen Zins- und Währungsderivaten unterscheiden oder sich auf eine Derivateart fokussieren.[234] Betrachten die Studien sowohl Zins- als auch Währungsderivate, so konzentrieren sich die Ausführungen in den Abschnitten 3.1.1 bis 3.1.17 aufgrund der Problemabgrenzung der vorliegenden Arbeit vorwiegend auf den Währungsderivateeinsatz.

Im Mittelpunkt der nachfolgenden Ausführungen stehen die Ergebnisse der multivariaten Auswertungen. Auf eine ausführliche Wiedergabe der univariaten Befunde wurde aufgrund der geringeren Aussagekraft bewusst verzichtet.[235] In den einzelnen Studien werden oftmals dieselben Kennzahlen gebildet. Auf eine wiederholte Erläuterung der Kennzahlenbildung und der theoretischen Begründung wurde in diesen Fällen verzichtet.

3.1.1 Nance/Smith/Smithson (1993)

Im Rahmen einer Querschnittsanalyse wird der Zusammenhang zwischen einer dichotomen Hedging-Variablen und verschiedenen Unternehmenscharakteristika untersucht. Die dichotome Hedging-Variable erhält den Wert eins, falls das Unternehmen Derivate einsetzt, andernfalls den Wert null. Ausgehend von der Hedging-Theorie identifizieren Nance/Smith/Smithson insgesamt zwölf Erklärungsvariablen, die einen Derivateeinsatz wahrscheinlich erscheinen lassen. Die konkreten Variablendefinitionen sowie die Hypothesen über die Einflussrichtungen sind in Tabelle 1 enthalten.

Bei einem konvexen Verlauf der Steuerfunktion führt die mit einem Risikomanagement verbundene Gewinnglättung zu einer Erhöhung des Unternehmenswertes. Eine Konvexität besteht im amerikanischen Unternehmenssteuersystem durch abschnittsweise unterschiedliche Steuersätze, wobei die Sprungstellen der

---

[232] Die älteren Studien von Nance/Smith/Smithson (1993) und Dolde (1995) sowie die Untersuchungen zu Commodity-Derivaten von Tufano (1996), Adam (1997) und Haushalter (2000) beruhen auf Fragebogendaten. Vgl. Tab. A 1 im Anhang.

[233] SFAS No. 105 verlangt für nach dem 15. Juni 1990 endende Geschäftsjahre u.a. Angaben über die Höhe der Nominalwerte, Erläuterungen zu möglichen Marktpreis-, Kredit- und Liquiditätsrisiken sowie nähere Angaben zur bilanziellen Behandlung derivativer Finanzinstrumente.

[234] Für einen Überblick über die untersuchte Derivateart vgl. Tab. A 1 im Anhang. Speziell zum Einsatz von Zins-Swaps vgl. Abschnitt 3.2.4.

[235] Für die univariaten Befunde vgl. Tab. A 2 im Anhang.

Tabelle 1: Nance/Smith/Smithson (1993) – Multiple Logit-Analysen zum Derivateeinsatz[236]

Kennzahlen	Kennzahlendefinitionen	Hypothesen	Befunde
Fremdkapitalquote	Fremdkapital / Unternehmenswert	+	+/–
Zinsdeckung	EBIT / Zinsaufwand	–	–
F&E-Quote	Aufwendungen für Forschung und Entwicklung / Unternehmenswert	+	+*
Book-to-market-ratio	Eigenkapital (Buchwert) / Eigenkapital (Marktwert)	–	–
Liquidität	Umlaufvermögen / Kurzfristige Verbindlichkeiten	–	–
Dividendenrendite	Dividende pro Aktie / Aktienkurs	+	+**
Wandelanleihenfinanzierung	Wandelanleihen (Buchwert) / Unternehmenswert	+	+
Genussscheinfinanzierung	Genussscheinkapital (Buchwert) / Unternehmenswert	+	–
Investitionsbedingte Sonderabschreibungen	Betrag der investitionsbedingten Sonderabschreibungen	+	+*
Verlustvortrag	Bestand an Verlustvorträgen	+	+
Steuerprogression	(0/1)-Variable. Bei möglichen Vorsteuerngewinnen im progressiven Bereich der Steuerfunktion ein Wert von eins.	+	+*
Unternehmenswert	Eigenkapital (Marktwert) und Fremdkapital (Buchwert)	?	+***

Abhängige Variable: (0/1)-Variable. Bei Derivateeinsatz ein Wert von eins.

Sampleumfang: 169 Unternehmen; Untersuchungszeitpunkt: 1986.

Steuerfunktion null und 100.000 Dollar betragen.[237] Nance/Smith/Smithson bilden eine binäre Variable „Steuerprogression", die den Wert eins annimmt, wenn die möglichen zukünftigen Ergebnisse in den konvexen Bereich der Steuerfunktion fallen. Zur Quantifizierung wird ausgehend vom Ergebnis und der Ergebnisvolatilität ein 95%-Konfidenzintervall für zukünftige Ergebnisse ermittelt.[238] Falls die untere Grenze des Konfidenzintervalls geringer ist als 100.000 Dollar, erhält die Variable „Steuerprogression" den Wert eins.[239]

236 Vgl. Nance/Smith/Smithson (1993), S. 276-279.

237 Vgl. Nance/Smith/Smithson (1993), S. 272.

238 Als Schätzer für die zukünftige Standardabweichung wurde die Standardabweichung der Ergebnisse der vergangenen neun Jahre herangezogen. Vgl. Nance/Smith/Smithson (1993), S. 272.

239 Vgl. Nance/Smith/Smithson (1993), S. 272.

Die Steuervariablen „Investitionsbedingte Sonderabschreibungen“ und „Verlustvortrag“ sind definiert als Betrag der investitionsbedingten Sonderabschreibungen bzw. als Betrag der ausgewiesenen Verlustvorträge. Für beide Steuervariablen postulieren Nance/Smith/Smithson einen positiven Einfluss auf die Hedging-Wahrscheinlichkeit.[240] Im Falle eines zu geringen Ergebnisses können die Steuerabzugsmöglichkeiten nicht bzw. erst in den darauffolgenden Jahren genutzt werden. Durch die Gewährleistung eines ausreichenden Ergebnisses infolge eines Hedging wird die Nutzung der Steuerabzugsmöglichkeiten sichergestellt.

Zur Operationalisierung der Konkurskostenmotive wird auf die Kennzahlen „Fremdkapitalquote“ und „Zinsdeckung“ zurückgegriffen.[241] In den agencytheoretischen Ausführungen thematisieren Nance/Smith/Smithson insbesondere den Fremdkapitalgeber-Anteilseigner-Konflikt.[242] Dieser Konflikt sollte typischerweise besonders ausgeprägt sein bei Unternehmen mit hoher Konkurswahrscheinlichkeit und aufgrund von Informationsproblemen bei Unternehmen mit umfangreichen Investitionsopportunitäten.[243] Als Indikatoren der Investitionsopportunitäten wird neben der F&E-Quote, als Quotient aus Forschungs- und Entwicklungsaufwendungen und Unternehmenswert, auf die Book-to-market-ratio zurückgegriffen.[244] Da sich die zukünftigen Investitionsopportunitäten im Marktwert, nicht aber im Buchwert der Unternehmung widerspiegeln, wird ein negativer Einfluss der Book-to-market-ratio auf die Hedging-Wahrscheinlichkeit postuliert.

Nance/Smith/Smithson argumentieren, dass die Hedging-Entscheidung nicht unabhängig ist von anderen Finanzierungsmaßnahmen.[245] Durch alternative Finanzierungsmaßnahmen können ebenfalls die Konkurswahrscheinlichkeit reduziert und Agency-Konflikte entschärft werden. Eine Wandelanleihen- oder Genussscheinfinanzierung ermöglicht die Reduzierung fremdkapitalinduzierter Fehlanreize, sodass nur geringere Hedging-Anreize bestehen.[246]

Daneben ist der Fremdkapitalgeber-Anteilseigner-Konflikt weniger stark ausgeprägt, wenn durch hohe Liquiditätsbestände und geringe Dividendenauszahlungen gewährleistet wird, dass ausreichend Finanzmittel zur Befriedigung der Fremdkapitalgeberansprüche im Unternehmen sind.[247] Dementsprechend sollte

---

240 Vgl. Nance/Smith/Smithson (1993), S. 272.

241 Vgl. Nance/Smith/Smithson (1993), S. 274.

242 Vgl. Nance/Smith/Smithson (1993), S. 269f.

243 Vgl. Nance/Smith/Smithson (1993), S. 270.

244 Vgl. Nance/Smith/Smithson (1993), S. 274.

245 Vgl. Nance/Smith/Smithson (1993), S. 270f.

246 Vgl. Nance/Smith/Smithson (1993), S. 270.

247 Vgl. Nance/Smith/Smithson (1993), S. 271 und S. 274.

für Unternehmen mit niedrigen Liquiditätsreserven und hohen Dividendenausschüttungen eine höhere Hedging-Wahrscheinlichkeit beobachtbar sein.[248]

Entsprechend den Ausführungen von Nance/Smith/Smithson lassen sich über die Richtung des Zusammenhangs zwischen Unternehmensgröße und Hedging keine eindeutigen Hypothesen formulieren.[249] Einerseits sind für kleine Unternehmen die direkten Konkurskosten relativ höher und das Ergebnis wird eher in den progressiven Steuerbereich fallen, andererseits sind die mit einem Derivateeinsatz verbundenen Kosten aufgrund des Fixkostencharakters bei größeren Unternehmen relativ geringer.

Zwischen den einzelnen Erklärungsvariablen bestehen ausgeprägte Korrelationsbeziehungen.[250] Ein gleichzeitiger Einschluss von hoch korrelierten Erklärungsvariablen in die multivariaten Auswertungen führt zu schätztechnischen Problemen und Interpretationsschwierigkeiten.[251] Daher bilden Nance/Smith/Smithson vier Variablengruppen und nehmen jeweils nur eine Variable aus jeder Gruppe – neben dem Unternehmenswert – in die multiplen Schätzungen auf.[252]

Die Befunde der verschiedenen Logit-Schätzungen sind in Tabelle 1 zusammenfassend dargestellt. Die Einflussrichtungen der Erklärungsvariablen entsprechen größtenteils den Implikationen der Hedging-Theorie. Allerdings erweist sich die Einflussstärke für die überwiegende Anzahl der Erklärungsfaktoren nicht als statistisch signifikant. Angaben zur Beurteilung der Gesamtmodellgüte werden von den Verfassern leider nicht gemacht.

Die drei Steuervariablen besitzen jeweils eine den Hypothesen entsprechende Einflussrichtung. Der Einfluss der Steuervariablen „Investitionsbedingte Sonderabschreibungen" wird darüber hinaus bei sämtlichen Modellschätzungen und der der Steuervariablen „Steuerprogression" bei der überwiegenden Anzahl der Modellschätzungen auf einem 10%-Niveau als signifikant eingestuft. Diesen Befund werten Nance/Smith/Smithson als deutliche Bestätigung für das Steuermotiv.[253]

Die Konkurskostenvariablen „Fremdkapitalquote" und „Zinsdeckung" erweisen sich hier hingegen nicht als signifikant. Als mögliche Begründung für die Insignifikanz der Verschuldungskennzahlen verweisen Nance/Smith/Smithson auf mögliche Operationalisierungs- und Korrelationsprobleme.[254] Unternehmen

[248] Vgl. Nance/Smith/Smithson (1993), S. 274.

[249] Vgl. Nance/Smith/Smithson (1993), S. 269.

[250] Vgl. Nance/Smith/Smithson (1993), S. 278.

[251] Vgl. Nance/Smith/Smithson (1993), S. 275 und S. 278.

[252] Die erste Variablengruppe enthält die drei Steuerkennzahlen, die zweite die beiden Verschuldungskennzahlen, die dritte die beiden Investitionskennzahlen und die vierte umfasst die vier Kennzahlen für alternative Finanzierungsmaßnahmen. Vgl. Nance/Smith/Smithson (1993), S. 275.

[253] Vgl. Nance/Smith/Smithson (1993), S. 280.

[254] Vgl. Nance/Smith/Smithson (1993), S. 279.

mit geringer Verschuldung sind oftmals Unternehmen mit umfangreichen Investitionsopportunitäten, für die wiederum entsprechend den theoretischen Überlegungen stärkere Hedging-Anreize bestehen sollten. Möglicherweise approximieren die Verschuldungsvariablen somit teilweise für die Investitionsopportunitäten.[255] Bestärkt wird diese Vermutung durch eine den Implikationen des Konkurskostenmotivs entgegengesetzte Einflussrichtung der Fremdkapitalquote bei den univariaten Betrachtungen.

Unternehmen mit hohen Dividendenausschüttungen verwenden entsprechend den theoretischen Überlegungen mit höherer Wahrscheinlichkeit Derivate. Der Einfluss der Dividendenrendite ist in sämtlichen Modellvarianten auf einem 5%-Niveau statistisch gesichert. Dagegen werden die Finanzierungsvariablen „Liquidität“, „Wandelanleihenfinanzierung“ und „Genussscheinfinanzierung“ durchweg als insignifikant eingestuft.

Zwischen den Investitionsvariablen „F&E-Quote“ und „Book-to-market-ratio“ und der Hedging-Wahrscheinlichkeit ist eine den Hypothesen entsprechende Einflussrichtung zu beobachten. Allerdings ist lediglich der Einfluss der F&E-Quote statistisch gesichert (10%-Niveau). Als hoch signifikant (Signifikanzniveau von 1 %) erweist sich dagegen in der überwiegenden Anzahl der Modellschätzungen die Größenvariable „Unternehmenswert“, was ein deutlicher Hinweis auf die Bedeutung von größenbedingten Transaktions- und Informationskostenvorteilen bei der Hedging-Entscheidung ist.[256] Abschließend beurteilen Nance/Smith/Smithson die empirischen Befunde als insgesamt konsistent mit der ökonomischen Theorie des Hedging und insbesondere mit dem Steuermotiv.[257]

Die abschließende Einschätzung der Befunde durch Nance/Smith/Smithson als konsistent mit der Hedging-Theorie erscheint diskussionswürdig. Zwar entspricht die überwiegende Anzahl der Einflussrichtungen der Erklärungsfaktoren den Implikationen der Hedging-Theorie, jedoch sind die Signifikanzniveaus zumeist gering.

Insbesondere die Einschätzung des Steuermotivs als eine wesentliche Hedging-Determinante ist kritisch zu hinterfragen. Nance/Smith/Smithson verzichteten bei den Steuervariablen „Investitionsbedingte Sonderabschreibungen“ und „Verlustvortrag“ auf Größenbereinigungen. Dies ist insofern fragwürdig, da sich in den beiden Steuervariablen möglicherweise Größeneffekte widerspiegeln.[258]

---

[255] Diese Interpretation setzt voraus, dass in den multivariaten Modellschätzungen nicht ausreichend für Investitionsopportunitäten kontrolliert wurde. Vgl. Nance/Smith/Smithson (1993), S. 279.

[256] Vgl. Nance/Smith/Smithson (1993), S. 280f.

[257] Vgl. Nance/Smith/Smithson (1993), S. 280.

[258] Die Korrelation zwischen der Steuervariablen „Investitionsbedingte Sonderabschreibungen“ und der Größenvariablen ist mit 0,576 nicht unerheblich. Vgl. Nance/Smith/Smithson (1993), S. 278.

Die Kollinearitätsproblematik zeigt sich deutlich in der Insignifikanz der Größenvariablen bei Einschluss der Steuervariablen „Investitionsbedingte Sonderabschreibungen" in die multivariaten Auswertungen. Demzufolge muss vermutet werden, dass die Signifikanz der Steuervariablen „Investitionsbedingte Sonderabschreibungen" lediglich durch Größeneffekte begründet ist. Daneben ist denkbar, dass die Steuervariable „Investitionsbedingte Sonderabschreibungen" für die Investitionsopportunitäten approximiert.

Inhaltlich fragwürdig erscheint darüber hinaus die Liquiditätsvariable „Umlaufvermögen / Kurzfristige Verbindlichkeiten". Lediglich überschüssige Liquiditätsreserven können eine Entschärfung von Agency-Problemen bedeuten. Die im Vorratsvermögen gebundenen Zahlungsmittel sind allerdings zur Aufrechterhaltung der operativen Geschäftstätigkeit notwendig und stellen nicht bzw. in keinem Umfang Liquiditätsreserve dar.

Kritisch zu hinterfragen ist ferner die Verwendung des Marktwertes des Unternehmens zur Größenbereinigung der F&E-Quote. Da sich im Marktwert des Unternehmens die Investitionsopportunitäten niederschlagen, müssen Unternehmen mit umfangreichen Investitionsopportunitäten nicht zwangsläufig höhere Kennzahlenwerte aufweisen.

Ein weiteres Problem der Modellkonzeption besteht in der Nichtberücksichtigung der Exposure-Höhe. Die von Nance/Smith/Smithson verwendeten Erklärungsvariablen wurden ausschließlich aus Marktunvollkommenheiten oder Agency-Problemen abgeleitet. Allerdings sollte die Hedging-Entscheidung ebenfalls wesentlich durch das Exposure bestimmt sein. Eine Nichtberücksichtigung eines wesentlichen Erklärungsfaktors führt zur Unterspezifizierung des multivariaten Modellansatzes mit der Folge verzerrter und inkonsistenter Parameterschätzer.

3.1.2 Francis/Stephan (1993)

Francis/Stephan verwenden zur Approximation der Hedging-Determinanten sieben Kennzahlen (vgl. Tabelle 2). Neben den Verschuldungsvariablen „Fremdkapitalquote" und „Zinsdeckung" fungiert der Altman Z-Score als Konkurskostenvariable. Der Altman Z-Score ist ein Konkurs-Index, der in Anlehnung an die empirische Untersuchung von Altman (1983) ausgehend von Jahresabschlussdaten berechnet wurde.[259]

Francis/Stephan argumentieren, dass fähige Manager versuchen werden, durch ein Hedging zufallsbedingte Ergebnisschwankungen auszuschließen, um ihre Fähigkeit zu signalisieren.[260] Zur Operationalisierung dieser Signalisierungsüberlegung wird auf die Dividendenhöhe zurückgegriffen. Entsprechend den

[259] Vgl. Francis/Stephan (1993), S. 624.

[260] Vgl. Francis/Stephan (1993), S. 618f. und S. 625.

Tabelle 2: Francis/Stephan (1993) – Multiple Logit-Analysen zum Derivateeinsatz[261]

Kennzahlen	Kennzahlendefinitionen	Hypothesen	Befunde
Fremdkapitalquote	Fremdkapital (Buchwert) / Eigenkapital (Marktwert)	+	+
Zinsdeckung	Nettoergebnis / Zinsaufwand	–	+
Altman Z-Score	Konkursindikator „Z-Score" in Anlehnung an Altman (1983)	+	–
Kurs-Gewinn-Verhältnis	Aktienkurs / Gewinn pro Aktie	+	+
Dividendenhöhe	Absolute Dividendenzahlung	+	+/–
Steuerquote	Steuern / Ergebnis vor Steuern	+	+
Umsatz	Umsatz	?	+***

Abhängige Variable: (0/1)-Variable. Bei Derivateeinsatz ein Wert von eins.

Sampleumfang: Über 926 Unternehmen gepooltes Sample mit 2122 Beobachtungen (gematchtes Sample); Untersuchungszeitpunkt: 1983-87.

Ausführungen signalisiert ein fähiges Management durch eine hohe Dividende glaubwürdig seine Fähigkeiten. Als weiterer Proxy für die Managementfähigkeit wird das Kurs-Gewinn-Verhältnis herangezogen. Für beide Kennzahlen sollte entsprechend der Argumentation der Verfasser ein positiver Einfluss auf die Hedging-Wahrscheinlichkeit beobachtbar sein.

Zur Abbildung des Steuermotives greifen Francis/Stephan auf die Steuerquote, als Quotient aus Steuern und Ergebnis vor Steuern, zurück.[262] Entsprechend den Ausführungen der Verfasser sei ein hoher Kennzahlenwert ein Indikator für die Konvexität der Steuerfunktion. Dementsprechend sei ein positiver Zusammenhang zu erwarten.

Aufgrund möglicher Multikollinearitätsprobleme wird in die multiplen Logit-Schätzungen jeweils nur eine der Verschuldungsvariablen (Fremdkapitalquote; Zinsdeckung) und nur eine der Variablen, die für die Managervariablen approximieren (Kurs-Gewinn-Verhältnis; Dividendenhöhe), einbezogen. Tabelle 2 enthält einen zusammenfassenden Überblick über die Befunde der vier Modellschätzungen.

Interessanterweise erweist sich – bis auf die Größenvariable – keine der aus der Hedging-Theorie abgeleiteten Erklärungsvariablen als signifikant. Weder das Konkurskosten-, das Steuermotiv noch die Signalisierungsüberlegungen bezüglich der Managementfähigkeiten finden Bestätigung.[263] Der Einfluss der Größenvariable „Umsatz" erweist sich dagegen als hoch signifikant.

261 Vgl. Francis/Stephan (1993), S. 630.

262 Vgl. Francis/Stephan (1993), S. 618.

263 Vgl. Francis/Stephan (1993), S. 629-631.

Den hoch signifikant positiven Einfluss der Unternehmensgröße begründen Francis/ Stephan mit politischen Kosten. Da Großunternehmen im Blickpunkt der Öffentlichkeit stehen, verursachen starke Gewinnschwankungen erhebliche politische Kosten.[264] Daher seien gerade Großunternehmen an einer Gewinnglättung interessiert.

Die Untersuchung von Francis/Stephan beruht auf derselben Untersuchungskonzeption wie die von Nance/Smith/Smithson (1993). Allerdings erscheinen die Kennzahlenbildungen und deren theoretische Fundierung teilweise äußerst zweifelhaft.

Inwieweit die Dividendenhöhe und das Kurs-Gewinn-Verhältnis tatsächlich ein Indikator für die Signalisierungsüberlegungen bezüglich der Managementfähigkeit sind erscheint diskussionswürdig. Zudem besteht die Möglichkeit, dass beide Variablen andere Hedging-Motive approximieren, was von den Verfassern nicht angesprochen wird. Beide Variablen sind überdies nicht nur inhaltlich, sondern auch konzeptionell problematisch. Darüber ist der Verzicht auf eine Größenbereinigung bei der Dividendenvariablen zu kritisieren. Zudem besitzt die Kennzahl „Kurs-Gewinn-Verhältnis" zumeist eine deutlich linkssteile Verteilung, was schätztechnisch nicht unproblematisch ist. Aufgrund der Verteilungseigenschaft wäre hier das Gewinn-Kurs-Verhältnis zu präferieren.

Die Ausführungen der Verfasser, wonach eine hohe Steuerquote ein Indikator für die Konvexität der Steuerfunktion sei, sind nicht nachvollziehbar. Entgegen den Ausführungen der Verfasser befinden sich typischerweise Unternehmen mit niedrigem durchschnittlichen Steuersatz im konvexen Bereich der Steuerfunktion. Die amerikanische Steuerfunktion ist insbesondere aufgrund der Sprungstellen der Steuersätze bei null und 100.000 Dollar konvex. Bei hohem durchschnittlichen Steuersatz befindet sich das Unternehmen deutlich jenseits des konvexen Bereiches der Steuerfunktion.

Darüber hinaus ist die Begründung der Signifikanz der Größenvariablen durch politische Kosten ebenfalls wenig fundiert. Die Verfasser verzichten leider auf eine nähere Erläuterung der politischen Kosten, obwohl die Größenvariable die einzige signifikante Erklärungsvariable ist. Insgesamt ist aufgrund der aufgezeigten Probleme nicht verwunderlich, dass die Studie von Francis/Stephan in der Folgezeit deutlich weniger Aufmerksamkeit fand als die Studie von Nance/ Smith/Smithson (1993).

3.1.3 Dolde (1995)

Einen Untersuchungsschwerpunkt von Dolde (1995) bildet der Zusammenhang zwischen Verschuldungsgrad, Hedging und Risiko. Ausgangspunkt der Überlegungen von Dolde ist der Gegensatz zwischen den Implikationen der Konkurskostenüberlegungen und den empirischen Befunden zum Verschuldungsgrad.[265]

[264] Vgl. Francis/Stephan (1993), S. 617f.

[265] Vgl. Dolde (1995), S. 192-194.

Die Hypothese eines positiven Zusammenhangs konnte bei Nance/Smith/ Smithson (1993) und Francis/Stephan (1993) nicht bestätigt werden.[266] Als Begründung führt Dolde an, dass Unternehmen mit hohen Risiken gleichzeitig eine geringe Verschuldung wählen und Derivate einsetzen, womit sich in einer Querschnittsbetrachtung ein negativer Zusammenhang ergibt. Eine empirische Untersuchung des Zusammenhangs zwischen Verschuldung und Hedging ist daher nur dann sinnvoll möglich, wenn für die Exposure-Höhe kontrolliert wird.

Des Weiteren beschäftigt sich Dolde mit der Abbildung des Risikos. Zur Abbildung des Exposure wird die Volatilität der jährlichen operativen Ergebnisse für einen Siebenjahreszeitraum verwendet.[267] Als weitere Risikokennzahlen wird auf die Wechselkurs-, Zins- und Rohstoffpreissensitivität des operativen Ergebnisses zurückgegriffen. Dazu wird für den obigen Siebenjahreszeitraum das operative Ergebnis auf die Wechselkurs-, Zins- und Rohstoffpreisänderungen regressiert.[268]

Die im Rahmen der multivariaten Logit-Analysen einbezogenen Kennzahlen und Kennzahlendefinitionen sind in Tabelle 3 wiedergegeben. Die Kennzahl „Verkaufs- und Verwaltungskosten/ Umsatz“ (V&V-Quote) soll für den Spezifikationsgrad approximieren.[269] Da der Stakeholder-Anteilseigner-Konflikt bei sehr spezifischen Produkten besonders ausgeprägt ist, postuliert Dolde ein positiven Zusammenhang.

Die Modellschätzungen beinhalten jeweils alternativ nur die Variable „V&V-Quote“ oder die Variable „Verlustvortrag“. Daneben werden entweder die drei Risikosensitivitätsmaße oder nur die Ergebnisvolatilität in den Regressionsansatz aufgenommen. Tabelle 3 gibt einen Überblick über die Befunde der vier Modellschätzungen.

Zwischen der Fremdkapitalquote und der Hedging-Wahrscheinlichkeit besteht konsistent mit den theoretischen Überlegungen ein hoch signifikanter positiver Zusammenhang. Bemerkenswerterweise bestanden dagegen bei den univariaten Auswertungen zwischen hedgenden und nicht-hedgenden Unternehmen keine signifikant unterschiedlichen Fremdkapitalquoten.[270] Wird allerdings bei den univariaten Auswertungen durch eine Exposure-Segmentierung für die Exposure-Höhe kontrolliert, so zeigt sich durchweg – entsprechend der Hedging-Theorie – ein positiver Einfluss, der sich teilweise auch als signifikant erweist.[271] Dolde wertet diese Befunde als Bestätigung seiner Ausgangsüberlegung, wonach der Zusammenhang zwischen Verschuldung und Hedging nur bei gleichzeitiger Berücksichtigung des Exposure sinnvoll untersucht werden kann.

---

[266] Vgl. Dolde (1995), S. 190-192.

[267] Vgl. Dolde (1995), S. 198f.

[268] Vgl. Dolde (1995), S. 199f.

[269] Vgl. Dolde (1995), S. 195.

[270] Vgl. Dolde (1995), S. 202.

[271] Vgl. Dolde (1995), S. 204-206.

Tabelle 3: Dolde (1995) – Multiple Logit-Analysen zum Derivateeinsatz[272]

Kennzahlen	Kennzahlendefinitionen	Hypothesen	Befunde
Fremdkapitalquote	Fremdkapital / Unternehmenswert	+	+***
V&V-Quote	Verkaufs- und Verwaltungskosten / Umsatz	+	+*
F&E-Quote	Aufwendungen für Forschung und Entwicklung / Umsatz	+	+**
Verlustvortrag	Bestand an Verlustvorträgen	+	+
Umsatz	Umsatz	?	+
Ergebnisvolatilität	Volatilität des mit der Bilanzsumme operativen Ergebnisses über Siebenjahreszeitraum	+	+
Wechselkurssensitivität des Ergebnisses	Wechselkurssensitivität des standardisierten operativen Ergebnisses über Siebenjahreszeitraum	+	+
Zinssensitivität des Ergebnisses	Zinssensitivität des standardisierten operativen Ergebnisses über Siebenjahreszeitraum	+	–
Rohstoffpreissensitivität des Ergebnisses	Rohstoffpreissensitivität des standardisierten operativen Ergebnisses über Siebenjahreszeitraum	+	–

Abhängige Variable: (0/1)-Variable. Bei Derivateeinsatz ein Wert von eins.

Sampleumfang: 129 bis 150 Unternehmen; Untersuchungszeitpunkt: 1992.

Außerdem erweist sich die Investitionsvariable „F&E-Quote“ auf einem 5%-Niveau als signifikant. Auch die Variable „V&V-Quote“ wird als signifikant (10%-Niveau) ausgewiesen. Bei beiden Erklärungsfaktoren entspricht die Einflussrichtung der aus der Hedging-Theorie abgeleiteten Hypothese. Für die Steuervariable „Verlustvorträge“ ergibt sich wie bei Nance/Smith/Smithson (1993) ein insignifikant positiver Zusammenhang. Wie in Abschnitt 3.1.1 bereits dargelegt, erscheint allerdings der Verzicht auf eine Größenbereinigung bei der Kennzahl „Verlustvortrag“ problematisch.

Bemerkenswerterweise wird die Größenvariable „Umsatz“ bei Dolde (1995) nicht als signifikant eingestuft, während sie in den meisten Studien vorwiegend hoch signifikant ist. Auch in den univariaten Auswertungen wird bei Dolde (1995) die Umsatzvariable als hoch signifikant ausgewiesen.[273] Die Diskrepanz zwischen den univariaten und multivariaten Ergebnissen bezüglich der Umsatzvariablen wird von Dolde leider nicht näher aufgegriffen. Die Exposure-Variablen erweisen sich in allen vier Modellschätzungen als deutlich insignifikant.

[272] Vgl. Dolde (1995), S. 207.

[273] Vgl. Dolde (1995), S. 202.

Hervorzuheben an der Studie von Dolde ist vor allem die explizite Berücksichtigung der Exposure-Höhe als Erklärungsfaktor. Positiv ist ferner die Herausarbeitung der ökonometrischen Probleme bei der Schätzung des Zusammenhangs zwischen Verschuldung, Hedging und Exposure. Ein Kritikpunkt betrifft die inhaltliche Interpretation der V&V-Quote. Nach Dolde bedeutet ein hoher Kennzahlenwert einen hohen Spezifikationsgrad des Produktes und damit hohe Konkurskosten für die Stakeholder.[274]

Leider verzichtet Dolde auf Angaben zur Gesamtgüte der Modellschätzung. Kritisiert werden muss überdies, dass Dolde bei der Analyse der Schätzergebnisse nicht auf mögliche Korrelationsstrukturen zwischen den erklärenden Variablen eingeht. Beim Verschuldungsgrad, der F&E-Quote, der V&V-Quote und der Größenvariablen unterscheiden sich die univariaten und multivariaten Befunde deutlich. Zudem sind Korrelationen zwischen der (nicht größenbereinigten) Kennzahl „Verlustvortrag" und der Größenvariablen, die gemeinsam in die multiplen Auswertungen einbezogen werden, möglich. Hier wäre ein Rückgriff auf die Korrelationsstrukturen bei der Ergebnisanalyse sicherlich aufschlussreich.

3.1.4 Mian (1996)

In der Studie von Mian werden die Hedging-Determinanten getrennt für den Einsatz von Derivaten, Währungsderivaten und Zinsderivaten untersucht. Mit Blick auf die Problemabgrenzung der vorliegenden Arbeit konzentrieren sich die nachfolgenden Darstellungen auf den Währungsderivateeinsatz.

Die sechs in Tabelle 4 dargestellten Variablen werden gemeinsam in die multiplen Logit-Schätzungen einbezogen. In den vertragstheoretischen Ausführungen argumentiert Mian, dass mit zunehmenden diskretionären Handlungsspielräumen des Managements die Kosten der Vertragsgestaltung ansteigen.[275] Diskretionäre Handlungsspielräume des Managements bestehen bei Unternehmen mit umfangreichen Investitionsopportunitäten und bei Unternehmen aus Branchen mit geringem Regulierungsgrad. Zwischen der Investitionsvariablen „Market-to-book-ratio" und einem Währungsderivateeinsatz besteht ein insignifikant negativer Zusammenhang. Dagegen besitzt die binäre Variable „Branchenregulierung" eine den theoretischen Überlegungen entsprechende Einflussrichtung und ist hoch signifikant.[276]

Von den drei Steuervariablen erweist sich lediglich die Steuervariable „Anrechenbare Auslandssteuern" als signifikant. Im Gegensatz zu Nance/Smith/Smith-

[274] Dolde verweist bei der inhaltlichen Begründung der Kennzahl „V&V-Quote" auf Titman/Wessels (1988), die jedoch nicht die gesamten Verkaufs- und Verwaltungskosten zur Operationalisierung des Spezifikationsgrades, sondern nur die Verkaufskosten verwenden, wobei hohe Verkaufskosten – insbesondere Marketingkosten – auf wenig standardisierte Produkte hindeuten. Titman/Wessels (1988), S. 5.

[275] Vgl. Mian (1996), S. 422.

[276] Vgl. Mian (1996), S. 431.

Tabelle 4: Mian (1996) – Multiple Logit-Analysen zum Währungsderivateeinsatz[277]

Kennzahlen	Kennzahlendefinitionen	Hypothesen	Befunde
Market-to-book-ratio	Unternehmenswert / Bilanzsumme	+	–
Branchenregulierung	(0/1)-Variable. Versorgungsunternehmen erhalten den Wert eins.	–	–***
Anrechenbare Auslandssteuern	(0/1)-Variable. Bei bestehenden anrechenbaren Steuergutschriften aus im Ausland abgeführten Steuern ein Wert von eins.	+	+***
Verlustvortrag	(0/1)-Variable. Bei vorhandenem Verlustvortrag ein Wert von eins.	+	–
Steuerprogression	(0/1)-Variable. Bei möglichen Vorsteuerngewinnen im progressiven Bereich der Steuerfunktion ein Wert von eins.	+	+
Unternehmenswert	Eigenkapital (Marktwert) und Fremdkapital (Buchwert)	?	+***

Abhängige Variable: (0/1)-Variable. Bei Währungsderivateeinsatz ein Wert von eins.

Sampleumfang: 3022 Unternehmen; Untersuchungszeitpunkt: 1992.

son (1993) besitzt die Steuervariable „Steuerprogression" keinen statistisch gesicherten Erklärungsbeitrag. Zwischen der Unternehmensgröße und der Hedging-Wahrscheinlichkeit besteht ein hoch signifikant positiver Zusammenhang.

Mian beschäftigt sich nicht nur mit der Hedging-Theorie, sondern thematisiert insbesondere den Zusammenhang zwischen der Hedging-Entscheidung und weiteren finanzierungspolitischen Entscheidungen.[278] Demnach werden die finanzpolitischen Entscheidungsparameter, wie Kapitalstruktur, Dividendenhöhe, Liquiditätsbestand und Hedging, simultan festgelegt und gemeinsam durch exogene Faktoren, wie Investitionsopportunitäten, Steuern oder Regulierungsgrad, determiniert.[279] Dementsprechend wäre die Formulierung eines Mehrgleichungsmodells problemadäquat.[280] Vereinfachend verzichtet Mian auf eine solche Modellierung und untersucht die finanzpolitischen Entscheidungsvariablen lediglich im Rahmen univariater Betrachtungen (vgl. Tabelle 5). Aufgrund der Simultanitätsproblematik verzichtet Mian bei den Finanzierungskennzahlen auf eine vorherige Hypothesenbildung über die Wirkungsrichtung.[281]

---

[277] Vgl. Mian (1996), S. 430.

[278] Vgl. Mian (1996), S. 421 und S. 433-436.

[279] Zur Interdependenz der finanzpolitischen Entscheidungen vgl. auch Smith/Watts (1992) und Gaver/Gaver (1993).

[280] Vgl. Mian (1996), S. 421 und S. 433.

[281] Vgl. Mian (1996), S. 433.

Tabelle 5 zeigt das Vorzeichen aus der Differenz der Mittelwerte von Unternehmen, die Währungsderivate einsetzen, und von solchen, die keine Währungsderivate einsetzen. Zwischen den finanzpolitischen Entscheidungen und der Hedging-Entscheidung bestehen deutliche Abhängigkeiten.[282] Unternehmen, die Währungsderivate einsetzen, verfügen über durchschnittlich geringere Liquiditätsbestände, höhere Ausschüttungen, niedrigere Fremdkapitalquoten und längere Fremdkapitalfristigkeiten. Die Mittelwertsunterschiede sind für die Fremdkapitalquoten und Fremdkapitalfristigkeit auf einem 5%-Niveau und für die Liquiditätsbestände und die beiden Dividendenkennzahlen auf einem 1%-Niveau signifikant.

Die deutliche Signifikanz der Dividendenrendite und Dividendenquote bestätigt das Ergebnis von Nance/Smith/Smithson (1993), wonach die Dividendenhöhe eine wesentliche Determinante der Hedging-Entscheidung ist. Zwar verzichtet Mian auf eine explizite Hypothesenbildung, jedoch sind die Befunde zur Dividendenhöhe und den Liquiditätsbeständen konsistent mit den Implikationen der Hedging-Theorie. Erstaunlich ist hingegen der negative Einfluss der Fremdkapitalfristigkeiten und vor allem der Fremdkapitalquote auf einen Währungsderivateeinsatz.

Die Untersuchungskonzeption unterstellt implizit, dass Derivate zum Hedging eingesetzt werden. Daher beschränkt Mian in einem weiteren Untersuchungsschritt die Auswertungen auf Unternehmen, die explizit angeben, Derivate zum Hedging einzusetzen.[283] Dabei zeigen sich jedoch keine wesentlichen Unterschiede zu den in Tabelle 4 und 5 dargestellten Befunden.

Tabelle 5: Mian (1996) – Univariate Mittelwertvergleiche zum Währungsderivateeinsatz[284]

Kennzahlen	Kennzahlendefinitionen	Befunde
Fremdkapitalquote	Fremdkapital (Buchwert) / Unternehmenswert	–**
Liquidität	Umlaufvermögen / Kurzfristige Verbindlichkeiten	–***
Dividendenrendite	Dividende pro Aktie / Aktienkurs	+***
Dividendenquote	Dividende / Gewinn	+***
Fremdkapitalfristigkeit	Langfristiges Fremdkapital / Fremdkapital	–**

Testverfahren: T-Test auf Differenz der Mittelwerte von hedgenden und nicht-hedgenden Unternehmen.

Sample: 3022 amerikanische Unternehmen; Untersuchungszeitpunkt: 1992.

282 Vgl. Mian (1996), S. 433-436.

283 Vgl. Mian (1996), S. 431f.

284 Vgl. Mian (1996), S. 435.

Die Auswertungen werden zusätzlich für einen Zinsderivateeinsatz durchgeführt.[285] Dabei ergeben sich insgesamt deutliche Ergebnisunterschiede gegenüber einem Währungsderivateeinsatz. Während beim Währungsderivateeinsatz der Einfluss der Fremdkapitalquote und der Fremdkapitalfristigkeit signifikant negativ ist, erweist sich der Einfluss beim Zinsderivateeinsatz interessanterweise signifikant positiv. Die Steuervariable „Anrechenbare Auslandssteuern" ist beim Währungsmanagement hoch signifikant positiv und beim Zinsmanagement insignifikant positiv. Die Investitionsvariable „Market-to-book-ratio" ist beim Währungsderivateeinsatz insignifikant negativ und beim Zinsderivateeinsatz hoch signifikant negativ.

Während die Befunde von Mian die in der Hedging-Literatur angeführten Motive für ein unternehmerisches Risikomanagement nur teilweise bestätigen, erscheinen die deutlichen Ergebnisse zu den finanzpolitischen Entscheidungsvariablen äußerst interessant. Mian formuliert zwar vorab keine Hypothesen, die Einflussrichtungen sind aber durchaus konsistent mit der Hedging-Theorie. Leider untersucht Mian die finanzpolitischen Entscheidungsvariablen nicht im Rahmen eines multivariaten Ansatzes. Zwar wäre die Formulierung eines Mehrgleichungsmodells sicherlich problemgerecht, aber auch die Analyse des partiellen Einflusses einzelner finanzpolitischer Entscheidungsvariablen im Rahmen multivariater Auswertungen könnte weitere Aufschlüsse geben. Inhaltlich problematisch ist ferner die Verwendung der Variablen „Umlaufvermögen / Kurzfristige Verbindlichkeiten" als Liquiditätsmaßstab, da nicht das gesamte Umlaufvermögen als Liquiditätsreserve angesehen werden kann.

Interessant erscheinen die Befunde zur Fremdkapitalquote, zur Fremdkapitalfristigkeit und zur Market-to-book-ratio, bei denen sich jeweils unterschiedliche Vorzeichen ergeben, je nachdem, ob Währungs- oder Zinsderivate Untersuchungsgegenstand sind. Die Unterschiede bei der Fremdkapitalquote und der Fremdkapitalfristigkeit erscheinen durchaus plausibel, da diese Variablen als Zins-Exposure-Variablen aufgefasst werden können. Insgesamt wird der Einsatz von Währungs- und von Zinsderivaten demnach nicht von identischen Faktoren determiniert. Folglich ist die Verwendung einer nach Risikoart undifferenzierten Hedging-Variablen bei der empirischen Untersuchung des Derivateeinsatzes nicht problemgerecht.

Bei der Interpretation des signifikant positiven Einflusses der Steuervariablen „Anrechenbare Auslandssteuern" verweist Mian treffend auf die Möglichkeit, dass die anrechenbaren Auslandssteuern für ein bestehendes Währungs-Exposure und weniger für steuerliche Effekte approximieren. Diese Vermutung bestätigt sich auch in der Insignifikanz der Steuervariablen „Anrechenbare Auslandssteuern" bei den Zinsderivaten. Hier zeigt sich deutlich die Notwendigkeit der Aufnahme einer Exposure-Variablen in die multiplen Auswertungen. Eine Nichtberücksichtigung einer wesentlichen erklärenden Variablen führt zu Ergebnis-

[285] Vgl. Mian (1996), S. 430 und S. 435.

verzerrungen. In gleicher Weise muss hier auch hinterfragt werden, ob die Signifikanz der Variablen „Branchenregulierung" tatsächlich – wie von Mian angeführt – auf geringe Vertragsgestaltungskosten oder etwa nicht auf ein geringeres Exposure im operativen Geschäft zurückzuführen ist.

3.1.5 Berkman/Bradbury (1996)

Berkman/Bradbury untersuchen die Bestimmungsgründe des Derivateeinsatzes von neuseeländischen Unternehmen. Damit ist die Studie von Berkman/Bradbury die einzige vorliegende Untersuchung für nicht-amerikanische Unternehmen. Dies ist insofern interessant, als unterschiedliche länderspezifische Rahmenbedingungen – wie unterschiedliche Kapitalmarktverhältnisse oder Internationalisierungsgrade – durchaus das Hedging-Verhalten beeinflussen können.[286]

Während den Studien von Nance/Smith/Smithson (1993), Dolde (1995) und Mian (1996) eine dichotome Fragestellung zugrunde lag und Logit-Modelle geschätzt wurden, führen Berkman/Bradbury Tobit-Analysen durch. Die Studie von Berkman/Bradbury ist somit die erste, bei der die Hedging-Aktivitäten nicht auf eine dichotome Fragestellung reduziert werden.[287] Erfolgt kein Derivateeinsatz, erhält die abhängige Variable einen Wert von null, der als qualitatives Merkmal zu interpretieren ist. Werden dagegen Derivate eingesetzt, so zeigt die abhängige Variable den Umfang der Hedging-Aktivitäten. Zur Abbildung des Hedging-Umfangs werden zum einen der berichtete Marktwert (Fair Value) und zum anderen der berichtete Nominalwert der Derivatepositionen herangezogen, wobei beide Werte zur Größenbereinigung durch den Unternehmenswert dividiert werden.[288]

Von Berkman/Bradbury werden zwei multiple Tobit-Regressionen durchgeführt. In der ersten Tobit-Regression ist der Marktwert und in der zweiten der Nominalwert der Derivatepositionen die abhängige Variable. Bei beiden Modellen werden sämtliche elf in Tabelle 6 dargestellten Variablen gemeinsam einbezogen.

Als ein wesentliches Ergebnis wird von Berkman/Bradbury der deutliche Einfluss der Verschuldungskennzahlen herausgehoben.[289] Sowohl die Fremdkapitalquote als auch die Zinsdeckung besitzen eine den Hypothesen entsprechende Einflussrichtung und erweisen sich als hoch signifikant. Neben den Konkurskosten wird von den Verfassern vor allem noch das Steuermotiv als weiterer

[286] Vgl. Berkman/Bradbury (1996), S. 6.

[287] Bei der Tobit-Analyse ist die abhängige Variable nur bis zu einer Grenze beobachtbar. Unterhalb dieser Grenze ist die abhängige Variable unbeobachtbar (latent) und besitzt nur eine qualitative Ausprägung.

[288] Vgl. Berkman/Bradbury (1996), S. 8f.

[289] Vgl. Berkman/Bradbury (1996), S. 12.

Tabelle 6: Berkman/Bradbury (1996) – Multiple Tobit-Analysen zum Derivateeinsatz[290]

Kennzahlen	**Kennzahlendefinitionen**	**Hypothesen**	**Befunde**
Fremdkapitalquote	Fremdkapital / Unternehmenswert	+	+**
Zinsdeckung	EBIT / Zinsaufwand	–	–***
Investitionsquote	Investitionen in Sachanlagevermögen / Cashflow	+	+/–
Gewinn-Kurs-Verhältnis	Gewinn pro Aktie / Aktienkurs	–	+/–*
Liquidität	Liquide Mittel / Kurzfristige Verbindlichkeiten	–	–*
Dividendenquote	Dividende / Gewinn	+	+*
Mezzaninefinanzierung	Mezzaninekapital (Buchwert) / Unternehmenswert	–	+/–
Verlustvortrag	(0/1)-Variable. Bei bestehendem Verlustvortrag ein Wert von eins.	+	+**
Eigenkapitalanteil in Managerbesitz	In Managerbesitz befindliches Eigenkapital / Eigenkapital	+	+
Unternehmenswert	Eigenkapital (Marktwert) und Fremdkapital (Buchwert)	?	+***
Auslandsvermögen	Auslandsvermögen / Gesamtvermögen	+	+/–

Abhängige Variable: Quotient aus alternativ Marktwert oder Nominalwert der Derivatepositionen und Unternehmenswert.

Sampleumfang: 116 neuseeländische Unternehmen; Untersuchungszeitpunkt: 1994.

wesentlicher Erklärungsfaktor eingeschätzt.[291] Wie zuvor bei Nance/Smith/Smithson (1993) und Mian (1996) besteht auch hier ein hoch signifikant positiver Zusammenhang zwischen der Größenvariablen „Unternehmenswert" und der Hedging-Variablen. Außerdem besitzen die Liquiditäts- und Dividendenvariablen ein den theoretischen Überlegungen entsprechendes signifikantes Vorzeichen (10%-Niveau).

Dagegen kann eine deutliche Erklärungskraft der Investitionsopportunitäten für das Hedging-Verhalten nicht festgestellt werden. Bei den Investitionsvariablen ergeben sich abhängig von der Modellschätzung sogar unterschiedliche Einflussrichtungen. Auch für die Variable „Mezzaninefinanzierung" bestehen unterschiedliche (insignifikante) Einflussrichtungen.

Erstmals werden bei Berkman/Bradbury die Managermotive im Zusammenhang mit dem Hedging-Verhalten empirisch untersucht. Operationalisiert werden

290 Vgl. Berkman/Bradbury (1996), S. 11-13.

291 Vgl. Berkman/Bradbury (1996), S. 12.

die Managermotive durch den Manageranteil am Eigenkapital.[292] Die Hypothese eines positiven Einflusses der Managervariablen wird durch den unzureichenden Diversifikationsgrad der Manager und die Managerinteressen begründet.[293] Zwar bestätigt sich der prognostizierte positive Zusammenhang, der Einfluss ist jedoch nicht statistisch gesichert.

Mit dem Auslandsvermögensanteil wird von Berkman/Bradbury zudem eine Exposure-Variable miteinbezogen. Diese erweist sich jedoch als insignifikant. Bemerkenswerterweise ist die Exposure-Variable bei den multivariaten Auswertungen insignifikant, bei den univariaten Betrachtungen dagegen signifikant. Mögliche Gründe für die deutliche Veränderung der Signifikanzwerte werden von den Verfassern leider nicht angeführt. Allerdings ist die Exposure-Variable „Auslandsvermögen / Gesamtvermögen" inhaltlich nicht unproblematisch. Ein hoher Kennzahlenwert kann einerseits – wie von den Verfassern unterstellt – ein hohes Währungs-Exposure bedeuten, andererseits aber auch Ausdruck umfangreicher realwirtschaftlicher Absicherungsmaßnahmen sein.[294]

Inhaltlich problematisch ist auch die Definition der Managervariablen als Anteil des in Managerbesitz befindlichen Eigenkapitals. Für die Manageranreize ist nicht der Anteil am Eigenkapital ausschlaggebend, sondern der Wert des gebundenen Kapitals relativ zum Privatvermögen. Auch ein kleiner Eigenkapitalanteil kann bei hohem Unternehmenswert ein erhebliches gebundenes Kapital und damit ausgeprägte Manageranreize bedeuten.

Ökonometrisch bedenklich ist außerdem, dass in den von Berkman/Bradbury durchgeführten Modellschätzungen jeweils zwei Verschuldungs- und zwei Investitionsvariablen enthalten sind. Zwar sind die bivariaten Korrelationen nicht übermäßig hoch und Multikollinearitätsprobleme wenig wahrscheinlich. Jedoch führt der gleichzeitige Einschluss zweier Variablen, die für dasselbe Unternehmenscharakteristikum approximieren, zu inhaltlichen Interpretationsproblemen.

Des Weiteren ist die Definition der abhängigen Hedging-Variablen ebenfalls diskussionswürdig. Insbesondere die Verwendung des Marktwertes der Derivatepositionen als Zählergröße ist zweifelhaft, da die bis zum Bilanzstichtag eingetretenen Marktwertänderungen nur unzureichend den tatsächlichen Sicherungsumfang widerspiegeln. Auch die Größenbereinigung der Derivateposition mittels des Unternehmenswertes ist problematisch. So werden die Hedging-Variablen für Wachstumsunternehmen mit (noch) geringen Umsätzen und hoher Marktkapitalisierung tendenziell geringe Werte annehmen. Selbst wenn diese Wachstumsunternehmen die Auslandsumsätze des Planungszeitraums vollständig hedgen, wird der Kennzahlenwert der Hedging-Variablen relativ gering sein. Dieser Aspekt ist umso problematischer, als Investitionsopportunitäten selbst ein Erklärungsfaktor des Hedging-Verhaltens sind.

[292] Vgl. Berkman/Bradbury (1996), S. 10.

[293] Vgl. Berkman/Bradbury (1996), S. 7.

[294] Vgl. Abschnitt 2.1.3.

Zwar sind die ausgewiesenen P-Values der betrachteten Erklärungsfaktoren bei Berkman/Bradbury gegenüber denen der amerikanischen Studien niedriger, allerdings beruhen die Signifikanzen hier auf einem einseitigen, dagegen in den amerikanischen Studien auf einem zweiseitigen Test. Insgesamt sind die von Berkman/ Bradbury vorgelegten Befunde zu den einzelnen Erklärungsdeterminanten durchaus konsistent mit denen der amerikanischen Studien. Gütemaße werden von Berkman/ Bradbury leider nicht angegeben, sodass Aussagen über die Anpassungsgüte und auch ein Gütevergleich mit den amerikanischen Studien nicht möglich sind.

3.1.6 Tufano (1996)

Tufano – sowie die in Abschnitt 3.1.8 dargestellte Studie von Adam (1997) – untersucht die Bestimmungsgründe des Derivateeinsatzes zum Management von Goldpreisrisiken von nordamerikanischen goldfördernden Unternehmen. Im Vergleich zum Finanzderivateeinsatz sind bei der Untersuchung des Goldderivateeinsatzes einige methodische und vor allem inhaltliche Besonderheiten zu beachten.

Tufano betrachtet die Goldbranche zur Untersuchung der Hedging-Determinanten als geeignet, da das Sample Unternehmen mit ähnlichen Charakteristiken, insbesondere ähnlichen Exposure-Charakteristiken, enthält und somit durch die Samplebildung für nicht explizit im Untersuchungsansatz aufgenommene Einflussfaktoren kontrolliert wird.[295] Dagegen kann andererseits eingewendet werden, dass die Querschnittsverteilungen der Kennzahlenwerte von Unternehmen einer Branche typischerweise eine geringe Streuung aufweisen, was eine geringe statistische Trennschärfe bedeutet.[296]

Theoretische Grundlage der Studien zum Goldderivateeinsatz bilden prinzipiell die in Abschnitt 2.2 vorgestellten Erklärungsansätze. Allerdings sind einige Agency-Probleme, die ein Risikomanagement begründen, für goldfördernde Unternehmen weniger stark ausgeprägt. Die Goldbranche ist gekennzeichnet durch relativ einfach quantifizierbare Gold-Exposure und eine hohe Transparenz infolge umfangreicher Berichterstattung, sodass dem Hedging-Motiv der Informationsasymmetrien nur eingeschränkt Bedeutung zukommt.[297] Darüber hinaus sind aufgrund der umfangreichen Goldreserven insbesondere die Konkurskosten geringer und die damit verbundenen Agency-Konflikte weniger ausgeprägt.[298] Im Rahmen des Modells von Froot/Scharfstein/Stein (1993) ist das optimale Hedging-Volumen bei einer positiven Korrelation der Absatzpreisentwicklung und

[295] Vgl. Tufano (1996), S. 1098.

[296] Vgl. Géczy/Minton/Schrand (1997), S. 1325.

[297] Vgl. Tufano (1996), S. 1098.

[298] Vgl. Tufano (1996), S. 1098.

der kapitalwertpositiven Investitionsmöglichkeiten geringer.[299] Eine solche positive Korrelation zwischen Goldpreisrisiken und Investitionsmöglichkeiten erscheint für goldfördernde Unternehmen durchaus plausibel.

Darüber hinaus besitzt der Goldpreis nur eine geringe Korrelation mit den relevanten Aktienmarktindices. Daher werden Aktien von Goldunternehmen oftmals explizit aufgrund von Diversifikationsüberlegungen erworben, d.h. die Anteilseigner sind interessiert an der Abhängigkeit vom Goldpreis.[300] Ein kostenbehaftetes Management der Goldpreisrisiken ist daher nicht im Interesse dieser Anteilseigner.

Abhängige Variable bildet bei der Untersuchung von Tufano (1996) die Hedge-Ratio, die den Anteil der abgesicherten an der gesamten Goldförderung zeigt. Die Hedge-Ratio ist definiert als Quotient aus dem Delta des Hedge-Portfolios und der kumulierten dreijährigen Goldförderung.[301] Neben den in die bisherigen Untersuchungen einbezogenen Erklärungsvariablen werden weitere branchenspezifische Variablen gebildet (vgl. Tabelle 7).

In den theoretischen Ausführungen differenziert Tufano zwischen zwei Gruppen von Erklärungsansätzen.[302] Dies sind einerseits die Erklärungsansätze, die ein Risikomanagement als Instrument zur Unternehmenswerterhöhung betrachten, und andererseits die Ansätze, die von den Eigeninteressen der Manager ausgehen.

Die in Zusammenhang mit möglichen Unternehmenswertsteigerungen stehenden Hedging-Motive können nur eingeschränkt bestätigt werden.[303] Lediglich die Fremdkapitalquote und die Liquiditätsvariable sind hoch signifikant und besitzen ein den Hypothesen entsprechendes Vorzeichen. Der Einfluss der Verschuldungskennzahl „Cash Costs", der Investitionskennzahlen „Explorationsaktivitäten" und „Übernahmeaktivitäten" und der Steuerkennzahl „Verlustvortrag" ist statistisch nicht signifikant.

Des Weiteren erweisen sich die Größenvariablen „Unternehmenswert" und „Goldreserven" als insignifikant. Dies ist umso erstaunlicher als in den bisherigen Studien die Größenvariable zumeist hoch signifikant war und auch im Sample von Tufano eine deutliche Querschnittsstreuung der Größenvariablen bestand. Leider wird die Insignifikanz der Größenvariablen von Tufano nicht weiter kommentiert.

---

299 Vgl. Froot/Scharfstein/Stein (1993), S. 1638-1640 und Abschnitt 2.2.2.2.5.1, insbesondere Fußnote 204.

300 Vgl. Tufano (1996), S. 1120.

301 Das Portfolio-Delta beschreibt die Wertänderung des Hedge-Portfolios bei einer Änderung des Goldpreises um eine marginale Einheit und errechnet sich aus den mit den Marktwerten gewichteten Deltas der Absicherungsinstrumente. Das Portfolio-Delta entspricht der Anzahl der short verkauften Goldunzen. Vgl. Tufano (1996), S. 1101.

302 Vgl. Tufano (1996), S. 1106-1112.

303 Vgl. Tufano (1996), S. 1117.

Tabelle 7: Tufano (1996) – Multiple Tobit-Analysen zum Goldderivateeinsatz[304]

Kennzahlen	Kennzahlendefinitionen	Hypothesen	Befunde
Fremdkapitalquote	Fremdkapital / Unternehmenswert	+	+***
Cash Costs	Laufende operative und administrative Auszahlungen / Anzahl der geförderten Unzen Gold	+	–
Explorationsaktivitäten	Explorationsaufwendungen / Unternehmenswert	+	–
Übernahmeaktivitäten	Wert der versuchten Unternehmensübernahmen / Unternehmenswert	+	+
Verlustvortrag	Verlustvorträge (Buchwerte) / Bilanzsumme	+	+
Unternehmenswert	Eigenkapital (Marktwert) und Fremdkapital (Buchwert)	–	+
Goldreserven	Goldreserven (in Mio. Unzen)	–	–
Liquidität	Liquide Mittel / Kurzfristige Verbindlichkeiten	–	–***
Unternehmensdiversifikation	Anteil des bilanziellen Vermögens außerhalb der Goldbranche	–	–
Eigenkapital in Managerbesitz	Marktwert des in Managementbesitz befindlichen Eigenkapitals	+	+***
Optionsrechte in Managerbesitz	Anzahl der in Managementbesitz befindlichen Aktienoptionen	–	–***
Großaktionär	Von Großaktionären gehaltene Anteile	–	–***

Abhängige Variable: Hedge-Ratio als Quotient aus Delta des Hedge-Portfolios und kumulierter dreijähriger Goldförderung.

Sampleumfang: Über 38 Gesellschaften gepooltes Sample mit 105 Beobachtungen; Untersuchungszeitraum: 1991 bis 1993.

Intensiv beschäftigt sich Tufano mit dem Zusammenhang zwischen Managerentlohnung und Hedging-Anreizen. Tufano differenziert dabei zwischen Aktien- und Optionsbesitz der Manager.[305] Aufgrund der unzureichend diversifizierten Managerportfolios und der Risikoaversion der Manager werden Manager mit umfangreichem Aktienbesitz an einer Risikoreduzierung interessiert sein. Manager mit Optionsbesitz werden dagegen nicht an einer Risikoreduzierung interessiert sein, da eine Volatilitätsreduzierung den Optionswert reduzieren würde. In Verbindung mit den Eigeninteressen der Manager untersucht Tufano zusätzlich den Einfluss von Großaktionären auf die Hedge-Ratio.[306]

[304] Vgl. Tufano (1996), S. 1107 und S. 1116.

[305] Vgl. Tufano (1996), S. 1109.

[306] Bei den Großaktionären handelt es sich vorwiegend um breit diversifizierte institutionelle Investoren. Vgl. Tufano (1996), S. 1120.

Die drei Variablen in Verbindung mit den Managerinteressen besitzen alle ein den Hypothesen entsprechendes Vorzeichen und sind hoch signifikant.[307] Entsprechend den Überlegungen ist eine höhere Hedge-Ratio bei Unternehmen mit hohen Managerbeteiligungen zu beobachten. Halten die Manager hingegen Optionspositionen, so werden nur geringere Absicherungsaktivitäten durchgeführt.

Der Einfluss der Managerinteressen auf die Hedging-Entscheidung ist insofern problematisch, als mit einem Derivateprogramm erhebliche Kosten verbunden sind, die letztlich die Anteilseigner zu tragen haben. Interessant erscheint hierbei der signifikant negative Zusammenhang zwischen der Hedging-Variablen und der Variablen „Großaktionär". Dies kann dahingehend interpretiert werden, dass durch die Kontrollfunktion eines Großaktionärs ein den Interessen der Anteilseigner entgegengesetztes Hedging-Verhalten verhindert wird.[308]

Die viel beachtete Studie von Tufano ist konzeptionell anspruchsvoll und gelangt zu äußerst interessanten Ergebnissen. Das zentrale Ergebnis der Studie ist die herausragende Bedeutung der Managerinteressen für die Hedging-Entscheidung. Allerdings ist zu hinterfragen, ob dieses Ergebnis unreflektiert auf Industrieunternehmen übertragbar ist, da diese mit andersartigen Agency-Problemen behaftet sind.

Methodisch kritisiert werden kann, dass alle zwölf Erklärungsvariablen gleichzeitig in die multiplen Auswertungen einbezogen werden. Dies ist problematisch, da einige Erklärungsvariablen dasselbe Unternehmensmerkmal approximieren. Die Schätzungen beinhalten bspw. mit dem Unternehmenswert und den Goldreserven zwei Größenvariablen. Leider wird den multiplen Auswertungen keine Korrelationsanalyse vorangestellt.

3.1.7 Géczy/Minton/Schrand (1997)

Die umfangreiche Untersuchung von Géczy/Minton/Schrand bezieht sich explizit auf den Einsatz von Währungsderivaten. Inhaltlich werden insbesondere zwei Aspekte tiefergehend thematisiert. Erstens wird das originäre Währungs-Exposure berücksichtigt. Zweitens wird der Zusammenhang zwischen Verschuldungsgrad und Hedging-Entscheidung anhand eines Zweigleichungsmodells tiefergehend analysiert.

Géczy/Minton/Schrand schätzen mehrere multiple Logit-Modelle, wobei Kennzahlen, die für dasselbe Unternehmensmerkmal operationalisieren, nicht gleichzeitig in die Auswertung einbezogen werden. Tabelle 8 gibt einen Überblick über die Befunde. Unternehmen mit hoher F&E-Quote verwenden mit hoch signifikant geringerer Wahrscheinlichkeit Währungsderivate. Auch für die Liquiditätsvariable wird konsistent mit den Hypothesen ein negativer Zusammenhang

[307] Vgl. Tufano (1996), S. 1118-1121.

[308] Vgl. Tufano (1996), S. 1120.

Tabelle 8: Géczy/Minton/Schrand (1997) – Multiple Logit-Analysen zum Währungsderivateeinsatz[309]

Kennzahlen	Kennzahlendefinitionen	Hypothesen	Befunde
Fremdkapitalquote	Fremdkapital / Unternehmenswert	+	+/–
F&E-Quote	Aufwendungen für Forschung und Entwicklung / Umsatz	+	+***
Market-to-book-ratio	Eigenkapital (Marktwert) / Eigenkapital (Buchwert)	+	+
Liquidität	Liquide Mittel / Kurzfristige Verbindlichkeiten	–	–***
Verlustvortrag	Verlustvorträge (Buchwerte) / Bilanzsumme	+	+
Eigenkapital in Managerbesitz	Marktwert des in Managementbesitz befindlichen Eigenkapitals	+	+
Optionsrechte in Managerbesitz	Produkt aus Anzahl der in Managerbesitz befindlichen Aktienoptionen und Aktienkurs	–	+
Unternehmenswert	Eigenkapital (Marktwert) und Fremdkapital (Buchwert)	?	+***
Einsatz von Zins- oder Commodity-Derivaten	(0/1)-Variable. Bei Einsatz von Zins- oder Commodity-Derivaten ein Wert von eins.	+	+***
Analystenanzahl	Anzahl der Analysten, die das jeweilige Unternehmen beobachten	–	+***
Auslandsergebnis	Auslandsergebnis / Umsatz	+	+***
Fremdkapital in Auslandswährung	(0/1)-Variable. Bei Fremdkapital in Auslandswährung ein Wert von eins.	?	+***
Branchenimportquote	Importe / Gesamtproduktion (jeweils für vierstelligen SIC-Code)	+	+***
Abhängige Variable: (0/1)-Variable. Bei Währungsderivateeinsatz ein Wert von eins.			
Sampleumfang: 372 Unternehmen; Untersuchungszeitpunkt: 1991.			

festgestellt (1%-Niveau). Géczy/Minton/Schrand sehen darin eine Bestätigung des Erklärungsansatzes von Froot/Scharfstein/Stein (1993).[310] Zur weiteren Untersuchung der von Froot/Scharfstein/Stein (1993) beschriebenen Unterinvestitionssituation bilden Géczy/Minton/Schrand zwei Interaktionsterme aus den Investitionsvariablen „F&E-Quote" und „Market-to-book-ratio" mit der Verschuldungsvariablen „Fremdkapitalquote",[311] da jene Unternehmen verstärkt Risikomanagement betreiben sollten, die über hohe Investitionsopportunitäten verfügen und gleichzeitig mit umfangreichen Kapitalmarktrestriktionen konfron-

[309] Vgl. Géczy/Minton/Schrand (1997), S. 1338.

[310] Vgl. Géczy/Minton/Schrand (1997), S. 1339.

[311] Vgl. Géczy/Minton/Schrand (1997), S. 1337.

tiert sind. Der Einfluss des Interaktionsterms aus Market-to-book-ratio und Fremdkapitalquote besitzt eine den Überlegungen von Froot/Scharfstein/Stein (1993) entsprechende, signifikante Einflussrichtung.

Ein empirischer Erklärungsgehalt der Managermotive kann – im Gegensatz zu Tufano (1996) – für Industrieunternehmen nicht festgestellt werden.[312] Auch das Steuermotiv besitzt keinen Erklärungsbeitrag.

Nach DeMarzo/Duffie (1991) ist Hedging auf Unternehmensebene sinnvoll, wenn das Unternehmen gegenüber den Anteilseignern über Informationsvorteile bezüglich der Exposure-Charakteristik verfügt.[313] Als Indikator für Informationsasymmetrien dient die Anzahl der Wertpapieranalysten, die das jeweilige Unternehmen beobachten. Entgegen den Überlegungen zeigt sich jedoch für die Variable „Analystenanzahl" ein hoch signifikant positiver Einfluss. Auch wenn zur Größenbereinigung die Variable „Analystenanzahl" mit der Unternehmensgröße orthogonalisiert wird, ändern sich die Ergebnisse nur unwesentlich.[314] Als Begründung führen Géczy/Minton/Schrand an, dass mit zunehmender Analystenanzahl der Druck auf das Management wächst, den Gewinnschätzungen zu entsprechen.[315] Dementsprechend würde ein Währungsmanagement betrieben, um Abweichungen von den Gewinnerwartungen zu vermeiden.

In den bisherigen Studien bestand zumeist ein hoch signifikant positiver Einfluss der Größenvariablen, was auf Fixkosten beim Derivateeinsatz zurückgeführt wurde. Zur weiteren Untersuchung des Fixkostenarguments wird neben der Größenvariablen „Unternehmenswert" die Variable „Einsatz von Zins- oder Güterpreisderivaten" gebildet. [316] Die Fixkostenüberlegungen finden deutliche Bestätigung. Sowohl die Größenvariable „Unternehmenswert" als auch die Variable „Einsatz von Zins- oder Güterpreisderivaten" erweisen sich hoch signifikant.[317]

Géczy/Minton/Schrand kritisieren an den bisherigen Studien die fast ausschließliche Verwendung von aus Kapitalmarktunvollkommenheiten abgeleiteten Erklärungsvariablen. Kapitalmarktunvollkommenheiten seien jedoch keine hinreichende Bedingung für ein Währungsmanagement, vielmehr sei ein Hedging auch von der Höhe des originären Exposure abhängig.[318] Daher bilden Géczy/Minton/Schrand die Exposure-Variablen „Auslandsergebnis", „Fremdkapital in Auslandswährung" und „Branchenimportquote". Géczy/Minton/Schrand betonen die Vorteilhaftigkeit des Auslandsergebnisses gegenüber dem Auslands-

[312] Vgl. Géczy/Minton/Schrand (1997), S. 1340.

[313] Vgl. Géczy/Minton/Schrand (1997), S. 1330.

[314] Vgl. Géczy/Minton/Schrand (1997), S. 1340.

[315] Vgl. Géczy/Minton/Schrand (1997), S. 1340.

[316] Vgl. Géczy/Minton/Schrand (1997), S. 1332.

[317] Vgl. Géczy/Minton/Schrand (1997), S. 1340.

[318] Vgl. Géczy/Minton/Schrand (1997), S. 1326.

umsatz, da nur die Nettogröße aus Umsätzen und Kosten in Fremdwährung ein Währungs-Exposure darstellt.[319] Die Exposure-Variable „Branchenimportquote" soll für das Competitive Exposure approximieren.[320] Ein hoher Kennzahlenwert deutet auf global integrierte Märkte und umfangreiche Auslandskonkurrenz hin. In diesem Fall können Wechselkursänderungen zu einer deutlichen Verschlechterung der Wettbewerbsfähigkeit führen.

Die Höhe des Währungs-Exposure erweist sich als eine wesentliche Determinante der Hedging-Entscheidung. Unternehmen, die ein hohes Auslandsergebnis ausweisen, die einem hohen Wettbewerbsrisiko ausgesetzt sind und die über Fremdkapital in Auslandswährung verfügen, verwenden mit höherer Wahrscheinlichkeit Währungsderivate.[321] Der Einfluss der drei Exposure-Variablen erweist sich dabei als hoch signifikant. Bemerkenswerterweise nimmt das Mc-Fadden R^2 mit annähernd 40 % einen für eine Logit-Regression hohen Wert an.[322]

Des Weiteren beschäftigen sich Géczy/Minton/Schrand mit der Problematik der Simultanität der finanzpolitischen Entscheidungen. Demzufolge werden die finanzpolitischen Entscheidungsparameter simultan bestimmt und gemeinsam durch exogene Faktoren – wie Investitionsopportunitäten, Steuern oder Regulierungsgrad – determiniert. Um die Simultanität der Kapitalstruktur- und Hedging-Entscheidung zu untersuchen, wird ein Zweigleichungsmodell geschätzt.[323] Das Modell besteht aus einer Hedging-Gleichung mit der Hedging-Variablen als abhängige Variable und einer Kapitalstruktur-Gleichung mit der Fremdkapitalquote als abhängige Variable. Die Fremdkapitalquote und die Hedging-Variable sind dementsprechend die endogenen Variablen der simultanen Schätzung.[324]

Im Rahmen des Zweigleichungsmodells zeigt sich kein Zusammenhang zwischen der Fremdkapitalquote und der Hedging-Variablen.[325] Ein statistisch gesicherter Einfluss der Hedging-Variablen in der Kapitalstruktur-Gleichung und der Fremdkapitalquote in der Hedging-Gleichung kann nicht festgestellt werden. In der Hedging-Gleichung unterscheiden sich Einflussrichtungen und Signifikanzen der einzelnen Erklärungsvariablen nicht wesentlich von den in Tabelle 8 dargestellten Befunden.

---

319 Vgl. Géczy/Minton/Schrand (1997), S. 1331.

320 Vgl. Géczy/Minton/Schrand (1997), S. 1331.

321 Vgl. Géczy/Minton/Schrand (1997), S. 1340.

322 Vgl. Géczy/Minton/Schrand (1997), S. 1339.

323 Vgl. Géczy/Minton/Schrand (1997), S. 1342f.

324 Die Hedging-Gleichung enthält die gleichen erklärenden Variablen wie die zuvor durchgeführten Logit-Regressionen. Die Spezifizierung der Kapitalstruktur-Gleichung erfolgt in Anlehnung an Titman/Wessels (1988) und Opler/Titman (1996).

325 Vgl. Géczy/Minton/Schrand (1997), S. 1343.

In einem weiteren Auswertungsschritt beschäftigen sich Géczy/Minton/Schrand mit der Frage, ob Derivate zum Hedging oder zur Spekulation eingesetzt werden.[326] Ausgehend von Spekulationsmotiven werden Kennzahlenausprägungen identifiziert, die auf Spekulationsstrategien schließen lassen. Auf Basis dieser Befunde sowie auch der in Tabelle 8 dargestellten Befunde gelangen Géczy/Minton/Schrand zu dem Ergebnis, dass die Entscheidung über einen Derivateeinsatz weniger von Spekulationsmotiven geleitet wird.[327]

Bei der Einschätzung der Befunde betonen Géczy/Minton/Schrand vor allem die Konsistenz mit dem Erklärungsansatz von Froot/Scharfstein/Stein (1993). Daneben wird von den Verfassern die erhebliche Erklärungskraft der Hedging-Fixkosten und der Exposure-Höhe hervorgehoben. Insbesondere die tiefergehende Auseinandersetzung mit der Abbildung des Währungs-Exposure ist positiv herauszustellen. Die hohe Signifikanz der Exposure-Variablen ist insofern bemerkenswert, als die bisherigen Studien zumeist keine Exposure-Variablen bei den multivariaten Auswertungen enthielten, was zu verzerrten Parameterschätzern führen kann.

3.1.8 Adam (1997)

Adam untersucht wie Tufano (1996) die Hedging-Determinanten anhand eines Samples nordamerikanischer goldfördernder Unternehmen.[328] Ausgangspunkt der Hypothesenbildung ist ein von Adam entwickeltes theoretisches Modell, dessen ökonomischer Inhalt mit dem des Modells von Froot/Scharfstein/Stein (1993) vergleichbar ist. Vor dem Hintergrund bestehender Finanzierungsrestriktionen wird durch ein Hedging die Finanzierung der geplanten zukünftigen Auszahlungen sichergestellt. Adam beschäftigt sich dabei insbesondere mit der Frage, ob die betreffenden Unternehmen durch ein Hedging entweder die Finanzierung der operativen Auszahlungen oder die Finanzierung der Investitionsauszahlungen sicherstellen.

Wie Tufano (1996) verwendet Adam eine kontinuierliche Hedging-Variable. Nach Adam orientieren sich die Unternehmen am Downside Risk und möchten durch Absicherungsmaßnahmen eine Mindesteinzahlung sicherstellen.[329] Daher wird das Absicherungsvolumen berechnet aus der Anzahl der gehedgten Goldunzen multipliziert mit dem Terminkurs bei Termingeschäften und mit dem Basispreis bei Verkaufsoptionen.

---

[326] Vgl. Géczy/Minton/Schrand (1997), S. 1344f.

[327] Vgl. Géczy/Minton/Schrand (1997), S. 1345.

[328] Zur Diskussion, inwieweit die theoretischen Erklärungsansätze für den Einsatz von Finanzderivaten auf Goldderivate übertragbar sind, vgl. die Ausführungen zu Tufano (1996) in Abschnitt 3.1.6.

[329] Vgl. Adam (1997), S. 6.

Bei der Diskussion der Nennergröße der Hedging-Variablen argumentiert Adam, dass aufgrund der Zielsetzung der Sicherstellung der Finanzierung der zukünftigen Auszahlungen die zukünftigen Auszahlungen die relevante Bezugsgröße seien.[330] Ausgehend von den theoretischen Modellierungen könne jedoch keine eindeutige Aussage ableitet werden, ob die zukünftigen laufenden operativen Auszahlungen oder die zukünftigen Investitionsauszahlungen gehedgt werden. Adam (1997) verwendet daher sowohl die operativen Auszahlungen, die Investitionsauszahlungen als auch beide Auszahlungsarten gemeinsam als Nennergröße der Hedging-Variablen. Dabei werden bei der Bildung der Hedging-Variablen die Auszahlungen des nachfolgenden Geschäftsjahres herangezogen.

In einem ersten Auswertungsschritt untersucht Adam im Rahmen eines J-Tests, bei welcher Art der zukünftigen Auszahlungen die Regressionsschätzung den höchsten Erklärungsgehalt besitzt.[331] Dabei ergibt sich der höchste Erklärungsgehalt bei Verwendung der zukünftigen laufenden Auszahlungen als Nennergröße der Hedging-Variablen, woraus Adam folgert, dass die Unternehmen hedgen, um die Finanzierung der zukünftigen laufenden Auszahlungen sicherzustellen.[332] Bei den nachfolgenden Regressionsschätzungen dienen daher die zukünftigen laufenden Auszahlungen als Nennergröße.

Während der Einfluss der Konkursvariable „Gewinnmarge" statistisch gesichert ist, besitzen die Konkursvariablen „Fremdkapitalquote" und „Risikoprämie" keinen den Hypothesen entsprechenden signifikanten Einfluss. Konsistent mit den Hypothesen besteht zwischen dem Diversifikationsgrad und der Hedging-Variablen ein hoch signifikant negativer Zusammenhang. Daneben ist ein signifikant positiver Einfluss der Größenvariablen „Goldreserven" zu beobachten. Die Investitionsvariable „Market-to-book-ratio" ist zwar signifikant, aber die Einflussrichtung widerspricht den Hypothesen.

Zwischen der binären Variablen „Kanadisches Unternehmen" und der Hedging-Variablen wird ein positiver Zusammenhang postuliert, was mit einem zusätzlichen Dollarrisiko für kanadische Unternehmen aufgrund der Dollarnotierung des Goldpreises begründet wird.[333] Die Auswertungen bestätigen diese Vorüberlegungen. Insgesamt jedoch wertet Adam die empirischen Befunde als konsistent mit der Hedging-Theorie und als Bestätigung des von ihm entwickelten Modellansatzes.[334]

Während bei der Diskussion der Hedging-Variablen auf Tufano (1996) Bezug genommen wird, verzichtet Adam bei der Variablenauswahl und bei der Ergeb-

---

330 Vgl. Adam (1997), S. 6f.

331 Vgl. Adam (1997), S. 18f.

332 Vgl. Adam (1997), S. 19.

333 Vgl. Adam (1997), S. 9.

334 Vgl. Adam (1997), S. 22.

Tabelle 9: Adam (1997) – Multiple lineare Regression zum Goldderivateeinsatz[335]

Kennzahlen	Kennzahlendefinitionen	Hypothesen	Befunde
Fremdkapitalquote	Fremdkapital / Unternehmenswert	+	+/–*
Risikoprämie	Zinssatz der Verbindlichkeiten des Unternehmens abzüglich des laufzeitkongruenten Zinssatzes für Staatsanleihen	+	+/–
Gewinnmarge	Goldpreis abzgl. laufender Auszahlungen für eine Unze Gold	–	–***
Market-to-book-ratio	Eigenkapital (Marktwert) / Eigenkapital (Buchwert)	+	–*
Liquidität	Liquide Mittel / Kurzfristige Verbindlichkeiten	–	–
Dividendenquote	Dividende / Anzahl der geförderten Unzen Gold	+	–
Unternehmensdiversifikation	Umsätze Goldbereich / Gesamtumsätze	+	+***
Goldreserven	Goldreserven (in Mio. Unzen)	?	+*
Kanadisches Unternehmen	(0/1)-Variable. Bei kanadischen Unternehmen ein Wert von eins.	+	+***

Abhängige Variable: Quotient aus Absicherungsvolumen und zukünftigen laufenden operativen Auszahlungen.

Sampleumfang: Über 50 Gesellschaften gepooltes Sample mit 80 Beobachtungen; Untersuchungszeitraum: 1990 bis 1995.

nisinterpretation leider auf einen Vergleich mit Tufano (1996). Erstaunlicherweise zeigen sich zwischen beiden Studien deutliche Ergebnisunterschiede, obwohl beide Untersuchungen größtenteils dieselben Unternehmen einbeziehen und weitgehend denselben Zeitraum abdecken. Die Managerinteressen, die sich bei Tufano (1996) als wesentliches Hedging-Motiv in der Goldbranche herausstellten, werden von Adam leider nicht aufgegriffen.

Methodisch problematisch ist, dass die multivariaten Auswertungen sich auf ein gepooltes Sample von nur 80 Beobachtungen stützen. Die Anwendungsvoraussetzung der OLS-Regression eines hinreichend großen Samples wird von Adam nicht diskutiert. Da bei einem gepoolten Sample typischerweise zu niedrige P-Values für die Parameterschätzer ausgewiesen werden, erfolgt in empirischen Untersuchungen als Robustheitstest zumeist die Schätzung jährlicher Regressionen, was sich hier allerdings aufgrund des geringen Sampleumfangs verbietet.

Inhaltlich fragwürdig erscheint darüber hinaus bei der Hedging-Variablen der Bezug zwischen dem Absicherungsvolumen (Zählergröße) und den zukünftigen geplanten Auszahlungen (Nennergröße). Zwar ist die Zielsetzung des Hedging

[335] Vgl. Adam (1997), S. 11 und S. 22.

die Sicherung der Finanzierung der zukünftigen geplanten Auszahlungen, allerdings beziehen sich die tatsächlichen Absicherungsmaßnahmen trotzdem immer auf die Umsatzeinzahlungen. Daher sollte der Absicherungsumfang auf die Umsatzeinzahlungen bezogen werden. Insofern stehen die von Adam verwendete Zählergröße und Nennergröße in keinem sachlogischen Zusammenhang. Fragwürdig ist in diesem Sinne auch die Ausgangsfrage von Adam, ob der Derivateeinsatz zum Hedging der laufenden operativen Auszahlungen oder der Investitionsauszahlungen erfolgt. Ein Unternehmen muss prinzipiell erst die Finanzmittel für die laufenden operativen Auszahlungen aufbringen und kann nur verbleibende Finanzmitteln zur Finanzierung weiterer Investitionen nutzen.

3.1.9 Goldberg/Godwin/Kim/Tritschler (1998)

Die Studie von Goldberg/Godwin/Kim/Tritschler unterscheidet sich von den vorherigen insbesondere in methodischer Hinsicht. Während frühere Studien im Rahmen von Logit-Modellen einer dichotomen Fragestellung nachgingen, wurden in einigen neueren Studien Tobit-Modelle geschätzt. Tobit-Schätzungen können aufgefasst werden als Kombination eines Probit-Modells und einer gestutzten Regression, wobei die Modellparameter gleichzeitig geschätzt werden und keine unterschiedlichen Werte annehmen können. Tobit-Modelle unterstellen implizit eine Simultanität der Entscheidung über die Implementierung eines Risikomanagements und der Entscheidung über den Hedging-Umfang.[336]

Dagegen argumentieren Goldberg/Godwin/Kim/Tritschler, dass unterschiedliche Bestimmungsgründe für die Implementierungs- und für die Umfangsentscheidung durchaus möglich sind. Daher untersuchen Goldberg/Godwin/Kim/Tritschler im Rahmen der von Cragg (1971) empfohlenen zweistufigen Vorgehensweise zuerst mittels einer Probit-Regression die Implementierungsentscheidung und anschließend anhand der hedgenden Unternehmen mittels einer gestutzten Regression die Umfangsentscheidung. Durch diese zweistufige Vorgehensweise kann zwischen den Determinanten der Implementierungs- und der Umfangsentscheidung differenziert werden. Die Auswertungen erfolgen separat für den Derivate-, Währungsderivate- und Zinsderivateeinsatz. Die nachfolgenden Darstellungen konzentrieren sich schwerpunktmäßig auf den Währungsderivateeinsatz.

Grundlage der multivariaten Auswertungen bildet ein Modellansatz mit den sechs Variablen „Fremdkapitalquote", „F&E-Quote", „Liquidität", „Unternehmenswert", „Auslandsumsatz" und „Ergebnisvolatilität". In einem ersten Schritt wird die Wahrscheinlichkeit für einen Währungsderivateeinsatz im Rahmen eines Probit-Modells geschätzt.[337] Die konkreten Variablendefinitionen und die Ergebnisse der Modellschätzung sind in der oberen Hälfte von Tabelle 10 wie-

[336] Vgl. Goldberg/Godwin/Kim/Tritschler (1998), S. 155.

[337] Vgl. Goldberg/Godwin/Kim/Tritschler (1998), S. 151f.

dergegeben. Ein hoch signifikanter Einfluss auf die Implementierungsentscheidung besteht bei der F&E-Quote und dem Auslandsumsatz, der hier als Quotient aus Auslandsumsatz und Unternehmenswert definiert ist. Daneben ist noch die Liquiditätsvariable auf einem 5%-Niveau statistisch signifikant. Für alle drei signifikanten Erklärungsfaktoren entspricht die Einflussrichtung den Hypothesen.

Allerdings ist entgegen dem Konkurskostenmotiv zwischen der Verschuldungsvariablen „Fremdkapital" und der Hedging-Variablen ein (insignifikant) negativer Zusammenhang zu beobachten. Bemerkenswerterweise besteht zwischen der Unternehmensgröße und der Implementierungsentscheidung zwar ein positiver, allerdings – im Gegensatz zu den bisherigen Studien – insignifikanter Zusammenhang.[338]

Im zweiten Schritt wird der Einfluss der sechs Variablen auf die Entscheidung des Währungsderivatevolumens untersucht, wozu eine gestutzte Regression geschätzt wird. Abhängige Variable bei der gestutzten Regression ist der Hedging-Umfang. Zur Abbildung des Hedging-Umfangs wird auf den Nominalwert der Währungsderivateposition zurückgegriffen, welcher mit dem Unternehmenswert größenbereinigt wird. Goldberg/Godwin/Kim/Tritschler betonen ausdrücklich, dass Nominalwerte aussagekräftiger sind als die ebenfalls in den Geschäftsberichten enthaltenen Bilanz- oder Marktwerte.[339]

Interessanterweise unterscheiden sich die Ergebnisse der Probit-Regression und der gestutzten Regression deutlich.[340] Einen hoch signifikanten Einfluss auf das Währungsderivatevolumen übt lediglich die Exposure-Variable „Auslandsumsatz" aus. Die „F&E-Quote" wird dagegen nur noch auf einem 10%-Niveau als signifikant eingestuft. Auffällig ist der signifikant positive Einfluss der Fremdkapitalquote auf den Hedging-Umfang. Ein Vorzeichenwechsel ist ebenfalls bei den Variablen „Unternehmenswert" und „Ergebnisvolatilität" festzustellen. Somit unterscheiden sich die Determinanten der Implementierungs- und Umfangsentscheidung, was die Verwendung von Tobit-Modellen fraglich erscheinen lässt.[341]

Die Auswertungen werden alternativ auch für den Zinsderivateeinsatz durchgeführt.[342] Bei der Implementierungsentscheidung erweisen sich dabei die Fremdkapitalquote, die Liquidität, der Unternehmenswert, der Auslandsumsatz

---

338 Der P-Value der Größenvariable beträgt allerdings 0,115.

339 Vgl. Goldberg/Godwin/Kim/Tritschler (1998), S. 137f.

340 Vgl. Goldberg/Godwin/Kim/Tritschler (1998), S. 151-155.

341 Zum Vergleich wurde auch ein Tobit-Modell geschätzt. Signifikant erwiesen sich dabei lediglich die F&E-Quote und der Auslandsumsatz, die beide sowohl bei der Probit-Schätzung als auch der gestutzten Regression signifikant waren. Vgl. Goldberg/Godwin/Kim/Tritschler (1998), S. 155-157.

342 Vgl. Goldberg/Godwin/Kim/Tritschler (1998), S. 151-155.

Tabelle10: Goldberg/Godwin/Kim/Tritschler (1998) – Multiple Auswertungen zum Währungsderivateeinsatz[343]

Kennzahlen	Kennzahlendefinitionen	Hypothesen	Befunde	
			Probit-Regression	Gestutzte Regression
Fremdkap.quote	Fremdkapital / Unternehmenswert	+	–	+**
F&E-Quote	Aufwendungen für Forschung und Entwicklung / Unternehmenswert	+	+***	+*
Liquidität	Umlaufvermögen / Kurzfristige Verbindlichkeiten	–	–**	–
Unternehmenswert	Eigenkapital (Marktwert) und Fremdkapital (Buchwert)	?	+	–
Auslandsumsatz	Auslandsumsätze / Unternehmenswert	+	+***	+***
Ergebnisvolatilität	Volatilität der mit der Bilanzsumme standardisierten Ergebnisse über Zehnjahreszeitraum	+	+	–
Zinsdeckung	EBIT / Zinsaufwand	–	n.s.	
Market-to-book-ratio	Unternehmenswert / Bilanzsumme	+	n.s.	
Regulierungsgrad	(0/1)-Variable. Versorgungsunternehmen erhalten den Wert eins.	–	–*	
Dividendenrendite	Dividende / Bilanzsumme	+	n.s.	
Wandelanleihenfinanzierung	Wandelanleihen (Buchwert) / Unternehmenswert	+/–	n.s.	
Genussscheinfinanzierung	Genussscheinkapital (Buchwert) / Unternehmenswert	+/–	n.s.	
Wechselkurs-Exposure	Regression monatlicher Aktienrenditen auf Wechselkursänderungen	+	n.s.	
Investitionsbedingte Sonderabschreibungen	Betrag der investitionsbedingten Sonderabschreibungen	+	n.s.	
Verlustvortrag	Bestand an Verlustvorträgen	+	n.s.	
Steuerprogression	(0/1)-Variable. Bei möglichem Vorsteuerngewinn im progressiven Bereich der Steuerfunktion ein Wert von eins.	+	n.s.	

Abhängige Variable: Probit-Regression: (0/1)-Variable. Bei Währungsderivateeinsatz ein Wert von eins; Gestutzte Regression: Quotient aus Nominalwert der Währungsderivateposition und Unternehmenswert.

Sampleumfang: Probit-Regression: 347 Unternehmen; Gestutzte Regression: 154 Unternehmen; Untersuchungszeitpunkt: 1993.

---

343 Vgl. Goldberg/Godwin/Kim/Tritschler (1998), S. 152 und S. 159-161.

und die Ergebnisvolatilität als signifikant, wobei die Vorzeichen den Hypothesen entsprechen. Bei der Umfangsentscheidung ist dagegen lediglich bei der Fremdkapitalquote ein signifikanter Einfluss zu beobachten. Der signifikant positive Einfluss der Fremdkapitalquote auf den Zinsderivateeinsatz erscheint durchaus plausibel, da die Fremdkapitalquote nicht nur für das Konkurskostenmotiv approximiert, sondern einen Maßstab für das Zins-Exposure darstellt.

Bei Verwendung der gesamten Derivateposition als abhängige Variable werden bei der Implementierungsentscheidung die F&E-Quote, die Fremdkapitalquote, die Liquidität, der Unternehmenswert und der Auslandsumsatz als signifikant ausgewiesen.[344] Bei der Umfangsentscheidung besitzen die F&E-Quote, die Fremdkapitalquote und der Auslandsumsatz einen signifikanten Erklärungsbeitrag. Die Einflussrichtungen entsprechen dabei den Implikationen der Theorieansätze.

Insgesamt bestehen – wie auch bei Mian (1996) – beachtliche Unterschiede zwischen den Bestimmungsgründen eines Währungs- und denen eines Zinsderivateeinsatzes. Bei allen drei Derivateabgrenzungen zeigen sich darüber hinaus erhebliche Unterschiede zwischen den Determinanten der Implementierungs- und denen der Umfangsentscheidung.

Abschließend werden weitere Variablen und Variablendefinitionen gebildet. Diese Variablen werden jeweils entweder zusätzlich zu den obigen sechs Variablen oder alternativ zu einer der sechs Variablen in den multiplen Modellansatz aufgenommen. Variablendefinitionen, Hypothesen und Befunde sind in der unteren Hälfte von Tabelle 10 dargestellt. Lediglich die binäre Variable „Regulierungsgrad" erweist sich als signifikant.

Die von Goldberg/Godwin/Kim/Tritschler gewählte Vorgehensweise einer zweistufigen Auswertungskonzeption und die Differenzierung der Implementierungs- und Umfangsentscheidung ist methodisch und inhaltlich überzeugend. Interessanterweise werden die Implementierungs- und die Umfangsentscheidung offenbar von unterschiedlichen Einflussfaktoren bestimmt. Hervorzuheben sind ferner – konsistent mit Mian (1996) – die unterschiedlichen Bestimmungsgründe eines Einsatzes von Währungs- und Zinsderivaten.

Des Weiteren argumentieren Goldberg/Godwin/Kim/Tritschler zutreffend, dass bei Bildung der Hedging-Variable die in den Jahresabschlüssen berichteten Nominalwerte gegenüber den Marktwerten vorzuziehen sind. Diskussionswürdig erscheint dagegen die Verwendung des Unternehmenswertes zur Größenbereinigung des Nominalwertes. Da sich im Marktwert die Investitionsopportunitäten widerspiegeln und da die Investitionsopportunitäten selbst eine Determinante des Hedging-Verhaltens sind, kann dies zu systematischen Ergebnisverzerrungen führen. Daher ist ebenfalls die Größenbereinigung der F&E-Quote mit dem Unternehmenswert fragwürdig.

---

[344] Vgl. Goldberg/Godwin/Kim/Tritschler (1998), S. 151-155.

In ähnlicher Weise ist die Verwendung des Unternehmenswertes als Standardisierungsgröße für den Auslandsumsatz kritisch zu hinterfragen. Da sich die Entscheidung über den Absicherungsumfang zumeist nur an den Auslandsumsätzen der näheren Zukunft orientiert, im Unternehmenswert sich allerdings weit in der Zukunft liegende Einzahlungsüberschüsse widerspiegeln, erscheint die Verwendung des Umsatzes als Nennergröße sachlogisch sinnvoller. Problematisch ist ebenfalls, wie von Goldberg/Godwin/Kim/Tritschler auch angemerkt, dass sich in den beiden Exposure-Kennzahlen „Ergebnisvolatilität" und „Wechselkurs-Exposure" bereits die Absicherungsmaßnahmen widerspiegeln.[345]

Den multivariaten Modellschätzungen sind univariate Auswertungen und ein Überblick über die bivariaten Korrelationen vorangestellt. Dabei zeigt sich eine mit 0,633 ausgesprochen hohe Korrelation zwischen den beiden (signifikanten) Variablen „F&E-Quote" und „Auslandsumsatz". Dies kann zu schätztechnischen Problemen führen, wird allerdings von den Verfassern nicht näher angesprochen. Leider verzichten die Verfasser auf Angaben zur Beurteilung der Gesamtmodellgüte.

3.1.10 Gay/Nam (1998)

Expliziter Untersuchungsgegenstand von Gay/Nam ist der Erklärungsansatz von Froot/Scharfstein/Stein (1993), wonach Unternehmen hedgen, um eine durch Kapitalmarktrestriktionen hervorgerufene Unterinvestitionssituation zu vermeiden. Gay/Nam erweitern die bisherigen empirischen Untersuchungen in dreierlei Hinsicht:[346] Erstens werden verschiedene Kennzahlen zur Abbildung des Umfangs der Investitionsopportunitäten betrachtet. Zweitens wird der gemeinsame Einfluss der Investitionsopportunitäten und der Liquiditätsbestände auf das Hedging-Verhalten analysiert. Drittens wird in einem weiteren Auswertungsschritt der Zusammenhang zwischen Investitionsausgaben, intern erwirtschafteten Cashflows und Hedging untersucht. Methodische Grundlage der multivariaten Untersuchung bildet eine Tobit-Schätzung. Die abhängige Variable ist der mit der Bilanzsumme standardisierte Nominalwert der Derivateposition.[347]

Ein erster Set von Modellschätzungen beinhaltet die in Tabelle 11 enthaltenen Kennzahlen, wobei jeweils nur eine der fünf Investitionsvariablen („F&E-Quote", „Tobin's q", „Market-to-book-ratio", „Überrendite" und „Kurs-Gewinn-Verhältnis") berücksichtigt wird. Der postulierte positive Einfluss der Investitionsopportunitäten auf die Derivateeinsatzhäufigkeit wird deutlich bestätigt.[348] Die Investitionsvariablen besitzen jeweils ein den Hypothesen entsprechendes

[345] Vgl. Goldberg/Godwin/Kim/Tritschler (1998), S. 144 und S. 161f.

[346] Vgl. Gay/Nam (1998), S. 55.

[347] Vgl. Gay/Nam (1998), S. 57.

[348] Vgl. Gay/Nam (1998), S. 62.

Tabelle 11: Gay/Nam (1998) – Multiple Tobit-Analysen zum Derivateeinsatz[349]

Kennzahlen	Kennzahlendefinitionen	Hypothesen	Befunde
Fremdkapitalquote	Fremdkapital / Unternehmenswert	+	+***
Zinsdeckung	EBIT / Zinsaufwand	–	–
Wandelanleihenfinanzierung	Wandelanleihen (Buchwerte) / Unternehmenswert	–	+/–
Genussscheinfinanzierung	Genussscheinkapital (Buchwert) / Unternehmenswert	–	–
Verlustvortrag	Verlustvorträge (Buchwerte) / Unternehmenswert	+	+/–
Eigenkapital in Managerbesitz	Marktwert des im Besitz des Managements befindlichen Eigenkapitals	+	–
Optionsrechte in Managerbesitz	Anzahl der in Managerbesitz befindlichen Aktienoptionen	–	+**
Unternehmenswert	Fremdkapital (Buchwert) und Eigenkapital (Marktwert)	?	–
F&E-Quote	Aufwendungen für Forschung und Entwicklung / Unternehmenswert	+	+**
Tobin's q	Eigenkapital (Marktwert) / Eigenkapital (Buchwert)	+	+**
Market-to-book-ratio	Unternehmenswert / Bilanzsumme	+	+**
Überrendite	Marktadjustierte tägliche Überrendite für Einjahreszeitraum	+	+**
Kurs-Gewinn-Verhältnis	Aktienkurs / Gewinn pro Aktie	+	+***

Abhängige Variable: Quotient aus Nominalwert der Derivatepositionen und Bilanzsumme.

Sampleumfang: 304 bis 487 Unternehmen; Untersuchungszeitpunkt: 1995.

Vorzeichen und erweisen sich signifikant auf einem 5%-Niveau. Die Investitionsvariable „Kurs-Gewinn-Verhältnis“ wird sogar auf einem 1%-Niveau als signifikant eingestuft.

Darüber hinaus erweist sich die Erklärungskraft der Fremdkapitalquote als hoch signifikant. Die Bedeutung der Konkurskosten für das Hedging-Verhalten wird ferner durch das (insignifikant) negative Vorzeichen der Verschuldungsvariablen „Zinsdeckung“ bekräftigt. Erstaunlich ist das insignifikant negative Vorzeichen der Größenvariablen „Unternehmenswert“, das in deutlichem Widerspruch zur vorliegenden empirischen Evidenz steht.

Während die Managervariable „Eigenkapital in Managerbesitz“ nicht signifikant ist, erweist sich die Variable „Optionsrechte in Managerbesitz“ als signifikant, wobei die Einflussrichtung den theoretischen Überlegungen widerspricht.

[349] Vgl. Gay/Nam (1998), S. 62-65.

Als mögliche Begründung führen Gay/Nam an, dass typischerweise Manageroptionen im Geld sind und somit von der Risikocharakteristik vergleichbar mit einem Aktienbesitz seien.[350] Diese Begründung der Verfasser wirft allerdings die Frage auf, warum zwar der Optionsbesitz, nicht aber der Aktienbesitz als signifikant eingestuft wird.

In einem zweiten Auswertungsschritt untersuchen Gay/Nam den gemeinsamen Einfluss der Investitionsopportunitäten und des Liquiditätsbestandes auf die Hedging-Wahrscheinlichkeit.[351] Zur Untersuchung des gemeinsamen Einflusses werden im Rahmen eines zweiten Sets von Modellschätzungen zusätzlich eine binäre Liquiditätsvariable und weitere Interaktionsterme betrachtet. Die binäre Liquiditätsvariable besitzt den Wert eins an, wenn die Liquiditätskennzahl („Liquidität / Bilanzsumme“) einen Wert unterhalb des Sampledurchschnitts annimmt, und die Interaktionsterme werden aus dem Produkte der binären Liquiditätsvariablen und den jeweils betrachteten Investitionskennzahlen gebildet. Dabei zeigt sich konsistent mit der Hypothese eine signifikant höhere Hedging-Häufigkeit für Unternehmen mit niedrigen Liquiditätsbeständen. Darüber hinaus besitzen die Interaktionsterme ein positives Vorzeichen und sind zumeist signifikant. Folglich verwenden entsprechend dem Ansatz von Froot/Scharfstein/Stein (1993) Unternehmen mit umfangreichen Investitionsopportunitäten und gleichzeitig geringen Liquiditätsbeständen weit häufiger Derivate.

Im dritten Untersuchungsabschnitt untersuchen Gay/Nam im Rahmen einer multiplen Tobit-Regression den Einfluss der Korrelation der intern erwirtschafteten operativen Cashflows mit den Investitionsausgaben auf die Hedging-Häufigkeit.[352] Eine positive Korrelation zwischen operativen Cashflows und Investitionsmöglichkeiten stellt im Modellkontext von Froot/Scharfstein/Stein (1993) einen natürlichen Hedge dar.[353] Für Unternehmen mit hoher positiver Korrelation sollte gemäß Gay/Nam eine geringere Hedging-Häufigkeit beobachtbar sein.

Für die Kennzahlenbildung inhaltlich problematisch ist, dass sich die Währungsabsicherungen bereits im operativen Cashflow widerspiegeln.[354] Daher beschränken Gay/Nam den dritten Untersuchungsabschnitt auf Zinsderivate, die sich nicht im operativen Ergebnis, sondern im Zinsergebnis niederschlagen.[355] Entsprechend den Vorüberlegungen zeigt sich, dass Unternehmen mit hoher positiver Korrelation der operativen Cashflows und der Investitionsausgaben

[350] Vgl. Gay/Nam (1998), S. 62.

[351] Vgl. Gay/Nam (1998), S. 62-65.

[352] Vgl. Gay/Nam (1998), S. 56 und S. 66.

[353] Vgl. Gay/Nam (1998), S. 55f. sowie Abschnitt 2.2.2.2.5.1, vor allem Fußnote 204.

[354] Vgl. Gay/Nam (1998), S. 56f.

[355] Regressand der Tobit-Regression ist der Quotient aus Nominalwert der Derivatepositionen und Fremdkapital und als Regressoren fungieren die in Tabelle 11 enthaltenen Variablen.

eine signifikant geringere Hedging-Häufigkeit aufweisen (5%-Niveau).[356] Insgesamt werten Gay/Nam die verschiedenen empirischen Befunde als Bestätigung für den Erklärungsansatz von Froot/Scharfstein/Stein (1993).[357]

Kritisiert werden an der Studie von Gay/Nam kann die Verwendung des Unternehmenswertes als Nennergröße bei der Hedging-Variablen. Im Unternehmenswert spiegeln sich Investitionsopportunitäten wider, die ihrerseits eine Determinante der Hedging-Entscheidung sind, was zu Verzerrungen der Ergebnisschätzungen führen kann. Auch die Größenbereinigung der F&E-Quote mit dem Unternehmenswert ist inhaltlich äußerst problematisch. Daneben wäre anstelle der Kennzahl „Kurs-Gewinn-Verhältnis" aufgrund vorteilhafter Verteilungseigenschaften die Verwendung der Kennzahl „Gewinn-Kurs-Verhältnis" geeigneter.

Ferner ist die Dichotomisierung der eigentlich sinnvoll interpretierbaren Liquiditätsvariablen „Liquide Mittel / Bilanzsumme" wenig überzeugend. Mit der Überführung einer metrischen Variablen in eine dichotome Variable ist ein deutlicher Informationsverlust verbunden. Bedenklich ist darüber hinaus insbesondere die Nichtberücksichtigung der Exposure-Höhe als Erklärungsvariable. Zu kritisieren ist ferner, dass keine Angaben zur Gesamtmodellgüte gemacht werden.

Des Weiteren erscheint der dritte Untersuchungsabschnitt konzeptionell nicht unproblematisch. Eine positive Korrelation zwischen Cashflow und Investitionsausgaben wurde von Gay/Nam als natürlicher Hedge interpretiert. Indessen kann eine positive Korrelation auch Ausdruck einer Unterinvestition sein. Erhöhungen (Verringerungen) der intern erwirtschafteten Cashflows führen zu Erhöhungen (Verringerungen) der Investitionsausgaben. Bei Froot/Scharfstein/Stein (1993) maßgebend ist die Korrelation zwischen den Cashflows und den (nicht beobachtbaren) potentiellen kapitalwertpositiven Investitionen, ex-post beobachtet werden jedoch die tatsächlich durchgeführten Investitionen. Daneben erscheint die Verwendung der Zinsderivateposition als abhängige Variable fragwürdig. Zwar scheitert eine Verwendung von Währungsderivaten konzeptionell daran, dass sich die Währungsabsicherungen in den operativen Cashflows niederschlagen. Allerdings bezieht sich das Modell von Froot/Scharfstein/Stein (1993) explizit auf das Hedging operativer Cashflows. Zinsderivate werden im Gegensatz zu Währungs- oder Güterpreisderivaten indes weniger für die Absicherung von operativen Geschäften, sondern überwiegend bei Finanztransaktionen eingesetzt. Insofern ist die theoretische Fundierung des Zusammenhangs zwischen dem Zinsderivateeinsatz und der Korrelationsvariablen wenig überzeugend.

---

356 Vgl. Gay/Nam (1998), S. 66.

357 Vgl. Gay/Nam (1998), S. 68.

3.1.11 Howton/Perfect (1998a; 1998b)

Howton/Perfect (1998a)[358]

Howton/Perfect untersuchen die Hedging-Determinanten im Rahmen einer Tobit-Analyse. Die Hedging-Variable beruht auf den Jahresabschlussangaben über Nominal- und Marktwerte der Derivateposition, welche mit dem Marktwert des Eigenkapitals größenbereinigt werden. Die Auswertungen erfolgen separat für Derivate, Währungsderivate und Zinsderivate, wobei dieselben erklärenden Variablen verwendet werden.

Sämtliche in Tabelle 12 enthaltenen Variablen werden gleichzeitig in eine multiple Tobit-Schätzung einbezogen. Neben den Konkurskennzahlen „Verschuldungsgrad" und „Zinsdeckung" wird die Sachanlagenintensität (Sachanla-

Tabelle 12: Howton/Perfect (1998a) – Multiple Tobit-Analysen zum Währungsderivateeinsatz[359]

Kennzahlen	Kennzahlendefinitionen	Hypothesen	Befunde
Verschuldungsgrad	Fremdkapital / Eigenkapital	+	–
Zinsdeckung	EBIT / Zinsaufwand	–	+
Sachanlagenintensität	Sachanlagevermögen / Bilanzsumme	–	+
Cashflow	Cashflow / Bilanzsumme	–	+**
F&E-Quote	Aufwendungen für Forschung und Entwicklung / Umsatz	+	+***
Liquidität	Liquide Mittel / Kurzfristige Verbindlichkeiten	–	–*
Mezzanine-finanzierung	Mezzaninefinanzierung / Eigenkapital (Marktwert)	–	+
Verlustvortrag	(0/1)-Variable. Bei vorhandenem Verlustvortrag ein Wert von eins.	+	–
Steuerprogression	(0/1)-Variable. Bei möglichen Vorsteuerngewinnen im progressiven Bereich der Steuerfunktion ein Wert von eins.	+	+***
Unternehmenswert	Eigenkapital (Marktwert)	+	+*
Auslandsergebnis	(0/1)-Variable. Bei Berichterstattung über ein Auslandsergebnis ein Wert von eins.	+	+***

Abhängige Variable: Quotient aus Nominalwert der Währungsderivateposition und Marktwert des Eigenkapitals.

Sampleumfang: 451 Unternehmen; Untersuchungszeitpunkt: 1994.

358 Vgl. auch die umfangreicheren Darstellungen in der Dissertation von Howton (1997).

359 Vgl. Howton/Perfect (1998a), S. 117.

gevermögen / Bilanzsumme) als Maßstab für die direkten Konkurskosten untersucht. Für Unternehmen mit hoher Sachanlagenintensität seien – gemäß den Verfassern – die direkten Konkurskosten geringer, sodass ein negativer Zusammenhang mit der Hedging-Variablen bestehen sollte.[360] Keine der Konkurskennzahlen erweist sich jedoch als signifikant.

Konsistent mit den Hypothesen und der vorliegenden empirischen Evidenz erweisen sich die Investitionsvariable „F&E-Quote", die Steuervariable „Steuerprogression", die Exposure-Variable „Auslandsergebnis" sowie die Liquiditätsvariable als signifikant. Der Einfluss der ersten drei Variablen ist dabei sogar hoch signifikant.

Unternehmen mit hohen operativen Cashflows sollten in geringerem Maße Anreize für ein Hedging besitzen. Die Verfasser argumentieren mit Verweis auf Froot/ Scharfstein/Stein (1993), dass Unternehmen mit ausreichenden Zahlungsmitteln mit geringerer Wahrscheinlichkeit mit Unterinvestitionen konfrontiert seien.[361] Die Cashflowvariable ist zwar signifikant (5%-Niveau), allerdings entspricht die Einflussrichtung nicht der Hypothese. Ferner wird der positive Einfluss der Größenvariablen „Marktwert des Eigenkapitals" auf einem 5%-Niveau als signifikant ausgewiesen.

Alternativ werden sowohl die gesamte Derivateposition als auch die Zinsderivateposition anstelle der Währungsderivateposition als erklärende Variable verwendet.[362] Dabei zeigen sich beachtliche Unterschiede zwischen den Bestimmungsgründen des Währungs- und des Zinsderivateeinsatzes. Die Unterschiede betreffen insbesondere die Verschuldungskennzahlen, was durchaus nicht unplausibel erscheint. Während bei den Währungsderivaten die Vorzeichen der Verschuldungskennzahlen „Verschuldungsgrad", „Zinsdeckung" und „Sachanlagenintensität" nicht mit den Hypothesen übereinstimmen, besteht zwischen den Verschuldungskennzahlen und der Zinsvariable eine den theoretischen Überlegungen entsprechende Einflussrichtung. Die deutlichen Unterschiede, insbesondere zu den Verschuldungskennzahlen, sind konsistent mit den Befunden von Mian (1996) und Goldberg/Godwin/Kim/ Tritschler (1998).

In weiteren Tobit-Schätzungen verwenden Howton/Perfect alternativ den Marktwert anstelle des Nominalwertes der Derivateposition.[363] Dabei ergeben sich keine qualitativen Ergebnisunterschiede, wobei die P-Values bei Verwendung der Marktwerte tendenziell höher sind. Die geringere Signifikanz ist insofern nicht überraschend, da die Verwendung von Marktwerten zur Abbildung des Hedging-Umfangs weniger sachgerecht erscheint.

Kritisiert werden kann die Studie von Howton/Perfect dahingehend, dass auf univariate Auswertungen und Korrelationsanalysen verzichtet wurde. Dies ist

[360] Vgl. Howton/Perfect (1998a), S. 112.

[361] Vgl. Howton/Perfect (1998a), S. 112.

[362] Vgl. Howton/Perfect (1998a), S. 117.

[363] Vgl. Howton/Perfect (1998a), S. 118.

insofern problematisch, als mehrere erklärende Variablen, die für dasselbe Unternehmenscharakteristikum approximieren, gleichzeitig in die multivariaten Auswertungen einbezogen wurden, was zu Multikollinearitäts- und Interpretationsproblemen führen kann.

Howton/Perfect verwenden die Sachanlagenintensität (Sachanlagevermögen / Bilanzsumme) als Maßstab für die direkten Konkurskosten. Dem liegt die Vorstellung zugrunde, dass das Sachanlagevermögen im Konkursfall leichter veräußerbar ist als immaterielle Vermögensgegenstände. Allerdings kann das Umlaufvermögen typischerweise sogar einfacher veräußert werden als das oftmals sehr spezifische Sachanlagevermögen.[364] Insofern erscheint diese Kennzahl konzeptionell zweifelhaft.

Die Kennzahl „Cashflow / Bilanzsumme" begründen Howton/Perfect mit Verweis auf Froot/Scharfstein/Stein (1993), wonach für Unternehmen mit ausreichenden Zahlungsmitteln eine Unterinvestitionssituation weniger wahrscheinlich ist. Allerdings ist die Höhe des Cashflows für die Wahrscheinlichkeit einer Unterinvestitionssituation wenig aussagekräftig, wenn nicht zudem die geplanten Investitionen berücksichtigt werden.

Problematisch ist außerdem die Standardisierung der Derivateposition mit dem Unternehmenswert, in dem sich die zukünftigen Investitionsopportunitäten widerspiegeln. Überdies ist zu kritisieren, dass beim Unternehmenswert, der einerseits Erklärungsvariable ist und andererseits als Standardisierungsgröße für die Hedging-Variable und die Variable „Mezzaninefinanzierung" dient, lediglich der Marktwert des Eigenkapitals berücksichtigt wird. Somit sind die Kennzahlenwerte teilweise abhängig von der gewählten Verschuldungspolitik. Da die Verschuldung selbst eine Determinante der Hedging-Entscheidung ist, kann dies zu systematischen Ergebnisverzerrungen führen.

Howton/Perfect (1998b)

Die Untersuchung von Howton/Perfect (1998b) beruht auf derselben Datenbasis wie Howton/Perfect (1998a).[365] Die beiden Untersuchungen unterscheiden sich in zweierlei Hinsicht. Erstens werden bei Howton/Perfect (1998b) zusätzlich die Managermotive aufgegriffen und zweitens bestehen methodische Unterschiede.

---

[364] Sachlogisch sinnvoller wäre die Verwendung des Unternehmenswertes anstelle der Bilanzsumme als Nennergröße, da sich im Unternehmenswert auch die nicht-bilanzierten immateriellen Vermögensgegenstände widerspiegeln. Diese Kennzahl wäre indes vergleichbar mit der Market-to-book-ratio.

[365] Für die Unternehmensauswahl werden zwar identische Auswahlkriterien formuliert. Allerdings beträgt der Sampleumfang bei Howton/Perfect (1998a) 451 und bei Howton/Perfect (1998b) 449 Unternehmen. Gründe für die Abweichung sind aus den Ausführungen der Verfasser nicht ersichtlich. Vgl. Howton/Perfect (1998a), S. 113 und Howton/Perfect (1998b), S. 54.

Methodisches Instrumentarium bildet bei Howton/Perfect (1998b) eine genestete Tobit-Regression.[366] Sowohl bei Howton/Perfect (1998a) als auch bei einigen weiteren empirischen Studien waren mehrere Variablen enthalten, die für dasselbe Unternehmensmerkmal approximieren, was aufgrund von möglichen Multikollinearitätsproblemen nicht unproblematisch ist. Ausgehend von dieser Kritik wird bei Howton/Perfect (1998b) nicht der Einfluss einzelner Kennzahlen, sondern der gemeinsame Einfluss von Kennzahlengruppen, die für ein Unternehmensmerkmal bzw. einen Erklärungsansatz approximieren, untersucht.[367] Die Erklärungsansätze bzw. Unternehmensmerkmale sowie die zugehörigen Kennzahlen sind in Tabelle 13 wiedergegeben.

Die Signifikanzüberprüfungen beruhen auf der Verbesserung des Gütemaßes „Devianz" zwischen verschiedenen Tobit-Schätzungen.[368] Dazu wird die Devianz zum einen bei Einschluss aller in Tabelle 13 enthaltenen Kennzahlen und zum anderen bei Ausschluss der Kennzahlen einer Kennzahlengruppe ermittelt. Aus der Verbesserung der Devianz ist ersichtlich, welchen Erklärungsgehalt den einzelnen Kennzahlengruppen bzw. Erklärungsansätzen zukommt. Die Nullhypothese des Devianztests ist, dass die Kennzahlen einer Kennzahlengruppe keinen gemeinsamen Erklärungsbeitrag besitzen.

Der Kennzahlenkatalog unterscheidet sich gegenüber Howton/Perfect (1998a) insbesondere durch die vier Managervariablen und die beiden Variablen für Kapitalmarktrestriktionen „Finanzüberschuss" und „Investitionssensitivität". Letztere entspricht dem Bestimmtheitsmaß aus der Regression der Investitionen auf die Cashflows.[369] Unternehmen mit hoher Korrelation generieren in Phasen hoher Investitionen auch hohe Cashflows, womit Unterinvestitionssituationen weniger wahrscheinlich sind. Daher sollte ein negativer Zusammenhang zwischen der Korrelationsvariablen und der Hedging-Variablen bestehen.

Die Variable „Festeinkommensanteil" misst den Anteil des fixen Einkommens am Gesamteinkommen. Aufgrund des geringen Diversifikationsgrades haben vor allem Manager mit hoher variabler Vergütung und hohem Aktienbesitz ein Interesse an einer Risikoreduzierung. Werden die Manager über langfristige Anreizverträge entlohnt, haben die Manager ebenfalls ein Interesse an der Sicherung des Fortbestandes des Unternehmens. Bei diesen drei Managervariablen sollte daher ein positives Vorzeichen beobachtbar sein. Halten die Manager hingegen Optionen, so haben die Manager ein Interesse an einer Risikoerhöhung. Dementsprechend sollte bei der Managervariablen „Einkommen aus Optionen" ein negatives Vorzeichen bestehen.

[366] Vgl. Howton/Perfect (1998b), S. 57f.

[367] Vgl. Howton/Perfect (1998b), S. 53f. und S. 57f.

[368] Zum Gesamtgütemaß „Devianz" vgl. die Ausführungen in Abschnitt 4.4.1.3.

[369] Vgl. Howton/Perfect (1998b), S. 56.

Tabelle 13: Howton/Perfect (1998b) – Multiple genestete Tobit-Analysen zum Währungsderivateeinsatz[370]

Kennzahlengruppen	Kennzahlendefinitionen	Koeffizienten: Hypothesen	Koeffizienten: Befunde	Gesamteinfluss (Devianztest)
Manageranreize				
esteinkommensanteil	Festeinkommen / Gesamteinkommen	+	–	Insignifikant
Einkommen aus Optionen	Einkommen aus Optionen / Gesamteinkommen	–	–	
Einkommen aus langf. Anreizverträgen	Einkommen aus langf. Anreizverträgen/ Gesamteinkommen	+	+	
Eigenkapital in Managerbesitz	In Managerbesitz befindliches Eigenkapital / Eigenkapital	+	+/–	
Kapitalmarktrestriktionen				
F&E-Quote	Aufwendungen für Forschung und Entwicklung / Umsatz	+	+***	Signifikant (5%-Niveau)
Investitionssensitivität	Korrelation von Investitionsausgaben und Cashflow	–	+/–	
Finanzüberschuss	Cashflow abzüglich Investitionsausgaben	–	–	
Konkurskosten				
Zinsdeckung	EBIT / Zinsaufwand	–	–	Insignifikant
Liquidität	Liquide Mittel / Bilanzsumme	–	–	
Sachanlagenintensität	Sachanlagevermögen / Bilanzsumme	–	–	
Steuern				
Steuerprogression	(0/1)-Variable. Bei möglichen Vorsteuerngewinnen im progressiven Bereich der Steuerfunktion ein Wert von eins.	+	+***	Signifikant (5%-Niveau)
Verlustvortrag	(0/1)-Variable. Bei Verlustvortrag ein Wert von eins.	+	–	
Exposure				
Verschuldungsgrad	Fremdkapital / Bilanzsumme	+	–	Signifikant (1%-Niveau)
Auslandsergebnis	(0/1)-Variable. Falls Auslandsergebnisse berichtet werden, ein Wert von eins.	+	+***	
Unternehmenswert	Eigenkapital (Marktwert) und Fremdkapital (Buchwert)	+	+**	

Abhängige Variable: Quotient aus Nominalwert der Währungsderivateposition und Unternehmenswert.

Sampleumfang: 449 Unternehmen; Untersuchungszeitpunkt: 1994.

[370] Vgl. Howton/Perfect (1998b), S. 61.

Die Hedging-Variable der Tobit-Schätzungen ist definiert als Quotient aus dem Nominalwert der Derivatepositionen und dem Unternehmenswert.[371] Die Auswertungen werden jeweils getrennt für Derivate, Währungsderivate und Zinsderivate durchgeführt.

Als wesentliche ökonomische Determinanten eines Währungsderivateeinsatzes werden von Howton/Perfect Kapitalmarktrestriktionen, Steuern und vor allem die Exposure-Höhe identifiziert.[372] Während der gemeinsame Erklärungsbeitrag der zwei Steuervariablen und der drei für Kapitalmarktrestriktionen approximierenden Variablen jeweils auf einem 5%-Niveau signifikant ist, erweist sich der gemeinsame Einfluss der drei Exposure-Variablen als hoch signifikant. Wie die Vorzeichen der Parameterschätzer zeigen, entsprechen die Wirkungsrichtungen größtenteils auch den Implikationen der Theorieansätze. Auffällig ist, dass die Signifikanz der Kapitalmarktrestriktionen vorwiegend durch die F&E-Quote und die Signifikanz des Steuermotivs vorwiegend durch die Steuervariable „Steuerprogression" bedingt sein dürfte. Die Manager- und Konkurskostenmotive finden hingegen keine empirische Bestätigung. Der gemeinsame Einfluss der vier Managervariablen und der drei Konkurskostenvariablen ist nicht statistisch signifikant unterschiedlich von null.

Wird anstelle eines Währungsderivateeinsatzes der Einsatz von Zinsderivaten oder der von Derivaten untersucht, so ergeben sich – wie bei Mian (1996), Goldberg/ Godwin/Kim/Tritschler (1998) und Howton/Perfect (1998a) – beachtliche Ergebnisunterschiede.[373] Statistisch signifikante Erklärungsdeterminanten des Zinsderivateeinsatzes sind Konkurskosten und die Exposure-Höhe. Beim Derivateeinsatz erweist sich der Erklärungsbeitrag der Kapitalmarktrestriktionen, der Konkurskosten und der Exposure-Höhe als signifikant. Die Managermotive besitzen in keiner der Auswertungen einen statistisch gesicherten Erklärungsbeitrag.

Der von Howton/Perfect gewählte methodische Ansatz der genesteten Tobit-Analyse zur Überprüfung der theoretischen Erklärungsansätze erscheint durchaus vielversprechend, da einerseits die Einbeziehung mehrerer Kennzahlen, die für dasselbe Unternehmensmerkmal approximieren, zu Multikollinearitätsproblemen und anderseits die Auslassung eines wichtigen Erklärungsfaktors zu Verzerrungen der Parameterschätzer führen kann.

Im Gegensatz zu Howton/Perfect (1998a) wird hier zur Abbildung des Hedging-Umfangs auf die inhaltlich fragliche Verwendung der Marktwerte verzichtet. Auch die Verwendung des Unternehmensgesamtwertes als Größenvariable und Standardisierungsgröße anstelle des Eigenkapitalwertes, wie bei Howton/

[371] Vgl. Howton/Perfect (1998b), S. 54.

[372] Vgl. Howton/Perfect (1998b), S. 59.

[373] Vgl. Howton/Perfect (1998b), S. 58-62.

Perfect (1998a), erscheint sinnvoller. Allerdings ist die Größenbereinigung der Derivateposition mittels des Unternehmenswertes weiterhin problematisch.

Gegenüber Howton/Perfect (1998a) findet hier die konzeptionell äußerst fragwürdige Kennzahl „Cashflow / Bilanzsumme" keine Verwendung mehr. Alternativ wurden zur Abbildung der Kapitalmarktrestriktionen bzw. möglicher Unterinvestitionssituationen die Kennzahlen „Investitionssensitivität" (Korrelation zwischen Cashflow und Investitionen) und „Finanzüberschuss" (Differenz aus Cashflow und Investitionen) gebildet. Zwar stellen beide Kennzahlen – im Gegensatz zur Kennzahl „Cashflow / Bilanzsumme" – einen Zusammenhang zwischen den Cashflows und den Investitionen her, dennoch erscheinen auch diese Unterinvestitionskennzahlen konzeptionell zweifelhaft. Bei der Kennzahl „Finanzüberschuss" sollte zumindest eine Größenbereinigung erfolgen. Und eine hohe Korrelation zwischen Cashflows und Investitionen kann – im Gegensatz zur Argumentation der Verfasser – auch als Hinweis auf eine Unterinvestitionssituation gedeutet werden. Ein hoher Kennzahlenwert könnte nämlich auch dahingehend interpretiert werden, dass die Investitionshöhe maßgeblich von der Höhe der intern erwirtschafteten Cashflows abhängt.

Die einzelnen Kennzahlen können inhaltlich zwar oftmals mehreren Theorieansätzen zugeordnet werden, jedoch erscheint die von Howton/Perfect vorgenommene Zuordnung diskussionswürdig (vgl. Tabelle 13). Dies gilt besonders für die Einteilung des Unternehmenswertes als Exposure-Variable. Aber auch die Zuordnung des Verschuldungsgrades zur Exposure-Höhe einerseits und die der Zinsdeckung zum Konkurskostenmotiv andererseits erscheint zumindest inkonsistent.

3.1.12 Allayannis/Ofek (1998)

Untersuchungsgegenstand der empirischen Studie von Allayannis/Ofek ist die Frage, ob Industrieunternehmen Währungsderivate aufgrund von Hedging- oder Spekulationsmotiven einsetzen. Dazu werden zum einen die Auswirkungen eines Währungsderivateeinsatzes auf das Währungs-Exposure und zum anderen die Bestimmungsgründe eines Währungsderivateeinsatzes analysiert. Allayannis/ Ofek verbinden mit ihrer Studie zwei empirische Forschungsrichtungen, einerseits die Kapitalmarktstudien zum Währungs-Exposure[374] und andererseits die Studien zum Derivateeinsatz.

Im ersten Untersuchungsteil werden im Rahmen einer Kapitalmarktstudie die Auswirkungen eines Währungsderivateeinsatzes auf die Wechselkurssensitivität des Unternehmenswertes untersucht.[375] In der Wechselkurssensitivität des Aktienkurses sollten sich in einem effizienten Kapitalmarkt sowohl das Exposure aus der Geschäftstätigkeit als auch die Hedging-Aktivitäten widerspiegeln. Die

[374] Zu den Kapitalmarktstudien zum Währungs-Exposure vgl. Abschnitt 3.2.2.

[375] Vgl. Allayannis/Ofek (1998), S. 6-12.

Wechselkurssensitivität bestimmen Allayannis/Ofek als Regressionskoeffizient aus einer OLS-Regression der Wechselkursrendite auf die Aktienkursrendite.[376] In einer nachgelagerten Querschnittsregression bildet der Exposure-Koeffizient die abhängige Variable und der Nominalwert der Währungsderivateposition fungiert neben dem Auslandsumsatzanteil als erklärende Variable. Die Nominalwerte der Währungsderivate beziehen sich auf Termingeschäfte.[377]

In der Querschnittsregression erweist sich der Einfluss der Währungsderivateposition auf den Exposure-Koeffizienten als hoch signifikant negativ. Unternehmen, die Währungsderivate einsetzen, besitzen folglich ein geringeres Währungs-Exposure. Dieses Ergebnis erweist sich bei verschiedenen Modellvariationen als robust und wird von den Verfassern als erste Bestätigung für Hedging-Motive beim Derivateeinsatz gewertet.[378]

Der zweite Untersuchungsteil beschäftigt sich mit den Erklärungsfaktoren eines Währungsderivateeinsatzes.[379] Dazu wird – wie bei Goldberg/Godwin/Kim/Tritschler (1998) – die von Cragg (1971) empfohlene zweistufige Vorgehensweise gewählt. Zuerst wird im Rahmen einer Probit-Schätzung die Implementierungsentscheidung und anschließend anhand der hedgenden Unternehmen mittels einer gestutzten Regression die Umfangsentscheidung analysiert.

Alle acht dargestellten Erklärungsvariablen werden gleichzeitig in die multivariaten Auswertungen einbezogen. Die Ergebnisse beruhen auf einer Probit-Schätzung[380] und sind in Tabelle 14 wiedergegeben. Als hoch signifikant erweisen sich die Größenvariable „Bilanzsumme“ und die Exposure-Variable „Auslandsumsatz“. Die hohe Bedeutung des Währungs-Exposure belegt auch die Signifikanz der Außenhandelsquote (10%-Niveau), die für das Competitive Exposure approximiert. Ferner besteht für die Investitionsvariable „F&E-Quote” konsistent mit den Hypothesen ein positiver Zusammenhang, der sich auf einem 5%-Niveau als signifikant erweist.

---

376 Als Kontrollvariable wird dem Regressionsansatz noch die Marktrendite hinzugefügt. Vgl. Allayannis/Ofek (1998), S. 6.

377 Wird von den Unternehmen nur ein gemeinsamer Nominalwert für Optionen und Termingeschäfte angegeben, so wird dieser Wert verwendet. Vgl. Allayannis/Ofek (1998), S. 4.

378 Daneben liefern Allayannis/Ofek (1998) mit dem deutlichen Einfluss der Hedging-Aktivitäten eine mögliche Begründung für die geringe Signifikanz des Wechselkurseinflusses bei den Kapitalmarktstudien zum Währungs-Exposure. Vgl. Allayannis/Ofek (1998), S. 12.

379 Vgl. Allayannis/Ofek (1998), S. 13-18.

380 Der Probit-Regression liegt ebenfalls eine dichotome Fragestellung zugrunde. Die Ergebnisse einer Probit- und Logit-Regression sind bezüglich Vorzeichen und Signifikanzniveau identisch. Vgl. z.B. Aldrich/Nelson (1984), S. 60-66.

Tabelle 14: Allayannis/Ofek (1998) – Multiple Auswertungen zum Währungsderivateeinsatz[381]

Kennzahlen	Kennzahlendefinitionen	Hypothesen	Befunde	
			Probit-Regression	Gestutzte Regression
Fremdkapitalquote	Fremdkapital / Bilanzsumme	+	–**	–
Rentabilität	Cashflow / Bilanzsumme	+	+	+
F&E-Quote	Aufwendungen für Forschung und Entwicklung / Umsatz	+	+**	–
Market-to-book-ratio	Eigenkapital (Marktwert) und Fremdkapital / Bilanzsumme	+	–	+
Dividendenrendite	Dividende pro Aktie / Aktienkurs	+	–	–
Bilanzsumme	Bilanzsumme	?	+***	–
Auslandsumsatz	Auslandsumsätze / Umsatz	+	+***	+**
Außenhandelsquote	Exporte und Importe / Gesamtproduktion (für Branche)	+	+*	+*

Abhängige Variable: Probit-Regression: (0/1)-Variable. Bei Währungsderivateeinsatz ein Wert von eins. Gestutzte Regression: Quotient aus Nominalwert der Währungstermingeschäfte und Bilanzsumme.

Sampleumfang: Probit-Regression: 245 Unternehmen; Gestutzte Regression: 145 Unternehmen; Untersuchungszeitpunkt: 1993.

Auffällig sind die Befunde zur Fremdkapitalquote. Entgegen den Konkurskostenüberlegungen zeigt sich zwischen Fremdkapitalquote und Hedging-Wahrscheinlichkeit ein signifikant negativer Zusammenhang. Für die Rentabilitätskennzahl, die ebenfalls für die Konkurswahrscheinlichkeit approximiert, besteht dagegen konsistent mit den Hypothesen ein positiver, allerdings insignifikanter Zusammenhang. Das Bestimmtheitsmaß ist für eine Probit-Regression mit 0,433 recht hoch und bestätigt den hohen Erklärungsgehalt der betrachteten Einflussfaktoren.

Im Weiteren werden für jene Unternehmen, die Währungstermingeschäfte einsetzen, im Rahmen einer multiplen gestutzten Regression die mit der Bilanzsumme standardisierten Nominalwerte der Währungsderivateposition auf die in Tabelle 14 enthaltenen Erklärungsfaktoren regressiert. Die Ergebnisse der gestutzten Regression unterscheiden sich – wie bei Goldberg/Godwin/Kim/Tritschler (1998) – deutlich gegenüber denen der Probit-Regression.[382] Bei der gestutzten Regression erweisen sich lediglich die Exposure-Variablen als signi-

[381] Vgl. Allayannis/Ofek (1998), S. 15-18.

[382] Vgl. Allayannis/Ofek (1998), S. 18.

fikant. Die Entscheidung über den Hedging-Umfang wird folglich von der Exposure-Höhe determiniert. Sämtliche Erklärungsvariablen, die aus informationsökonomischen Überlegungen abgeleitet wurden, besitzen keinen signifikanten Erklärungsbeitrag bezüglich des Hedging-Umfangs. Bei der Größenvariablen und den beiden Investitionsvariablen ist sogar ein Vorzeichenwechsel zu beobachten. Die deutlichen Ergebnisunterschiede lassen das zweistufige Verfahren gegenüber einer Tobit-Schätzung vorteilhaft erscheinen.[383]

Zusätzlich zu den in Tabelle 14 aufgeführten Erklärungsfaktoren untersuchen Allayannis/Ofek noch den Einfluss des Liquiditätsbestandes, mittels der Verlustvorträge das Steuermotiv und anhand des Aktien- und Optionsbesitzes die Managermotive.[384] Für diese Erklärungsvariablen kann jedoch kein statistisch gesicherter Erklärungsbeitrag beobachtet werden.

Abschließend werten Allayannis/Ofek die empirischen Befunde dahingehend, dass bei den betrachteten Industrieunternehmen Hedging-Motive und nicht Spekulationsmotive den Währungsderivateeinsatz determinieren.[385] Die Studie von Allayannis/Ofek ist thematisch sehr breit angelegt und verbindet zwei empirische Forschungsrichtungen, was zwangsläufig zu einer Reduzierung des Detaillierungsgrades führt. Trotzdem wäre bei der Analyse der Hedging-Determinanten ein Eingehen auf univariate Unterschiede sowie die Schätzung alternativer Modellspezifikationen durchaus wünschenswert. Zu kritisieren ist, dass bei den Querschnittsregressionen mehrere Regressoren enthalten sind, die für dasselbe Unternehmenscharakteristikum approximieren. Dies ist besonders insofern problematisch, als auf eine Korrelationsanalyse verzichtet wurde.

Während in sämtlichen anderen Studien zur Abbildung des Hedging-Umfangs die Nominalwerte von Termingeschäften, Optionen und Swaps aufaddiert werden, enthalten die Nominalwerte der Währungsderivateposition bei Allayannis/Ofek keine Swaps. Der Ausschluss von Swaps ist inhaltlich überzeugend, da die Nominalwerte nur bedingt vergleichbar sind und beim Swap-Einsatz andere Überlegungen miteinfließen.

3.1.13 Wysocki (1998)

Wysocki beschäftigt sich mit dem Einfluss der Managermotive auf den Derivateeinsatz. Zur Überprüfung der Managermotive werden explizit fünf Hypothesen formuliert und getestet.[386] Die erste Hypothese postuliert ausgehend von der Risikoaversion der unzureichend diversifizierten Manager einen positiven Zusammenhang zwischen der Höhe des variablen Entlohungsanteils und der Wahr-

---

383 Zusätzlich wird auch eine Tobit-Schätzung durchgeführt, wobei sich die Vorteilhaftigkeit des zweistufigen Verfahrens bestätigt. Vgl. Allayannis/Ofek (1998), S. 16.

384 Vgl. Allayannis/Ofek (1998), S. 16f.

385 Vgl. Allayannis/Ofek (1998), S. 21f.

386 Vgl. Wysocki (1998), S. 11-13.

scheinlichkeit für einen Derivateeinsatz.[387] Die zweite Hypothese besagt, je näher der CEO am Pensionierungsalter, desto höher die Hedging-Wahrscheinlichkeit.[388] Begründet wird dies durch eine Bindung der Pensionsansprüche an die der Pensionierung zeitlich unmittelbar vorgelagerten Ergebnisse. Entsprechend der dritten Hypothese besteht ein Zusammenhang zwischen dem im Unternehmen investierten Kapital (Variable „Eigenkapital in Managerbesitz") und der Hedging-Wahrscheinlichkeit.[389] Wysocki überprüft mittels dieser drei Hypothesen, ob die Managerverträge optimal gestaltet sind und suboptimale Hedging-Aktivitäten der Manager verhindern.[390]

Bei breiter Streuung der Eigenkapitaltitel haben einzelne Aktionäre nur geringe Anreize für die Durchsetzung optimaler Managerverträge. Wysocki verwendet als Proxy für die Konzentration des Aktienbesitzes den Eigenkapitalanteil der Manager und postuliert einen negativen Einfluss auf den Derivateeinsatz (vierte Hypothese).[391] Die fünfte Hypothese postuliert einen positiven Zusammenhang zwischen der Anzahl der Geschäftsfelder und der Hedging-Wahrscheinlichkeit. Entsprechend den Ausführungen von Wysocki werden aufgrund der Kopplung der Managervergütung an die Geschäftsfeld-Performance die (risikoaversen) Geschäftsfeld-Manager versuchen, ihr Einkommensrisiko durch einen Derivateeinsatz zu reduzieren.[392]

Die Managerkennzahlen zur Operationalisierung der fünf Hypothesen sind im unteren Teil von Tabelle 15 dargestellt. Bei den univariaten Betrachtungen besitzen alle fünf Managervariablen den Hypothesen entsprechende Wirkungsrichtungen, die – bis auf die Kennzahl „Manageralter" – als signifikant eingestuft werden.[393] Im Rahmen der multivariaten Auswertungen erfolgt die Schätzung mehrerer Logit-Regressionen; die dabei neben den Managervariablen einbezogenen weiteren Erklärungsvariablen sind im oberen Teil von Tabelle 15 enthalten.

Zwar besitzen alle fünf Managervariablen ein mit den Hypothesen konsistentes Vorzeichen, allerdings ist der Einfluss lediglich für den in Managerbesitz befindlichen Eigenkapitalanteil und die Anzahl der Geschäftsfelder statistisch gesichert (5%-Niveau). Unternehmen mit geringem Eigenkapitalanteil in Managerbesitz und einer hohen Anzahl von Geschäftsfeldern verwenden mit signifikant höherer Wahrscheinlichkeit Derivate.

[387] Vgl. Wysocki (1998), S. 11f.

[388] Vgl. Wysocki (1998), S. 11f.

[389] Vgl. Wysocki (1998), S. 10 und S. 12.

[390] Vgl. Wysocki (1998), S. 12.

[391] Vgl. Wysocki (1998), S. 12.

[392] Vgl. Wysocki (1998), S. 8f. und S. 13.

[393] Vgl. Wysocki (1998), S. 14f.

Tabelle 15: Wysocki (1998) – Multiple Logit-Analysen zum Derivateeinsatz[394]

Kennzahlen	Kennzahlendefinitionen	Hypothesen	Befunde
Fremdkapitalquote	Fremdkapital / Unternehmenswert	+	–*
Zinsdeckung	EBIT / Zinsaufwand	–	+
Book-to-market-ratio	Eigenkapital (Buchwert) / Eigenkapital (Marktwert)	–	+
Regulierte Unternehmen	(0/1)-Variable. Bei Unternehmen der Versorgungsbranche ein Wert von eins.	–	–
Wandelanleihenfinanzierung	Wandelanleihen (Buchwert) / Unternehmenswert	–	–
Genussscheinfinanzierung	Genussscheinkapital (Buchwert) / Unternehmenswert	–	–
Dividendenrendite	Dividende pro Aktie / Aktienkurs	+	–**
Investitionsbedingte Sonderabschreibungen	(0/1)-Variable. Bei vorhandenen investitionsbedingten Sonderabschreibungen ein Wert von eins.	+	+*
Unternehmenswert	Eigenkapital (Marktwert) und Fremdkapital (Buchwert)	?	+***
Variabler Vergütungsanteil	Variabler Bonus / Grundgehalt und variabler Bonus	+	+
Manageralter	(0/1)-Variable. Falls CEO 64 oder 65 Jahre alt, ein Wert von eins.	+	+
Eigenkapital in Managerbesitz	Marktwert des in Managementbesitz befindlichen Eigenkapitals	+	+
Eigenkapitalanteil in Managerbesitz	In Managementbesitz befindliches Eigenkapital / Eigenkapital	–	–**
Geschäftsfeldanzahl	Anzahl der Geschäftsfelder	+	+**

Abhängige Variable: (0/1)-Variable. Bei Derivateeinsatz ein Wert von eins.

Sampleumfang: 347 Unternehmen; Untersuchungszeitpunkt: 1994.

Als hoch signifikant erweist sich lediglich die Größenvariable „Unternehmenswert". Auf einem 5%-Niveau wird die Dividendenrendite als signifikant ausgewiesen, wobei das beobachtete Vorzeichen nicht den Erwartungen entspricht. Aufgrund der mit 0,81 hohen Korrelation zwischen den Kennzahlen „Dividendenrendite" und „Regulierte Unternehmen" folgert Wysocki, dass die Dividendenrendite lediglich ein Proxy für den Regulierungsgrad der Branche darstellt. Eine Bestätigung dieser Erklärung sei die Insignifikanz der Regulierungsvariablen bei Einschluss der Dividendenvariablen.[395] Auf einem 10%-Ni-

[394] Vgl. Wysocki (1998), S. 27.

[395] Vgl. Wysocki (1998), S. 15.

veau besteht ein signifikanter Einfluss der Steuervariablen „Investitionsbedingte Sonderabschreibungen“ und der Verschuldungsvariablen „Fremdkapitalquote“. Während die Einflussrichtung der Steuervariablen konsistent mit der Hedging-Theorie ist, widerspricht die der Verschuldungsvariablen den Erwartungen. Abschließend beurteilt Wysocki die empirischen Befunde zusammenfassend dahingehend, dass die Aktionäre bei der Vertragsgestaltung die Risikoaversion der Top-Manager berücksichtigen und dass die Managementverträge optimal gestaltet seien.[396]

Untersuchungskonzeption und Ergebnisinterpretation sind in mehrerer Hinsicht fraglich. Zwar wird anhand der bivariaten Korrelationen auf mögliche Multikollinearitätsprobleme eingegangen. Allerdings ist die gleichzeitige Verwendung der Kennzahlen „Eigenkapital in Managerbesitz“, „Eigenkapitalanteil in Managerbesitz“ und „Unternehmenswert“ bei den multiplen Auswertungen methodisch höchst fragwürdig. Da der in Managerbesitz befindliche Eigenkapitalanteil dem Quotienten aus in Managerbesitz befindlichem Eigenkapital und Unternehmenswert gleicht, bestehen somit definitionsgemäß ausgeprägte multiple lineare Abhängigkeiten mit der Folge von ernsthaften Multikollinearitätsproblemen.

Zudem ist die von Wysocki angeführte theoretische Begründung für die Kennzahlen „Eigenkapitalanteil in Managerbesitz“ und „Geschäftsfeldanzahl“ wenig fundiert. Die Verwendung der Eigenkapitalanteile in Managerbesitz als Proxy für die Konzentration des Aktienbesitzes, was wiederum einen Maßstab für die Durchsetzung optimaler Managerverträge darstellen solle, ist hochgradig fragwürdig. Ein hoher Managementbesitz gibt den Managern vielmehr die Möglichkeit, sich an den Eigeninteressen zu orientieren. Auch die Anführung der Eigeninteressen der (risikoaversen) Geschäftsfeld-Manager als einzige Begründung für den positiven Einfluss der Geschäftsfeldanzahl auf die Hedging-Wahrscheinlichkeit erscheint sehr oberflächlich. Weitere Agency-, Diversifikations- und Exposure-Überlegungen wären hier zu diskutieren.

Darüber hinaus beinhalten die multiplen Auswertungen weder eine Exposure-Variable noch die Investitionsvariable „F&E-Quote“, die in den vorherigen Studien fast durchweg hoch signifikant waren. Ferner erscheint die Begründung von Wysocki für den signifikant negativen Einfluss der Dividendenrendite nicht überzeugend. Die Signifikanz der Regulierungsvariablen bei Ausschluss der (signifikanten) Dividendenvariablen zeigt entgegen den Ausführungen von Wysocki weniger, dass die Dividendenvariable für den Regulierungsgrad approximiert, sondern vielmehr dass die Regulierungsvariable nun den Einfluss der Dividendenhöhe beinhaltet. Eine alternative inhaltliche Erklärung für das signifikant negative Vorzeichen der Dividendenhöhe ist, dass die Dividendenhöhe für die Investitionsopportunitäten approximiert, was insofern möglich ist, als die Investitionsvariable „F&E-Quote“ nicht enthalten ist. Die abschließende Ein-

[396] Vgl. Wysocki (1998), S. 16.

schätzung von Wysocki, wonach die Aktionäre bei der Vertragsgestaltung die Risikoaversion der Manager berücksichtigen und optimale Managementverträge aushandeln, erscheint auf Basis der dargestellten Befunde verfrüht.

3.1.14 Guay (1999)

Guay untersucht die Motive eines Derivateeinsatzes von Unternehmen, die erstmalig Derivate einsetzen. Schwerpunkt der Untersuchung bildet die Frage, ob der Einsatz von Finanzderivaten zu Absicherungs- oder zu Spekulationszwecken erfolgt.[397] Dazu werden in einem ersten Untersuchungsteil die Auswirkungen eines Finanzderivateeinsatzes auf die Exposure-Höhe und in einem zweiten Untersuchungsteil die Determinanten der Hedging-Entscheidung untersucht. Während die grundsätzliche Fragestellung und allgemeine Vorgehensweise vergleichbar ist mit Allayannis/ Ofek (1998), unterscheiden sich die konkreten Untersuchungskonzeptionen deutlich.

Ein Kritikpunkt an den bisherigen Studien zum Derivateeinsatz war, dass sich in den verwendeten Exposure-Kennzahlen teilweise die Hedging-Maßnahmen widerspiegelten. Ausgehend von diesem Kritikpunkt beschäftigt sich Guay daher mit Unternehmen, die erstmalig Finanzderivate einsetzten, da die Perioden vor dem Derivateeinsatz die tatsächliche Exposure-Höhe zeigen.[398]

In einem ersten Untersuchungsabschnitt analysiert Guay die Veränderung der Exposure-Höhe nach Einführung eines Derivateprogramms. Zur Abbildung der Exposure-Höhe werden verschiedene Kapitalmarktmaße für die Perioden vor dem Derivateeinsatz gebildet.[399] Dies sind die Wechselkurs- und Zinssensitivitäten des Aktienkurses, die Standardabweichung der Aktienkursrenditen, das Beta (systematisches Risiko) sowie die Standardabweichung des unsystematischen Risikos. Da die Veränderung der Exposure-Höhe auch durch andere exogene Faktoren hervorgerufen werden kann, wird eine Kontrollgruppe gebildet, in die für jedes Unternehmen ein nicht-hedgendes und nach Geschäftsjahr, Exposure-Höhe sowie weiteren Charakteristika vergleichbares Unternehmen aufgenommen wird.[400]

Die Einführung eines Risikomanagements führt zu einer deutlichen Reduzierung der Risikomaße.[401] Die Abnahme der Standardabweichung der Aktienkursrendite und des unsystematischen Risikos erweist sich auf einem 5%-Niveau und die der Zinssensitivität auf einem 1%-Niveau als signifikant. Auch bei der Wechselkurssensitivität ist eine Reduzierung zu beobachten, wobei diese indes

---

397 Vgl. Guay (1999), S. 321.

398 Vgl. Guay (1999), S. 321.

399 Vgl. Guay (1999), S. 323f.

400 Vgl. Guay (1999), S. 331.

401 Vgl. Guay (1999), S. 334-336.

nicht als signifikant ausgewiesen wird.[402] Guay wertet diese Befunde als ersten Hinweis, dass die betrachteten Unternehmen Derivate zum Hedging einsetzten.[403]

Der zweite Untersuchungsteil analysiert im Rahmen einer Logit-Regression die Determinanten der Hedging-Entscheidung. Die Kennzahlenwerte der erklärenden Variablen beruhen dabei auf der dem Derivateeinsatz vorangegangenen Periode.[404] Diese Vorgehensweise hat im Gegensatz zu den bisherigen Studien zwei Vorzüge. Erstens sind die Exposure-Variablen aussagekräftiger, da die Exposure-Höhe nicht die Risiko reduzierenden Auswirkungen der Derivateaktivitäten beinhaltet. Zweitens sind die Ergebnisse nicht mit dem Problem der Simultanität der finanzwirtschaftlichen Entscheidungen behaftet.[405] Die in Tabelle 16 enthaltenen Kennzahlen werden gemeinsam in die multiple Auswertung einbezogen, wobei zusätzlich die Veränderungen der Kennzahlen und Kontrollvariablen für Branchenzugehörigkeit und Jahr hinzugefügt werden.

Die drei Kennzahlen „Fremdkapitalquote", „Zinslast" und „Rentabilität" approximieren für das Konkurskostenmotiv. Der Einfluss der Fremdkapitalquote auf die Hedging-Wahrscheinlichkeit ist hoch signifikant und besitzt ein den Hypothesen entsprechendes Vorzeichen. Der signifikant negative Einfluss der Zinslast widerspricht hingegen den Hypothesen. Eine mögliche Erklärung sind dabei Multikollinearitätsprobleme infolge des Einschlusses mehrerer Proxys für das Konkurskostenmotiv. Werden die Konkurskostenvariablen „Fremdkapitalquote" und „Rentabilität" ausgeschlossen, so besitzt auch die Zinslast ein den Konkurskostenüberlegungen entsprechendes signifikant negatives Vorzeichen.[406] Insgesamt bestätigen die Befunde somit die Bedeutung von Konkurskosten für die Hedging-Entscheidung.

Ein statistisch gesicherter Einfluss wird außerdem für die Variablen „Book-to-market-ratio" (5%-Niveau) und „Regulierte Unternehmen" (10%-Niveau) festgestellt, wobei die Einflussrichtung den Hypothesen entspricht. Guay sieht dies als Bestätigung für die Relevanz möglicher Unterinvestitionssituationen für das Hedging-Verhalten.[407] Letztlich besteht zwischen Unternehmensgröße und der Hedging-Wahrscheinlichkeit ein hoch signifikant positiver Zusammenhang. Der Einfluss der Exposure-Höhe auf die Hedging-Wahrscheinlichkeit wird – bis auf

---

[402] Werden für die Risikoabnahme anstelle der arithmetischen Mittel die Mediane verwendet, so wird auch die Reduzierung der Wechselkurssensitivität auf einem 5%-Niveau als signifikant eingestuft. Vgl. Guay (1999), S. 335.

[403] Vgl. Guay (1999), S. 336.

[404] Vgl. Guay (1999), S. 347.

[405] Vgl. Guay (1999), S. 347.

[406] Vgl. Guay (1999), S. 347.

[407] Vgl. Guay (1999), S. 347.

Tabelle 16: Guay (1999) – Multiple Logit-Analysen zum Derivateeinsatz[408]

Kennzahlen	Kennzahlendefinitionen	Hypothesen	Befunde
Fremdkapitalquote	Fremdkapital / Marktwert Eigenkapital	+	+***
Zinslast	Zinsaufwand / EBIT	+	–**
Rentabilität	Ergebnis / Bilanzsumme	–	–
Book-to-market-ratio	Bilanzsumme / Eigenkapital (Marktwert) und Fremdkapital	–	–*
Regulierte Unternehmen	(0/1)-Variable. Bei Unternehmen regulierter Branchen ein Wert von eins.	–	–**
Unternehmenswert	Eigenkapital (Marktwert)	?	+***
Ergebnisvolatilität	Volatilität des operativen Ergebnisses vor Abschreibungen	+	+**
Zinssensitivität	Koeffizienten aus Regression monatlicher Aktienrenditen auf Zinsänderungen	+	–
Wechselkurssensitivität	Koeffizienten aus Regression monatlicher Aktienrenditen auf Wechselkursänderungen	+	–
Marktrisiko	ß-Wert aus Regression der Aktienrendite auf Marktrendite	+	+
Firmenspezifisches Risiko	Standardabweichung der Residuen aus Regression der Aktien- auf die Marktrendite	+	–
Abhängige Variable: (0/1)-Variable. Bei Finanzderivateeinsatz ein Wert von eins.			
Sampleumfang: 3130 Unternehmen; Untersuchungszeitpunkt: 1990 bis 1994.			

den der Ergebnisvolatilität – als insignifikant ausgewiesen und die Einflussrichtungen widersprechen zumeist den Hypothesen.[409]

Außerdem untersucht Guay nicht nur die Erklärungskraft des Niveaus der Kennzahlenwerte, sondern auch die Veränderungsraten. Dem liegt die Vorstellung zugrunde, die Hedging-Entscheidung werde durch eine Veränderung der Unternehmenssituation beeinflusst. Allerdings erweisen sich die Veränderungen der Kennzahlenwerte als durchweg insignifikant.[410]

Zu kritisieren an diesem Untersuchungsteil ist, dass den multiplen Logit-Schätzungen keine univariaten Auswertungen und keine Korrelationsanalysen vorangestellt sind. Dies gilt insbesondere, da der Modellansatz drei Konkurskostenvariablen und fünf Exposure-Variablen beinhaltet. Die Auswirkungen möglicher Korrelationen zwischen den Erklärungsvariablen zeigen sich deutlich an der

[408] Vgl. Guay (1999), S. 348.

[409] Vgl. Guay (1999), S. 347.

[410] Lediglich die Veränderung der Zinssensitivität wurde als signifikant eingestuft. Vgl. Guay (1999), S. 348.

Konkurskostenvariablen „Zinslast". Möglicherweise sind die Insignifikanzen der Exposure-Variablen ebenfalls auf Multikollinearitätsprobleme zurückzuführen.

3.1.15 Graham/Rogers (1999)

Graham/Rogers untersuchen für eine Zufallsauswahl[411] von großen und mittleren Firmen die Determinanten der Hedging-Entscheidung. Dabei wird im Rahmen einer zweistufigen Vorgehensweise die Implementierungs- und Umfangsentscheidung analysiert. Die Studie ist darüber hinaus in dreierlei Hinsicht interessant. Erstens erfolgt bei der kontinuierlichen Hedging-Variablen eine Saldierung der Nominalwerte von Long- und Short-Positionen. Zweitens beschäftigen sich Graham/Rogers intensiv mit dem Steuermotiv. Drittens wird der Zusammenhang zwischen Hedging und Kapitalstruktur im Rahmen eines Zweigleichungssystems – vergleichbar mit Géczy/Minton/Schrand (1997) – tiefergehend untersucht. Die Auswertungen erfolgen separat für Währungs- und Zinsderivate.

In Tabelle 17 sind die von Graham/Rogers verwendeten Variablen und die konkreten Variablendefinitionen wiedergegeben. Interessant erscheint vor allem die Variable „Steuerersparnis" zur Operationalisierung des Steuermotivs. Nach dem Steuermotiv führt die mit einem Hedging verbundene Reduzierung der Ergebnisvolatilität – bei konvexer Steuerfunktion – zu einer Reduzierung der erwarteten Steuerauszahlungen. In Anlehnung an Graham/Smith (1999) wird daher die mögliche Steuerersparnis infolge der mit einem Hedging verbundenen Gewinnglättung rechnerisch ermittelt.[412] Dazu wird ausgehend von Schätzungen der Ergebnisvolatilität und dem Funktionsverlauf der Steuerfunktion die Auswirkung einer Risikoreduzierung auf die Steuerlast untersucht, wobei im Rahmen von Simulationen die zukünftigen Steuerauszahlungen geschätzt werden. Die Steuervariable „Mögliche Steuerersparnis durch Hedging" ist definiert als Barwerte der zukünftigen Steuerersparnisse.

Die Variable „Institutionelle Investoren" approximiert für Informationsasymmetrien.[413] Unternehmen mit institutionellen Investoren sind zumeist mit geringeren Informationsasymmetrien behaftet und sollten daher mit geringerer Wahrscheinlichkeit Derivate einsetzen. Der Interaktionsterm aus Fremdkapitalquote und Market-to-book-ratio soll für das Konkurskostenmotiv approximieren, wobei Graham/Rogers die Fremdkapitalquote als Maß für die Konkurswahrscheinlichkeit und die Market-to-book-ratio als Maß für die Konkurskostenhöhe im Konkursfall auffassen.[414]

---

[411] Für die Unternehmensauswahl vgl. Graham/Rogers (1999), S. 13f.

[412] Vgl. Graham/Rogers (1999), S. 5-7.

[413] Vgl. Graham/Rogers (1999), S. 11.

[414] Vgl. Graham/Rogers (1999), S. 7

Tabelle 17: Graham/Rogers (1999) – Multiple Auswertungen zum Währungsderivateeinsatz[415]

Kennzahlen	Kennzahlendefinitionen	Hypothesen	Befunde	
			Probit-Regression	Gestutzte Regression
Fremdkapitalquote	Fremdkapital / Bilanzsumme	+	+	+***
Gewinnmarge	Ergebnis / Bilanzsumme	–	–	+*
Fremdkapitalquote x Market-to-book-ratio	(Fremdkapital / Bilanzsumme) multipliziert mit (Eigenkapital (Marktwert) / Eigenkapital (Buchwert))	+	+	–
F&E-Quote	Aufwendungen für Forschung und Entwicklung / Bilanzsumme	+	+**	+
Book-to-market-ratio	Eigenkapital (Buchwert) / Eigenkapital (Marktwert)	–	–	+
Investitionsquote	Investitionen in Sachanlagevermögen / Bilanzsumme	+	–	–
Dividendenrendite	Dividende / Bilanzsumme	+	–	–**
Verlustvortrag	Verlustvorträge (Buchwerte) / Bilanzsumme	+	+	+***
Steuerersparnis	Mögliche Steuerersparnis durch Hedging (in Dollar)	+	–	–
Eigenkapital in Managerbesitz	Marktwert des in Managementbesitz befindlichen Eigenkapitals	+	+	–
Optionsrechte in Managerbesitz	Anzahl der in Managementbesitz befindlichen Optionsrechte	–	–	–
Bilanzsumme	Bilanzsumme	?	+***	+**
Institutionelle Investoren	Von institutionellen Investoren gehaltene Anteile	–	+**	+
Auslandsumsatz	Auslandsumsätze / Umsatz	+	+***	–**

Abhängige Variable: Probit-Regression: (0/1)-Variable. Bei Währungsderivateeinsatz ein Wert von eins;
Gestutzte Regression: Quotient aus Netto-Nominalwert der Währungsderivateposition und Bilanzsumme.

Sampleumfang: Probit-Regression: 161 Unternehmen; Gestutzte Regression: 52 Unternehmen; Untersuchungszeitpunkt: Dezember 1994 bis Januar 1995.

Die in Tabelle 17 dargestellten Variablen werden gemeinsam in die multivariaten Auswertungen einbezogen. In einem ersten Schritt wird die Implementierungsentscheidung im Rahmen einer Probit-Analyse untersucht.[416] Einen

[415] Vgl. Graham/Rogers (1999), S. 24f.

[416] Vgl. Graham/Rogers (1999), S. 23.

– konsistent mit den Hypothesen – hoch signifikanten Einfluss auf die Hedging-Wahrscheinlichkeit besitzen die Größenvariable „Bilanzsumme" und die Exposure-Variable „Auslandsumsatz". Daneben besteht ein signifikanter Einfluss der Investitionsvariablen „F&E-Quote" (5%-Niveau). Bemerkenswerterweise ist bei der Informationsasymmetrievariablen „Institutionelle Investoren" ein den Hypothesen entgegengesetzter signifikant positiver Einfluss zu beobachten. Hingegen besitzen die Konkurskosten-, Steuer- und Managervariablen keinen statistisch gesicherten Erklärungsbeitrag.

In einem zweiten Schritt wird zur Untersuchung der Umfangsentscheidung eine gestutzte Regression mittels der Unternehmen, die Währungsderivate einsetzen, geschätzt.[417] Zur Abbildung des Hedging-Umfangs wird der Quotient aus Netto-Nominalwert der Währungsderivate und Bilanzsumme gebildet. Im Gegensatz zu den bisherigen Studien erfolgt bei Graham/Rogers eine Saldierung der Short- und Long-Positionen der Nominalwerte.[418]

Einen hoch signifikanten Einfluss auf den Hedging-Umfang üben die Verschuldungsvariable „Fremdkapitalquote" und die Steuervariable „Verlustvortrag" aus. Während in den methodisch vergleichbaren Studien von Goldberg/Godwin/Kim/ Tritschler (1998) und Allayannis/Ofek (1998) zwischen der Exposure-Höhe und dem Hedging-Umfang ein hoch signifikant positiver Einfluss bestand, ist der Zusammenhang hier signifikant negativ. Dieser den Hypothesen und der bisherigen Evidenz entgegengesetzte Befund wird von den Verfassern leider nicht weitergehend kommentiert. Auch für die Verschuldungsvariable „Gewinnmarge" ist ein den Hypothesen entgegengesetztes signifikantes Vorzeichen zu beobachten. Bei der Größenvariable wird – im Gegensatz zu Goldberg/Godwin/Kim/Tritschler (1998) und Allayannis/Ofek (1998) – ein signifikant positiver Einfluss auf den Hedging-Umfang festgestellt.

Insgesamt stehen die Ergebnisse zur Umfangsentscheidung in deutlichem Kontrast zu den Untersuchungen von Goldberg/Godwin/Kim/Tritschler (1998) und Allayannis/Ofek (1998), denen dieselbe zweistufige Auswertungsmethodik zugrund lag. Die Definition des Hedging-Umfangs als Netto-Position bei Graham/Rogers ist konzeptionell vorteilhaft. Insofern ist verwunderlich, dass die Ergebnisse zur Umfangsentscheidung von Graham/Rogers einer ökonomisch sinnvollen Interpretation weniger zugänglich sind. Eine mögliche Begründung besteht in den unterschiedlichen Samples. Während Goldberg/Godwin/Kim/Tritschler (1998) und Allayannis/Ofek (1998) Großunternehmen betrachten, beruht das Sample von Graham/Rogers auf einer Zufallsauswahl und umfasst auch zahlreiche kleinere Unternehmen.[419]

---

[417] Vgl. Graham/Rogers (1999), S. 24.

[418] Angaben über die Richtung der Derivatepositionen sind erst seit Inkrafttreten von SFAS No. 119 für nach Dezember 1994 endende Geschäftsjahre verfügbar.

[419] Vgl. Tabelle A 1 im Anhang.

Wie in den bisherigen Studien unterscheiden sich die Determinanten eines Zins- und eines Währungsderivateeinsatzes.[420] Bei den Zinsderivaten werden sowohl bei der Implementierungs- wie auch bei der Umfangsentscheidung die beiden Exposure-Variablen „Fremdkapitalquote" und „Verschuldung / Gesamtverschuldung" als signifikant eingestuft. Bei der Größenvariablen ist bei der Entscheidung über die Implementierung ein signifikant positives und bei der über den Umfang ein signifikant negatives Vorzeichen zu beobachten. Auch die Signifikanzniveaus und Vorzeichen der übrigen Erklärungsvariablen unterscheiden sich deutlich zwischen Währungs- und Zinsderivaten.

Bemerkenswerterweise besitzt im Rahmen der Probit-Regression und der gestutzten Regression das Steuermotiv – sowohl für Währungs- als auch Zinsderivate – keinen statistisch gesicherten empirischen Erklärungsgehalt.[421] Die Steuervariable „Steuerersparnis" wird durchweg als nicht signifikant eingestuft und besitzt ein den Hypothesen entgegengesetztes Vorzeichen. Eine Quantifizierung der Steuerersparnisse zeigt, dass für die betrachteten Unternehmen eine Reduzierung der Ergebnisvolatilität zu einer Erhöhung des Unternehmenswertes von 0,15 % führt, was von den Verfassern als wenig bedeutsam eingeschätzt wird.[422]

Die Fremdkapitalquote besaß in den bisherigen Studien zumeist einen signifikant positiven Einfluss auf die Hedging-Häufigkeit, was als Bestätigung des Konkurskostenmotivs gewertet wurde. Graham/Rogers argumentieren indes, dass auch eine umgekehrte Kausalität denkbar ist.[423] Ein Hedging ermöglicht den Unternehmen die Erhöhung der Fremdkapitalquote zur Realisierung von Steuervorteilen. Um die Richtung des Zusammenhangs zu untersuchen, wird – wie bei Géczy/Minton/ Schrand (1997) – ein Zweigleichungssystem geschätzt.[424] Die erste Modellgleichung enthält als abhängige Variable den Hedging-Umfang („Netto-Nominalwert der Derivateposition / Bilanzsumme") und als unabhängige Variablen die in Tabelle 17 enthaltenen Variablen. Die zweite Modellgleichung enthält als abhängige Variable die Fremdkapitalquote und als unabhängige Variable den Hedging-Umfang sowie weitere Variablen, die in bisherigen empirischen Studien als Determinanten der Kapitalstruktur identifiziert wurden.

Sowohl der Koeffizient der Fremdkapitalquote in der Kapitalstrukturgleichung als auch der Koeffizient des Hedging-Umfangs in der Hedging-Gleichung

---

[420] Vgl. Graham/Rogers (1999), S. 19-23.

[421] Zwar erweist sich die Steuervariable „Verlustvortrag" als hoch signifikant, allerdings fasst diese die Konvexität des Steuersystems nur unzureichend und kann für alternative Erklärungsansätze – wie z.B. das Konkurskostenmotiv – approximieren. Vgl. Graham/Rogers (1999), S. 5.

[422] Vgl. Graham/Rogers (1999), S. 26.

[423] Vgl. Graham/Rogers (1999), S. 7-9.

[424] Vgl. Graham/Rogers (1999), S. 24f.

besitzen ein hoch signifikant positives Vorzeichen.[425] Insofern besteht interessanterweise eine beidseitige Kausalität zwischen dem Hedging-Umfang und der Fremdkapitalquote.

Zusammenfassend werden die empirischen Befunde von den Verfassern als weitgehend konsistent mit den theoretischen Erklärungsansätzen, insbesondere dem Unterinvestitions- und dem Konkurskostenargument, eingeschätzt.[426] Eine Bedeutung der Konvexität der Steuerfunktion für das Hedging-Verhalten konnte dagegen nicht bestätigt werden, was insofern bemerkenswert ist, als die hier verwendete Steuervariable die Konvexität am geeignetsten abbildet.

Neben der Konzeption der Steuervariablen erscheint die des Hedging-Umfangs als Nettogröße ebenfalls vielversprechend. Allerdings wäre bei der Addition der Nominalwerte zusätzliche eine Unterscheidung zwischen einerseits Swaps und andererseits Termingeschäften und Optionen wünschenswert. Fraglich erscheint überdies der Einschluss von Banken und Versicherungen,[427] da deren Exposure-Charakteristiken und deren Hedging-Motive sich deutlich von denen der Industrieunternehmen unterscheiden.

3.1.16 Haushalter (2000)

Haushalter untersucht die Bestimmungsgründe des Commodity-Hedging von öl- und gasfördernden Unternehmen. Dabei wird im Rahmen einer zweistufigen Vorgehensweise zwischen der Implementierungs- und der Umfangsentscheidung unterschieden. Der Hedging-Umfang als abhängige Variable ist definiert als der Anteil der Öl- bzw. Gasproduktion, für den Absicherungsgeschäfte getätigt wurden (Hedge-Ratio).[428] Die Informationen über die Hedge-Ratios wurden einer Fragebogenaktion entnommen.

Haushalter beschäftigt sich besonders mit dem Einfluss von Finanzierungsrestriktionen und von Managementmotiven auf die Hedging-Entscheidung. Zu den Finanzierungsrestriktionsvariablen zählt Haushalter neben der Fremdkapitalquote, dem Rating, den Produktionskosten, den Explorationsaktivitäten auch die Dividendenquote.[429] Unternehmen mit geringen Kapitalmarktrestriktionen brauchen zur Vermeidung möglicher zukünftiger Unterinvestitionssituationen keine überschüssigen Finanzmittel im Unternehmen zu halten. Daher fasst Haushalter die Ausschüttungsquote als Indikator für bestehende Kapitalmarktrestriktionen auf und postuliert im Gegensatz zu den übrigen Studien einen positiven Zusam-

[425] Dieses Ergebnis besteht unabhängig davon, ob Zins- oder Währungsderivate betrachtet werden. Vgl. Graham/Rogers (1999), S. 25.

[426] Vgl. Graham/Rogers (1999), S. 27.

[427] Vgl. Graham/Rogers (1999), S. 14f.

[428] Vgl. Haushalter (2000), S. 111.

[429] Vgl. Haushalter (2000), S. 112-114.

menhang zwischen Dividendenhöhe und Hedging-Aktivitäten.[430] Daneben bestehen Finanzierungsrestriktionen für Unternehmen mit umfangreichen Explorationsaktivitäten aufgrund von Informationsproblemen sowie für Unternehmen mit hohen finanziellen Risiken (Fremdkapitalquote) und operativen Risiken (Produktionskosten pro Mengeneinheit) aufgrund hoher Konkurskosten. Auch für Unternehmen, die über kein Rating verfügen, kann sich die Finanzmittelaufnahme als schwieriger erweisen.

Die von Haushalter verwendeten Managervariablen und Hypothesen stimmen weitgehend mit denen der vorherigen Untersuchungen überein und sind in Tabelle 18 wiedergegeben.[431] Ein hoher Kennzahlenwert deutet auf eine Konvexität der Entlohungsfunktion hin. Die Steuervariable zeigt den marginalen Unternehmenssteuersatz und wurde in Anlehnung an Graham (1996) gebildet, wobei institutionelle Besonderheiten des Steuersystems Berücksichtigung fanden.[432] Unternehmen mit geringem Steuersatz befinden sich zumeist im progressiven Bereich der Steuerfunktion und sollten daher stärkere Hedging-Anreize haben.

Eine besondere Risikoart beim Commodity-Hedging ist das Basisrisiko. Beim Commodity-Hedging beziehen sich Grundgeschäft und Sicherungsgeschäft zumeist auf ähnliche, aber nicht notwendigerweise identische Gütertypen. Das Basisrisiko besteht in einer unterschiedlichen Preisentwicklung von Grundgeschäft und Sicherungsgeschäft. Die an den Terminmärkten gehandelten Commodity-Derivate beziehen sich auf bestimmte regionale Öl- oder Gassorten. Für Öl und Gas werden aber tatsächlich regionalabhängig unterschiedliche Preise festgestellt. Die Variable „Basisrisiko“ ist definiert als der Produktionsanteil in Regionen, in denen eine hohe Korrelation zwischen Kassapreis mit Terminpreisen und damit ein geringes Basisrisiko besteht.[433]

Die Implementierungsentscheidung wird mittels einer Probit-Regression und die Umfangsentscheidung mittels einer gestutzten Regression analysiert. Dabei werden verschiedene Modellvarianten für ein über drei Jahre gepooltes Sample geschätzt. Tabelle 18 beinhaltet einen Überblick über die Ergebnisse der verschiedenen multivariaten Modellschätzungen.

Einen signifikanten Erklärungsbeitrag für die Implementierungsentscheidung besitzen lediglich die Variable „Basisrisiko“ (1%-Niveau) und die Größenvariable (5%-Niveau). Als signifikant erweist sich daneben noch der Einfluss der Steuervariablen (10%-Niveau) und der Managervariablen „Eigenkapitalanteil in Managerbesitz“ (5%-Niveau), allerdings widersprechen hier die beobachteten Wirkungsrichtungen den Hypothesen.

---

[430] Vgl. Haushalter (2000), S. 113.

[431] Vgl. Haushalter (2000), S. 114f.

[432] Vgl. Haushalter (2000), S. 114. Zur Bestimmung des marginalen Steuersatzes und einem Vergleich der Aussagekraft mit anderen Steuervariablen vgl. Graham (1996), S. 192-194.

[433] Vgl. Haushalter (2000), S. 115f.

Tabelle 18: Haushalter (2000) – Multiple Auswertungen zum Commodity-Hedging[434]

Kennzahlen	Kennzahlendefinitionen	Hypothesen	Befunde	
			Probit-Regression	Gestutzte Regression
Fremdkapitalquote	Fremdkapital / Unternehmenswert	+	+	+***
Rating	(0/1)-Variable. Bei bestehendem S&P-Rating ein Wert von eins.	–	–	–*
Dividendenquote	Dividende / Gewinn nach Steuern	–	+	–***
Produktionskosten	Laufende operative Auszahlungen / Outputmenge	+	+/–	+**
Explorationsaktivitäten	Explorationsaufwendungen / Unternehmenswert	+	+	+
Liquidität	Liquide Mittel / Unternehmenswert	–	+	+
Marginaler Steuersatz	Marginaler Steuersatz (Graham (1996))	–	+*	+*
Unternehmensgröße	Bilanzsumme	?	+**	–
Eigenkapital in Managerbesitz	Marktwert des in Managementbesitz befindlichen Eigenkapitals	+	+	–***
Eigenkapitalanteil in Managerbesitz	In Managementbesitz befindliches Eigenkapital / Eigenkapital	+	–**	–
Optionsrechte in Managerbesitz	Anzahl der in Managementbesitz befindlichen Aktienoptionen	–	+	–**
Managerkompensation aus Optionen	Wert der gewährten Managementoptionen/ Grundgehalt und Bonus	–	+	+**
Großaktionärsanzahl	Anzahl der Großaktionäre	–	+	–
Öl- und Gasanteil	Umsätze aus Öl- und Gasgeschäften / Gesamtumsätze	+	+	+*
Basisrisiko	Produktion in Gebieten mit geringem Basisrisiko / Gesamtproduktion	+	+***	+***

Abhängige Variable: Probit-Regression: (0/1)-Variable. Bei Commodity-Hedging ein Wert von eins; Gestutzte Regression: Hedge-Ratio als Quotient aus Absicherungsumfang und Jahresproduktion.

Sampleumfang: Gepoolte Probit-Regression für 100 Unternehmen mit 289-295 Beobachtungen; Gepoolte gestutzte Regression für 60 Unternehmen mit 141-146 Beobachtungen; Untersuchungszeitraum: 1992 bis 1994.

434 Vgl. Haushalter (2000), S. 118-120.

Die Schätzungen der gestutzten Regression zeigen, dass bestehende Finanzrestriktionen eine wesentliche Determinante der Umfangsentscheidung sind. Unternehmen mit ausgeprägten Finanzrestriktionen haben eine höhere Hedge-Ratio.[435] Alle Finanzrestriktionsvariablen besitzen ein den theoretischen Überlegungen entsprechendes Vorzeichen. Der Erklärungsbeitrag der Rating-Variablen ist auf einem 10%-Niveau und der der Produktionskosten auf einem 5%-Niveau statistisch gesichert. Der Einfluss der Fremdkapitalquote und der Dividendenquote wird sogar als hoch signifikant eingestuft.

Ein deutlicher Erklärungsbeitrag der Managermotive für die Umfangsentscheidung kann nicht bestätigt werden.[436] Wie bei der Implementierungs- ist auch bei der Umfangsentscheidung oftmals eine den Hypothesen entgegengesetzte Einflussrichtung zu beobachten. Auch Liquiditäts- und Steuerüberlegungen können nicht bestätigt werden. Das den Hypothesen entgegengesetzte Vorzeichen der Steuervariablen „marginaler Steuersatz" ist insofern bemerkenswert, als die Steuervariable „marginaler Steuersatz" zur Abbildung der Konvexität der Steuerfunktion geeigneter erscheint als die in den bisherigen Studien verwendeten Steuervariablen, die auf Verlustvorträgen beruhten.

Die Erklärungskraft der Variablen „Basisrisiko" wird sowohl im Rahmen der Probit-Regressionen als auch der gestutzten Regressionen als hoch signifikant eingestuft. Unternehmen, bei denen der Einsatz von Commodity-Derivaten mit einem zusätzlichen Basisrisiko behaftet ist, hedgen mit geringerer Wahrscheinlichkeit und in geringerem Umfang. Haushalter interpretiert dies dahingehend, dass viele Unternehmen auf einen häufigeren Einsatz von Commodity-Derivaten verzichten, weil ein effektives Hedging des Preisrisikos mittels der angebotenen Finanzprodukte nur eingeschränkt möglich ist.[437]

Bemerkenswerterweise sind, wie bei Allayannis/Ofek (1998) und Goldberg/ Godwin/ Kim/Tritschler (1998), für einige Erklärungsvariablen unterschiedliche Einflussrichtungen bei der Implementierungs- und Umfangsentscheidung zu beobachten, sodass eine Schätzung von Tobit-Modellen nicht gerechtfertigt erscheint.[438] Haushalter verweist dabei insbesondere auf die Unternehmensgröße, bei der ein (signifikant) positiver Zusammenhang mit der Hedging-Wahrscheinlichkeit und ein negativer Zusammenhang mit der Hedge-Ratio besteht.[439] Dieser Befund ist konsistent mit Allayannis/Ofek (1998) und belegt die Bedeutung von Fixkosten bei der Implementierungsentscheidung.

[435] Vgl. Haushalter (2000), S. 145.

[436] Vgl. Haushalter (2000), S. 145f.

[437] Vgl. Haushalter (2000), S. 143.

[438] Vgl. Haushalter (2000), S. 136f. und S. 144.

[439] Vgl. Haushalter (2000), S. 131 und S. 144.

3.1.17 Knopf/Nam/Thornton (2000)

Knopf/Nam/Thornton beschäftigen sich ausführlich mit den Eigeninteressen der Manager. Insbesondere wird der Zusammenhang zwischen den in Managementbesitz befindlichen Optionsrechten und der Hedging-Entscheidung tiefergehend analysiert. In den bisherigen empirischen Untersuchungen wurde in Rückgriff auf die theoretischen Ausführungen von Smith/Stulz (1985) zwischen in Managerbesitz befindlichen Aktien und Optionsrechten differenziert. Dabei wurde für das in Managementbesitz befindliche Aktienvermögen ein positiver Einfluss und für die in Managementbesitz befindlichen Optionsrechte ein negativer Einfluss postuliert. Insbesondere die empirische Evidenz zum Einfluss der Optionsrechte ist jedoch widersprüchlich. Während bei Tufano (1996) ein signifikant negativer Einfluss der Optionsrechte auf die Hedging-Entscheidung bestand, beobachteten Géczy/Minton/ Schrand (1997) und Gay/Nam (1998) einen positiven Zusammenhang.

Knopf/Nam/Thornton kritisieren die in den bisherigen Studien postulierte Hypothese eines negativen Einflusses der Manageroptionen auf die Hedging-Entscheidung, da in Abhängigkeit der Optionsparameter sehr unterschiedliche Manageranreize bestehen.[440] So ist bspw. die Risikocharakteristik von tief im Geld stehenden Optionen mit der von Aktienpositionen vergleichbar. Knopf/Nam/Thornton argumentieren, dass bei den Hedging-Anreizen der in Managementbesitz befindlichen Optionsrechte zwei gegenläufige Effekte zu beachten sind.[441] Einerseits führt ein Volatilitätsanstieg zu einer Erhöhung des Marktwertes der Optionsrechte, sodass die Manager nicht an einer Risikoreduzierung interessiert sind. Andererseits sind die Optionen ein Teil des im Unternehmen gebundenen Managervermögens und infolge der unzureichend diversifizierten Managerportfolios bestehen Manageranreize zur Risikoreduzierung.

Zur Abbildung der beiden Effekte wird erstens die Sensitivität des Optionswertes vom Aktienkurs und zweitens die Sensitivität des Optionswertes von der Aktienkursvolatilität als erste Ableitungen der Black-Scholes-Optionsbewertungsformel ermittelt.[442] Für die Managervariable „Volatilitätssensitivität des Optionsportfolios“ wird eine negative Einflussrichtung erwartet. Die Aktienkurssensitivität des Optionswertes und das in Managerbesitz befindliche Aktienvermögen bilden die Grundlage für die Managervariable „Sensitivität des Managerportfolios“, wobei ein positiver Zusammenhang prognostiziert wird.[443]

Der Managereinfluss auf die Hedging-Entscheidung ist ferner vom Gesamtvermögen des Managers und der Durchsetzbarkeit der Managerinteressen ab-

---

440 Vgl. Knopf/Nam/Thornton (2000), S. 1f.

441 Vgl. Knopf/Nam/Thornton (2000), S. 1 und S. 6.

442 Vgl. Knopf/Nam/Thornton (2000), S. 6-8.

443 Vgl. Knopf/Nam/Thornton (2000), S. 6-8.

Tab. 19: Knopf/Nam/Thornton (2000) – Multiple Tobit-Analysen zum Derivateeinsatz[444]

Kennzahlen	Kennzahlendefinitionen	Hypothesen	Befunde
Fremdkapitalquote	Fremdkapital / Bilanzsumme	+	+***
Zinsdeckung	EBIT / Zinsaufwand	–	–**
F&E-Quote	Aufwendungen für Forschung und Entwicklung / Bilanzsumme	+	+**
Market-to-book-ratio	Unternehmenswert / Bilanzsumme	+	+**
Dividendenrendite	Dividende pro Aktie / Aktienkurs	+	+
Genussscheinfinanzierung	Genussscheinkapital (Buchwert) / Unternehmenswert	+	–
Verlustvortrag	Verlustvorträge (Buchwert) / Bilanzsumme	+	–
Unternehmenswert	Eigenkapital (Marktwert) und Fremdkapital (Buchwert)	?	–
Managerdiversifikation	Grundgehalt und Bonus / Gesamtvergütung	–	–**
Großaktionär	Von Großaktionären gehaltene Aktienanteile	–	–*
Volatilitätssensitivität des Optionsportfolios	Sensitivität des Optionsportfolios des CEO von der Aktienkursvolatilität	–	–**
Sensitivität des Managerportfolios	Sensitivität des Options- und Aktienportfolios des CEO vom Aktienkurs	+	+

Abhängige Variable: Quotient aus Nominalwert der Derivateposition und Bilanzsumme.

Sampleumfang: 260 Unternehmen; Untersuchungszeitpunkt: 1995.

hängig. Stellen die Manageroptionen und -aktien nur einen geringen Teil des Gesamtvermögens des Managers dar, so bestehen für Manager nur geringere Hedging-Anreize. Als Indikator für den Diversifikationsgrad des Managerportfolios dient der Quotient aus der Summe von Grundgehalt und Bonus (Zählergröße) und der Gesamtvergütung, inklusiv der gewährten Aktien und Optionsrechte (Nennergröße).[445] Zur Abbildung der Durchsetzbarkeit der Managerinteressen wird auf den Prozentsatz der von Großaktionären gehaltenen Aktienanteile zurückgegriffen.[446]

Knopf/Nam/Thornton schätzen verschiedene multiple Tobit-Regressionen, wobei als abhängige Variable der mit der Bilanzsumme größenbereinigte Nominalwert der Derivateposition fungiert.[447] Bei den verschiedenen Modellvarianten wird jeweils für jedes Unternehmenscharakteristikum nur eine Variable einbezogen.

[444] Vgl. Knopf/Nam/Thornton (2000), S. 28.
[445] Vgl. Knopf/Nam/Thornton (2000), S. 8f.
[446] Vgl. Knopf/Nam/Thornton (2000), S. 8.
[447] Vgl. Knopf/Nam/Thornton (2000), S. 12.

Für alle vier Manager-Variablen besteht eine den Hypothesen entsprechende Einflussrichtung. Für die Variablen „Managerdiversifikation" und „Volatilitätssensitivität des Optionsportfolios" ist der Einfluss auf einem 5%-Niveau und für die Variable „Großaktionär" auf einem 10%-Niveau signifikant.[448] In dem negativen Zusammenhang zwischen der Volatilitätssensitivität des Optionsportfolios der Manager und der Hedging-Variablen zeigt sich der Einfluss der Eigeninteressen der Manager auf die Hedging-Entscheidung. Auch der Einfluss der Diversifikation des Managerportfolios auf die Hedging-Entscheidung bestätigt die Bedeutung der Managermotive. Wie die Signifikanz der Großaktionärsvariablen zeigt, wird die Durchsetzung der Managerinteressen allerdings durch die Kontrollwirkung von Großaktionären eingeschränkt.

Zusätzlich werden die Auswertungen unter Einschluss der bei Tufano (1996), Géczy/Minton/Schrand (1997) und Gay/Nam (1998) verwendeten Managervariablen „Aktien in Managerbesitz" und „Optionen in Managerbesitz" anstelle der Optionssensitivitäten durchgeführt.[449] Interessanterweise können die Managermotive hierbei nicht bestätigt werden. In beiden Fällen ist ein insignifikantes, den Hypothesen entgegengesetztes Vorzeichen zu beobachten.

Neben den Managermotiven erweisen sich Konkurskosten und mögliche Unterinvestitionsprobleme als weitere Hedging-Determinanten.[450] Sowohl die beiden Konkurskostenvariablen „Fremdkapitalquote" und „Zinsdeckung" als auch die beiden Investitionsvariablen „F&E-Quote" und „Market-to-book-ratio" verfügen über ein den Hypothesen entsprechendes signifikantes Vorzeichen. Wohingegen in den vorliegenden Studien zumeist ein hoch signifikant positiver Zusammenhang zwischen Unternehmensgröße und Hedging bestand, ist der Zusammenhang hier bemerkenswerterweise insignifikant negativ.

Die Differenzierung in Volatilitätssensitivität und Aktienkurssensitivität bei den Manageroptionen ist theoretisch fundiert und die Befunde sind äußerst aufschlussreich. Optionsvariablen. Insgesamt wird die Bedeutung der Eigeninteressen der Manager für die Hedging-Entscheidung durch die Studie von Knopf/Nam/Thornton (2000) deutlich gestützt.

Diskussionswürdig ist die Konzeption der Managervariablen „Managerdiversifikation". Knopf/Nam/Thornton (2000) greifen als Indikator für das nicht im Unternehmen gebundene Privatvermögen auf das Grundgehalt und die Bonuszahlung der Manager zurück, was nicht unproblematisch ist, da die Höhe des Grundgehaltes ebenfalls als Indikator für den zukünftigen Einkommensstrom aus Managementtätigkeit und damit für das im Unternehmen investierte Humankapital aufgefasst werden kann. Zu kritisieren ist insbesondere, dass die Auswertungen keine Exposure-Variable enthalten. Leider verzichten die Verfasser auch auf Angaben zur Gesamtmodellgüte.

---

448 Vgl. Knopf/Nam/Thornton (2000), S. 16f. und S. 28.

449 Vgl. Knopf/Nam/Thornton (2000), S. 15f. und S. 27.

450 Vgl. Knopf/Nam/Thornton (2000), S. 16.

3.2 Studien zum Derivateeinsatz, Unternehmensrisiko und Unternehmenswert

Im Folgenden werden die Ergebnisse von Forschungsarbeiten dargestellt, die zu den in Abschnitt 3.1 enthaltenen Studien thematisch angrenzen. Dies sind Kapitalmarktstudien zum Währungs-Exposure (Abschnitt 3.2.1); außerdem werden die Ergebnisse der empirischen Studien zum Einfluss der Exposure-Höhe auf die Kapitalkosten aufgegriffen (Abschnitt 3.2.2). Des Weiteren werden empirische Studien zum Zusammenhang zwischen Derivateeinsatz und Unternehmensrisiko (Abschnitt 3.2.3) und zu den empirischen Bestimmungsgründen des Einsatzes von Zins-Swaps (Abschnitt 3.2.4) dargestellt. Eine Auseinandersetzung mit den angrenzenden empirischen Forschungsarbeiten erscheint für das Gesamtverständnis der Bestimmungsgründe eines Währungsderivateeinsatzes unerlässlich.

3.2.1 Empirische Studien zum Derivateeinsatz

Untersuchungsgegenstand der folgenden empirischen Studien sind ebenso wie bei den im vorigen Abschnitt 3.1 dargestellten Studien die Hedging-Motive. Während die in Abschnitt 3.1 dargestellten Studien auf Logit- bzw. Tobit-Analysen beruhten, ist das Untersuchungsdesign der hier dargestellten Studien sehr heterogen.

Makar/BeBruin/Huffman (1999) beschäftigen sich mit dem Zusammenhang zwischen Derivateeinsatz und geografischer Diversifikation beim Währungsmanagement. Dazu erfolgt eine OLS-Schätzung mit dem Nominalwert der Währungsderivate als abhängige Variable und dem Auslandsumsatzanteil, einer Diversifikationsvariablen und einer Größenvariablen als Regressoren.[451] Die Diversifikationsvariable ist dabei definiert als Quadratsumme der Umsatzanteile der einzelnen Auslandssegmente. Eine hohe geografische Diversifikation bzw. eine geringe Konzentration stellen einen natürlichen Hedge dar. Makar/BeBruin/Huffman (1999) postulieren einen positiven Einfluss der Auslands- und der Diversifikationsvariablen auf den Hedging-Umfang. Entsprechend den Hypothesen besteht für beide Erklärungsvariablen ein signifikant positiver Zusammenhang (5%-Niveau).[452] Makar/BeBruin/ Huffman (1999) werten die Signifikanz der Diversifikationsvariablen als Bestätigung, dass eine geografische Diversifikation einen natürlichen Hedge darstellt. Bei der Größenvariablen ist sogar ein hoch signifikant positiver Einfluss zu beobachten.

Positiv hervorzuheben an der Studie von Makar/BeBruin/Huffman (1999) ist die Beschäftigung mit natürlichen Hedging-Mechanismen, welche die bisherigen Untersuchungen kaum thematisierten. Allerdings ist die Studie von Makar/ BeBruin/ Huffman (1999) in mehrerer Hinsicht zu kritisieren. Methodisch erscheint

[451] Vgl. Makar/BeBruin/Huffman (1999), S. 231-233.

[452] Vgl. Makar/BeBruin/Huffman (1999), S. 233-235.

die Schätzung einer OLS-Regression fragwürdig. Aufgrund der Zensierung der abhängigen Hedging-Variablen wäre eine Tobit-Regression angebracht. Inhaltlich erscheint die auf der Umsatzsegmentierung beruhende Diversifikationsvariable problematisch. Zur Abbildung natürlicher Hedging-Maßnahmen wäre vielmehr ein Rückgriff auf die in den Auslandsmärkten erbrachte Wertschöpfung zweckmäßig. Auch sollte konzeptionell bedingt zwischen den Variablen „Auslandsumsatzanteil“ und „Diversifikation“ eine hohe bivariate Korrelation bestehen, auf mögliche Multikollinearitätsprobleme wird jedoch nicht eingegangen.

Allayannis/Mozumdar (1998) überprüfen den Erklärungsansatz von Froot/ Scharfstein/Stein (1993) anhand der Investitionssensitivitäten von hedgenden und nicht-hedgenden Unternehmen. Die Studie bezieht sich auf den Währungsderivateeinsatz und umfasst nur Unternehmen mit umfangreichen Auslandsumsätzen. Ausgehend von Froot/Scharfstein/Stein (1993) sollten Unternehmen aufgrund von Kapitalmarktrestriktionen Derivate einsetzen, um eine Finanzierung der Investitionsauszahlungen aus den intern erwirtschafteten Cashflows sicherzustellen. Folglich sollte infolge des Derivateeinsatzes die Sensitivität der Investitionen vom Cashflow bei hedgenden Unternehmen geringer sein.[453] Allayannis/ Mozumdar (1998) verbinden mit den in Abschnitt 3.1 dargestellten Hedging-Studien und den Studien zu Finanzierungsrestriktionen zwei empirische Forschungsrichtungen.[454]

Zur Berechnung der Investitionssensitivität werden, wie in den Studien zu den Finanzierungsrestriktionen, die mit dem Sachanlagevermögen standardisierten Investitionsauszahlungen auf die mit dem Sachanlagevermögen standardisierten Cashflows und die Market-to-book-ratio, als Kontrollvariable für Investitionsopportunitäten, regressiert.[455] Der Regressionskoeffizient der Cashflow-Variablen zeigt die Investitionssensitivität und wird für hedgende und nicht-hedgende Unternehmen gegenübergestellt. Entsprechend den Vorüberlegungen sind die Investitionssensitivitäten für die hedgenden Unternehmen signifikant geringer. Die Werte der Investitionssensitivitäten von hedgenden Unternehmen sind betragsmäßig sogar um die Hälfte geringer. Werden die Veränderungen anstelle der Niveaus der Investitionsauszahlungen und der Cashflows betrachtet, so sind die Unterschiede in den Investitionselastizitäten zwischen hedgenden und nicht-hedgenden Unternehmen ebenfalls statistisch und ökonomisch signifikant.[456] Die Befunde erweisen sich ferner robust bei weiteren alternativen Modellspezifikationen.[457] Konsistent mit Froot/ Scharfstein/Stein (1993) zeigt sich darüber hin-

[453] Vgl. Allayannis/Mozumdar (1998), S. 2.

[454] Für einen Überblick über die Untersuchungen zu Finanzierungsrestriktionen vgl. Hubbard (1998).

[455] Vgl. Allayannis/Mozumdar (1998), S. 11-13.

[456] Vgl. Allayannis/Mozumdar (1998), S. 16f.

[457] Vgl. Allayannis/Mozumdar (1998), S. 13-15.

aus, dass die Hedging-Aktivitäten mit einer Reduzierung der Cashflow-Volatilität verbunden sind.[458]

Graham/Smith (1998) beschäftigen sich im Rahmen einer Simulationsstudie explizit mit dem Steuermotiv. Bei konvexer Steuerfunktion führt die mit einem Risikomanagement verbundene Gewinnglättung zu einer Reduzierung der Steuerlast. Graham/ Smith (1998) schätzen für einzelne Unternehmen – ausgehend vom aktuellen Ergebnis – Ergebnisvolatilität und Ergebnistrend der zukünftigen Ergebnisse.[459] Für die zukünftigen Ergebnisse wird auf Basis der Steuerfunktion die Steuerlast ermittelt. Anschließend wird die Ermittlung der Steuerlast für eine um 5 % reduzierte Volatilität wiederholt und die Steuereinsparung berechnet. Für jedes Unternehmen werden 50 Simulationen durchgeführt und daraus die Steuereinsparung als arithmetisches Mittel berechnet. Die Schätzungen der Ergebnisvolatilität und des Ergebnistrends erfolgen aus historischen Zeitreihen. Bei der Steuerfunktion werden institutionelle Regelungen, wie Verlustvorträge und abschnittsweise unterschiedliche Steuersätze, berücksichtigt.[460]

Die möglichen Steuereinsparungen der einzelnen Unternehmen unterscheiden sich erheblich. Für ungefähr 75 % der Unternehmen betragen die möglichen Steuerersparnisse weniger als 1 % der Steuerlast.[461] Bei 25 % der Unternehmen lassen sich durch eine 5%ige Volatilitätsreduzierung Steuerreduzierungen von durchschnittlich 11,5 % erzielen, wovon bei 5 % der Unternehmen die möglichen Steuereinsparungen sogar 28,9 % betragen. Während sie für einen Großteil der Unternehmen somit gering sind, bestehen für einzelne Unternehmen hingegen ausgeprägte steuerbedingte Hedging-Anreize.

In Abschnitt 2.2 wurde dargestellt, inwieweit ein Hedging zu einer Erhöhung des Unternehmenswertes beitragen kann. Im vorigen Abschnitt 3.1 wurden diese Theorieansätze indirekt überprüft, indem ausgehend von der Hedging-Theorie gewisse Unternehmenscharakteristika dem beobachteten Hedging-Verhalten gegenübergestellt wurden. Allayannis/Weston (1998) untersuchen dagegen direkt den Zusammenhang zwischen einem Währungsderivateeinsatz und dem Unternehmenswert. Dazu wird im Rahmen von multivariaten Untersuchungen der mit der Bilanzsumme größenbereinigte Unternehmenswert auf eine binäre Derivatevariable sowie weitere Kontrollvariablen, wie Unternehmensgröße, Profitabilität, Verschuldung, Investitionsopportunitäten und Branchenzugehörigkeit, regressiert.

Zwischen dem standardisierten Unternehmenswert und der binären Hedging-Variablen besteht ein signifikant positiver Zusammenhang.[462] Dieser Zusam-

---

[458] Vgl. Allayannis/Mozumdar (1998), S. 18-20.

[459] Vgl. Graham/Smith (1998), S. 1-12.

[460] Vgl. Graham/Smith (1998), S. 5-10.

[461] Vgl. Graham/Smith (1998), S. 16.

[462] Vgl. Allayannis/Weston (1998), S. 20-24.

menhang erweist sich nicht nur statistisch, sondern auch ökonomisch signifikant. Der Unternehmenswert von Unternehmen, die Währungsderivate einsetzten, ist durchschnittlich um 5,7 % höher. Die Hedging-Prämie ist für multinational agierende Unternehmen nochmals höher. Dieser Befund erweist sich bei einer Reihe alternativer Modellspezifikationen als robust.[463] Allayannis/Weston (1998) werten die empirischen Befunde abschließend als deutliche Bestätigung für eine unternehmenswerterhöhende Wirkung eines Währungsderivateeinsatzes.

3.2.2 Empirische Studien zum Währungs-Exposure und Kapitalkosten

Seit Anfang der 90er Jahre wurde in einer Vielzahl von Kapitalmarktstudien der Einfluss von Wechselkursänderungen auf den Unternehmenswert analysiert.[464] Theoretisches Fundament bildet dabei das in Abschnitt 2.1.3 dargestellte Konzept des Economic Exposure. In den empirischen Studien wird im Rahmen von Zeitreihenanalysen die Aktienkursrendite auf die Wechselkursrendite und die Marktrendite als Kontrollvariable regressiert. Der partielle Regressionskoeffizient der Wechselkursvariablen zeigt die Wechselkurselastizität des Unternehmenswertes. Weitere Auswertungsschritte beschäftigen sich insbesondere mit der zeitlichen Stabilität der Exposure-Koeffizienten sowie im Rahmen einer Querschnittsregression mit den Exposure-Determinanten. Während einige Studien einzelne Unternehmen betrachten, beruhen andere Untersuchungen auf Aktienportfolios.

Insgesamt konnte in den Studien ein deutlicher Wechselkurseinfluss nur eingeschränkt nachgewiesen werden. Die Exposure-Koeffizienten erweisen sich zumeist als statistisch insignifikant. Zudem erscheint die Einflussstärke des Wechselkurseinflusses betragsmäßig wenig bedeutsam. Darüber hinaus widersprachen die beobachteten Einflussrichtungen oftmals den postulierten Hypothesen. Die schwache Evidenz des Wechselkurseinflusses besteht zumeist auch für nicht-amerikanische Studien, gilt aber besonders für die amerikanischen Studien. Der Befund eines geringen Wechselkurseinflusses ist insofern erstaunlich, als ausgehend von der Theorie des Economic Exposure und den Geschäftsstrukturen der betrachteten Unternehmen erhebliche Wechselkursabhängigkeiten des Unternehmenswertes zu erwarten wären.

In den Beiträgen werden verschiedene Erklärungen für den geringen Einfluss der Wechselkursvariablen intensiv diskutiert. Ein Kritikpunkt betrifft die Be-

---

[463] Vgl. Allayannis/Weston (1998), S. 24-27.

[464] Vgl. Jorion (1990); Booth/Rotenberg (1990); Bodnar/Gentry (1993); Loudon (1993); Amihud (1994); Bartov/Bodnar (1994); Khoo (1994); Walsh (1994); Choi/Prasad (1995); Prasad/Rajan (1995); Allayannis (1996); Donnelly/Sheedy (1996); Simkins (1996); Chow/Lee/Solt (1997); Rees/Unni (1997); He/Ng (1998); Martinez-Solano (1998); Miller/Reuer (1998); Bartram (1999b); Bodnar/Wong (1999); Brunner/Glaum/Himmel (1999), Shin/Soenen (1999), DiIorio/Faff (2000).

schränkung auf lediglich eine Währung oder einen Währungsindex. Da aber international operierende Unternehmen den Schwankungen mehrerer Währungen ausgesetzt sind, führt dies zu einer Unterschätzung des Wechselkursrisikos. Als mögliche Begründung für die Insignifikanz des Wechselkurseinflusses wird in der Diskussion der empirischen Befunde zudem auf die Hedging-Aktivitäten der Unternehmen verwiesen.[465]

Eine interessante Erklärung für die schwache Signifikanz des Wechselkurseinflusses stammt von Levi (1994). Ausgehend von einer mikroökonomisch fundierten Modellierung der Determinanten der Exposure-Koeffizienten argumentiert Levi (1994), dass der wahre Zusammenhang zwischen Wechselkursänderung und Unternehmenswert zeitlich instabil ist.[466] Eine zentrale Annahme des klassischen linearen Regressionsmodells ist indessen die Konstanz des wahren Parameters über alle gegebenen Werte der erklärenden Variablen. Folge hoher Instabilität sind gegen null verzerrte Koeffizientenschätzer und ein Anstieg der Standardfehler. Insofern sei die schwache Signifikanz der Exposure-Koeffizienten Ausdruck ökonometrischer Probleme.[467]

Die Vermutung der intertemporalen Instabilität wird durch die empirischen Befunde gestützt. In den Studien, welche die Stabilität untersuchen bzw. die Gesamtperiode in Teilperioden zerlegen, wird ein hohes Maß an Instabilität bestätigt.[468] Zudem sind die Exposure-Koeffizienten bei Untersuchungen auf Portfoliobasis tendenziell signifikanter, was ebenfalls konsistent mit dem Erklärungsansatz von Levi (1994) ist, da eine Portfoliobildung typischerweise zu einer Reduzierung der Instabilität führt.

Darüber hinaus bestehen weitere ökonometrische Probleme aufgrund möglicher Korrelationsprobleme zwischen der Wechselkursvariablen und dem als Kontrollvariable verwendeten Marktindex. Weitere schätztechnische Schwierigkeiten resultieren aus der Nicht-Linearität des Zusammenhangs zwischen Wechselkursen und Unternehmenswert. Insgesamt dürfte die schwache Signifikanz des Wechselkurseinflusses daher zumindest teilweise durch ökonometrische Probleme bedingt sein.

Eine weitere Erklärung für die schwache Signifikanz besteht in einer Verletzung der impliziten Annahme der Informationseffizienz des Kapitalmarktes. Nur wenn sich die Auswirkungen von Wechselkursänderungen auf die zukünftigen Zahlungsströme unverzüglich, unverzerrt und vollständig im Aktienkurs nieder-

---

[465] Vgl. z.B. Booth/Rotenberg (1990), S. 15; Amihud (1994), S. 52 und He/Ng (1998), S. 735.

[466] Vgl. Levi (1994), S. 41 und S. 44f.

[467] Vgl. Levi (1994), S. 44f. und Gendreau (1994), S. 68.

[468] Vgl. Jorion (1990), S. 337; Amihud (1994), S. 54f.; Bartov/Bodnar (1994), S. 1770-1773; Choi/Prasad (1995), S. 83-85; Chow/Lee/Solt (1997), S. 199-203; He/Ng (1998), S. 738; Shin/Soenen (1999), S. 203.

schlagen, ist eine Abhängigkeit im Sinne des Economic Exposure am Kapitalmarkt beobachtbar.

Die vielbeachtete Studie von Bartov/Bodnar (1994) beschäftigt sich ausführlich mit der zeitlichen Informationsverarbeitung und untersucht zeitverzögerte Wechselkursauswirkungen auf den Unternehmenswert. Dabei zeigt sich – in Widerspruch zur Effizienzmarktthese – eine signifikante zeitverzögerte Aktienkursreaktion.[469] Begründet wird dies von den Verfassern mit Informationsproblemen und der Komplexität des Wechselkurseinflusses.[470] Demnach können die Investoren erst bei Vorlage der Quartalsabschlüsse die Auswirkungen auf den Unternehmenswert quantifizieren.

Zur näheren Untersuchung unterteilen Bartov/Bodnar (1994) den Untersuchungszeitraum und analysieren getrennt das Ausmaß der zeitlichen Verzögerung. Interessanterweise zeigt sich im Zeitablauf eine Reduzierung des zeitverzögerten Wechselkurseinflusses.[471] Dies deuten die Verfasser als Beleg für eine erfahrungsbedingte zunehmende Kenntnis der Investoren über die Wechselkursauswirkung. Ein signifikanter zeitverzögerter Wechselkurseinfluss bestätigt sich auch in den Studien von Amihud (1994), Walsh (1994), Donnelly/Sheedy (1996), Allayannis (1996), Williamson (1998) und Brunner/Glaum/Himmel (2000), Iorio/Faff (2000).[472]

Zusammenfassend kann aus der geringen Signifikanz der Exposure-Schätzungen nicht auf ein geringes Wechselkursrisiko der Unternehmen geschlossen werden. Vielmehr ist die geringe Signifikanz Folge inhaltlicher und ökonometrischer Probleme. Demgegenüber zeigt sich bei den Querschnittsregressionen ein deutlicher Zusammenhang zwischen den Exposure-Koeffizienten und verschiedenen Unternehmenscharakteristiken, wie Exportquote, Importquote, Auslandsumsatzanteil oder Auslandsvermögen.[473] Die Regressionskoeffizienten dieser Querschnittsanalysen besaßen zumeist ein mit der Theorie konsistentes Vorzeichen und waren oftmals statistisch gesichert. Folglich enthält die Kovarianz von Aktienkurs- und Wechselkursrendite durchaus eine spürbare Abhängigkeit im Sinne des Economic Exposure.

Entsprechend den obigen Studien sind die Aktienkurse zahlreicher Unternehmen von der Wechselkursentwicklung abhängig. Eine weitere Frage ist, ob die Anteilseigner für die Übernahme dieser Wechselkursrisiken eine Risikoprämie

[469] Vgl. Bartov/Bodnar (1994), S. 1769f.

[470] Vgl. Bartov/Bodnar (1994), S. 1761f.

[471] Vgl. Bartov/Bodnar (1994), S. 1770-1773.

[472] Vgl. Amihud (1994), S. 55-57; Walsh (1994), S. 720; Donnelly/Sheedy (1996), S. 161; Allayannis (1996), S. 20; Shin/Soenen (1999), S. 202f.; Glaum/ Brunner/Himmel (2000), S. 723f. und DiIorio/Faff (2000), S. 143.

[473] Vgl. Jorion (1990), S. 340-342; Booth/Rotenberg (1990), S. 15-18; Bodnar/Gentry (1993), S. 38-41; Allayannis (1996), S. 11-14; Chow/Lee/Solt (1997), S. 203-208; Miller/Reuer (1998), S. 507.

fordern. Sind Wechselkursrisiken unsystematische Risiken, d.h. Wechselkursrisiken sind in den Portfolios der Investoren vollständig diversifizierbar, so sollten die Anteilseigner keine Risikoprämie verlangen. In theoretischen Beiträgen zum Währungsmanagement wird zumeist von einer Diversifizierbarkeit der Wechselkursrisiken auf Investorenebene ausgegangen.[474]

Seit Mitte der 90er Jahre befassen sich einige empirische Studien mit der Frage der Existenz von Risikoprämien für Wechselkursrisiken. Die Untersuchung erfolgt dabei im Rahmen einer zweistufigen Vorgehensweise. Zuerst sind mittels Zeitreihenregressionen analog zu obigen Studien die Exposure-Koeffizienten zu schätzen. Neben dem Zwei-Faktoren-Modell werden in Anlehnung an das Internationale CAPM und die APT-Theorie auch Drei-Faktoren-Modelle oder Mehr-Faktoren-Modelle zur Exposure-Schätzung verwendet.[475] Anschließend wird im Rahmen einer multiplen Querschnittsregression der Einfluss der Exposure-Höhe auf die Rendite untersucht. Der partielle Regressionskoeffizient der Querschnittsregression zeigt die Risikoprämie pro übernommener Risikoeinheit. Alternativ können die Zeitreihen- und Querschnittsregressionen auch simultan geschätzt werden. Die Schätzungen der Risikoprämien sind insgesamt mit erheblichen ökonometrischen Schwierigkeiten behaftet. Neben den oben angeführten gravierenden Schwierigkeiten bei der Exposure-Schätzung, besteht ein weiteres ökonometrisches Problem in der zeitlichen Instabilität der Risikoprämie.

Interessanterweise unterscheiden sich die Befunde der neueren methodisch anspruchsvolleren Untersuchungen deutlich gegenüber denen der älteren Untersuchungen. Die älteren Studien von Jorion (1991) und Gupta/Finnery (1992) konnten eine signifikante Prämie für die Übernahme von Wechselkursrisiken nicht nachweisen.[476] Dagegen wurden in den neueren Studien von Dumas/Solnik (1995), Presad/Rajan (1995), Dukas/Fatemi/Tavakkol (1996), He/Ng/Wu (1996), Choi/Rajan (1997), Douklas/Hall/Lang (1998) und DeSantis/Gérard (1999) signifikante Risikoprämien festgestellt.[477] Die Ergebnisunterschiede dürften zumindest teilweise auf methodische Unterschiede, wie die Berücksichtigung zeitvariabler Risikoprämien, zurückzuführen sein. Die Signifikanz der neueren Studien erscheint insbesondere vor dem Hintergrund der gravierenden ökonometrischen Probleme und der schwachen Signifikanz der Exposure-Koeffizienten bemerkenswert. Auch wenn eine abschließende Aussage aufgrund der geringen Anzahl

---

[474] Vgl. z.B.; Dobson/Soenen (1993), S. 35f.; Rawls/Smithson (1990), S. 6 oder Stulz (1996), S. 12.

[475] Vgl. bspw. für das Internationale CAPM Sercu/Uppal (1995), S. 598-611 und für die APT-Theorie Jaffe/Ross/Westerfield (1999), S. 271-291.

[476] Vgl. Jorion (1991), S. 371-375 und Gupta/Finnery (1992), S. 250-254 .

[477] Vgl. Dumas/Solnik (1995), S. 459-464; Prasad/Rajan (1995), S. 467-469; Dukas/ Fatemi/Tavakkol (1996), S. 182-185; He/Ng/Wu (1996), S. 17-22; Choi/Rajan (1997), S. 36-42 und DeSantis/Gérard (1999), S. 392-397.

der vorliegenden Forschungsarbeiten nicht möglich ist, so scheint doch zumindest ein Teil des Wechselkursrisikos systematisch zu sein.

Einen interessanten alternativen Untersuchungsansatz wählen Bartov/Bodnar/Kaul (1996), indem der Einfluss der Wechselkursvolatilität auf das systematische Risiko untersucht wird. Das systematische Risiko wird aus dem Marktmodell ermittelt. Dabei ist für multinationale Unternehmen ein signifikant positiver Zusammenhang zwischen Wechselkursvolatilität und systematischem Risiko zu beobachten.[478] Für Unternehmen mit weniger umfangreichen Auslandsaktivitäten besteht ein solch positiver Einfluss dagegen nicht. Bartov/Bodnar/Kaul (1996) werten dies dahingehend, dass Wechselkursrisiken auf Investorenebene nicht vollständig diversifizierbar sind.[479]

Ausgehend vom derzeitigen Forschungsstand erscheinen Wechselkursrisiken, entgegen der verbreiteten Einschätzung in der einschlägigen Literatur zum internationalen Finanzmanagement, nicht vollständig diversifizierbar. Die Ergebnisse der neueren Forschungsarbeiten haben nicht unerhebliche Implikationen für die Relevanz eines unternehmerischen Risikomanagements. Sind Wechselkursrisiken systematisch, so ermöglicht ein Risikomanagement die Reduzierung der Eigenkapitalkosten. In der Diskussion zur Relevanz eines Hedging wurden die neueren empirischen Befunde zur Existenz von Wechselkursrisikoprämien bisher jedoch (noch) nicht aufgegriffen.

3.2.3 Empirische Studien zum Einfluss eines Derivateeinsatzes auf das Unternehmensrisiko

Eine zu den Bestimmungsgründen eines Derivateeinsatzes angrenzende empirische Forschungsrichtung beschäftigt sich mit der Frage, ob Industrieunternehmen Derivate zur Risikoerhöhung (Spekulation) oder zur Risikoreduzierung (Hedging) einsetzen. Empirische Befunde zu den Derivateeinsatzzwecken erscheinen insbesondere vor dem Hintergrund der spektakulären Derivate-Desaster einiger Industrieunternehmen als auch der kontrovers geführten Diskussion um die Risikoberichterstattung aufschlussreich.[480]

Die empirische Überprüfung der Derivateeinsatzzwecke kann durch zwei Untersuchungstypen erfolgen. Dies sind erstens die in Abschnitt 3.1 dargestellten Studien zum Derivateeinsatz. Da den Hedging-Studien die Annahme eines Derivateeinsatzes zum Hedging zugrunde liegt, kann eine Bestätigung der aus der Hedging-Literatur abgeleiteten Hypothesen als indirekter Hinweis für Hedging-Motive gewertet werden. Beim zweiten Untersuchungstyp wird in Querschnitts-

[478] Vgl. Bartov/Bodnar/Kaul (1996), S. 119-123.

[479] Vgl. Bartov/Bodnar/Kaul (1996), S. 130.

[480] Vgl. Allayannis/Ofek (1998), S. 1; Guay (1999), S. 320f.; Hentschel/Kothari (1999), S. 1.

analysen direkt der Einfluss eines Derivateeinsatzes auf das Unternehmensrisiko untersucht.

In diesem Sinne beschäftigten sich die in Abschnitt 3.1 enthaltenen Studien von Allayannis/Ofek (1998) und Guay (1999) neben den Bestimmungsgründen eines Derivateeinsatzes ebenfalls mit den Auswirkungen des Derivateeinsatzes auf verschiedene Risikomaße. Bei Allayannis/Ofek (1998) bestand ein hoch signifikant negativer Zusammenhang zwischen dem Währungsderivateumfang und der Wechselkurssensitivität des Unternehmenswertes.[481] Guay (1999) beobachtete eine deutliche Risikoreduzierung bei Unternehmen, die erstmalig Finanzderivate verwendeten.[482]

Die Auswirkung eines Währungsderivateeinsatzes auf das Wechselkursrisiko untersucht ebenfalls Simkins (1997). Im Rahmen einer Querschnittsregression wird die Wechselkurssensitivität des Unternehmenswertes auf den Auslandsumsatzanteil, eine binäre Variable für den Diversifikationsgrad, einen Interaktionsterm aus Auslandsumsatzanteil und Währungsderivateeinsatz sowie eine Größenvariable regressiert.[483] Die Erklärungsvariablen erweisen sich als signifikant und besitzen ein den theoretischen Überlegungen entsprechendes Vorzeichen. Für Unternehmen, die Währungsderivate einsetzten, ist die Wechselkurssensitivität des Unternehmenswertes geringer.

Cheon/Duchac/Goldberg (1998) untersuchen den Einfluss des Derivateumfangs auf die Aktienkursvolatilität. Im Rahmen multivariater Auswertungen ist die Aktienkursvolatilität die abhängige Variable und neben dem (größenbereinigten) Nominalwert der Derivateposition fungieren die Unternehmensgröße, der Verschuldungsgrad, die F&E-Quote, der Auslandsumsatzanteil sowie die Wechselkurs- und Zinssensitivität des Aktienkurses als weitere unabhängige Variablen.[484] Die Untersuchungen werden getrennt für Zinsderivate und Währungsderivate sowie sowohl für Kennzahlenniveaus als auch -veränderungen durchgeführt. Die Befunde werten Cheon/Duchac/Goldberg (1998) zusammenfassend dahingehend, dass Währungsderivate zur Risikoreduzierung eingesetzt werden.[485] Der Zusammenhang zwischen Zinsderivatevolumen und Unternehmensrisiko erwies sich dagegen nicht als statistisch gesichert.

Hentschel/Kothari (1999) untersuchen den Zusammenhang zwischen dem Derivateumfang und verschiedenen Risikomaßen. Als Risikomaße fungierten dabei die Wechselkurs- und Zinssensitivitäten des Aktienkurses, die Standard-

---

[481] Vgl. Abschnitt 3.1.12.

[482] Als Risikomaße dienten die Wechselkurs- und Zinssensitivitäten des Aktienkurses, die Standardabweichung der Aktienkursrenditen, das Beta sowie die Standardabweichung des unsystematischen Risikos. Vgl. Tabelle 16 in Abschnitt 3.1.14.

[483] Vgl. Simkins (1997), S. 26-36.

[484] Vgl. Cheon/Duchac/Goldberg (1998), S. 11-16.

[485] Vgl. Cheon/Duchac/Goldberg (1998), S. 23.

abweichung der Aktienrendite sowie das Beta (Marktmodell). Im Rahmen von Querschnittsuntersuchungen wird die Abhängigkeit dieser Risikomaße von dem (größenbereinigten) Nominalwert der Derivateposition sowie einiger weiterer Kontrollvariablen untersucht.[486] Ein statistisch gesicherter Einfluss der Derivateposition auf die Risikomaße kann hingegen nicht festgestellt werden. Zudem sind die Einflussstärken ökonomisch wenig bedeutsam. Hentschel/Kothari (1999) interpretieren die Befunde dahingehend, dass Derivateaktivitäten nicht nachhaltig das Unternehmensrisiko erhöhen und dass Bedenken über umfangreiche wohlfahrtsmindernde Spekulationsaktivitäten weitgehend unbegründet seien.[487]

Insgesamt verdeutlichen die vorliegenden Befunde, dass ein Derivateeinsatz nicht das Unternehmensrisiko erhöht. In den obigen Studien wird zur Abbildung der Wechselkurssensitivität des Unternehmenswertes auf den Koeffizienten der Regression der Aktienkursrendite auf die Wechselkursrendite zurückgegriffen.[488] Diese Studien verbinden somit die Hedging-Diskussion mit den in Abschnitt 3.2.2 dargestellten Kapitalmarktstudien zum Währungs-Exposure. Neben den Erkenntnissen über die Zielsetzung eines Derivateeinsatzes wird mit dem Einfluss der Hedging-Aktivitäten eine mögliche Erklärung für die geringe Signifikanz der Exposure-Koeffizienten bei den Kapitalmarktstudien geliefert.

3.2.4 Empirische Studien zum Einsatz von Zins-Swaps

Eine Reihe weiterer neuerer Untersuchungen beschäftigt sich mit den ökonomischen Bestimmungsfaktoren eines Einsatzes von Zins-Swaps.[489] Inhaltlich fließen in die Untersuchungen sowohl die in Abschnitt 2.2 dargestellten Theorieansätze zum Hedging als auch die Beiträge zur optimalen Fristigkeitsstruktur der Verbindlichkeiten ein.[490] Insbesondere bestehen drei weitere für Zins-Swaps spezifische Erklärungsansätze. Bei diesen drei Ansätzen erfolgt der Einsatz von Zins-Swaps in Verbindung mit Fremdkapitalaufnahmen und ermöglicht die Reduzierung der Fremdkapitalkosten.[491]

---

486 Vgl. Hentschel/Kothari (1999), S. 15-34.

487 Vgl. Hentschel/Kothari (1999), S. 35.

488 Die Exposure-Schätzungen erfolgen durchweg im Rahmen eines Zwei-Faktoren-Modells, in dem neben der Wechselkursrendite noch die Marktrendite als Kontrollvariable enthalten ist.

489 Zins-Swaps sind das dominierende Zinsinstrument. Vgl. Bodnar/Marston (1996), S. 4 oder Gebhardt/Ruß (1999), S. 64.

490 Zur optimalen Fristigkeitsstruktur der Verbindlichkeiten vgl. die Theoriebeiträge von Barnea/Haugen/Senbet (1980); Flannery (1986); Diamond (1991); Diamond (1993) sowie die empirischen Untersuchungen von Titman/Wessels (1988); Barclay/Smith (1995) und Stohs/Mauer (1996).

491 Vgl. Litzenberger (1992), S. 839-841.

Das klassische Argument für die Existenz von Zins-Swaps sind komparative Kostenvorteile bei der Fremdkapitalaufnahme in unterschiedlichen Laufzeitsegmenten. Während ein Unternehmen höherer Bonität Kostenvorteile im längeren Laufzeitbereich besitzt, verfügt ein Unternehmen geringerer Bonität über komparative Kostenvorteile im kürzeren Laufzeitbereich. Bicksler/Chen (1986) argumentieren, dass sich durch die jeweilige Verschuldung im Laufzeitbereich mit komparativem Kostenvorteil und anschließender Transformation der Fristigkeitsstruktur mittels Swaps für beide Unternehmen Kostenvorteile realisieren lassen.[492]

In der neueren Diskussion stehen Informationsasymmetrien und Agency-Kosten des Fremdkapitals im Mittelpunkt. Ausgangspunkt ist ein Vergleich einer Festzinsanleihe mit einer synthetischen Festzinsfinanzierung, die über eine rollierende kurzfristige Finanzierung bei gleichzeitigem Abschluss eines Variabel-in-fix-Swaps erreicht wird.

Flannery (1986) zeigt, dass bei einem Informationsvorsprung von Unternehmensinternen über die zukünftige Bonitätsentwicklung eine rollierende kurzfristige Finanzierung gegenüber einer Festzinsfinanzierung vorteilhaft sein kann. Bei einer Bonitätsverbesserung können die zukünftigen kurzfristigen Fremdkapitaltitel zu günstigeren Konditionen ausgegeben werden. Besteht dagegen eine Festzinsfinanzierung können die verbesserten Finanzierungskonditionen nicht unmittelbar genutzt werden.

Diese Überlegungen zur Fristigkeit des Fremdkapitals wurden von Titman (1992) aufgegriffen und auf den Einsatz von Zins-Swaps übertragen. Durch die zusätzliche Berücksichtigung von Zinsunsicherheit und Konkurskosten gelangt Titman (1992) zum Ergebnis der Vorteilhaftigkeit einer rollierenden kurzfristigen Finanzierung bei gleichzeitigem Abschluss eines Variabel-in-fix-Swaps.[493] Erwarten Unternehmensinterne eine Bonitätsverbesserung, so ist eine kurzfristige rollierende Verschuldung zwar günstiger. Allerdings sind mit einer kurzfristigen Finanzierung erhebliche Zinsrisiken verbunden. Insbesondere Unternehmen mit hohen Konkurskosten sollten diese Zinsrisiken vermeiden. Eine kurzfristige rollierende Finanzierung in Verbindung mit einem Variabel-in-fix-Swap ermöglicht für diese Unternehmen die Realisierung zukünftiger Fremdkapitalkostenvorteile infolge einer Bonitätsverbesserung bei gleichzeitigem Ausschluss der Zinsrisiken.

Wall (1989) zeigte, dass eine synthetische Festzinsfinanzierung mittels eines Swaps eine Entschärfung des Fremdkapitalgeber-Anteilseigner-Konfliktes ermöglicht. Bei einer Finanzierung mit Fremdkapital entsteht das von Jensen/

---

[492] In späteren Literaturbeiträgen wurden komparative Kostenvorteile als ökonomische Erklärung für die Existenz von Zins-Swaps deutlich kritisiert. Vgl. Turnball (1987), S. 19-21; Breuer (1998), S. 4-11.

[493] Eine ähnliche Begründung wurde bereits von Arak/Estrella/Goodmann/Silver (1988) vorgebracht.

Meckling (1976) beschriebene Risk Shifting-Problem und das Unterinvestitionsproblem nach Myers (1977). Bei einer kurzfristig rollierenden gegenüber einer fest verzinslichen Finanzierung sind die fremdkapitalinduzierten Fehlanreize deutlich weniger ausgeprägt, da eine weitere Finanzmittelbereitstellung und die Finanzierungskonditionen wiederholt ausgehandelt werden müssen.[494] Eine kurzfristig rollierende Verschuldung bei gleichzeitigem Abschluss eines Variabel-in-fix-Swaps reduziert die Agency-Kosten des Fremdkapitals ohne zu zusätzlichen Zinsrisiken aus einer kurzfristigen Finanzierung zu führen.

Im Vordergrund der empirischen Untersuchungen steht der Einsatz von Variabel-in-fix-Swaps. Erstens liefert der Ansatz von Wall/Pringel (1988) keine ökonomische Begründung für Fix-in-variabel-Swaps und zweitens werden Variabel-in-fix-Swaps von Industrieunternehmen in deutlich größerem Umfang verwendet.[495] Die nachfolgenden Darstellungen beziehen sich daher ebenfalls vorwiegend auf den Einsatz von Variabel-in-fix-Swaps.[496]

Empirisch untersuchen erstmalig Wall/Pringel (1988) die Erklärungsansätze für einen Einsatz von Zins-Swaps. Konsistent mit dem Erklärungsansatz komparativer Kostenvorteile und hoher Agency-Kosten des Fremdkapitals haben Unternehmen mit Fix-in-variabel-Swaps zumeist ein höheres Rating als Unternehmen mit Variabel-in-fix-Swaps.[497] Zudem kommt Informationsasymmetrien in Verbindung mit Bonitätsverbesserungen eine nicht unerhebliche Erklärungskraft zu.[498] So wurde für Unternehmen mit Variabel-in-fix-Swaps signifikant häufiger eine Rating-Verbesserung in den nachfolgenden Jahren beobachtet. Allerdings sind die Ergebnisse von Wall/Pringel (1988) nur eingeschränkt aussagekräftig, da nur der Zusammenhang zwischen Rating bzw. Rating-Verbesserung und Swap-Einsatz untersucht wird. Auch präsentierten Wall/Pringel (1988) lediglich deskriptive Statistiken, multivariate Testverfahren wurden hingegen nicht angewandt. Die nachfolgenden Untersuchungen zum Swap-Einsatz beruhen zumeist auf multivariaten Logit- oder Tobit-Analysen.

Samant (1996) untersucht die Bedeutung von Informationsasymmetrien und von Agency-Kosten für den Einsatz von Zins-Swaps. Unternehmen mit höherem Verschuldungsgrad, umfangreicheren Investitionsopportunitäten, geringerer Sachanlagenintensität, höherer Profitabilität und geringeren operativen Risiken

---

[494] Für die Gegenpartei des Swapgeschäftes bestehen ebenfalls keine ausgeprägten Agency-Kosten, weil bei einem Zins-Swap nur Zinszahlungen, aber keine Kapitalbeträge ausgetauscht werden. Vgl. Litzenberger (1992), S. 836-841.

[495] Vgl. z.B. Hayt (1996), S. 201f.; Gebhardt/Ruß (1999), S. 61f.

[496] Die Erklärungskraft der betrachteten Einflussfaktoren ist in sämtlichen Studien bei Fix-in-variabel-Swaps geringer.

[497] Vgl. Wall/Pringle (1989), S. 67f.

[498] Vgl. Wall/Pringle (1989), S. 67f.

verwenden signifikant häufiger Variabel-in-fix-Swaps.[499] Die empirischen Befunde bestätigen insgesamt deutlich die Ansätze von Wall (1989) und Titman (1992).[500]

Fenn/Post/Sharpe (1996) analysieren die Determinanten des Umfangs der Swap-Position, wobei insbesondere auch auf das Zins-Exposure eingegangen wird. Übereinstimmend mit den Theorieansätzen verwenden kleinere und wachstumsorientierte Unternehmen häufiger Zins-Swaps, da für diese Unternehmen aufgrund von Informationsproblemen und Agency-Kosten eine kurzfristige rollierende Fremdfinanzierung bei gleichzeitigem Abschluss eines Variabel-in-fix-Swaps günstiger ist als eine langfristige Fremdfinanzierung.[501] Daneben zeigt sich, dass der Einsatz von Zins-Swaps nicht zum Hedgen operativer Zahlungsströme, sondern in Verbindung mit Finanzierungsaktivitäten erfolgt.[502] Während die Zinssensitivität des operativen Ergebnisses den Swap-Umfang nicht beeinflusst, besteht ein deutlicher Zusammenhang zwischen der Fristigkeitsstruktur des Fremdkapitals und dem Swap-Umfang.

Simkins (1997) überprüft explizit das Informationsargument von Titman (1992).[503] Bei 44 % der Unternehmen mit Variabel-in-fix-Swaps ist in den nachfolgenden zwei Jahren ein Rating-Upgrade zu beobachten, wohingegen dies in der Vergleichsgruppe mit Unternehmen ohne Swaps nur 14 % sind.[504] Diese Differenz ist hoch signifikant und besteht auch, wenn für Branchenzugehörigkeit und Größe kontrolliert wird. Die Unterschiede sind nochmals erheblich ausgeprägter, wenn Unternehmen mit einem Rating von BB+ betrachtet werden. Diese Unternehmen sollten insbesondere von einem Swap-Einsatz profitieren, da ein Upgrade mit einer deutlichen Reduzierung der Fremdkapitalkosten verbunden ist.[505] Simkins (1997) wertet die Befunde als deutliche Bestätigung für die Bedeutung von Informationsasymmetrien für den Swap-Einsatz.[506]

Saunders (1998) beschäftigt sich mit den Bestimmungsgründen eines Swap-Einsatzes von Unternehmen, die erstmalig Zins-Swaps einsetzten. Konsistent mit dem Informationsargument sind bei Unternehmen mit Variabel-in-fix-Swaps häufiger Rating-Verbesserungen festzustellen. Neben dem Verschuldungsgrad und der Unternehmensgröße erweist sich die Investitionsvariable „Umsatzwachstum“ als signifikant. Für Unternehmen mit umfangreichen Investitionsopportuni-

---

[499] Vgl. Samant (1996), S. 51-53.

[500] Vgl. Samant (1996), S. 55.

[501] Vgl. Fenn/Post/Sharpe (1996), S. 29-31.

[502] Vgl. Fenn/Post/Sharpe (1996), S. 23-29.

[503] Vgl. Simkins (1997), S. 55-136.

[504] Vgl. Simkins (1997), S. 81-91.

[505] Für viele institutionelle Investoren ist eine Anlage in Unternehmen mit einem Rating von BB+ nicht erlaubt (Noninvestment Grade). Vgl. Simkins (1997), S. 70.

[506] Vgl. Simkins (1997), S. 95.

täten sind die Informationsasymmetrien und der Fremdkapitalgeber-Anteilseigner-Konflikt besonders ausgeprägt. Konsistent mit dem Argument komparativer Kostenvorteile besitzen Unternehmen mit Fix-in-variabel-Swaps deutlich bessere Ratings. Insgesamt beurteilt Saunders (1998) die empirischen Befunde als konsistent mit den theoretischen Erklärungsansätzen.[507]

Bei Viswanathan (1998) erweisen sich als signifikante Erklärungsfaktoren eines Swap-Einsatzes übereinstimmend mit den Agency-Überlegungen die Fremdkapitalquote, die Fremdkapitalfristigkeit und der Umfang von kurzfristigem Fremdkapital.[508] Die Indikatoren für eine Bonitätsverbesserung werden als nicht signifikant eingestuft, sodass die Bedeutung eines Informationsvorsprungs in Zusammenhang mit einer möglichen Bonitätsverbesserung nicht bestätigt werden kann. Entgegen dem Erklärungsansatz komparativer Kostenvorteile können für Unternehmen mit Fix-in-variabel-Swaps keine höheren Ratings beobachtet werden.[509]

Insgesamt sind die empirischen Befunde zur Erklärungskraft komparativer Kostenvorteile für den beobachtbaren Swap-Einsatz uneinheitlich. Als wesentliche ökonomische Erklärungsfaktoren von Zins-Swaps erweisen sich dagegen sowohl Informationsasymmetrien in Verbindung mit möglichen Bonitätsverbesserungen als auch Agency-Kosten des Fremdkapitals. Aufgrund der relativ geringen Anzahl vorliegender Untersuchungen, sind diese Ergebnisse jedoch nur eingeschränkt aussagekräftig.

3.3 Zusammenfassende Ergebnisdiskussion

Im Folgenden werden die Ergebnisse der empirischen Untersuchungen zum Derivateeinsatz bzw. Währungsderivateeinsatz studienübergreifend diskutiert. Tabelle 20 gibt einen Überblick über die wesentlichen Erklärungsfaktoren der einzelnen Studien.[510] Untersuchungsgegenstand der empirischen Untersuchungen war die ökonomische Theorie eines unternehmerischen Hedging. Problematisch bei der Beurteilung des empirischen Gehalts der einzelnen theoretischen Erklärungsansätze ist, dass einzelne Erklärungsvariablen oftmals mehreren Theorieansätzen zugeordnet werden können. Zudem sind die Theorieansätze inhaltlich nicht überschneidungsfrei. In diesem Sinne differieren in den Studien auch die konkreten theoretischen Begründungen der einzelnen Erklärungsvariablen. Identische Erklärungsvariablen und Einflussrichtungen werden aus teilweise unterschiedlichen Theorieansätzen abgeleitet.

---

507 Vgl. Saunders (1998), S. 77.

508 Vgl. Viswanathan (1998), S. 188-192.

509 Vgl. Viswanathan (1998), S. 198.

510 Vgl. auch Tabellen A 2 und 3 im Anhang.

Aufgrund der Vielzahl der unterschiedlichen Erklärungsvariablen wurden nicht sämtliche untersuchten Variablen in die Überblickstabelle aufgenommen. Tabelle 20 enthält jene Erklärungsvariablen, die in mindestens zwei Untersuchungen verwendet wurden oder die für die Beurteilung des derzeitigen Erkenntnisstandes als wesentlich erscheinen. Außerdem erfolgte bei den Darstellungen in Tabelle 20 aus Übersichtlichkeitsgründen eine Zusammenfassung unterschiedlicher Kennzahlenvarianten.[511]

In den theoretischen Beiträgen wird als ein wesentliches Hedging-Motiv die Verringerung der (indirekten) Konkurskosten und der Agency-Kosten des Fremdkapitals angeführt. Als Indikator für die Konkurswahrscheinlichkeit dienten in den empirischen Untersuchungen die Verschuldungsvariablen „Fremdkapitalquote" und „Zinsdeckung" sowie eine Rentabilitätsvariable. Trotz der Problematik der Abhängigkeit der Verschuldung vom operativen Risiko ist zwischen der Fremdkapitalquote und der Hedging-Häufigkeit entsprechend den Implikationen der Hedging-Theorie zumeist ein positiver Zusammenhang zu beobachten. In fünf Studien wird der positive Einfluss darüber hinaus als hoch signifikant eingestuft. Die Befunde zur Fremdkapitalquote bestätigen somit die Bedeutung von Konkurskosten für das Hedging-Verhalten. Die empirische Evidenz der Variablen „Zinsdeckung" und „Rentabilität" ist hingegen widersprüchlich.

Entsprechend den Ausführungen in der Hedging-Literatur ermöglicht ein Risikomanagement die Entschärfung von Informations- und Anreizproblemen, was zu einer Reduzierung der Kosten der Vertragsgestaltung mit den Stakeholdern führt. Unternehmen mit umfangreichen Investitionsopportunitäten sind typischerweise mit ausgeprägten Informations- und Anreizproblemen behaftet. Zur Abbildung der Investitionsopportunitäten dienten in den empirischen Studien überwiegend die Investitionsvariablen „F&E-Quote" und „Market-to-book-ratio". Daneben wurden in jeweils zwei Studien die Investitionsvariablen „Sachanlageninvestitionsquote" und in drei Studien „Gewinn-Kurs-Verhältnis" gebildet.

Äußerst bemerkenswert ist der in sämtlichen Studien durchweg signifikante Einfluss der Investitionsvariablen „F&E-Quote". Dabei sind die Einflüsse bis auf eine Ausnahme sogar mindestens auf einem 5%-Niveau statistisch gesichert. Auch die Variablen „Market-to-book-ratio" und „Kurs-Gewinn-Verhältnis" besitzen überwiegend eine der Hedging-Theorie entsprechende Einflussrichtung, die sich teilweise auch als signifikant erweist. Bei der Sachanlageninvestitionsquote besteht zumeist ein insignifikant negativer Zusammenhang. Allerdings erscheint die Verwendung der Investitionsvariablen „Sachanlageninvestitionsquote" inhaltlich fragwürdig, weil Investitionen in Sachanlagevermögen typischerweise wenig mit Informationsproblemen behaftet sind. Die Befunde zu den

[511] Zu den konkreten Kennzahlendefinitionen vgl. die Ausführungen zu den einzelnen Studien in Abschnitt 3.1 sowie Tabellen A 2 und 3 im Anhang.

Tabelle 20: Überblick über die empirischen Befunde zu den Bestimmungsgründen eines Derivateeinsatzes

Untersuchungen		Nance/Smith/ Smithson (1993)	Francis/ Stephan (1993)	Dolde (1995)	Mian (1996)	Berkman/ Bradbury (1996)	Tufano (1996)	Géczy/Minton/ Schrand (1997)	Adam (1997)	Goldberg/God-win/Kim/ Tritschler	Gay/Nam (1998)	Howton/Perfect (1998a)	Allayannis/ Ofek (1998)	Wysocki (1998)	Guay (1999)	Graham/ Rogers (1999)	Haushalter (2000)	Knopf/Nam/ Thornton (2000)
		Derivate/ Logit	Derivate/ Logit	Derivate/ Logit	Währungsderivate/ Logit	Derivate/ Tobit	Goldderivate/ Tobit	Währungsderivate/ Logit	Goldderivate/ Regression	Währungsderivate/ Probit	Derivate/ Tobit	Währungsderivate/ Tobit	Währungsderivate/ Probit	Derivate/ Logit	Derivate/ Logit	Währungsderivate/ Probit	Commodity-Hedge/ Probit	Derivate/ Tobit
Erklärungsfaktoren und Hypothesen		Binäre Hedging-Variable	Binäre Hedging-Variable	Binäre Hedging-Variable	Binäre Hedging-Variable	Nominalwert bzw. Marktwert der Derivateposition/ Unternehmenswert	Delta des Hedge-Portfolios/ Goldförderung	Binäre Hedging-Variable	Absicherungs-volumen/ zukünftige Investitionen	Nominalwert der Derivateposition/ Unternehmenswert	Nominalwert der Derivateposition/ Unternehmenswert	Nominalwert bzw. Marktwert der Derivateposition/ Unternehmenswert	Nominalwert der Währungstermingeschäfte/ Bilanzsumme	Binäre Hedging-Variable	Binäre Hedging-Variable	Netto-Nominalwert der Währungsderivate/ Bilanzsumme	Absicherungsumfang/ Jahresproduktion	Nominalwert der Derivateposition/ Bilanzsumme
Konkurskosten																		
Fremdkapitalquote	+	+/–	+	+***		+**	+***	+/–	+/–*	–	+***	–	–**	–*	+***	+	+	+***
Zinsdeckung	–	–	+			–***				n.s.	–	+		+	+**			–**
Rentabilität	–											+**	+		–	–		
Investitionsopportunitäten																		
F&E-Quote	+	+*		+**				+***		+***	+**	+***	+**			+**		+**
Market-to-book-ratio	+	+			–			+	–*	n.s.	+**		–	–	+*	+		+**
Investitionsquote (Sachanlagevermögen)	+					+/–						+				–		
Gewinn-Kurs-Verhältnis	–		–			+/–*					–***							
Risikomanagementsubstitute																		
Liquidität	–	–				–*	–***	–***	–	–**		–*	n.s			n.s.	+	
Mezzaninefinanzierung	+	+/–				+/–				n.s.	–	+		–				–
Unternehmensdiversifikation	+						+		+***								+	

Managerinteressen																		
Eigenkapital in Managerbesitz	+						+***	+			–			+		+	+	+
Eigenkapitalanteil in Managerbesitz	+					+							n.s.	–**			–**	
Optionsrechte in Managerbesitz	–						–***	+			+**		n.s.			–	+	–**
Großaktionär	–						–***										+	–*
Steuern																		
Investitionsbedingte Sonderabschreibungen	+	+*								n.s.				+*				
Verlustvortrag	+	+		+	–	+**	+	+		n.s.	+/–	–	n.s.			+		–
Steuerprogression	+	+*			+					n.s.		+***						
Marginaler Steuersatz	–																+*	
Steuerersparnis bei Volatilitätsreduktion	+															–		
Exposure-Variablen																		
Auslandsumsatzanteil	+									+***			+***			+***		
Auslandsergebnis	+							+***				+***						
Competitive Exposure	+							+***					+*					
Ergebnisvolatilität	+			+						+					+**			
Sonstige Erklärungsfaktoren																		
Dividendenhöhe	+	+**	+/–			+*			–	n.s.			–	–**		–	+	+
Unternehmensgröße	?	+***	+***	+	+***	+***	+/–	+***	+*	+	–	+*	+***	+***	+***	+***	+**	–
Regulierte Unternehmen	–				–***					–*				–	–**			

Hinweis: Die Vorzeichen + bzw. – dokumentieren einen positiven bzw. negativen Einfluss auf die Hedging-Variable. Für die mit *, **, *** gekennzeichneten Vorzeichen besteht ein statistisch gesicherter Einfluss auf einem Signifikanzniveau von 10 %, 5 %, 1 %. Mian (1996), Goldberg/Godwin/Kim/Tritschler (1998), Howton/Perfect (1998a) und Graham/Rogers (1999) beschäftigen sich neben Währungs- auch mit Zinsderivaten, wiedergegeben sind die Befunde zum Währungsderivateeinsatz. Bei Goldberg/Godwin/Kim/Tritschler (1998), Allayannis/Ofek (1998), Haushalter (1999) und Graham/Rogers (1999) wird im Rahmen einer zweistufigen Vorgehensweise eine Probit- und eine lineare Regression geschätzt, wiedergegeben sind die Befunde der Probit-Regression.

Investitionsvariablen – vor allem die durchgängige Signifikanz der F&E-Quote – verdeutlichen die ökonomische Relevanz der Investitionsopportunitäten und der dahinterstehenden Informations- und Anreizprobleme für die Hedging-Entscheidung.

Der Erklärungsgehalt der Informations- und Anreizprobleme wird auch durch die Evidenz der Variablen „Regulierte Unternehmen" bestätigt. Unternehmen aus regulierten Branchen sind mit geringeren Informations- und Anreizproblemen konfrontiert. Konsistent mit den Agency-Überlegungen verwenden diese Unternehmen mit geringerer Wahrscheinlichkeit Währungsderivate. Der Erklärungsgehalt wird dabei in drei von vier Untersuchungen als statistisch gesichert eingestuft. Kritisch ist hier allerdings zu hinterfragen, ob die Signifikanz der Variablen „Regulierte Unternehmen" möglicherweise lediglich auf ein geringes Währungs-Exposure zurückzuführen ist.

Hohe Liquiditätsreserven und hoher Diversifikationsgrad sind zum Risikomanagement alternative Mechanismen der Reduzierung von Agency-Kosten, vor allem der Agency-Kosten der Außenfinanzierung. Entsprechend den Implikationen der Hedging-Theorie ist bei Unternehmen mit geringen Liquiditätsbeständen und geringem Diversifikationsgrad häufiger ein Derivateeinsatz zu beobachten. Die Zusammenhänge erweisen sich zumeist als statistisch gesichert. Während die Mehrzahl der Studien eine Liquiditätsvariable enthielt, wurde der Diversifikationsgrad allerdings nur für die Goldbranche untersucht, was die Repräsentativität der Befunde zum Diversifikationsgrad einschränkt. Der Fremdkapitalgeber-Anteilseigner-Konflikt kann alternativ auch durch die Finanzierung mit Mezzaninekapital, wie Wandelanleihen oder Genussscheine, entschärft werden. In den sieben Untersuchungen, die sich mit dem Zusammenhang zwischen einer Mezzaninefinanzierung und einem Derivateeinsatz befassten, konnte ein systematischer Zusammenhang nicht festgestellt werden.

Neben Verschuldung und Liquiditätshöhe ist die Dividendenhöhe eine weitere finanzpolitische Entscheidungsvariable. Die Evidenz zur Dividendenhöhe ist sehr heterogen. Dagegen besteht ein deutlich positiver Zusammenhang zwischen Unternehmensgröße und Hedging-Entscheidung. In über der Hälfte der Studien erweist sich der Zusammenhang sogar als hoch signifikant. Dies wird in den Studien als deutlicher Hinweis auf die Relevanz von Fixkosten beim Derivateeinsatz gewertet.

Eine weitere Begründung für ein Hedging besteht in der Existenz von Steuern. Bei einer Konvexität der Steuerfunktion kann durch die mit einem Hedging verbundene Gewinnglättung die erwartete Steuerlast reduziert werden. Die drei von Nance/ Smith/Smithson (1993) gebildeten Steuervariablen „Investitionsbedingte Sonderabschreibungen", „Verlustvortrag" und „Steuerprogression" wurden auch in die nachfolgenden Studien einbezogen. Die in den älteren Studien durchweg einbezogene Steuervariable „Verlustvortrag" erwies sich – bis auf die neuseeländische Studie von Berkman/Bradbury (1996) – als insignifikant. Dagegen bestand bei den Steuervariablen „Investitionsbedingte Sonderabschreibungen" und „Steuerprogression“ konsistent mit den Hypothesen ein positiver Einfluss, der teilweise auch als signifikant eingestuft wurde.

Graham/Rogers (1999) und Haushalter (2000) argumentieren, dass die Steuervariablen der früheren Studien die Konvexität des Steuersystems nur unzureichend abbilden. Vielmehr würden diese Variablen für die Konkurswahrscheinlichkeit, die Investitionsopportunitäten oder die Exposure-Höhe approximieren. Graham/ Rogers (1999) berechnen daher die möglichen Steuereinsparungen bei einer Volatilitätsreduzierung und Haushalter (2000) ermittelt einen marginalen Steuersatz, wobei beide Steuervariablen die institutionellen Steuerregelungen berücksichtigen. Die Steuervariable „Steuerersparnis bei Volatilitätsreduzierung“ erwies sich jedoch als insignifikant und die Variable „Marginaler Steuersatz“ besaß eine den Hypothesen entgegengesetzte Einflussrichtung. Aufgrund der Befunde zu den neueren subtileren Steuervariablen, muss die Bedeutung der Konvexität des Steuersystems als Hedging-Determinante angezweifelt werden. Auch in der Simulationsstudie von Graham/Smith (1998) zeigt sich die geringe Relevanz des Steuermotivs für die Mehrzahl der Unternehmen. Bei ungefähr 75 % der Unternehmen führt eine 5%ige Volatilitätsreduzierung zu Steuereinsparungen von weniger als 1 %. Allerdings bestehen für einige wenige Unternehmen durchaus ausgeprägte steuerbedingte Hedging-Anreize.

Im Mittelpunkt der jüngeren theoretischen und empirischen Diskussion steht der Ansatz von Froot/Scharfstein/Stein (1993). In den einzelnen empirischen Studien werden die Befunde zumeist als konsistent mit Froot/Scharfstein/Stein (1993) eingeschätzt. Auch für die Gesamtbeurteilung kann diese Einschätzung geteilt werden. Konsistent mit den Implikationen der von Froot/Scharfstein/Stein (1993) beschriebenen Unterinvestitionssituation betreiben Unternehmen mit umfangreichen Investitionsopportunitäten, mit geringen Liquiditätsbeständen, mit hoher Verschuldung sowie Unternehmen aus Branchen mit geringem Regulierungsgrad häufiger ein Risikomanagement. Diese Zusammenhänge sind in der Mehrzahl der Studien statistisch gesichert. Der Ansatz von Froot/Scharfstein/ Stein (1993) wurde ebenfalls von Allayannis/Mozumdar (1998) bestätigt, in deren Untersuchung die Abhängigkeit der Investitionen vom Cashflow für hedgende Unternehmen signifikant geringer ist.

Intensiv diskutiert werden in der theoretischen Literatur die Managermotive. Die empirischen Untersuchungen betrachten dabei insbesondere die Eigeninteressen der Manager. Dabei wird zwischen den in Managementbesitz befindlichen Aktien- und Optionspositionen differenziert. Aufgrund der unzureichend diversifizierten Managerportfolios wurde die Hypothese eines positiven Einflusses des Umfangs des Aktienvermögens auf die Hedging-Entscheidung aufgestellt. Für die Optionsrechte wurde dagegen ein negativer Einfluss postuliert, da die durch ein Risikomanagement hervorgerufene Risikoreduzierung den Wert der Optionen verringert.

Die Managerinteressen wurden erstmalig in der vielbeachteten Studie von Tufano (1996) zum Goldderivateeinsatz ausführlich untersucht. Entsprechend den theoretischen Überlegungen ist ein positiver Einfluss des Eigenkapitals in Managementbesitz und ein negativer Einfluss der Optionsrechte in Managementbesitz zu beobachten. Die Einflüsse erweisen sich darüber hinaus als hoch signifikant. Zudem belegen weitere Auswertungsschritte den Erklärungsgehalt der Managerinteressen für das beobachtete Hedging-Verhalten.

In den nachfolgenden Studien von Géczy/Minton/Schrand (1997), Gay/Nam (1998), Allayannis/Ofek (1998), Wysocki (1998), Graham/Rogers (1999) als auch Haushalter (2000) konnte ein Einfluss der Managerinteressen auf die Hedging-Entscheidung von Industrieunternehmen hingegen nicht nachgewiesen werden. In keiner der Studien wurde ein den Hypothesen entsprechender signifikanter Einfluss beobachtet.

Aufschlussreich ist die Studie von Knopf/Nam/Thornton (2000), die die in den bisherigen Untersuchungen postulierte Hypothese eines negativen Einflusses der Optionsrechte kritisiert, da abhängig von den Optionsparametern unterschiedliche Manageranreize bestehen. So führen tief im Geld stehende Optionen zu ähnlichen Manageranreizen wie Aktienpositionen. Knopf/Nam/Thornton (2000) unterscheiden daher zwischen der Sensitivität des Optionswertes von der Aktienkursvolatilität sowie der Sensitivität des Managervermögens, bestehend aus Aktien und Optionen, vom Aktienkurs. Entsprechend den Hypothesen ist die Hedging-Häufigkeit höher bei Unternehmen, bei denen eine geringe Volatilitätssensitivität des Wertes der Manageroptionen und eine hohe Aktienkurssensitivität des Managervermögens vorliegt. Der Einfluss der Volatilitätssensitivität des Wertes der Manageroptionen erweist sich dabei mit einer Irrtumswahrscheinlichkeit von 5 % als statistisch gesichert. Damit haben Knopf/Nam/Thornton (2000) auch die gewisse Bedeutung der Managerinteressen für Industrieunternehmen nachgewiesen. Dieses Ergebnis ist für die Gesamtbeurteilung insofern aufschlussreich, als die subtileren Managervariablen von Knopf/Nam/Thornton (2000) deutlich aussagekräftiger sind.

Interessant ist auch die von Knopf/Nam/Thornton (2000) angeführte Begründung für die entgegengesetzten Einflussrichtungen der Manageroptionen bei einerseits Tufano (1996) und andererseits Géczy/Minton/Schrand (1997) und Gay/Nam (1998). Während bei den von Tufano (1996) betrachteten Unternehmen die Manageroptionen aus dem Geld waren, handelte es sich bei Géczy/ Minton/Schrand (1997) und Gay/Nam (1998) um tief im Geld stehende Optionen.[512]

Eine weitere Erklärung für die widersprüchlichen Ergebnisse zu den Managerinteressen besteht in den unterschiedlichen Samples. Die Studie von Tufano (1996) bezieht sich auf den Goldderivateeinsatz von goldfördernden Unternehmen. Insgesamt bestehen deutliche Ergebnisunterschiede zwischen den Studien zum Derivateeinsatz von Industrieunternehmen und den Studien zur Goldbranche von Tufano (1996) und Adam (1997). Neben den Unterschieden bei den

[512] Vgl. Knopf/Nam/Thornton (2000), S. 19.

Managerinteressen ist für die Goldbranche der Einfluss der Unternehmensgröße auf die Hedging-Häufigkeit wenig stark ausgeprägt. Zudem werden für die Goldbranche weder die Konkurskosten-, die Investitions- noch die Liquiditätsvariablen als signifikant eingestuft.

Aufgrund der quantifizierbaren Gold-Exposure, der ausführlichen Berichterstattung und der umfangreichen Goldreserven sind Goldunternehmen in geringerem Maße mit informations- und konkurskostenbedingten Agency-Problemen behaftet.[513] Die Manageranreize für ein Goldmanagement sind dagegen deutlich stärker ausgeprägt, da Unternehmenswert und damit Managervermögen hochgradig vom Goldpreis abhängen. Der Manager-Anteilseigner-Konflikt verschärft sich zusätzlich nochmals dadurch, dass Investoren Goldaktien oftmals explizit wegen der Goldabhängigkeit des Aktienkurses erwerben. Insgesamt können die unterschiedlichen empirischen Befunde zu den Hedging-Determinanten, insbesondere auch zu den Managerinteressen, durchaus auf branchenspezifische Besonderheiten der Goldbranche zurückgeführt werden.

Im Zusammenhang mit den Managerinteressen untersuchen Tufano (1996) und Knopf/Nam/Thornton (2000) intensiv den Einfluss von Großaktionären auf die Hedging-Entscheidung. Dabei ist für Unternehmen mit Großaktionären eine geringere Hedging-Häufigkeit zu beobachten. Der Zusammenhang erweist sich bei Knopf/Nam/Thornton (2000) signifikant und bei Tufano (1996) hoch signifikant. Dieser Befund ist konsistent mit der Vorstellung, dass Großaktionäre die Managerinteressen eindämmen und ein den Interessen der (diversifizierten) Anteilseigner entgegengesetztes Hedging einschränken. Insgesamt verdeutlichen die Ergebnisse von Knopf/Nam/Thornton (2000) einen weiteren Forschungsbedarf bezüglich der Bedeutung der Managerinteressen für das Hedging-Verhalten von Industrieunternehmen.

Die frühen Studien beinhalteten ausschließlich aus informationsökonomischen Überlegungen abgeleitete Erklärungsvariablen. Géczy/Minton/Schrand (1997) argumentieren jedoch treffend, dass dies keine hinreichende Bedingung für ein Risikomanagement ist, zusätzlich hängt die Hedging-Entscheidung von der Exposure-Höhe ab.[514] In den neueren empirischen Studien von Géczy/Minton/Schrand (1997), Goldberg/Godwin/Kim/Tritschler (1998), Howton/Perfect (1998a), Allayannis/ Ofek (1998), Guay (1999) und Graham/Rogers (1999) erweist sich die Exposure-Höhe als eine wesentliche Hedging-Determinante. Die Exposure-Variablen „Auslandsumsatzanteil" und „Auslandsergebnis" sind durchweg hoch signifikant. Interessanterweise verwenden auch Unternehmen mit einem hohen Competitive Exposure, operationalisiert durch die Branchenimportquote, mit signifikant höherer Wahrscheinlichkeit Währungsderivate. Für empirische Untersuchungen folgt daraus die Notwendigkeit der Aufnahme einer Exposure-Variablen in die multivariaten Auswertungen. Die Nichtberücksichti-

513 Vgl. dazu die einleitenden Bemerkungen in Abschnitt 3.1.6.

514 Vgl. Géczy/Minton/Schrand (1997), S. 1326.

gung einer wesentlichen Erklärungsvariablen führt zu Unterspezifikationsproblemen mit der Folge verzerrter und inkonsistenter Parameterschätzer.

Darüber hinaus verdeutlicht die hohe Signifikanz der Exposure-Variablen die Notwendigkeit einer intensiveren Auseinandersetzung mit Exposure-Überlegungen. In den empirischen Studien bisher unzureichend thematisiert wurde die Bedeutung des Economic Exposure und realwirtschaftlicher Absicherungsmaßnahmen. Während die Literatur zum Economic Exposure die Bedeutung realwirtschaftlicher Maßnahmen herausstellt, wurden solche Überlegungen in den empirischen Studien nur ansatzweise aufgegriffen. Interessant ist in diesem Zusammenhang die Signifikanz der Exposure-Variablen „Competitive Effect“ und der signifikante Einfluss realwirtschaftlicher Absicherungsmaßnahmen auf den Währungsderivateumfang bei Makar/BeBruin/Huffman (1999). Insgesamt ist ein erheblicher weiterer Forschungsbedarf bei der Berücksichtigung realwirtschaftlicher Absicherungsmaßnahmen zu konstatieren.

Während den älteren Studien eine dichotome Hedging-Variable zugrunde lag, verwenden neuere Studien den Hedging-Umfang als abhängige Variable.[515] Zur Operationalisierung des Hedging-Umfangs wurde auf den größenbereinigten Nominalwert der Derivateposition zurückgegriffen. Dabei ist methodisch zwischen den Studien, die Tobit-Schätzungen durchführen, und den Studien, die auf der von Cragg (1971) vorgeschlagenen zweistufigen Vorgehensweise beruhen, zu unterscheiden. Bei der zweistufigen Vorgehensweise wird mittels einer Probit-Regression die Implementierungsentscheidung und anschließend für die hedgenden Unternehmen mittels einer gestutzten Regression die Umfangsentscheidung untersucht.

Eine zweistufige Vorgehensweise wählen Goldberg/Godwin/Kim/Tritschler (1998), Allayannis/Ofek (1998), Graham/Rogers (1999) und Haushalter (2000). Interessanterweise unterscheiden sich die Determinanten der Implementierungs- und der Umfangsentscheidung. Während aus informationsökonomischen Überlegungen abgeleitete Erklärungsvariablen die Hedging-Wahrscheinlichkeit erheblich beeinflussen, üben sie nur einen geringen Einfluss auf den Hedging-Umfang aus. Auch die Unternehmensgröße hat sowohl bei Goldberg/Godwin/Kim/Tritschler (1998), Allayannis/Ofek (1998) als auch Haushalter (2000) einen positiven Einfluss auf die Hedging-Wahrscheinlichkeit, aber einen negativen auf die Hedge-Ratio.[516] Dies ist ein indirekter Hinweis auf bestehende Fixkosten bei der Implementierung eines Risikomanagements. Die Studien von Goldberg/Godwin/Kim/Tritschler (1998) und Allayannis/Ofek (1998) zeigen, dass die Umfangs-

---

[515] Vgl. Tabelle A 1 im Anhang.

[516] Ein ähnlicher Effekt zeigt sich bei Dolde (1995). Werden hedgende und nicht-hedgende Unternehmen verglichen, besteht zwischen der Unternehmensgröße und der Hedging-Variablen ein positiver Zusammenhang. Werden Unternehmen mit über- und unterdurchschnittlicher Hedge-Ratio verglichen, ist dagegen ein negativer Zusammenhang zu beobachten.

entscheidung überwiegend von der Höhe des Währungs-Exposure bestimmt wird. Als Konsequenz der aufgezeigten Unterschiede zwischen den Determinanten der Implementierungs- und Umfangsentscheidung erscheint die Verwendung von Tobit-Modellen methodisch problematisch, da diese identische Einflussrichtungen bei der Implementierungs- und Umfangsentscheidung unterstellen.

Diskussionswürdig sind die verschiedenen verwendeten Definitionen des Hedging-Umfangs. Goldberg/Godwin/Kim/Tritschler (1998) argumentieren zutreffend, dass die in den Jahresabschlüssen berichteten Nominalwerte gegenüber den Marktwerten vorzuziehen sind.[517] Die in den Jahresabschlüssen enthaltenen Marktwertangaben zeigen die bis zum Bilanzstichtag eingetretenen Marktwertänderungen und sind daher ein ungeeigneter Indikator für den Hedging-Umfang. In diesem Sinne sind die Befunde von Berkman/Bradbury (1996) und Howton/ Perfect (1998a) bei Verwendung der Markt- anstelle der Nominalwerte auch weniger sinnvoll interpretierbar.

Allerdings sind die in den Studien verwendeten Nominalwertgrößen ebenfalls nicht unproblematisch. So wurden zumeist unsaldiert die Nominalwerte von Termingeschäften, Optionen und Swaps aufaddiert. Allayannis/Ofek (1998) argumentieren treffend, dass die Nominalwerte von Swaps mit denen von Optionen und Termingeschäften nicht vergleichbar sind und Swaps typischerweise im Zusammenhang mit Fremdkapitaltransaktionen erworben werden.[518] Folgerichtig berücksichtigen Allayannis/Ofek (1998) bei ihrer Untersuchung daher keine Swaps. Vielversprechend ist ebenfalls die Saldierung der Short- und Long-Positionen der Nominalwerte bei Graham/Rogers (1999).

Bedenklich erscheint die Verwendung des Unternehmenswertes zur Größenbereinigung des Nominalwertes. Da sich im Marktwert die Investitionsopportunitäten niederschlagen und diese selbst aber eine Determinante des Hedging-Verhaltens sind, kann dies zu systematischen Ergebnisverzerrungen führen. Während die älteren Studien zur Größenbereinigung den Unternehmenswert verwendeten, wird in den neueren Studien auf die Bilanzsumme zurückgegriffen.[519]

Mian (1996), Goldberg/Godwin/Kim/Tritschler (1998), Howton/Perfect (1998a) und Graham/Rogers (1999) führten die Untersuchungen jeweils separat für den Einsatz von Derivaten, Währungsderivaten und Zinsderivaten durch. Dabei zeigten sich deutliche Ergebnisunterschiede in Abhängigkeit der verwendeten Derivateart. Diese Unterschiede betreffen insbesondere die Verschuldungskennzahlen. Bemerkenswerterweise erwies sich die Fremdkapitalquote in allen vier Studien beim Derivateeinsatz und Zinsderivateeinsatz als signifikant, beim Währungsderivateeinsatz dagegen zumeist als insignifikant. In diesem Sinne besteht zwischen dem Verschuldungsgrad und der Hedging-Wahrscheinlichkeit bei Géczy/Minton/ Schrand (1997) und Allayannis/Ofek (1998), die sich

[517] Vgl. Goldberg/Godwin/Kim/Tritschler (1998), S. 137f.

[518] Vgl. Allayannis/Ofek (1998), S. 4.

[519] Vgl. Tabelle A 1 im Anhang.

ausschließlich mit Währungsderivaten beschäftigen, ebenfalls kein signifikant positiver Zusammenhang.

Diese Unterschiede erscheinen äußerst bemerkenswert, da die Fremdkapitalquote in Zusammenhang mit dem Zinsderivateeinsatz als Exposure-Variable aufgefasst werden kann. Für die Gesamtbeurteilung der vorliegenden Befunde hat dies zwei Implikationen. Erstens bekräftigt die Signifikanz der Fremdkapitalquote beim Zinsderivateeinsatz die Bedeutung der Exposure-Höhe für die Hedging-Entscheidung. Interessant ist ferner, dass – analog zum Währungsderivateeinsatz – beim Zinsderivateeinsatz insbesondere die Umfangsentscheidung von der Exposure-Variablen „Fremdkapitalquote" beeinflusst wird. Zweitens muss hinterfragt werden, ob die Fremdkapitalquote für das Konkurskostenmotiv oder das Zins-Exposure abbildet. Die bisherigen Studien zum Derivateeinsatz von Dolde (1995), Gay/ Nam (1998), Guay (1999) und Knopf/Nam/Thornton (2000) werteten die Signifikanz der Fremdkapitalquote durchweg als Bestätigung für das Konkurskostenmotiv.

Auch bestehen unterschiedliche theoretische Erklärungsansätze für einen Währungsderivate- und einen Zinsderivateeinsatz. Bei den in Abschnitt 2.2 dargestellten ökonomischen Erklärungsansätzen wird jedoch implizit von einem Hedging der operativen Zahlungsströme ausgegangen. Zinsderivate werden indes zumeist in Verbindung mit Finanzierungstransaktionen eingesetzt. In diesem Sinne bestehen für Zins-Swaps, das dominierende Zinsinstrument, spezifische theoretische Erklärungsansätze, die Zins-Swaps in Verbindung mit Finanzierungstransaktionen betrachten. Die empirischen Studien von Samant (1996), Fenn/Post/Sharpe (1996), Simkins (1997), Saunders (1998) und Viswanathan (1998) zeigen, dass der Einsatz von Zins-Swaps erstens durch Agency-Kosten des Fremdkapitals und zweitens durch Informationsasymmetrien über eine mögliche Bonitätsverbesserung erklärt werden kann. Insofern wird der Zinsderivate- und der Währungsderivateeinsatz von unterschiedlichen ökonomischen Faktoren getrieben. Für weitere empirische Forschungsarbeiten resultiert aus der unterschiedlichen empirischen Evidenz – und insbesondere den inhaltlichen Differenzen – die Forderung einer separaten Untersuchung des Einsatzes von Währungs- und Zinsderivaten.

Leider untersuchen die vorliegenden Studien – bis auf Berkman/Bradbury (1996) – ausschließlich amerikanische Unternehmen. Aufschlussreich wären hier sicherlich Befunde für andere Länder. Die in Abschnitt 2.2 dargestellten Erklärungsansätze beruhen auf gewissen Annahmen bezüglich der Kapitalmarktverhältnisse und der institutionellen Rahmenbedingungen. Aufgrund differierender länderspezifischer Rahmenbedingungen ist ein unterschiedliches Hedging-Verhalten denkbar. Darüber hinaus ermöglicht die Analyse des Hedging-Verhaltens vor dem Hintergrund länderspezifischer Unterschiede zusätzliche Rückschlüsse auf den empirischen Gehalt einzelner Erklärungsansätze.

4 Eigene empirische Studie

Untersuchungsgegenstand der folgenden empirischen Auswertungen sind die Bestimmungsgründe eines Währungsderivateeinsatzes von deutschen Unternehmen. Theoretische Grundlage bilden die in Abschnitt 2.2 dargestellten ökonomischen Erklärungsansätze eines unternehmerischen Risikomanagements. Zielsetzung der vorliegenden Arbeit ist eine empirische Verifizierung der theoretischen Erklärungsansätze anhand eines Samples deutscher Unternehmen. Dazu werden ausgehend von der Hedging-Theorie Hypothesen über den Einfluss einzelner Unternehmenscharakteristika auf das Hedging-Verhalten abgeleitet. Zur Abbildung der Unternehmenscharakteristika werden konkrete Kennzahlen gebildet und im Rahmen von Querschnittsanalysen die Hypothesen überprüft.

Eine empirische Untersuchung der Bestimmungsgründe eines Währungsderivateeinsatzes, die explizit auf der Hedging-Theorie beruht, ist für deutsche Unternehmen bisher noch nicht vorgelegt worden. Die vorliegenden deutschen Veröffentlichungen beschränken sich zumeist auf eine deskriptive Beschreibung und Kommentierung der Praxis des Risikomanagements.[520]

Das grundlegende Untersuchungsdesign der vorliegenden Arbeit ist weitgehend an das der bisherigen amerikanischen Studien angelehnt. Die spezifischen deutschen Unternehmens- und Kapitalmarktverhältnisse finden durch die Wahl der einbezogenen Erklärungsvariablen Berücksichtigung. Daneben wurden ausgehend von den theoretischen Erklärungsansätzen Kennzahlen gebildet, die in den bisherigen Studien noch nicht aufgegriffen wurden.

Die folgende Untersuchung fokussiert sich bewusst auf den Einsatz von Währungsderivaten. Während für das Währungs-Exposure und Währungsmanagement von Industrieunternehmen auf eine umfangreiche theoretische Literatur zurückgegriffen werden kann, besteht für das Zinsmanagement von Industrieunternehmen weiterer theoretischer Diskussionsbedarf.[521] Eine undifferenzierte Untersuchung der Bestimmungsgründe eines Derivateeinsatzes erscheint darüber hinaus vor dem Hintergrund der Ergebnisse der vorliegenden Studien problema-

---

520 Vgl. Herrmann (1988); Beck (1989), S. 79-98; Hinz (1989); Glaum/Roth (1993); Linke/Regnitter (1991); Price Waterhouse (1994); Gebhardt/Ruß (1999) oder Glaum/ Förschle (2000).

521 Für eine Diskussion der Ziele des Zinsmanagements vor dem Hintergrund des Einflusses von Zinsänderungen auf die operativen Zahlungsströme von Industrieunternehmen vgl. Oxelheim/Whilborg (1997), S. 60-65 und Gebhardt/Mansch (2001), S. 96f. und S. 101-103.

tisch. In den bisherigen Studien zeigten sich deutliche Unterschiede zwischen den Erklärungsfaktoren eines Einsatzes von Zins- und Währungsderivaten.[522]

Während die frühen Studien ausschließlich aus informationsökonomischen Überlegungen abgeleitete Erklärungsvariablen beinhalten, berücksichtigen die neueren Untersuchungen explizit die Exposure-Höhe. Dabei zeigt sich ein deutlicher Einfluss des Währungs-Exposure auf die Hedging-Wahrscheinlichkeit. Die vorliegende Arbeit beschäftigt sich daher ausführlich mit der Bedeutung des Währungs-Exposure für die Hedging-Entscheidung.

In einem ersten Untersuchungsschritt werden im Rahmen univariater Betrachtungen die Kennzahlenausprägungen der Teilgruppe von Unternehmen, die Währungsderivate einsetzen, denen der Teilgruppe von Unternehmen, die keine Derivate einsetzen, gegenübergestellt. Dabei werden die Verteilungsparameter der Kennzahlenverteilungen der beiden Teilgruppen verglichen und die Teilgruppenunterschiede auf statistische Signifikanz überprüft.

Im zweiten Untersuchungsschritt erfolgt eine multivariate Analyse des Hedging-Verhaltens. Abhängige Variable der Modellschätzung ist dabei eine dichotome Hedging-Variable und erklärende Variablen bilden die Unternehmenskennzahlen. Die Untersuchung der Einflussrichtung und der statistischen Signifikanz erfolgt dabei mittels multipler Logit-Analysen.

Der folgende Abschnitt 4.1 beinhaltet eine Beschreibung des Unternehmenssamples und der verwendeten Datenquellen. In Abschnitt 4.2 werden ausgehend von den theoretischen Erklärungsansätzen die Hypothesen abgeleitet, die den empirischen Untersuchungen zugrunde liegen. Abschnitt 4.3 enthält die univariaten und Abschnitt 4.4 die multivariaten Betrachtungen, wobei jeweils zuerst eine Erläuterung der methodischen Grundlagen erfolgt, bevor anschließend die empirischen Befunde präsentiert und ausführlich diskutiert werden.

4.1 Datenbasis und einbezogene Unternehmen

Unternehmen, die nach HGB bilanzieren, sind nicht verpflichtet, Informationen über ihre Derivateaktivitäten in den Geschäftsberichten zu veröffentlichen. Grundlage der folgenden Untersuchung bildet daher eine Fragebogenaktion. Die Informationsproblematik sowie die Fragebogenkonzeption werden in Abschnitt 4.1.1 erläutert. Abschnitt 4.1.2 charakterisiert kurz die in die Auswertungen einbezogenen Unternehmen anhand der Merkmale „Unternehmensgröße", „Branchenzugehörigkeit" und „Rechtsform". Bei der Bildung der Erklärungsvariablen wird insbesondere auf Anteilseignerstruktur- und Jahresabschlussdaten zurückgegriffen. In Abschnitt 4.1.3 werden die verwendeten Datenquellen dargelegt.

[522] Vgl. die Studien von Mian (1996), Goldberg/Godwin/Kim/Tritschler (1998), Howton/ Perfect (1998a) und Graham/Rogers (1999), in denen die Untersuchungen jeweils separat für Währungs- und Zinsderivate durchgeführt werden.

Dabei wird zudem auf bestehende Datenrestriktionen und die vorgenommenen Bilanzbereinigungen eingegangen.

4.1.1 Unternehmensselektion und Hedging-Informationen

Grundlage für die Klassifizierung in hedgende und nicht-hedgende Unternehmen bildet eine Fragebogenaktion.[523] Diese Untersuchung beschäftigte sich mit dem Währungs-, Zins- und Güterpreismanagement deutscher Industrie-, Dienstleistungs- und Handelsunternehmen. Banken und Versicherungen wurden bewusst ausgeklammert, da sich deren Exposure-Charakteristik sowie Derivateeinsatz-Motive deutlich gegenüber denen von Industrie-, Dienstleistungs- und Handelsunternehmen unterscheiden. Die Untersuchung beinhaltete Fragen bezüglich der verwendeten Instrumente, der Zielgrößen, der Risikoquantifizierung, der Berichterstattung und des Risikocontrollings und war als Parallelstudie zum Wharton Survey of Derivatives Usage[524] konzipiert.

Der Fragebogen ist zwar auf dem Hintergrund der theoretischen Erklärungsansätze entstanden, jedoch wurden die Fragen nicht explizit aus theoretischen Vorüberlegungen abgeleitet. Zielsetzung des Fragebogens war vielmehr die Gewinnung von Informationen über die Praxis des Risikomanagements von Industrieunternehmen. In der folgenden Untersuchung soll weniger auf die einzelnen Fragen eingegangen werden, vielmehr erfolgt eine Analyse des Zusammenhangs zwischen der Hedging-Entscheidung und spezifischen Unternehmenscharakteristika, die ausgehend von theoretischen Vorüberlegungen mit einer hohen Wahrscheinlichkeit einen Derivateeinsatz erwarten lassen. Expliziter Untersuchungsgegenstand der vorliegenden Arbeit sind die in Abschnitt 2.2 dargestellten ökonomischen Erklärungsansätze eines unternehmerischen Risikomanagements. Dabei soll untersucht werden, inwieweit die ökonomischen Erklärungsansätze das tatsächlich beobachtbare Hedging-Verhalten deutscher Unternehmen erklären können.

Während die neueren amerikanischen Studien zur Hedging-Theorie die Informationen über die Risikomanagementaktivitäten den Jahresabschlüssen entnehmen, stützten sich die älteren amerikanischen Studien ebenfalls auf Fragebogenaktionen.[525] Ein Rückgriff auf Jahresabschlussdaten ist in den USA erst seit Inkrafttreten von SFAS No. 105 im Jahre 1990 möglich. SFAS No. 105 verlangt im Falle eines Einsatzes derivativer Finanzinstrumente erläuternde Angaben im Jahresabschluss.[526] Zwar erläutert eine Vielzahl international tätiger, deutscher

[523] Für eine Darstellung und Diskussion der Ergebnisse der Fragebogenaktion vgl. Bodnar/Gebhardt (1999) und Gebhardt/Ruß (1999).

[524] Vgl. Bodnar/Hayt/Marston/Smithson (1995); Bodnar/Marston (1996).

[525] Vgl. Tabelle A 1 im Anhang.

[526] SFAS No. 105 verlangt für nach dem 15. Juni 1990 endende Geschäftsjahre u.a. Angaben über die Höhe der Nominalwerte, Erläuterungen zu möglichen Marktpreis-,

Großkonzerne ihre Risikomanagementaktivitäten im Geschäftsbericht und kommt dabei auch in vollem Umfang den Anforderungen des FASB nach.[527] Allerdings fehlt in Deutschland bisher eine gesetzliche Grundlage, sodass viele Unternehmen auf Angaben zum Einsatz von Finanzderivaten gänzlich verzichten. Dies betrifft vor allem kleinere und mittlere Konzerne, gilt aber auch für Großunternehmen. So verzichtet z.B. der VIAG Konzern im Jahresabschluss 1997 auf Angaben zum Einsatz von Derivaten, obwohl aus diversen Veröffentlichungen bekannt ist, dass im VIAG Konzern Finanzderivate in größerem Umfang Verwendung finden.[528]

Infolge fehlender gesetzlicher Regelungen kann, falls der Geschäftsbericht keine Angaben über den Einsatz von Derivaten enthält, nicht differenziert werden, ob das betreffende Unternehmen keine Derivate einsetzt oder nur auf (freiwillige) Angaben über die Derivateaktivitäten verzichtet. Folglich ist ein Rückgriff auf Geschäftsberichtsangaben deutscher Unternehmen zur Klassifizierung in hedgende und nicht-hedgende Unternehmen nicht möglich. Die folgenden Auswertungen basieren daher auf den Ergebnissen der Fragebogenaktion.

Der Fragebogen wurde im März 1997 an insgesamt 368 deutsche Nichtfinanzunternehmen versandt. Den Ausgangspunkt für die Auswahl der in die Untersuchung einbezogenen Unternehmen bildete die FAZ-Umsatzrangliste „Die hundert größten Unternehmen 1995".[529] Diese umfasst neben den börsennotierten Aktiengesellschaften auch große nicht-börsennotierte Gesellschaften anderer Rechtsformen. Ergänzt wurde diese Unternehmensauswahl um weitere börsennotierte Unternehmen.[530]

Der Rücklauf belief sich auf 126 verwertbare Fragebögen, was einer Rücklaufquote von 34,2 % entspricht. Dabei zeigt sich ein deutlicher Zusammenhang zwischen Unternehmensgröße und Rücklaufquote. Bemerkenswert ist besonders die ausgesprochen hohe Rücklaufquote von 67,9 % in der Gruppe der Unternehmen mit einem Umsatz von über 10 Mrd. DM.

Die Methoden der induktiven Statistik setzen idealisierend eine Zufallsstichprobe voraus. Da es sich bei dem vorliegenden Sample nicht um eine zufällige Stichprobenauswahl handelt, liegt die Frage nahe, inwieweit ein Selection Bias besteht. Ein Selection Bias entsteht, wenn Untersuchungsobjekte, die ein bestimmtes Kriterium erfüllen, nicht im Sample enthalten sind und zwischen der Erfüllung dieses Kriteriums und dem Untersuchungsgegenstand ein Zusammen-

Kredit- und Liquiditätsrisiken sowie nähere Angaben zur bilanziellen Behandlung derivativer Finanzinstrumente.

527 Für einen Überblick bezüglich des Umfangs der Berichterstattung über den Derivateeinsatz in den Geschäftsberichten deutscher Unternehmen vgl. Gebhardt (1997).

528 Vgl. Obermeier (1994), S. 284.

529 Vgl. dazu die Ausführungen bei Gebhardt/Ruß (1999), S. 33.

530 Die Unternehmen wurden dem vom Hoppenstedt-Verlag herausgegebenen Saling-Aktienführer entnommen.

hang besteht. Bei Fragebogenaktionen besteht oftmals das Problem einer Selbstselektion.[531] So besteht die Möglichkeit, dass Unternehmen, die keine Derivate verwenden, den Fragebogen nur mit einer geringen Wahrscheinlichkeit beantworten. Problematisch ist das Selbstselektionsproblem, wenn Unternehmen mit einer gewissen Kennzahlenausprägung nicht antworten und zwischen dieser Kennzahl und der erklärenden Variablen ein Zusammenhang vermutet wird.

Im vorliegenden Sample sind zwar Großunternehmen deutlich überrepräsentiert und in den bisherigen Studien bestand zwischen Unternehmensgröße und Hedging-Entscheidung ein signifikanter Zusammenhang; allerdings enthält das Sample ebenfalls zahlreiche mittelgroße und kleine Unternehmen, die Derivate einsetzen, und auch solche, die keine Derivate einsetzen. Zwar dürfte der Anteil der hedgenden Unternehmen im Sample höher sein als der in der Grundgesamtheit der angeschriebenen Unternehmen. Zur Beurteilung des Einflusses der einzelnen Erklärungsfaktoren setzt eine Logit-Analyse jedoch nicht die gleiche Hedging-Wahrscheinlichkeit in Grundgesamtheit und Stichprobe voraus.[532]

4.1.2 Charakterisierung der einbezogenen Unternehmen

Von den 126 Unternehmen können aufgrund von Datenrestriktionen nur 122 Unternehmen näher untersucht werden.[533] Tabelle 21 zeigt die Größenverteilung für die 122 Unternehmen (Geschäftsjahr 1996).

Sowohl beim Umsatz als auch bei der (bereinigten) Bilanzsumme besteht eine deutliche rechts-schiefe Verteilung; für beide Größenvariablen ist der Mittelwert größer als das 75%-Quantil. Diese deutlich rechts-steile Verteilung wie auch die hohen Standardabweichungen sind auf einige wenige sehr große Konzerne zurückzuführen. Zwei Unternehmen mit einem Umsatz von über 90 Mrd. DM bzw. drei Unternehmen mit einer Bilanzsumme von über 100 Mrd. DM, eines davon sogar mit 174 Mrd. DM, beeinflussen die Verteilungsparameter ganz erheblich. Von den 122 Unternehmen sind 84 Börsengesellschaften. Auch für den Unternehmenswert[534] zeigen sich ähnliche Verteilungseigenschaften wie für Umsatz und Bilanzsumme (rechts-steile Verteilung und relativ hohe Standardabweichung), die ebenfalls durch einige wenige Großkonzerne verursacht sind.

---

[531] Zum Selbstselektionsproblem vgl. z.B. Saerndal/Swensson/Wretman (1992), S. 556-594.

[532] Vgl. Maddala (1991), S. 797-801 sowie die Ausführungen zu den Anwendungsvoraussetzungen der Logit-Analyse in Abschnitt 4.4.1.1.

[533] Für zwei Unternehmen lagen keine Jahresabschlüsse vor und bei zwei weiteren Unternehmen handelt es sich um reine Finanzholdings.

[534] Der Unternehmenswert wurde als Summe des Marktwertes des Eigenkapitals und des Buchwertes des Fremdkapitals ermittelt. Zur Bestimmung des Unternehmenswertes vgl. Abschnitt 4.2.5.

Tabelle 21: Größenverteilung der einbezogenen Unternehmen

(in Mio. DM)	Umsatz	Bilanzsumme	Unternehmenswert
Mittelwert	11.599	11.661	16.981
Median	4.258	3.087	3.517
25%-Quantil	1.354	858	965
75%-Quantil	11.323	9.080	12.977
Minimum	84	79	124
Maximum	106.747	174.095	215.193
Standardabweichung	18.799	24.440	35.175
Anzahl	122	122	84

Tabelle 22 gibt eine Übersicht über die Branchenverteilung der einbezogenen Unternehmen. Die Branchenzuordnung erfolgte nach dem offiziellen Branchenindex der Europäischen Gemeinschaft (NACE). Eine Zuordnung von Unternehmen zu den NACE-Branchengruppen enthalten der Unternehmensführer „Die Großen 500" von Schmacke (1996) sowie der Commerzbank-Führer „Wer gehört zu Wem?", wobei die Branchenzuordnungen nicht immer übereinstimmen. Zur Branchenzuordnung von Holding-Gesellschaften wurde auf die Tätigkeitsfelder der wichtigsten Tochtergesellschaften zurückgegriffen. Des Weiteren wurden als Dienstleistungsunternehmen nur solche Unternehmen klassifiziert, die nach dem NACE-Branchenschlüssel in keiner weiteren Branchengruppe eingeordnet wurden.[535]

Tabelle 22: Branchenverteilung der einbezogenen Unternehmen

Branchenbezeichnung	NACE-Gruppe	Anzahl der Unternehmen
Bergbau / Mineralöl	C	11
Konsumgüter	DA-DE, DN	21
Chemie	DF-DI	27
Metall	DJ	14
Maschinenbau	DK	16
Elektro	DL	16
Fahrzeugbau	DM	9
Versorgung	E	12
Bauwesen	F	8
Handel	G	24
Dienstleistung	O	6
Anzahl		164

[535] Die meisten Industrieunternehmen werden von dem Unternehmensführer „Die Großen 500" und dem Commerzbank-Führer „Wer gehört zu Wem?" ebenfalls als Dienstleistungsunternehmen klassifiziert, da diese Unternehmen auch umfangreiche produktspezifische Dienstleistungen anbieten.

Tabelle 23: Rechtsformen der einbezogenen Unternehmen

Rechtsform	Anzahl der Unternehmen
AG	103
GmbH	9
KG	1
KGaA	2
AG & Co. KG	1
GmbH & Co. KG	5
Stiftung	1
Anzahl	122

Bei einer erheblichen Anzahl der einbezogenen Unternehmen handelt es sich um in mehreren Branchen tätige Konzerne. Die Klassifizierung dieser ausgeprägt diversifizierten Unternehmen erweist sich als nicht unproblematisch. Unter Rückgriff auf die Angaben im Saling-Aktienführer sowie auch auf die jeweiligen Geschäftsberichte wurden jedem Unternehmen maximal drei der zweistelligen NACE-Branchenschlüssel zugeordnet. Aufgrund der Mehrfachzuordnungen für diversifizierte Unternehmen liegt in Tabelle 22 die Gesamtzahl der den Branchen zugeordneten Unternehmen über der Gesamtzahl der einbezogenen Unternehmen.

Tabelle 23 zeigt die Rechtsformen der in die Untersuchung einbezogenen Unternehmen. Die bei weitem dominierende Rechtsform ist die Aktiengesellschaft (AG). Bei 103 der 122 Unternehmen handelt es sich um eine AG (84,4 %). Neun weitere Unternehmen sind eine Gesellschaft mit beschränkter Haftung (GmbH).[536] Aber auch fünf Unternehmen mit der Rechtsform der GmbH & Co. KG sind im Sample enthalten.

4.1.3 Anteilseignerstruktur- und Jahresabschlussdaten

In den folgenden Auswertungen werden dem beobachtbaren Hedging-Verhalten gewisse Unternehmenscharakteristika gegenübergestellt. Zur Abbildung der Unternehmenscharakteristika wird größtenteils auf Jahresabschlusskennzahlen zurückgegriffen. Daneben werden aber auch Anteilseignerstrukturdaten verwendet. Die Jahresabschlusskennzahlen und auch die weiteren Unternehmenskennzahlen beziehen sich auf das der Fragebogenaktion zeitlich vorgelagerte Geschäftsjahr 1996.

Die den folgenden Auswertungen zugrunde liegenden Jahresabschlussdaten wurden der Hoppenstedt-Bilanzdatenbank entnommen. Von den ursprünglich 126 Unternehmen waren zwei nicht in der Hoppenstedt-Bilanzdatenbank enthal-

[536] Zur Charakterisierung der einbezogenen Unternehmen vgl. auch die Verteilungsparameter der Unternehmenskennzahlen in Tabelle A 4 im Anhang.

ten und mussten manuell erfasst werden. Ausgeschlossen werden mussten zwei Unternehmen, die ihren Publizitätsgesetzverpflichtungen nicht nachkamen und weder einen Konzern- noch einen Einzelabschluss veröffentlichten.[537]

Aufgrund des höheren Informationsgehaltes wurden vorzugsweise Konzernabschlüsse herangezogen. Lagen keine Konzernabschlüsse vor, wurde auf die Einzelabschlüsse zurückgegriffen. Die Einzelabschlüsse wurden jedoch dahingehend überprüft, dass das jeweilige Unternehmen keine Holdinggesellschaft ist. Bei zwei Unternehmen handelte es sich um Finanzholdings innerhalb eines mehrstufigen Konzerns. Da die Obergesellschaft einen Konzernabschluss veröffentlicht, ist die betreffende Zwischenholding von der Pflicht der Erstellung eines Konzernabschlusses gemäß § 291 bzw. § 292 HGB befreit. Da die Bilanzrelationen wenig aussagekräftig sind, wurden die beiden Holdinggesellschaften von der weiteren Untersuchung ausgeschlossen. Das Sample reduziert sich somit von 126 auf 122 Unternehmen, wobei auf 106 Konzern- und 16 Einzelabschlüsse zurückgegriffen wurde.

Kennzahlen, die auf zwei- oder mehrjährigen Jahresabschlussdaten beruhen, sind nur dann sinnvoll interpretierbar, wenn die zeitlich aufeinanderfolgenden Jahresabschlüsse auch vergleichbar sind. Falls einer der betreffenden Jahresabschlüsse in der Hoppenstedt-Bilanzdatenbank mit einem Nichtvergleichbarkeitskennzeichen versehen war, wurde für das Unternehmen die betreffende Kennzahl nicht gebildet.

Da das deutsche Bilanzrecht zahlreiche Ansatz-, Bewertungs- und Ausweiswahlrechte beinhaltet, die eine Vergleichbarkeit von Bilanzkennzahlen erschweren, wurden in Anlehnung an die Literatur der Jahresabschlussanalyse einige Bilanzbereinigungen vorgenommen.

Bei der Übernahme eines Unternehmens oder im Rahmen der Erstkonsolidierung darf der Unterschiedsbetrag zwischen den Anschaffungskosten und dem Saldo der übernommenen Vermögensgegenstände und Schulden als Geschäfts- oder Firmenwert (Konzernabschluss) aktiviert werden (§§ 255 Abs. 4 und 301 Abs. 3 HGB). Die Bilanzposition „Geschäfts- oder Firmenwert" kann dementsprechend als über den Substanzwert des übernommenen Unternehmens hinausgehender Ertragswertbeitrag interpretiert werden.[538]

In der Literatur der Jahresabschlussanalyse wird oftmals empfohlen, zur Erhöhung der Vergleichbarkeit den Goodwill direkt mit dem Eigenkapital zu verrechnen.[539] Da die Geschäfts- oder Firmenwerte aber teilweise erhebliche Vermögenspositionen verkörpern und da die Unternehmen auch zunehmend dazu übergehen, die Goodwillbeträge zu aktivieren, wurde auf eine Goodwillverrechnung

[537] Diese zwei Unternehmen sind nicht in der Hoppenstedt-Bilanzdatenbank enthalten. Auch nach schriftlicher Anfrage und telefonischer Nachfrage waren die Jahresabschlüsse nicht zu erhalten.

[538] Vgl. Coenenberg (2000), S. 583.

[539] Vgl. Küting/Weber (1993), S. 473f.

hier bewusst verzichtet. Eine Verrechnung würde zwar die Vergleichbarkeit erhöhen, aber der ökonomische Informationsgehalt wäre wesentlich geringer.

Ein Ausweiswahlrecht besteht für erhaltene Anzahlungen, welche entweder offen von der Position „Vorräte" abgesetzt oder unter den Verbindlichkeiten ausgewiesen werden können (§§ 268 Abs. 5 Satz 2 und 266 Abs. 3 HGB).[540] Die von den Vorräten abgesetzten Anzahlungen sind dabei teilweise betragsmäßig erheblich und haben deutliche Auswirkungen auf die Kapitalstruktur.[541] Um eine bessere Vergleichbarkeit herzustellen, wurden hier von den Vorräten abgesetzte erhaltene Anzahlungen wieder den Vorräten und den Verbindlichkeiten hinzugerechnet.

Der Sonderposten mit Rücklagenanteil, bestehend aus steuerrechtlichen Rücklagen (§§ 247 Abs. 3 und 273 HGB) und passivierten steuerrechtlichen Sonderabschreibungen[542] (§§ 254 und 281 Abs. 1 HGB), beinhaltet bilanzanalytisch sowohl Eigenkapitalanteile als auch Fremdkapitalanteile (gestundete Steuerschuld). Den Literaturempfehlungen folgend wurde der Sonderposten mit Rücklagenanteil jeweils hälftig dem Eigen- und Fremdkapital zugerechnet.[543] Sonderposten für Investitionszuschüsse wurden ebenfalls vereinfachend jeweils hälftig aufgeteilt.[544]

Daneben wurden als Bilanzierungshilfe aktivierte Ingangsetzungs- oder Erweiterungsaufwendungen (§ 269 HGB) sowie eigene Anteile im Umlaufvermögen mit dem Eigenkapital verrechnet. [545] Ausstehende Einlagen auf das gezeichnete Kapital (§ 272 Abs. 1 Satz 1 HGB) wurden mit dem gezeichneten Kapital und aktivierte Disagiobeträge (§ 250 Abs. 3 HGB) mit den Verbindlichkeiten verrechnet. Diese Bereinigungen haben jedoch nur einen marginalen Einfluss auf die Bilanzpositionen und Kennzahlenwerte.

Neben Unternehmen der Rechtsform der AG und der GmbH sind auch Unternehmen der Rechtsform der KG und der GmbH & Co. KG sowie ein Unternehmen mit der Rechtsform der AG & Co. KG im Sample enthalten. Letztere sind zwar entsprechend des Publizitätsgesetzes bei Überschreitung gewisser Größenkriterien veröffentlichungspflichtig,[546] allerdings besteht für diese Unternehmen nur eine eingeschränkte Publizitätspflicht.[547] Drei der fünf Unternehmen mit der

---

[540] Vgl. Baetge (1994), S. 339.

[541] Bei sechs Unternehmen, die erhaltene Anzahlungen mit den Vorräten verrechneten, betrugen die erhaltenen Anzahlungen über 50% der ausgewiesenen Bilanzsumme.

[542] Neben einem passivistischen Ausweis der steuerrechtlichen Sonderabschreibungen ist auch eine direkte Absetzung von den jeweiligen Vermögensgegenständen zulässig.

[543] Vgl. Küting/Weber (1993), S. 67f.

[544] Vgl. Küting/Weber (1993), S. 68.

[545] Diese Bereinigungen folgten den Empfehlungen bei Coenenberg (2000), S. 880-892.

[546] Vgl. § 1 PublG.

[547] Zur eingeschränkten Veröffentlichungspflicht im Rahmen des Publizitätsgesetzes vgl. §§ 5 Abs. 5 und 13 Abs. 3 Satz 2 PublG.

Rechtsform der GmbH & Co. KG sowie das Unternehmen mit der Rechtsform der AG & Co. KG verzichten auf eine (gesetzlich nicht obligatorische) Veröffentlichung einer vollständigen Gewinn- und Verlustrechnung. Dementsprechend konnten für diese vier Unternehmen keine Kennzahlen gebildet werden, die auf Daten der Gewinn- und Verlustrechnung beruhen.

Die dichotomen Erklärungsvariablen „Familienunternehmen", „Managerbesitz" und „Bankenbeteiligung" beruhen auf der Anteilseignerstruktur des betrachteten Unternehmens. Problematisch ist hierbei die geringe Transparenz der Anteilseignerstruktur deutscher Unternehmen.[548] Daten über die Anteilseignerstrukturen wurden hier dem vom Hoppenstedt-Verlag herausgegebenen Handbuch der Aktiengesellschaften und Saling-Aktienführer sowie dem von der Commerzbank herausgegebenen Beteiligungsführer „Wer gehört zu Wem?" entnommen. Allerdings weichen die Angaben zu den Anteilseignerstrukturen erstaunlicherweise oftmals voneinander ab. Häufig sind auch nur Schätzungen oder Bandbreiten für einzelne Beteiligungspakete angegeben.

Weitere kennzahlenspezifische Hinweise zu den verwendeten Datenquellen befinden sich in Abschnitt 4.2, in dem die konkreten Kennzahlendefinitionen vorgestellt und diskutiert werden. Infolge von Datenrestriktionen können nicht sämtliche Kennzahlen für alle 122 Unternehmen gebildet werden. Dementsprechend unterscheidet sich bei den Auswertungen die Anzahl der einbezogenen Unternehmen in Abhängigkeit der jeweils untersuchten Kennzahlen. Auf einen generellen Ausschluss eines Unternehmens, falls eine Kennzahl nicht gebildet werden konnte, wurde verzichtet, da dies das Sample erheblich reduzieren würde.

4.2 Kennzahlendefinitionen und Hypothesen

In Abschnitt 2.2 wurden die ökonomischen Erklärungsansätze eines unternehmerischen Risikomanagements dargestellt und Unternehmenscharakteristika identifiziert, die mit hoher Wahrscheinlichkeit einen Währungsderivateeinsatz erwarten lassen. In den folgenden Abschnitten 4.2.1 bis 4.2.12 werden konkrete Kennzahlen zur Abbildung der Unternehmenscharakteristika gebildet. Dabei werden verschiedene Möglichkeiten der Kennzahlendefinition aufgezeigt und Probleme der Operationalisierung diskutiert. Außerdem enthalten die Abschnitte 4.2.1 bis 4.2.12 kennzahlenspezifische Hinweise zu den verwendeten Datenquellen.

Abschnitt 4.2.13 beinhaltet abschließend einen tabellarischen Überblick über die einzelnen Erklärungsfaktoren, die konkreten Variablendefinitionen und die

[548] Für einen Überblick über die rechtlichen Regelungen und eine kritische Diskussion der Transparenz der Anteilseignerstrukturen deutscher Unternehmen vgl. Becht/Boehmer (1999).

postulierte Einflussrichtung. Zudem werden Unterschiede und Weiterentwicklungen zu den in den vorliegenden Studien verwendeten Erklärungsvariablen aufgezeigt.

4.2.1 Konkurskosten

In der Hedging-Literatur wird die Existenz von Konkurskosten als eine zentrale Begründung für ein unternehmerisches Risikomanagement hervorgehoben.[549] In den vorliegenden Studien wurden zur Operationalisierung des Konkurskostenmotivs durchweg die Verschuldungskennzahlen „Fremdkapitalquote" und „Zinsdeckung" verwendet.[550] Beide Verschuldungskennzahlen werden auch in die folgenden Auswertungen einbezogen. Ausgehend von der Hedging-Theorie sollten Unternehmen mit hoher Verschuldung mit höherer Wahrscheinlichkeit Derivate einsetzen.

Die Fremdkapitalquote wird dabei sowohl auf Basis von Buchwerten (Fremdkapital / Bilanzsumme) als auch von Marktwerten (Fremdkapital / Unternehmenswert) gebildet. Bei der Fremdkapitalgröße wird auf die (bereinigten) Buchgrößen zurückgegriffen. Der Unternehmenswert wird ermittelt als Summe des Marktwertes des Eigenkapitals und des Buchwertes des Fremdkapitals.[551] Einerseits sind Marktwerte gegenüber Buchwerten inhaltlich aussagekräftiger. Andererseits beinhaltet das Gesamtsample zahlreiche nicht-börsengehandelte Unternehmen und eine Verwendung von Marktwerten würde das Sample verringern und damit auch die Trennschärfe der statistischen Testverfahren reduzieren. Außerdem ist die deutsche Unternehmenslandschaft von zahlreichen nicht-börsengehandelte Gesellschaften geprägt, sodass die Ergebnisse bei Ausschluss dieser Gesellschaften wenig repräsentativ wären. Daher wird in den folgenden Auswertungen (alternativ) sowohl die Fremdkapitalquote auf Marktwert- als auch die auf Buchwertbasis betrachtet.[552]

Neben der bestandsorientierten Verschuldungskennzahl „Fremdkapitalquote" werden nachfolgend mit der Zinsdeckung und mit der Schuldentilgungskraft zwei stromgrößenorientierte Verschuldungskennzahlen betrachtet. Zählergröße der Zinsdeckung bildet der Vorsteuerngewinn zuzüglich Zinsaufwand und Nennergröße der Zinsaufwand. Die Zinsdeckung soll verdeutlichen, inwieweit das Unternehmen die Zinsauszahlungen aus den laufenden Erlösen bestreiten kann. Die Schuldentilgungskraft (dynamischer Verschuldungsgrad) ist als Quotient aus Cashflow und Fremdkapital definiert und soll zeigen, inwieweit das Unterneh-

---

549 Vgl. z.B. Smith/Stulz (1985), S. 395-398; Bessembinder (1991), S. 520; Ross (1996), S. 14-18; Leland (1998), S. 1232-1237.

550 Vgl. Tabelle 20 sowie im Anhang Tabellen A 2 und 3.

551 Zur Ermittlung des Unternehmenswertes vgl. Abschnitt 4.2.5.

552 Sämtliche Kennzahlen, die auf Marktwertdaten beruhen, können nur für die 82 Börsengesellschaften gebildet werden.

men seinen zukünftigen Tilgungsverpflichtungen nachkommen kann. Die Schuldentilgungskraft fand in den bisherigen Untersuchungen keine Berücksichtigung.

Bei sämtlichen Cashflow-Kennzahlen[553] werden hier zwei Cashflow-Definitionen verwendet. Erstens der Cashflow I als Summe aus Jahresüberschuss und Abschreibungen und zweitens der Cashflow II, der zusätzlich noch die Veränderung der Pensionsrückstellungen umfasst. Zwar ist der Cashflow II ein inhaltlich überzeugenderer Indikator für die interne Finanzierungskraft, allerdings führt die Verwendung des Cashflows II zu einer weiteren Reduzierung des Samples.[554]

4.2.2 Investitionsopportunitäten

Unternehmen mit umfangreichen Investitionsopportunitäten sind zumeist mit ausgeprägten Informations- und Agency-Problemen behaftet und Unterinvestitionssituationen sind für diese Unternehmen weitaus wahrscheinlicher. Insofern sollten Unternehmen mit umfangreichen Investitionsopportunitäten mit höherer Wahrscheinlichkeit ein Risikomanagement betreiben.

Zur Abbildung der Investitionsopportunitäten wurde in den vorliegenden empirischen Studien durchweg auf die Market-to-book-ratio und die F&E-Quote (Forschungs- und Entwicklungsquote) zurückgegriffen.[555] Daneben wurden zudem das Gewinn-Kurs-Verhältnis und eine auf den Investitionen ins Sachanlagevermögen basierende Investitionsquote gebildet.

Die Bildung der F&E-Quote ist für deutsche Unternehmen aufgrund mangelnder Veröffentlichungsverpflichtungen leider nicht möglich. Der Lagebericht soll gemäß § 289 Abs. 2 Nr. 3 HGB auf den Forschungs- und Entwicklungsbereich eingehen, allerdings werden nach den einschlägigen Bilanzkommentaren verbale Erläuterungen der Zielsetzung der Forschungs- und Entwicklungsaktivitäten als ausreichend betrachtet.[556] Zwar beziffern einige Konzerne darüber hinaus die Forschungs- und Entwicklungsaufwendungen, jedoch bestehen in der Rechnungslegungspraxis erhebliche Unterschiede bezüglich der Kostenzurechnung, sodass eine Vergleichbarkeit der ausgewiesenen Beträge nicht gewährleistet ist.

---

[553] Bei einem Unternehmen besteht wegen eines hohen Jahresfehlbetrages ein negativer Cashflow. Aufgrund von Interpretationsschwierigkeiten wurden für dieses Unternehmen keine Cashflow-Kennzahlen gebildet.

[554] Bei Kennzahlen, die auf dem Cashflow II beruhen, reduziert sich das Sample auf 112 Unternehmen. Die Veränderung der Pensionsrückstellungen wurde nur gebildet, wenn der Jahresabschluss 1996 in der Hoppenstedt-Bilanzdatenbank nicht mit einem Nichtvergleichbarkeitskennzeichen versehen war.

[555] Vgl. Tabelle 20 sowie im Anhang Tabellen A 2 und 3

[556] Vgl. Coenenberg (2000), S. 844 und die dort zitierten Bilanzkommentare.

Zur Quantifizierung der zukünftigen Investitionsopportunitäten werden in den folgenden Untersuchungen die Market-to-book-ratio, verschiedene Wachstumsraten und Investitionsquoten herangezogen. Die Market-to-book-ratio ist hier definiert als Quotient aus Marktwert und Buchwert des Eigenkapitals.[557] Da sich umfangreiche Investitionsmöglichkeiten im Marktwert des Eigenkapitals, nicht aber im Buchwert widerspiegeln, deutet ein hoher Kennzahlenwert auf umfangreiche Investitionsopportunitäten hin.

Als weiterer Proxy für die Investitionsopportunitäten werden die durchschnittlichen Wachstumsraten des Umsatzes und der Bilanzsumme über einen Fünfjahreszeitraum von 1991 bis 1996 und einen Dreijahreszeitraum von 1993 bis 1996 verwendet. Bei der Bildung der Wachstumskennzahlen wurden nur Jahresabschlüsse berücksichtigt, die nicht mit einem Nichtvergleichbarkeitskennzeichen in der Hoppenstedt-Bilanzdatenbank versehen waren. Die Wachstumskennzahlen konnten daher beim Dreijahreszeitraum nur für 106 und beim Fünfjahreszeitraum nur für 94 Unternehmen bestimmt werden.

Auf Basis der bilanziellen Bestände, Abschreibungen und Zuschreibungen des Sachanlagevermögens werden die Investitionen in das Sachanlagevermögen ermittelt und Investitionsquoten gebildet. Dabei dienen als Normierungsgröße Umsatz, Bilanzsumme, Marktwert und Cashflow. Inhaltlich interessant erscheint vor allem die Kennzahl „Investitionen / Cashflow", da bei Froot/Scharfstein/Stein (1993) ein Risikomanagement letztlich ein Instrument zur Abstimmung der operativen Cashflows mit den Investitionen darstellt.

4.2.3 Liquidität

Unternehmen mit umfangreichen Liquiditätsreserven sollten weit weniger häufig mit Unterinvestitionssituationen konfrontiert sein. Folglich sollten Unternehmen mit hohen Liquiditätsreserven mit geringerer Wahrscheinlichkeit hedgen. In den bisherigen Studien wurden als Liquiditätskennzahlen die Current Ratio (Umlaufvermögen / Kurzfristige Verbindlichkeiten) und die Quick Ratio (Liquide Mittel / Kurzfristige Verbindlichkeiten) untersucht.[558] Neben diesen beiden Kennzahlen wird in der nachfolgenden Auswertung noch die Liquiditätskennzahl „Liquide Mittel / Cashflow" verwendet. Das Verhältnis aus liquiden Mitteln und Cashflow erscheint vor dem Hintergrund des Modells von Froot/Scharfstein/Stein (1993) äußerst interessant, da der Liquiditätsbestand gerade zum Ausgleich möglicher Schwankungen des Cashflows dient.

---

[557] Bei der Kennzahl „Market-to-book-ratio" wurde beim Buchwert des Eigenkapitals der Anteil Konzernfremder nicht miteinbezogen, da die Zählergröße „Marktwert des Eigenkapitals" ebenfalls nicht die Anteile Konzernfremder enthält.

[558] Vgl. Tabellen A 2 und 3 im Anhang.

Die liquiden Mittel umfassen hier die Bilanzpositionen „Wertpapiere des Umlaufvermögens“ und „Zahlungsmittel“.[559] Zu hinterfragen ist hierbei jedoch, inwieweit die so abgegrenzten liquiden Mittel auch wirklich frei verfügbar sind und einen Reservebestand darstellen. Die theoretischen Ausführungen beruhen auf der Vorstellung der Liquidität als einen frei verfügbaren Reservebestand, der zur Finanzierung von Investitionen bereitsteht, falls der intern erwirtschaftete Cashflow zu gering ausfällt.

Äußerst fraglich ist in diesem Zusammenhang die Verwendung der Current Ratio als Liquiditätsmaßstab, da die in den Vorräten gebundenen Zahlungsmittel dem laufenden operativen Geschäft zuzurechnen sind und keine Liquiditätsreserve darstellen. Nichtsdestotrotz wird im Folgenden auch die Current Ratio miteinbezogen, um eine Vergleichbarkeit mit den vorliegenden Befunden zu ermöglichen.

4.2.4 Dividende

Unter der Annahme, dass die mit einer Dividendenkürzung verbundenen ökonomischen Kosten größer sind als die mit einer Dividendenerhöhung verbundenen Benefits, kann aus dem Modell von Froot/Scharfstein/Stein (1993) ein positiver Zusammenhang zwischen Ausschüttungshöhe und der Derivateeinsatz-Wahrscheinlichkeit abgeleitet werden.[560] In den vorliegenden Studien fanden als Dividendenkennzahlen die Dividendenrendite (Dividendenhöhe / Marktwert des Eigenkapitals) und die Dividendenquote (Dividendenhöhe / Jahresüberschuss) Verwendung.[561] Beide Dividendenkennzahlen werden auch in den folgenden Untersuchungen betrachtet. Da bei Froot/Scharfstein/Stein (1993) ein direkter Bezug zwischen Cashflow und Dividendenzahlung hergestellt wurde, wird im Folgenden noch eine weitere Dividendenkennzahl als Verhältnis aus Dividendenhöhe und Cashflow untersucht.

Eine Dividendenquote wird nur für Unternehmen mit positivem Jahresüberschuss berechnet. Die Dividendenquote ist im Falle eines ausgeglichenen Jahresüberschusses nicht definiert und kann im Falle eines negativen Jahresüberschusses nicht ökonomisch sinnvoll interpretiert werden. Das Sample reduziert sich daher bei der Kennzahl „Dividendenquote“ auf 78 Unternehmen. Zudem befinden sich Unternehmen mit negativem oder ausgeglichenem Ergebnis in einer wenig repräsentativen Situation, sodass Dividendenkennzahlen für diese Unternehmen wenig aussagekräftig sind. Daneben kann ein Ausfall der Dividende auf eine angespannte finanzielle Situation hinweisen. In diesem Fall sollte – entge-

---

[559] Entsprechend dem Bilanzgliederungsschema nach § 266 Abs. 2 HGB handelt es sich um die Bilanzpositionen „Wertpapiere“ (B.III) und „Schecks, Kassenbestand, Bundesbank- und Postgiroguthaben, Guthaben bei Kreditinstituten“ (B.IV).

[560] Vgl. Froot/Scharfstein/Stein (1993), S. 1653.

[561] Vgl. Tabellen A 2 und 3 im Anhang.

gen dem obigen postulierten positiven Zusammenhang – aufgrund des Konkurskostenmotivs mit höherer Wahrscheinlichkeit ein Derivateeinsatz beobachtbar sein.

4.2.5 Unternehmensgröße

Über die Richtung des Zusammenhangs zwischen Unternehmensgröße und Hedging-Wahrscheinlichkeit kann keine eindeutige Hypothese formuliert werden.[562] Einerseits bestehen bei kleineren Unternehmen typischerweise ausgeprägtere Informationsunterschiede zwischen Management und Investoren, sodass die von Froot/Scharfstein/Stein (1993) und Myers/Majluf (1984) beschriebenen Unterinvestitionssituationen für kleinere Unternehmen wahrscheinlicher sind.[563] Auch das von DeMarzo/Duffie (1991) angeführte Informationsproblem bezüglich der Exposure-Position ist bei kleineren Unternehmen tendenziell ausgeprägter. Darüber hinaus sind Großunternehmen über mehrere Währungsräume diversifiziert und verfügen über eine breite Palette an alternativen Instrumenten zum Management von Wechselkursrisiken. Insofern sollte zwischen Unternehmensgröße und Hedging ein positiver Zusammenhang bestehen.

Andererseits sind Aufbau und Betrieb eines Risikomanagements mit erheblichen Kosten verbunden, die größtenteils Fixkostencharakter besitzen. Dies betrifft vor allem den Aufbau einer entsprechenden Infrastruktur sowie den Erwerb des notwendigen Know-hows. Zudem bestehen größenbedingte Transaktionskostenvorteile und teilweise größenbedingte Zugangsbeschränkungen an den Terminmärkten. Insofern sollten größere Unternehmen aufgrund von Progressionsvorteilen mit höherer Wahrscheinlichkeit Währungsderivate einsetzen.

In den bisherigen Studien wurde zumeist als Größenvariable der Unternehmenswert verwendet. Daneben fungierten alternativ der Umsatz und die Bilanzsumme als Größenvariablen.[564] In die nachfolgenden Auswertungen werden ebenfalls die drei Größenvariablen „Unternehmenswert", „Umsatz" und „(bereinigte) Bilanzsumme" einbezogen.

Der Unternehmenswert wird ermittelt als Summe des Marktwertes des Eigenkapitals und des Buchwerts des Fremdkapitals. Der Marktwert des Eigenkapitals berechnet sich durch die Multiplikation des Aktienkurses mit dem Quotienten aus gezeichnetem Kapital und Nennwert der Aktien.[565] Damit erfolgt auch eine

---

562 Vgl. Nance/Smith/Smithson (1993), S. 269; Géczy/Minton/Schrand (1997), S. 1332; Goldberg/Godwin/Kim/Tritschler (1998), S. 143 und Knopf/Nam/Thornton (2000), S. 11f.

563 Die empirische Studie von Harhoff (1998) bestätigt anhand der Cashflow-Sensitivität der Investitionen Kapitalmarktrestriktionen für kleinere deutsche Unternehmen. Vgl. Harhoff (1998), S. 443.

564 Vgl. Tabellen A 2 und 3 im Anhang.

565 Zur Bestimmung der Marktwerte des Eigenkapitals wurden die Börsenkurse zum 31.12.1996 herangezogen. Unternehmen, bei denen der Bilanzstichtag nicht der 31.

fiktive Bewertung des nicht-börsengehandelten Eigenkapitals mit Marktpreisen. Falls sowohl Vorzugsaktien als auch Stammaktien börsennotiert sind, werden bei der Marktwertbestimmung beide Aktiengattungen gemäß des Anteils am gezeichneten Kapital berücksichtigt. Sind Stammaktien oder Vorzugsaktien nicht frei handelbar, so wurde vereinfachend der Aktienkurs der börsengehandelten Aktiengattung auf das gesamte gezeichnete Kapital bezogen.

Die Größenvariable „Unternehmenswert" ist zwar inhaltlich aussagekräftiger als die Größenvariablen „Umsatz" oder „Bilanzsumme". Da jedoch eine Verwendung von Marktwerten das Sample und damit auch die Trennschärfe der statistischen Testverfahren reduzieren würde, werden in den nachfolgenden Auswertungen sowohl Unternehmenswert, Umsatz und Bilanzsumme betrachtet.[566]

Zur weiteren Untersuchung des Fixkostenarguments wird neben den Größenvariablen – wie bei Géczy/Minton/Schrand (1997) – die Variable „Zins- oder Güterpreisderivate" gebildet.[567] Die dichotome Variable „Zins- oder Güterpreisderivate" erhält den Wert eins, wenn das betreffende Unternehmen Zins- oder Güterpreisderivate einsetzt. Ein positiver Zusammenhang kann als Beleg für Fixkosten beim Aufbau und Betrieb eines Risikomanagements gewertet werden.

4.2.6 Managermotive

Ein Erklärungsansatz für ein unternehmerisches Risikomanagement ist der unzureichende Diversifikationsgrad der (risikoaversen) Manager. Die bisherigen Studien verwendeten zur Operationalisierung des Managermotivs die in Managerbesitz befindlichen Eigenkapitalanteile und Optionsrechte.[568] Für deutsche Unternehmen sind Informationen über in Managementbesitz befindliche Eigenkapitalanteile und Optionsrechte leider nur eingeschränkt verfügbar.

Das Risikopräferenzproblem und die eigeninteressenbedingten Manageranreize sind umso ausgeprägter, je höher der Anteil des gebundenen Humankapitals ist. Das Humankapital kann als Barwert des zukünftigen Einkommensstroms aus Managementtätigkeit aufgefasst werden. Zur Abbildung des gebundenen Humankapitals bzw. zur Quantifizierung der Manageranreize wird vereinfachend auf die aktuellen Bezüge der Manager zurückgegriffen.

Die Kennzahl „Managerbezüge" ist definiert als Quotient aus den Gesamtbezügen und der Anzahl der Vorstands- bzw. Geschäftsführungsmitglieder.[569] Ge-

Dezember ist, wurden auf Nennwertänderungen überprüft und die Aktienanzahl entsprechend angepasst.

566 Sämtliche Kennzahlen, die auf Marktwertdaten beruhen, können nur für die 82 Börsengesellschaften gebildet werden.

567 Vgl. Géczy/Minton/Schrand (1997), S. 1332.

568 Vgl. Tabelle 20 sowie im Anhang Tabellen A 2 und 3.

569 § 285 Nr. 10 HGB verlangt die Auflistung aller Mitglieder der Geschäftsführungsorgane.

mäß § 285 Nr. 9 bzw. § 314 Nr. 6 HGB sind die Gesamtbezüge der Mitglieder der geschäftsführenden Organe offen zu legen. Die Angaben über die Bezüge der geschäftsführenden Organe sowie die Anzahl der Mitglieder sind dem Saling-Aktienführer, dem Handbuch der Aktiengesellschaften sowie den einzelnen Geschäftsberichten entnommen. Allerdings sind für 14 Unternehmen keine Informationen über die Bezüge der leitenden Organe erhältlich,[570] sodass die Variable „Managerbezüge" nur für 108 der 122 Unternehmen gebildet werden kann.[571]

Daneben beziehen Manager nicht nur Gehaltszahlungen, sondern halten oftmals auch Kapitalanteile und partizipieren damit an Ausschüttungen und Anteilswertsteigerungen. Zur Abbildung der Managermotive wird daher zusätzlich die Variable „Managerbeteiligung" gebildet. Die dichotome Variable „Managerbeteiligung" erhält den Wert eins, falls Mitglieder des Vorstandes oder der Geschäftsleitung Kapitalanteile besitzen. Dazu wurden für die einzelnen Unternehmen die Anteilseignerstrukturen mit den Mitgliedern des Vorstandes bzw. der Geschäftsführung auf personelle Übereinstimmungen abgeglichen. Problematisch ist hierbei, dass Angaben über den Anteilsbesitz erst ab gewissen Schwellenwerten meldepflichtig sind. Bereits bei kleineren Managerbeteiligungen können ausgeprägte Hedging-Anreize bestehen, da die Kapitalbeteilung immer noch einen erheblichen Anteil des Privatvermögens der Manager ausmachen kann. Bei insgesamt 13 Unternehmen verfügen Vorstands- bzw. Geschäftsführungsmitglieder über nennenswerte Kapitalanteile.

Inwieweit Managerinteressen die Hedging-Entscheidung beeinflussen, ist neben den Manageranreizen auch von der Möglichkeit der Durchsetzung der Managerinteressen abhängig. Zur Operationalisierung der Corporate Governance-Probleme wird hier auf den in Streubesitz befindlichen Stimmrechtsanteil zurückgegriffen (Variable „Streubesitz"). Bei Existenz mehrerer Großaktionäre kann die Variable „Streubesitz" dahingehend kritisiert werden, dass nicht nur die Gesamtbeteiligungsquote der Großaktionäre, sondern auch die Anzahl der Großaktionäre für die Kontrolleffekte maßgebend ist. Daher wird zur Quantifizierung der Kontrolleffekte in empirischen Untersuchungen zunehmend der Herfindahl-

---

[570] Die sechs im Sample enthaltenen Unternehmen mit der Rechtsform der GmbH & Co. KG bzw. der AG & Co. KG verzichten auf eine freiwillige Publizierung der Bezüge von Vorstand bzw. Geschäftsführung. Zwei weitere Unternehmen verzichten auf eine Publizierung mit Verweis auf § 286 Nr. 4 HGB, wonach die Angabe der Bezüge unterbleiben kann, wenn sich daraus die Bezüge eines Mitgliedes des Geschäftsführungsorgans feststellen lassen würden. Drei Unternehmen verzichteten auf eine entsprechende Angabe im Jahresabschluss ohne weitere Begründung. Für drei Unternehmen der Rechtsform der GmbH lagen die Jahresabschlüsse zwar in elektronischer Form vor, enthielt aber keine Angaben zu den Bezügen; die Jahresabschlüsse waren auch auf Nachfrage nicht von den Unternehmen zu erhalten.

[571] Für eine empirische Analyse der Determinanten der Vorstandsbezüge deutscher Aktiengesellschaften vgl. Schmid (1997).

Index[572] gebildet. Die hier verwendete Variable „1-Herfindahl-Index" ist definiert als die Summe der quadrierten und von 100 % subtrahierten Beteiligungspakete.[573]

Zwar erscheint die Variable „1-Herfindahl-Index" konzeptionell geeigneter, allerdings wird auf die Verwendung der Variablen „Streubesitz" nicht verzichtet, da letztere einer inhaltlichen Interpretation leichter zugänglich ist. Je höher die Kennzahlenwerte der Variablen „Streubesitz" und „1-Herfindahl-Index", desto größer sind die Freiräume des Managements und desto eher können die Manager im Eigeninteresse ein Risikomanagement durchsetzen, auch wenn dies aus Anteilseignersicht unvorteilhaft ist.

4.2.7 Familienunternehmen

Familienunternehmen sollten mit höherer Wahrscheinlichkeit ein Risikomanagement betreiben, da die Portfolios der Inhaberfamilien typischerweise unzureichend diversifiziert sind. Neben dem Diversifikationsargument kann eine höhere Hedging-Wahrscheinlichkeit für Familienunternehmen zusätzlich durch mögliche Unterinvestitionssituationen begründet werden. Eine Eigenkapitalaufnahme kann sich als schwierig erweisen, wenn die Familienmitglieder nicht in der Lage oder nicht bereit sind, die entsprechenden Finanzmittel für eine Kapitalerhöhung aufzubringen.

Ein Unternehmen wird hier als Familienunternehmen klassifiziert, falls eine oder eine Gruppe von Privatpersonen direkt oder indirekt mindestens 25 % der Kapitalanteile besitzt. Als Familienunternehmen werden ebenfalls solche Unternehmen klassifiziert, bei denen Stiftungen oder Genossenschaften mindestens 25 % der Anteile halten. Unter den 122 Unternehmen befinden sich 51 Familienunternehmen, was die besondere Bedeutung von Familienunternehmen in Deutschland unterstreicht. Die dichotome Variable „Familienunternehmen" nimmt im Falle eines Familienunternehmens den Wert eins an.

4.2.8 Tochtergesellschaften

Die von Froot/Scharfstein/Stein (1993) beschriebene Unterinvestitionssituation ist für Unternehmen eines Konzernverbundes – aufgrund des Zugangs zum konzerninternen Kapitalmarkt – weniger wahrscheinlich. Ein geringerer Anreiz für ein Risikomanagement bei Tochtergesellschaften gegenüber eigenständigen, aber ansonsten identischen Gesellschaften kann ebenfalls im Kontext von DeMarzo/ Duffie (1991) gezeigt werden. Bei Tochtergesellschaften bestehen keine Infor-

---

572 Für das Konzentrationsmaß „Herfindahl-Index" vgl. z.B. Bleymüller/Gehlert/Gülicher (1996), S. 191f.

573 Bei den Variablen „Streubesitz" und „1-Herfindahl-Index" erfolgte entgegen den Variablen „Bankenbeteiligung" und „Managerbeteiligung" bewusst keine Berücksichtigung der Anteilsverhältnisse der Obergesellschaften.

mationsunterschiede bezüglich des Exposure. Die Obergesellschaften haben Einblick in die Zahlen des internen Rechnungswesens der Tochtergesellschaften und sind damit auch über die konkreten Risikopositionen informiert.

Letztlich kann eine geringere Hedging-Wahrscheinlichkeit von Tochtergesellschaften noch durch Fixkosten- bzw. Organisationsüberlegungen begründet werden. Infolge der hohen Fixkosten eines Risikomanagements bestehen im Rahmen eines Konzernverbundes starke Anreize, die Hedging-Aktivitäten zentral über die Obergesellschaft oder über spezialisierte Tochtergesellschaften abzuwickeln.[574]

Insgesamt bestehen für eine Tochtergesellschaft verglichen mit einer eigenständigen, aber ansonsten identischen Gesellschaft geringere Anreize zur Implementierung eines Risikomanagements. Die binäre Variable „Tochtergesellschaft" erhält im Falle einer Tochtergesellschaft den Wert eins. Ein Unternehmen wird als Tochtergesellschaft klassifiziert, falls es zum Konsolidierungskreis eines anderen Unternehmens gehört.[575] Das Gesamtsample von 122 Unternehmen beinhaltet 36 Tochtergesellschaften. Eine Variable „Tochtergesellschaft" wurde in den amerikanischen Studien nicht untersucht. Allerdings sind Unternehmensbeteiligungen im anglo-amerikanischen Raum weitaus weniger häufig als in Deutschland.[576]

Unter den 36 Tochtergesellschaften befinden sich auch neun Tochtergesellschaften ausländischer Konzerne. Bei diesen ausländischen Tochtergesellschaften bestehen bezüglich des Währungs-Exposure einige Besonderheiten. Bspw. sind die Liquiditätsbestände sowie die Verträge in Konzernwährung aus Sicht der Tochtergesellschaft Fremdwährungsbestände, aus Konzernsicht sind dies dagegen keine Fremdwährungsbestände. Außerdem kommt der Konzernwährung eine besondere Rolle im konzerninternen Liefer-, Leistungs- und auch Zahlungsverkehr zu. Das Hedging-Verhalten ausländischer Tochtergesellschaften wird folglich zusätzlich von anderen Motiven bestimmt und reflektiert weniger Informationsübermittlungs- oder Kapitalaufnahmeprobleme. Daher werden bei den nachfolgenden Auswertungen die ausländischen Tochtergesellschaften getrennt behandelt.

Kritisiert werden kann die binäre Kennzahl „Tochtergesellschaft" dahingehend, dass die tatsächlichen Konzernstrukturen und organisatorischen Ausgestaltungsmöglichkeiten eines Risikomanagementsystems sehr vielfältig sind. Eine Reduzierung der verschiedenen möglichen Strukturen auf den binären Fall ist daher eine sehr starke Vereinfachung.

---

[574] Vgl. Löffler (1991), S. 38-43; Shapiro (1996), S. 395f.

[575] Vgl. Coenenberg (2000), S. 518-530.

[576] Vgl. Franks/Mayer (1997a), S. 30-35.

4.2.9 Bankenbeteiligung

Deutsche Banken üben bei zahlreichen Industrieunternehmen einen erheblichen Einfluss auf die Investitions- und Finanzierungspolitik aus. Bei Unternehmen mit maßgeblichem Bankeneinfluss ist der Fremdkapitalgeber-Anteilseigner-Konflikt wenig stark ausgeprägt, sodass diese Unternehmen geringere Anreize für ein Risikomanagement haben. Andererseits besteht die Möglichkeit, dass die Banken zur Sicherstellung der Kreditrückzahlung ein Risikomanagement befürworten. Außerdem bedeutet ein Derivateeinsatz zusätzliche Ertragspotenziale für die Banken. Aufgrund der widersprüchlichen Implikationen der Argumentationen kann keine eindeutige Hypothese über die Einflussrichtung der Variablen „Bankenbeteiligung" formuliert werden.

Ein maßgeblicher Bankeneinfluss wurde hier bei jenen Unternehmen unterstellt, bei denen einzelne oder mehrere Banken direkt oder indirekt über mindestens 10 % der Kapitalanteile verfügen. In diesem Fall erhält die binäre Variable „Bankenbeteiligung" den Wert eins. Eine solche Bankenbeteiligung besteht bei 18 der 122 Unternehmen.

4.2.10 Börsengesellschaften

Nicht-börsengehandelte Unternehmen sollten tendenziell häufiger mit Unterinvestitionssituationen konfrontiert sein. So ist die Aufnahme von Eigenkapitalmitteln für nicht-börsengelistete Unternehmen erheblich komplizierter. Daneben bestehen für nicht-börsengehandelte Unternehmen zusätzliche Informationsprobleme, da nicht-börsengehandelte Unternehmen typischerweise eine weniger intensive Kommunikationspolitik verfolgen. Der resultierende Informationsvorsprung des Managements führt nicht nur zu möglichen Problemen mit den Kapitalgebern, sondern auch mit den übrigen Stakeholdern.

Infolge der Kapitalmarktzugangs- und der Informationsprobleme sollte bei nicht-börsengehandelten Gesellschaften eine höhere Hedging-Wahrscheinlichkeit beobachtbar sein. Die Variable „Börsengesellschaft" erhält den Wert eins, falls das betreffende Unternehmen an einer deutschen Wertpapierbörse gelistet ist. Im Gesamtsample befinden sich 84 Börsengesellschaften.

Die amerikanischen Studien beschränkten sich aus datentechnischen Gründen nur auf Börsengesellschaften und konnten dementsprechend nicht zwischen börsengelisteten und nicht-börsengelisteten Unternehmen differenzieren. Hier werden dagegen bewusst auch nicht-börsengehandelte Unternehmen einbezogen, da eine Vielzahl deutscher Unternehmen – auch Großkonzerne mit einem Umsatz von über 10 Mrd. DM – nach wie vor nicht börsennotiert ist.

4.2.11 Branchendiversifikation

Über mehrere Branchen diversifizierte Unternehmen sollten tendenziell geringere Anreize für die Implementierung eines Risikomanagementsystems haben. Die von Froot/Scharfstein/Stein (1993) beschriebene Unterinvestition ist für diversifizierte Unternehmen weniger wahrscheinlich, da die operativen Einzahlungsüberschüsse der einzelnen Branchen nicht vollständig positiv korreliert sind und sich somit Ausgleichseffekte auf Unternehmensebene ergeben. Daneben sind bei diversifizierten Unternehmen infolge der geringeren Variabilität der Cashflows und der geringeren Konkurswahrscheinlichkeit die Kosten der Vertragsgestaltung mit den Stakeholdern geringer. Auch sind steuerlichbedingte Hedging-Anreize geringer. Zudem kann eine Branchendiversifikation als eine alternative Risikoreduzierungsstrategie und somit als ein Surrogat für ein unternehmerisches Risikomanagement angesehen werden.

Grundlage für die Variable „Branchendiversifikation“ ist die zuvor vorgenommene Brancheneinteilung nach dem NACE-Branchenindex.[577] Jene Unternehmen, denen mindestens zwei Branchen entsprechend des zweistelligen NACE-Index zugeordnet sind, werden hier als diversifizierte Unternehmen klassifiziert. In diesem Fall erhält die dichotome Variable „Branchendiversifikation“ den Wert eins. Insgesamt sind 37 der 122 Unternehmen in mindestens zwei Branchen tätig. Der Zusammenhang zwischen Branchendiversifikation und Hedging-Verhalten wurde bisher nur in den Studien zum Einsatz von Gold- bzw. Güterpreisderivaten von Tufano (1996), Adam (1997) und Haushalter (2000) aufgegriffen.

4.2.12 Währungs-Exposure

Die in Abschnitt 2.2 dargelegten Marktunvollkommenheiten und Agency-Probleme, die ein unternehmerisches Hedging begründen, sind nur eine notwendige, aber keine hinreichende Bedingung für ein Währungsmanagement. Zusätzlich muss die Unternehmung noch einem Wechselkurs-Exposure ausgesetzt sein. Während die erklärenden Variablen in den früheren Untersuchungen ausschließlich aus Marktunvollkommenheiten und Agency-Problemen abgeleitetet wurden, berücksichtigen neuere Untersuchungen ebenfalls die Exposure-Höhe. Zur Erfassung der Exposure-Höhe wurden dabei der Auslandsumsatz, das Auslandsergebnis, das Auslandsvermögen und die Branchenimportquote herangezogen.

In den folgenden Auswertungen wird zur Abbildung der Exposure-Höhe auf den Auslandsumsatzanteil und die Branchenimportquote zurückgegriffen. Die Kennzahlendefinitionen und die Datengrundlagen der Exposure-Variablen „Auslandsumsatzanteil“ und „Branchenimportquote“ werden im folgenden Abschnitt 4.2.12.1 erläutert. Für eine Beurteilung des Währungs-Exposure sind darüber hinaus Informationen über die in Auslandswährung anfallenden Kostenanteile notwendig, da nur der Nettobetrag aus Ein- und Auszahlungen in Auslandswährung eine Risikoposition darstellt. Abschnitt 4.2.12.2 beschäftigt sich mit der Abbildung der in Auslandswährung anfallenden Kostenanteile bzw. dem Um-

[577] Vgl. Abschnitt 4.1.2.

fang der Auslandswertschöpfung und deren Auswirkungen auf das Hedging-Verhalten.

4.2.12.1 Exposure-Höhe

4.2.12.1.1 Auslandsumsatzanteil

Unternehmen mit hohem Auslandsumsatzanteil sind tendenziell einem hohen Wechselkurs-Exposure in Form des Transaction Exposure und des „erweiterten" Transaction Exposure bzw. Conversion Exposure ausgesetzt. Die Kennzahl „Auslandsumsatzanteil", definiert als Quotient aus Auslandsumsätzen zu Gesamtumsätzen, ist somit ein Indikator für die Höhe des Transaction und Conversion Exposure. Je höher der Auslandsumsatzanteil, desto höher sollte die Währungsderivateeinsatz-Wahrscheinlichkeit sein.

§§ 285 Nr. 4 bzw. 314 Nr. 3 HGB verlangen von großen Kapitalgesellschaften[578] bzw. Konzernen im Rahmen der Anhangsangaben eine Aufgliederung der Umsatzerlöse nach geografischen Märkten.[579] Aus dem Gesetzestext geht indes nicht hervor, ob die geografische Umsatzaufteilung entsprechend den Absatzmärkten oder den Produktionsstandorten erfolgen soll.[580] Die überwiegende Mehrzahl der Unternehmen des Samples nimmt eine absatzmarktorientierte Segmentierung vor.[581]

Die Angaben über die Umsatzaufteilung wurden der Hoppenstedt-Bilanzdatenbank entnommen und anhand der Geschäftsberichte gegebenenfalls ergänzt. Bei zwei Unternehmen, für die die Hoppenstedt-Bilanzdatenbank keine Angaben über Auslandsumsätze enthält, befinden sich die Umsatzaufteilungen nicht innerhalb der Anhangsangaben, sondern innerhalb des Lageberichtes.[582]

---

[578] Kleine und mittelgroße Kapitalgesellschaften sind gemäß § 288 HGB nicht zu einer Segmentierung der Umsätze verpflichtet.

[579] Die Umsatzaufteilung kann unterbleiben, wenn die geografischen Märkte sich nicht erheblich unterscheiden.

[580] In den einschlägigen Bilanzkommentaren wird die Bedeutung der Vertriebsorganisation als Grundlage der Umsatzsegmentierung betont. In Abhängigkeit der Organisationsstruktur des Vertriebes ist eine Gliederung entsprechend den Absatzmärkten oder den Produktionsstandorten vorzunehmen. Vgl. Ellrott (1995), Kommentierung im Beck'schen Bilanz-Kommentar zu § 285 HGB, Rn. 70-73 und § 314 HGB, Rn. 24-27; Adler/Düring/Schmaltz (1995), Kommentierung zu § 285 HGB, Rn. 18-23 und Adler/Düring/Schmaltz (1996), Kommentierung zu § 314 HGB, Rn. 92f.

[581] Während aus den Geschäftsberichten kleinerer Konzerne oftmals nicht hervorgeht, nach welchen Kriterien die Umsatzsegmentierung erfolgte, beinhalten die Geschäftsberichte vieler Großkonzerne neben einer Aufteilung nach Absatzmärkten zusätzlich noch eine nach Produktionsstandorten und nach Unternehmensbereichen.

[582] Bei einem weiteren Unternehmen der Getränkebranche findet man eine geografische Segmentierung nicht in Geldeinheiten, sondern in Mengeneinheiten (Hektoliter). Ver-

Enthielt ein Geschäftsbericht keine Umsatzaufteilung, wurde angenommen, dass der Umfang der Auslandsumsätze unerheblich ist, und dem Unternehmen wurde ein Kennzahlenwert von null zugeordnet.

4.2.12.1.2 Branchenimportquote

Neben dem Transaction bzw. Conversion Exposure sind Unternehmen auch einem indirekten Wechselkursrisiko ausgesetzt. So können Wechselkursschwankungen zu einer Veränderung des Wettbewerbsumfelds führen. Diese wechselkursinduzierten Verschiebungen der Wettbewerbsposition werden in der Literatur als Competitive Exposure bezeichnet.

Zur Operationalisierung des Competitive Effect wird wie bei Géczy/Minton/Schrand (1997) der Quotient aus Importen und inländischer Produktion für den jeweiligen Branchenzweig gebildet. Je höher der Wert der Importquote, desto tendenziell ausgeprägter ist die globale Integration des betreffenden Marktes und desto tendenziell stärker ist der internationale Konkurrenzdruck. Auf solchen globalen Märkten mit Unternehmen mit währungsmäßig unterschiedlichen Kostenstrukturen führen Wechselkursschwankungen zu Wettbewerbsveränderungen und zu erheblichen Veränderungen der Ein- und Auszahlungen. Folglich sind Unternehmen aus Branchen mit hoher Importquote höheren Wechselkursrisiken ausgesetzt.

Für jeden Branchenzweig wird eine Importquote berechnet und den Unternehmen dieses Branchenzweiges zugeordnet. Die Zuordnung basiert auf dem zweistelligen NACE-Index. Die Umsätze der Branchenzweige umfassen in- und ausländische Erlöse deutscher Unternehmen für das Jahr 1996 und wurden dem Statistischen Jahrbuch 1998 entnommen.[583] Die Werte der Einfuhren stammen aus dem Güterverzeichnis für die Produktionsstatistik der Außenhandelsstatistik.[584]

Inhaltlich erscheint die Variable „Branchenimportquote“ nicht ganz unproblematisch. Die Branchenimportquote fasst nur einen Teil des komplexen Competitive Exposure, nämlich die Importkonkurrenz. Eine hohe inländische Importkonkurrenz ist aber nur ein eingeschränkter Indikator für eine hohe internationale Wettbewerbsintensität auf Drittmärkten. Zudem werden wechselkursinduzierte Veränderungen der Faktorpreise sowie das strategische Verhalten der Wettbewerber ausgeblendet. Möglicherweise approximiert die Kennzahl „Branchenim-

einfachend wurden hier die Gesamtumsätze proportional zu den abgesetzten Mengeneinheiten aufgeteilt.

[583] Die Branchenumsätze stellen die in- und ausländischen Erlöse deutscher Unternehmen des produzierenden Gewerbes aus dem Verkauf von eigenen Erzeugnissen, Handelswaren und industriellen sowie handwerklichen Dienstleistungen dar. Vgl. Statistisches Bundesamt (1998a), S. 188 und S. 191.

[584] Vgl. Statistisches Bundesamt (1998b), S. 34f.

portquote" nicht für das Competitive Exposure, sondern für Währungsrisiken aus Beschaffungsgeschäften.

Der Wert der Importquote für den Branchenzweig „Gewinnung von Erdöl und Erdgas, Erbringung verbundener Dienstleistungen" ist mit 1069,3 % ein deutlicher Ausreißer. Das Sample enthält drei Unternehmen des Branchenzweiges „Gewinnung von Erdöl und Erdgas, Erbringung verbundener Dienstleistungen". Der hohe Kennzahlenwert resultiert allerdings nicht aus einer hohen ausländischen Importkonkurrenz, sondern spiegelt vielmehr die geringen Erdgas- und Erdölvorkommen Deutschlands wider. Daher werden diese drei Unternehmen bei der Betrachtung der Kennzahl „Branchenimportquote" ausgeschlossen.

Da die Wertschöpfung in den Branchen „Bau", „Handel" und „Dienstleistungen" im Allgemeinen in den lokalen Märkten erfolgt, enthält die Außenhandelsstatistik keine Importwerte für diese Branchen. Im Folgenden wird den Unternehmen dieser Branchen ein Kennzahlenwert von null zugeordnet. Die Zuordnung eines Importwertes von null ist nicht unproblematisch, da auch Unternehmen der Branchen „Bau", „Handel" und „Dienstleistungen" aktiv auf Auslandsmärkten tätig sind. Andererseits wird die Wertschöpfung in den Branchen „Bau", „Handel" und „Dienstleistungen" bei Auslandsaktivitäten größtenteils in den jeweiligen lokalen Märkten erbracht bzw. die Faktorpreise sind überwiegend in den lokalen Währungen denominiert, sodass für diese Unternehmen – verglichen mit Industrieunternehmen – nur ein geringes Competitive Exposure besteht.

Bei über mehrere Branchen diversifizierten Konzernen besteht allerdings das Problem der Zuordnung einer branchenspezifischen Importquote. Bei den folgenden Auswertungen wird auf die Branchenimportquote des Hauptgeschäftsfeldes zurückgegriffen. Zusätzlich erfolgt eine Zuordnung entsprechend des Geschäftsfeldes mit der höchsten Importquote; daneben wird ausgehend von den wichtigsten Geschäftsfeldern eine durchschnittliche Branchenimportquote für jedes Unternehmen gebildet.

4.2.12.2 Auslandswertschöpfung

In der Literatur des Economic Exposure wird die Bedeutung realwirtschaftlicher Absicherungsmaßnahmen bzw. die Bedeutung des in Auslandswährung anfallenden Kostenanteils hervorgehoben.[585] Durch die Verlagerung von Teilen der Wertschöpfung in die betreffenden Auslandsmärkte, z.B. durch den Aufbau ausländischer Produktionsstätten, kann sowohl das Transaction bzw. Conversion Exposure als auch das Competitive Exposure reduziert werden. Somit sollte der in den Auslandsmärkten erbrachte Wertschöpfungsanteil auch die Entscheidung über einen Währungsderivateeinsatz mitbeeinflussen. Obwohl die Literatur zum Economic Exposure realwirtschaftlichen Absicherungsmaßnahmen beim Währungsmanagement eine zentrale Bedeutung beimisst, wurden solche Überlegungen in den vorliegenden empirischen Studien nicht aufgegriffen.

[585] Vgl. die Ausführungen in Abschnitt 2.1.3 und die dort angegebenen Literaturquellen.

Die Verlagerung der Wertschöpfung ins Ausland führt zur Angleichung der Währungsstruktur der Ein- und Auszahlungen.[586] Da die DM-Einzahlungsüberschüsse als Saldogröße damit weniger sensitiv auf Wechselkursänderungen reagieren, verringert sich das Transaction bzw. Conversion Exposure. Konkurriert ein deutsches Unternehmen auf den Auslandsmärkten mit lokalen Wettbewerbern, vermindert sich darüber hinaus das Competitive Exposure. Da die Kostenstrukturen denen der lokalen Unternehmen angenähert werden, führen z.B. DM-Aufwertungen nur noch zu geringeren Wettbewerbsvorteilen für lokale Anbieter.

§§ 285 Nr. 11 und 313 Abs. 2 Nr. 4 HGB verlangen eine Auflistung aller Tochtergesellschaften, an denen die Obergesellschaft direkt oder indirekt mindestens 20 % der Anteile hält. Anzugeben sind Sitz und Höhe des Eigenkapitals der Tochtergesellschaft. Allerdings ist aus den Angaben schwerlich ersichtlich, ob Produktions- oder Vertriebsstätten vorliegen, sodass ein Rückgriff auf diese Angaben ungeeignet erscheint.

Ein interessanter Proxy für den Anteil der Auslandswertschöpfung bzw. der in Auslandswährung anfallenden Kosten ist der Anteil der Auslandsbeschäftigten an der Gesamtbeschäftigung. §§ 285 Nr. 7 und 314 Abs. 1 Nr. 4 HGB verlangen Anhangsangaben zur Zahl der Mitarbeiter, wobei die Mitarbeiterzahlen getrennt nach Gruppen aufzuführen sind. Allerdings beinhaltet der Gesetzestext keine konkreten Kriterien für die Gruppenbildung. Nach den einschlägigen Bilanzkommentaren bietet sich für den Konzernabschluss eine Aufteilung nach geografischen Bereichen an, wobei die Länder bzw. Ländergruppen mit den für die Umsatzaufteilung gewählten übereinstimmen sollen.[587]

Eine Durchsicht der Geschäftsberichte zeigte, dass die meisten Unternehmen Angaben über die Anzahl der Auslandsbeschäftigten nicht im Anhang veröffentlichen, sondern in einer Rubrik „Mitarbeiter", die sich entweder innerhalb des Lageberichtes oder des nicht-prüfungspflichtigen Teils des Geschäftsberichtes befindet. Bei einigen Unternehmen befanden sich die Informationen über die Anzahl der Auslandsbeschäftigten in einer Rubrik „Internationalisierung".

Die verwendeten Daten über die Auslandsmitarbeiter wurden der Hoppenstedt-Bilanzdatenbank entnommen. Dort waren allerdings Angaben zur Auslandsmitarbeiteranzahl nur dann zu finden, wenn diese im Anhang ausgewiesen wurden oder der Anhang zumindest einen Verweis auf andere Stellen im Geschäftsbericht enthielt. Enthielt die Hoppenstedt-Bilanzdatenbank keine Anga-

[586] Die Verlagerung der Wertschöpfung in die Auslandsmärkte erfolgt zumeist allerdings weniger aus Wechselkursüberlegungen, vielmehr stehen Kostenunterschiede, Absatzüberlegungen oder politische Gründe im Vordergrund. Nichtsdestotrotz beeinflusst eine Verlagerung der Wertschöpfung in die Auslandsmärkte das Währungs-Exposure. Für die Motive von Auslandsinvestitionen vgl. z.B. 469-478 oder Madura (1995), S. 467-472.

[587] Vgl. Ellrott (1995), Kommentierung im Beck'schen Bilanz-Kommentar zu § 314 HGB, Rn. 33.

ben, so wurden die einzelnen Geschäftsberichte nach Angaben durchgesehen. Befanden sich im Geschäftsbericht ebenfalls keine Angaben, stellt sich die Frage, ob nur ein geringfügiger Anteil der Mitarbeiter im Ausland beschäftigt ist oder ob das Unternehmen nur auf eine Veröffentlichung dieser Zusatzangaben verzichtet hat.

Daher wurden die Geschäftsberichte, die keine Angaben zu Auslandsbeschäftigten beinhalteten, auf Hinweise über umfangreiche Auslandsaktivitäten, wie bspw. ausländische Produktionsstätten, näher untersucht. Zwei Unternehmen verzichten auf einen Ausweis der Anzahl der Auslandsbeschäftigten, während an anderer Stelle im Geschäftsbericht von umfangreichen Auslandsaktivitäten berichtet wird. Diese beiden Unternehmen werden bei der Untersuchung der Kennzahl „Auslandswertschöpfung“ ausgeschlossen. Enthielt ein Geschäftsbericht keine Angaben zum Auslandsmitarbeiteranteil und bestanden keine Hinweise auf umfangreiche Auslandslandsaktivitäten, wurde dem Unternehmen ein Kennzahlenwert von null zugeordnet.

Für drei Unternehmen lagen die Jahresabschlüsse lediglich über die Hoppenstedt-Bilanzdatenbank vor.[588] Diese enthielten jedoch keine Angaben zur Anzahl der Auslandsbeschäftigten. Daher konnte für diese drei Unternehmen die Variable „Auslandswertschöpfung“ nicht gebildet werden. Auch die neun Tochtergesellschaften ausländischer Konzerne wurden bei der Analyse des Einflusses der Auslandswertschöpfung auf das Hedging-Verhalten ausgeschlossen. Insgesamt wurde die Kennzahl „Auslandswertschöpfung“ für 108 Unternehmen gebildet, wobei 76 einen Kennzahlenwert von größer null besaßen.

Je größer der Anteil der ausländischen Wertschöpfung, desto geringer sollte – bei gleicher Exposure-Höhe – die Wahrscheinlichkeit für einen Währungsderivateeinsatz sein. Eine isolierte Betrachtung der Kennzahl „Auslandswertschöpfung“ ist wenig sinnvoll, da in diesem Fall ein hoher Kennzahlenwert möglicherweise für ein hohes Währungs-Exposure approximiert. Daher wird der Einfluss den die Auslandswertschöpfung auf die Hedging-Entscheidung ausübt nur dann untersucht, wenn gleichzeitig – entweder durch Klassenbildung oder durch Aufnahme der Variablen „Auslandsumsatzanteil“ in einen multivariaten Ansatz – für die Exposure-Höhe kontrolliert wird.

4.2.13 Zusammenfassende Darstellung

Tabelle 24 gibt einen Überblick über die erklärenden Variablen, die konkreten Variablendefinitionen und die aus der Hedging-Theorie abgeleiteten Hypothesen über die Richtung des Einflusses.[589]

[588] Trotz schriftlicher Anfrage und telefonischer Nachfrage war von diesen Unternehmen ein Geschäftsbericht nicht zu erhalten.

[589] Tabelle A 4 im Anhang enthält die Verteilungsparameter der metrischen Variablen.

Tabelle 24: Erklärende Variablen, Variablendefinitionen und Hypothesen über die Einflussrichtung auf die Hedging-Wahrscheinlichkeit

Erklärende Variablen	**Variablendefinition**	**Hypothese**
Konkurskosten		
Fremdkapitalquote	Fremdkapital / Bilanzsumme	+
Fremdkapitalquote	Fremdkapital / Unternehmenswert	+
Dynamischer Verschuldungsgrad	Cashflow / Fremdkapital	–
Zinsdeckung	Ergebnis vor Zinsen und Steuern / Zinsaufwand	–
Investitionsopportunitäten		
Umsatzwachstum	Durchschnittliches jährliches Umsatzwachstum über Dreijahreszeitraum	+
Investitionsquote	Investitionen in Sachanlagevermögen / Cashflow	+
Investitionsquote	Investitionen in Sachanlagevermögen / Umsatz	+
Market-to-book-ratio	Eigenkapital (Marktwert) / Eigenkapital (Buchwert)	+
Liquidität		
Liquidität	Liquide Mittel / Cashflow	–
Liquidität (Quick Ratio)	Liquide Mittel / Kurzfristige Verbindlichkeiten	–
Liquidität (Current Ratio)	Umlaufvermögen / Kurzfristige Verbindlichkeiten	–
Dividende		
Dividendenquote	Dividende / Jahresüberschuss	+
Dividendenquote	Dividende / Cashflow	+
Dividendenrendite	Dividende / Marktwert des Eigenkapitals	+
Unternehmensgröße/ Fixkosten		
Umsatz	Umsatz	+/–
Bilanzsumme	(bereinigte) Bilanzsumme	+/–
Unternehmenswert	Eigenkapital (Marktwert) und Fremdkapital (Buchwert)	+/–
Zins- oder Güterpreisderivate	(0/1)-Variable. Bei Einsatz von Zins- oder Güterpreisderivaten ein Wert von eins.	+
Managermotive		
Managerbezüge	Gesamtbezüge des Vorstandes (Geschäftsführung) / Mitglieder des Vorstandes (Geschäftsführung)	+
Managerbeteiligung	(0/1)-Variable. Bei Kapitalbeteiligungen von Vorstands- oder Geschäftsführungsmitgliedern ein Wert von eins.	+
Managerkontrolle / Streubesitz		
Streubesitz	100 % abzüglich der Summe der Anteilspakete.	+
1-Herfindahl-Index	100 % abzüglich der Summe der quadrierten Anteilspakete.	+

Tabelle 24 (Forts.)

Erklärende Variablen	Variablendefinition	Hypothese
Binäre Variablen		
Familienunternehmen	(0/1)-Variable. Bei Familienanteil von mindestens 25 % ein Wert von eins.	+
Tochtergesellschaft	(0/1)-Variable. Bei Zugehörigkeit zum Konsolidierungskreis einer Obergesellschaft ein Wert von eins.	–
Bankenbeteiligung	(0/1)-Variable. Bei einer Bankenbeteiligung am stimmberechtigten Kapital von mindestens 10 % ein Wert von eins.	+/–
Börsengesellschaft	(0/1)-Variable. Bei Börsengesellschaften ein Wert von eins.	–
Branchendiversifikation	(0/1)-Variable. Bei in mehreren Branchen tätigen Unternehmen ein Wert von eins.	–
Währungs-Exposure		
Auslandsumsatzanteil	Auslandsumsätze / Umsatz	+
Importquote	Importe / Gesamtproduktion des Branchenzweiges	+
Auslandswertschöpfung	Beschäftigte im Ausland / Beschäftigte	–

Aufgrund von Operationalisierungsproblemen kann vor allem der Stakeholder-Anteilseigner-Konflikt empirisch nicht näher untersucht werden. Nicht thematisiert wird hier – im Gegensatz zu den amerikanischen Studien – das Steuermotiv. Da deutsche Unternehmen nicht zur Veröffentlichung bestehender Verlustvorträge verpflichtet sind,[590] konnten keine zu den amerikanischen Studien vergleichbaren Steuervariablen für deutsche Unternehmen gebildet werden.

Wie in den vorliegenden Studien wird hier der Einfluss der Investitionsopportunitäten, des Verschuldungsgrades, der Liquiditätsbestände und der Unternehmensgröße auf die Hedging-Entscheidung analysiert. Darüber hinaus werden hier, gestützt auf das Modell von Froot/Scharfstein/Stein (1993), verschiedene Verschuldungs-, Liquiditäts- und Dividendenkennzahlen auf Basis von Cashflowgrößen gebildet, die in dieser Form bisher noch nicht untersucht wurden.

Die dichotomen Variablen „Familienbesitz", „Tochtergesellschaft", „Börsengesellschaft" und „Bankenbeteiligung" bzw. die dahinter stehenden Überlegungen zum Anteilseignerdiversifikationsgrad, zu Informationsunterschieden und Kapitalmarktrestriktionen wurden in den amerikanischen Studien nicht untersucht. Mit diesen Variablen werden hier explizit die Besonderheiten der deutschen Unternehmensfinanzierung berücksichtigt.[591]

590 In zahlreichen Geschäftsberichten, insbesondere der Großkonzerne, befinden sich allerdings freiwillige Zusatzangaben zur Höhe bestehender Verlustvorträge.

591 Zu den spezifisch deutschen Besonderheiten bei der Unternehmensfinanzierung vgl. Franks/Mayer (1997a), S. 30-35; Boehmer (1999), S. 10-16.

Die Managermotive wurden in den bisherigen Studien zum Finanzderivateeinsatz zwar teilweise aufgegriffen, allerdings waren die Untersuchungen wenig tiefgehend. Die vorliegende Arbeit beschäftigt sich dagegen deutlich intensiver mit den Managerinteressen. Zur Abbildung des im Unternehmen investierten Managervermögens wird hier neben der Variablen „Managerbeteiligung" zusätzlich die Höhe der Managerbezüge herangezogen. Eine zu den Managerbezügen konzeptionell vergleichbare Variable war in den vorliegenden Studien nicht enthalten. Die Berücksichtigung einer Streubesitzvariablen ermöglicht hier darüber hinaus die Untersuchung des Einflusses der Managerinteressen auf die Hedging-Entscheidung vor dem Hintergrund bestehender Corporate Governance-Probleme.

Vor allem unterscheidet sich die folgende Untersuchung von den bisherigen Studien durch eine intensivere Auseinandersetzung mit der Abbildung des eigentlichen Währungs-Exposure. Wie in einigen der vorliegenden Studien werden hier die Exposure-Variablen „Auslandsumsatzanteil" und „Branchenimportquote" gebildet. Das Wechselkurs-Exposure ist allerdings zudem abhängig von in Auslandswährung anfallenden Kostenanteilen. Daher wird darüber hinaus in den folgenden Auswertungen der Zusammenhang zwischen Auslandswertschöpfungsanteil und Währungsderivateeinsatz analysiert.

4.3 Univariate Untersuchung

In diesem Abschnitt werden im Rahmen univariater Analysen die in Abschnitt 4.2 abgeleiteten Hypothesen überprüft. Dazu werden die Kennzahlenausprägungen der Teilgruppe der hedgenden Unternehmen denen der Teilgruppe der nichthedgenden Unternehmen gegenübergestellt und die Lageparameter arithmetisches Mittel und Median sowie die Streuungen der Kennzahlenverteilungen in den beiden Teilgruppen verglichen.

Da Extremwerte die arithmetischen Mittel und Standardabweichungen die Kennzahlenverteilungen erheblich verzerren können, wurden die Verteilungen zuvor auf Extremwerte untersucht. Als Extremwerte wurden hier jene Werte angesehen, die außerhalb des Intervalls $[\mu-4\sigma; \mu+4\sigma]$ lagen. Diese Extremwerte wurden durch den Kennzahlenwert $\mu-4\sigma$ bzw. $\mu+4\sigma$ ersetzt. Die univariaten wie auch die im folgenden Abschnitt dargestellten multivariaten Ergebnisse beziehen sich auf die um die Extremwerte bereinigten Verteilungen.[592]

Die Signifikanzprüfung der Teilgruppenunterschiede wird für die metrischen Variablen mittels des nicht-parametrischen Mann-Whitney-U-Tests durchgeführt. Zur Untersuchung des Einflusses der binären erklärenden Variablen wird

[592] Die univariaten Ergebnisse für das nicht um Extremwerte bereinigte Sample sind in Tabelle A 6 im Anhang enthalten; die Ergebnisse unterscheiden sich insgesamt nur geringfügig.

der nicht-parametrische Chi-Quadrat-Unabhängigkeitstest herangezogen. Auf parametrische Testverfahren wurde hier bewusst verzichtet. Anwendungsvoraussetzung für parametrische Mittelwerttests ist, dass die (direkt nicht beobachtbare) Verteilung der Stichprobenmittelwerte normalverteilt ist. In empirischen Studien wird daher oftmals die Stichprobe auf Normalverteilung untersucht; ist die Stichprobenverteilung normalverteilt, so wird angenommen, dass ebenfalls die Grundgesamtheit und somit auch die daraus resultierende Verteilung der Stichprobenmittelwerte normalverteilt sind. Bei hinreichend großem Stichprobenumfang kann auf den Normalverteilungstest aufgrund des Zentralen Grenzwertsatzes verzichtet werden; demnach strebt die Verteilung der Stichprobenmittelwerte – auch bei nicht normalverteilter Grundgesamtheit – mit wachsendem Stichprobenumfang gegen die Normalverteilung.[593]

Aufgrund des mit 122 Unternehmen geringen Stichprobenumfangs wurden die Kennzahlenverteilungen mittels des Kolmogorov-Smirnov-Anpassungstests auf Normalverteilung untersucht. Die Testidee des Kolmogorov-Smirnov-Tests besteht im Vergleich der beobachteten Verteilungsfunktion mit der Verteilungsfunktion einer Normalverteilung, wobei die Parameter μ und σ dieser Normalverteilung aus der Stichprobe ermittelt werden.[594] Die Nullhypothese der Normalverteilung wurde bei einem 1%-Niveau für 21 der 34 metrischen Kennzahlen verworfen.[595] Auf parametrische Testverfahren wird daher aufgrund des geringen Stichprobenumfangs bei gleichzeitig deutlicher Verletzung der Normalverteilungsannahme verzichtet.[596]

Die univariaten Untersuchungen sind hier bewusst sehr umfangreich und detailliert dargestellt. Die multivariaten Ergebnisse sind zwar insofern aussagekräftiger, als der Einfluss der einzelnen erklärenden Variablen nicht von anderen Einflussfaktoren überlagert ist, allerdings wird bei der Logit-Analyse zumeist nur auf das Vorzeichen und die statistische Signifikanz der einzelnen Koeffizienten abgestellt. Die Höhe der einzelnen Koeffizienten – und damit auch die öko-

---

[593] In allgemeiner Form besagt der Zentrale Grenzwertsatz, dass die Verteilung der arithmetischen Mittel von unabhängigen, identisch verteilten Zufallsvariablen mit wachsendem Stichprobenumfang gegen eine Normalverteilung strebt. Vgl. zum Zentralen Grenzwertsatz Bleymüller/Gehlert/Gülicher (1996), S. 78 und Hartung (1998), S. 121f.

[594] Die Prüfgröße des Kolmogorov-Smirnov-Tests entspricht der maximalen absoluten Differenz zwischen der empirisch beobachteten Verteilungsfunktion und der Verteilungsfunktion der Normalverteilung. Diese Prüfgröße folgt der Kolmogorov-Smirnov-Verteilung, welche in tabellierter Form vorliegt. Zum Kolmogorov-Smirnov-Anpassungstest vgl. z.B. Hartung (1998), S. 183-189.

[595] Die Ergebnisse des Normalverteilungstests sind in Tabelle A 5 im Anhang dargestellt.

[596] Auf eine Transformation der Kennzahlenwerte, bspw. mittels einer Logarithmus- oder Wurzelfunktion, zur Annäherung an die Normalverteilung wurde hier bewusst verzichtet, da in diesem Fall die Kennzahlenwerte inhaltlich schwieriger zu interpretieren sind.

nomische Signifikanz – kann hingegen nur schwer interpretiert werden. Die univariaten Mittelwertunterschiede sind demgegenüber – insbesondere bezüglich der Höhe – einfacher interpretierbar.

Im folgenden Abschnitt 4.3.1 werden die verwendeten Testverfahren (Mann-Whitney-U-Test und Chi-Quadrat-Test) vorgestellt, bevor anschließend in Abschnitt 4.3.2 die univariaten Ergebnisse ausführlich präsentiert und kritisch diskutiert werden.

4.3.1 Methodische Grundlagen: Mann-Whitney-U-Test und Chi-Quadrat-Test

Der Mann-Whitney-U-Test ist ein nicht-parametrischer (verteilungsfreier) Test für den Vergleich zweier Stichproben bzw. Teilgruppen.[597] Die dem Mann-Whitney-U-Test zugrunde liegende Testidee beruht nicht auf einem Vergleich der eigentlichen Kennzahlenausprägungen, sondern auf einem Vergleich der den konkreten Kennzahlenausprägungen zugeordneten Rangwerte. Die Kennzahlenwerte der beiden zu vergleichenden Stichproben bzw. Teilgruppen werden in eine gemeinsame ansteigende Rangfolge gebracht und den einzelnen Kennzahlenwerten anschließend Rangwerte zugeordnet. Für jede Teilgruppe werden die Rangwerte aufaddiert und so die Rangsummen R_1 und R_2 gebildet. Entstammen beide Stichproben bzw. Teilgruppen derselben Verteilung, so sollten sich die durchschnittlichen Rangsummen R_1/m und R_2/n nur unwesentlich voneinander unterscheiden. Die approximativ normalverteilte Prüfstatistik ergibt sich aus:[598]

$$\hat{z} = \frac{\left|R_1/m - R_2/n\right|}{\sqrt{\frac{(m+n)^2(m+n+1)}{12mn}}} \tag{4.1}$$

In Gleichung (4.1) bezeichnen R_1 bzw. R_2 und m bzw. n die Rangsummen und den Umfang der beiden Teilgruppen.

Zur Untersuchung des Zusammenhangs zwischen der Hedging-Variablen und den dichotomen erklärenden Variablen wird auf den Chi-Quadrat-Unabhängigkeitstest zurückgegriffen.[599] Allgemein testet der Chi-Quadrat-Test die Abhängigkeit zweier oder mehrerer nominalskalierter Variablen. Im Fall von zwei dichotomen Variablen lautet die Nullhypothese des Chi-Quadrat-Unabhängigkeitstests, dass beide Variablen voneinander unabhängig sind.

---

[597] Vgl. z.B. Sachs (1997), S. 382-389 oder Hartung (1998), S. 513-520.

[598] Vgl. Sachs (1997), S. 384.

[599] Für den Chi-Quadrat-Test vgl. z.B. Sachs (1997), S. 449-455; Hartung (1998), S. 411-424. Zum Vergleich von zwei Anteilswerten wurde hier bewusst der Chi-Quadrat-Test dem Binomial-Test vorgezogen, da ersterer geringere Anforderungen an die Samplegröße stellt. Vgl. dazu Sachs (1997), S. 441 und S. 451.

Die Testidee des Chi-Quadrat-Unabhängigkeitstests lässt sich anhand der Vierfeldertafel, die die vier möglichen Klassen bei zwei dichotomen Variablen enthält, verdeutlichen. Zwei dichotome Variablen gelten dann als voneinander unabhängig, wenn für die vier Klassen die tatsächlichen absoluten Häufigkeiten mit den erwarteten übereinstimmen. Die erwarteten absoluten Häufigkeiten werden mittels des Multiplikationssatzes aus den Gesamtverteilungen (Randverteilungen) der beiden dichotomen Variablen berechnet. Für jedes Feld der Vierfeldertafel wird die Differenz aus beobachteter absoluter Häufigkeit h_i^0 und erwarteter absoluter Häufigkeit h_i^e ermittelt; die quadrierten Differenzen werden durch Division durch die absoluten Häufigkeiten h_i^e in relative Abweichungen überführt und über die vier Klassen aufsummiert. Die chi-quadrat-verteilte Prüfgröße errechnet sich dementsprechend wie folgt (Chi-Quadrat nach Pearson):

$$\chi^2 = \sum_{i=1}^{4} \frac{\left(h_i^0 - h_i^e\right)^2}{h_i^e} \tag{4.2}$$

Voraussetzung für die Anwendung des Chi-Quadrat-Tests ist eine erwartete absolute Häufigkeit h_i^e von mindestens fünf. Bei kleineren Samplegrößen und auch bei ausgeprägter Asymmetrie in der Vierfeldertafel wird in der Literatur die Verwendung des „exakten" Tests auf Unabhängigkeit von Fisher empfohlen.[600] Ist die Bedingung einer Häufigkeit h_i^e von mindestens fünf nicht erfüllt, so wird im Folgenden auf den „exakten" Test von Fisher abgestellt.

4.3.2 Univariate Ergebnisse

Im Folgenden werden die univariaten Befunde ausführlich dargestellt und kritisch diskutiert. Die Abschnitte 4.3.2.1 bis 4.3.2.4 beschäftigen sich mit dem Erklärungsgehalt der metrischen Verschuldungs-, Investitions-, Liquiditäts- und Dividendenkennzahlen, hinter denen insbesondere der Modellansatz von Froot/Scharfstein/ Stein (1993) steht. Abschnitt 4.3.2.5 untersucht die Bedeutung der Unternehmensgröße bzw. der Fixkosten für einen Derivateeinsatz. Der umfangreiche Abschnitt 4.3.2.6 diskutiert den Einfluss der Managermotive auf die Hedging-Entscheidung. In den Abschnitten 4.3.2.7 bis 4.3.2.11 werden die dichotomen Einflussvariablen „Familienunternehmen", „Tochtergesellschaft", „Börsengesellschaft", „Bankenbeteiligung" und „Branchendiversifikation" be-

[600] Hartung (1998), S. 414-418 empfiehlt den „exakten" Test nach Fisher auch für größere Samples. Da die Berechnung der Prüfgröße als Summe von Gliedern einer hypergeometrischen Verteilung jedoch sehr aufwendig ist, wird dieser Test typischerweise nur für sehr kleine Samples durchgeführt.

trachtet. Der umfangreiche Abschnitt 4.3.2.12 beschäftigt sich intensiv mit der Bedeutung des Währungs-Exposure für das Hedging-Verhalten. Abschnitt 4.3.2.13 geht kurz auf den Zusammenhang zwischen Branchenzugehörigkeit und Währungsderivateeinsatz ein. Abschnitt 4.3.2.14 beinhaltet schließlich eine Zusammenfassung der wesentlichen Erkenntnisse.

Im Rahmen dieses Abschnitts werden bei einigen Variablen – insbesondere bei den binären Variablen – bereits Untergruppen gebildet, um für andere Einflussfaktoren zu kontrollieren. Diese Untergruppenbildung beschränkt sich jedoch nur auf einige wenige Variablen, bei denen ausgehend von theoretischen Überlegungen hohe Korrelationen mit anderen Einflussfaktoren explizit vermutet werden. Auf eine generelle Segmentierung nach Unternehmensgröße oder anderen Faktoren wurde bewusst verzichtet, da die isolierten Einflüsse prinzipiell besser im Rahmen der multivariaten Auswertungen untersucht werden können.

4.3.2.1 Konkurskosten

Unternehmen mit hohen Konkurskosten und hoher (direkter und indirekter) Konkurswahrscheinlichkeit sollten mit höherer Wahrscheinlichkeit ein Risikomanagement betreiben. Als Maß der Konkurswahrscheinlichkeit wird hier auf verschiedene Verschuldungskennzahlen zurückgegriffen. Neben den in den bisherigen Studien regelmäßig verwendeten Verschuldungskennzahlen „Fremdkapitalquote“ und „Zinsdeckung“ (EBIT / Zinsaufwand) wird hier zusätzlich noch die Schuldentilgungskraft (Cashflow / Fremdkapital) betrachtet.

In Tabelle 25 werden für jede der Investitionsvariablen arithmetisches Mittel, Median, Standardabweichung und durchschnittlicher Rangplatz der beiden Teilgruppen „Einsatz von Währungsderivaten“ und „Kein Einsatz von Währungs-

Tabelle 25: Verschuldungskennzahlen und Währungsderivateeinsatz

		Einsatz von Währungsderivaten				Kein Einsatz von Währungsderivaten				Mann-Whitney-U-Test		
Kennzahlen	Hypothese	N	Arith. Mittel	Median	Std. abw.	N	Arith. Mittel	Median	Std. abw.	Ø Rang FX-Derivate	Ø Rang Keine FX-Derivate	Sig.
Fremdkapital / Unternehmenswert	+	63	0,57	0,62	0,19	21	0,54	0,55	0,25	43,7	38,9	0,435
Fremdkapital / Bilanzsumme	+	91	0,71	0,75	0,13	31	0,69	0,72	0,18	61,7	61,1	0,937
Cashflow I / Fremdkapital	–	87	0,14	0,12	0,10	30	0,18	0,15	0,14	60,7	54,2	0,369
EBIT / Zinsaufwand	–	87	10,5	4,4	39,4	31	26,7	4,3	80,4	60,2	57,6	0,721

derivaten" gegenübergestellt.[601] Daneben wird das Signifikanzniveau der Rangplatzdifferenzen entsprechend dem Mann-Whitney-U-Test angegeben.

Zwischen der Fremdkapitalquote und der Hedging-Entscheidung zeigt sich der erwartete positive Zusammenhang. In der Teilgruppe der hedgenden Unternehmen ist das arithmetische Mittel, der Median und der durchschnittliche Rangplatz geringfügig höher. Dies gilt sowohl für die Fremdkapitalquote auf Marktwertbasis als auch für die auf Buchwertbasis. Die Differenzen der Mittelwertgrößen erscheinen jedoch ökonomisch kaum bedeutsam. Die Unterschiede in den durchschnittlichen Rangplatzwerten sind ebenfalls nicht signifikant.

Bei der Schuldentilgungskraft (Cashflow I / Fremdkapital) sind konsistent mit den Vorüberlegungen arithmetisches Mittel und Median für die Gruppe der hedgenden Unternehmen niedriger. Allerdings ist der durchschnittliche Rangplatz für die Gruppe der hedgenden Unternehmen höher, wobei die Rangplatzdifferenz nicht signifikant ist.

Der Mittelwert der Zinsdeckung (EBIT / Zinsaufwand) ist den theoretischen Überlegungen entsprechend für die Teilgruppe „Kein Einsatz von Währungsderivaten" deutlich höher. Die Zinsdeckung ist dabei mit 26,7 gegenüber 10,5 um mehr als das 2,5-fache höher. Die Kennzahlenverteilungen in den beiden Teilgruppen sind infolge einiger weniger sehr hoher Werte deutlich links-steil und die arithmetischen Mittel wenig repräsentativ. Bei Eliminierung dieser Werte bleibt das Ergebnis einer höheren durchschnittlichen Zinsdeckung für die Gruppe der nicht-hedgenden Unternehmen bestehen; der Mittelwertunterschied ist nun jedoch weniger ausgeprägt.[602] Die Mediane der beiden Teilgruppen sind nahezu identisch. Der durchschnittliche Rangplatz ist im Gegensatz zum arithmetischen Mittel für die Gruppe der hedgenden Unternehmen etwas höher. Die Rangplatzdifferenz erweist sich jedoch als nicht signifikant.

Insgesamt kann festgehalten werden, dass für alle vier Verschuldungskennzahlen das Vorzeichen der Differenzen der beiden Mittelwertgrößen arithmetisches Mittel und Median konsistent mit den aus der Theorie abgeleiteten Hypothesen ist. Die Differenzen der beiden Mittelwertgrößen erscheinen jedoch äußerst gering und haben in zwei Fällen ein anderes Vorzeichen als die Rangplatzdifferenzen. Die Rangplatzdifferenzen sind nach dem Mann-Whitney-U-

---

[601] Die Anzahl der einbezogenen Unternehmen N unterscheidet sich bei den einzelnen Variablen aufgrund der Datenverfügbarkeit. Siehe dazu die entsprechenden Ausführungen im Abschnitt 4.2 sowie in Tabelle A 5 im Anhang.

[602] Obwohl die Kennzahlenverteilungen zuvor um Extremwerte bereinigt wurden, beeinflussen hier drei sehr hohe Werte die arithmetischen Mittel und die Standardabweichungen erheblich. Für die Gruppe der nicht-hedgenden Unternehmen ist dies ein Wert in Höhe von 364 und für die der hedgenden sind dies zwei Werte in Höhe von 141 und 428. Werden diese drei Werte eliminiert, so ergibt sich für die Gruppe der nicht-hedgenden Unternehmen ein arithmetisches Mittel von 8,9 und für die der hedgenden eines von 6,4.

Test durchweg insignifikant. Den Verschuldungskennzahlen kommt somit nur eine geringe Erklärungskraft zu. Das Konkurskostenmotiv trägt somit nicht zur Erklärung eines Risikomanagements bei.

Die hier aufgezeigten univariaten Befunde sind allerdings aufgrund möglicher Korrelationsbeziehungen der Verschuldungskennzahlen mit anderen potenziellen Erklärungsvariablen nur sehr vorsichtig zu interpretieren. Einerseits wurden hier keine Brancheneffekte berücksichtigt; gerade die Verschuldungsgrade sind jedoch deutlich branchenabhängig. Zum anderen wurde bei obigen univariaten Betrachtungen nicht für die Investitionsopportunitäten oder die Exposure-Höhe kontrolliert. Es ist durchaus wahrscheinlich, dass Unternehmen mit hohen Investitionsopportunitäten oder hohen Exposure-Werten sowohl eine hohe Eigenkapitalquote wählen und zusätzlich noch Derivate verwenden, sodass sich in den univariaten Querschnittsuntersuchungen entgegen den Erwartungen ein positiver Zusammenhang zeigt.[603]

4.3.2.2 Investitionsopportunitäten

Unternehmen mit umfangreichen Investitionsopportunitäten sind zumeist mit ausgeprägten Informations- und Agency-Problemen behaftet und Unterinvestitionssituationen sind für diese Unternehmen weitaus wahrscheinlicher. Insofern sollten Unternehmen mit umfangreichen Investitionsopportunitäten mit höherer Wahrscheinlichkeit ein Risikomanagement betreiben.

Für die Investitionsvariable „Umsatzwachstum" sind die Mittelwertgrößen arithmetisches Mittel und Median in der Teilgruppe „Einsatz von Währungsderivaten" mit 6,7 % und 4,9 % gegenüber 6,3 % und 3,2 % in der Teilgruppe „Kein Einsatz von Währungsderivaten" zwar etwas höher. Diese Unterschiede erscheinen jedoch, vor allem verglichen mit den hohen Streuungen innerhalb der Teil-

Tabelle 26: Investitionskennzahlen und Währungsderivateeinsatz

		Einsatz von Währungsderivaten				Kein Einsatz von Währungsderivaten				Mann-Whitney-U-Test		
Kennzahlen	Hypothese	N	Arith. Mittel	Median	Std. abw.	N	Arith. Mittel	Median	Std. abw.	Ø Rang FX-Derivate	Ø Rang Keine FX-Derivate	Sig.
Umsatzwachstum (3 Jahre)	+	78	0,067	0,049	0,096	28	0,063	0,032	0,113	55,5	47,8	0,255
Market-to-book-ratio	+	63	2,7	2,0	2,0	21	2,6	2,0	2,4	43,8	38,5	0,388
Investitionen / Umsatz	+	88	0,058	0,050	0,052	30	0,059	0,035	0,064	60,9	55,5	0,462
Investitionen / Cashflow I	+	84	0,81	0,73	0,87	29	1,00	0,69	1,27	57,0	57,0	0,997

[603] Zu diesem Simultanitätsproblem vgl. auch Dolde (1995), S. 193f.

gruppen, sehr gering. Auch der durchschnittliche Rangplatz ist in der Teilgruppe „Einsatz von Währungsderivaten“ mit 55,5 gegenüber 47,8 höher; diese Rangplatzdifferenz erweist sich jedoch nicht als signifikant. Alternativ wurde das Umsatzwachstum über einen Fünfjahreszeitraum betrachtet; auch wurde das Bilanzsummenwachstum über einen Dreijahres- und Fünfjahreszeitraum untersucht.[604] In allen Fällen erwiesen sich die Unterschiede in den durchschnittlichen Rangplätzen als nicht signifikant. Bei den beiden Bilanzsummenwachstumskennzahlen ergaben sich sogar etwas höhere Werte für die Mittelwertgrößen und für die Rangwerte in der Teilgruppe „Kein Einsatz von Währungsderivaten“. Das vergangene Unternehmenswachstum, gemessen als Umsatz- oder Bilanzsummenwachstum, kann folglich nicht das beobachtete Hedging-Verhalten der Unternehmen erklären.

Bei der Market-to-book-ratio ergeben sich zwischen den beiden Teilgruppen kaum Unterschiede. Die Lageparameter arithmetisches Mittel und Median sind nahezu identisch. Der durchschnittliche Rangwert ist für die Teilgruppe der hedgenden Unternehmen lediglich geringfügig höher und die Rangplatzdifferenz dementsprechend nicht signifikant.

Bei den beiden Investitionsquoten „Investitionen / Umsatz“ und „Investitionen / Cashflow I“ bestehen ebenfalls kaum Unterschiede zwischen den beiden Teilgruppen. Für die Kennzahl „Investitionen / Umsatz“ sind die Mittelwerte in den beiden Teilgruppen annähernd identisch und die Rangplatzdifferenz ist deutlich insignifikant.

Das arithmetische Mittel der Kennzahl „Investitionen / Cashflow I“ ist entgegen den Vorüberlegungen für die nicht-hedgenden Unternehmen mit 1,0 gegenüber 0,81 nicht unwesentlich höher. Aufgrund der ausgeprägten links-steilen Verteilung ist das arithmetische Mittel jedoch nur eingeschränkt repräsentativ. Der aussagekräftigere Median ist dagegen für die nicht-hedgenden Unternehmen marginal niedriger. Die durchschnittlichen Rangplätze sind annähernd identisch. Neben dem Cashflow I wurde auch der Cashflow II untersucht, der neben dem Jahresüberschuss und den Abschreibungen noch die Zuführungen zu den Pensionsrückstellungen enthält. Es zeigen sich keinerlei größere Unterschiede zu dem hier aufgezeigten Befund für den Cashflow I.[605]

Alternativ wurde die Kennzahl „Investitionen / Bilanzsumme“ und für börsengehandelte Unternehmen noch die Kennzahl „Investitionen / Unternehmenswert“ ausgewertet. In beiden Fällen sind die Unterschiede der Mittelwertgrößen nur geringfügig und die Rangplatzunterschiede ebenfalls deutlich insignifikant.[606]

---

604 Vgl. Tabelle A 7 im Anhang.

605 Vgl. Tabelle A 7 im Anhang. Auch bei den anderen Cashflow-Kennzahlen ergaben sich keine wesentlichen Ergebnisänderungen, falls der Cashflow II anstelle des Cashflows I verwendet wird. In den folgenden Ausführungen werden daher nur die Ergebnisse für den Cashflow I wiedergegeben und kommentiert.

606 Vgl. Tabelle A 7 im Anhang.

Damit bestätigt sich, dass die Investitionsquote nicht die Hedging-Entscheidung beeinflusst.

Zusammenfassend ist als Ergebnis dieses Abschnitts festzuhalten, dass ein positiver univariater Zusammenhang zwischen Investitionsopportunitäten und Hedging-Entscheidung nicht bestätigt werden kann. Nach dem Mann-Whitney-U-Test sind sämtliche Rangplatzdifferenzen insignifikant; d.h. die Nullhypothese, dass kein Zusammenhang zwischen den Investitionsvariablen und der Hedging-Variablen besteht, kann für keine der Investitionskennzahlen verworfen werden. Die Unterschiede der Mittelwertgrößen arithmetisches Mittel und Median erscheinen vor allem gegenüber den hohen Streuungen innerhalb der Teilgruppen verhältnismäßig gering und sind oftmals sogar annähernd identisch.

4.3.2.3 Liquidität

Zur Vermeidung von Unterinvestitionssituationen sollten Unternehmen mit geringen Liquiditätsreserven mit höherer Wahrscheinlichkeit hedgen. Die Befunde zu den Liquiditätskennzahlen „Liquide Mittel / Cashflow I“ und „Quick-ratio“ sind sehr ähnlich. Das arithmetische Mittel ist für beide Liquiditätskennzahlen in der Teilgruppe „Kein Einsatz von Währungsderivaten“ höher. Die Verteilungen der Quick-ratio und vor allem der Kennzahl „Liquide Mittel / Cashflow I“ sind jedoch deutlich links-steil.[607] Wird indessen der repräsentativere Median betrachtet, so zeigt sich entgegen den theoretischen Überlegungen ein höherer Kennzahlenwert in der Teilgruppe „Einsatz von Währungsderivaten“. Die Unterschiede in den Mittelwertgrößen erscheinen allerdings, besonders für die Quick-ratio, verglichen mit den Standardabweichungen sehr gering. Die Rangdifferenzen sind ebenfalls äußerst gering und deutlich insignifikant.

Tabelle 27: Liquiditätskennzahlen und Währungsderivateeinsatz

		Einsatz von Währungsderivaten				**Kein Einsatz von Währungsderivaten**				**Mann-Whitney-U-Test**		
Kennzahlen	Hypothese	N	Arith. Mittel	Median	Std. abw.	N	Arith. Mittel	Median	Std. abw.	Ø Rang FX-Derivate	Ø Rang Keine FX-Derivate	Sig.
Liquide Mittel / Cashflow I	–	87	1,68	0,91	2,53	30	2,15	0,55	3,65	59,3	58,1	0,869
Liquide Mittel / Kurzf. Verbl.	–	91	0,46	0,26	0,52	31	0,49	0,22	0,66	62,2	59,6	0,722
Umlaufvermögen / Kurzf. Verbl.	–	91	2,50	2,15	1,20	31	2,32	1,88	1,53	64,0	54,0	0,173

[607] Sechs Kennzahlenwerte der Quick-ratio nehmen einen Wert von über sieben an und vier der Variablen „Liquide Mittel / Cashflow I“ einen von über zwölf.

Für die Current-ratio sind arithmetisches Mittel, Median und durchschnittlicher Rangplatz in der Teilgruppe „Einsatz von Währungsderivaten" entgegen den theoretischen Überlegungen höher. Die Rangplatzdifferenz ist zwar nicht statistisch signifikant, die Differenz erscheint aber mit 64,0 gegenüber 54,0 nicht unbeachtlich. Der Aussagehalt der Current-ratio ist jedoch kritisch zu hinterfragen. Die Kennzahl „Current-ratio" erscheint konzeptionell fragwürdig, da nicht das gesamte Umlaufvermögen als Liquiditätsreserve aufgefasst werden kann.

Die aus dem Modell von Myers/Majluf (1984) und Froot/Scharfstein/Stein (1993) abgeleitete und in den bisherigen Studien überwiegend bestätigte Hypothese, dass hedgende verglichen mit nicht-hedgenden Unternehmen geringere Liquiditätsreserven halten, findet somit hier keine Bestätigung.

4.3.2.4 Dividende

Durch die mit einem Risikomanagement verbundene Stabilisierung der intern erwirtschafteten Zahlungsmittel kann die Zahlung einer bestimmten Dividendenhöhe sichergestellt bzw. können die Kosten einer Dividendenanpassung vermieden werden. Folglich sollte ein positiver Zusammenhang zwischen Dividendenhöhe und Hedging bestehen.

Erstaunlicherweise ist für alle drei Dividendenkennzahlen das arithmetische Mittel, der Median und auch der durchschnittliche Rangwert entgegen den Vorüberlegungen in der Gruppe der hedgenden Unternehmen niedriger. Für die Dividendenquote ist das arithmetische Mittel in der Gruppe der nicht-hedgenden Unternehmen mit 71 % gegenüber 50 % nicht unwesentlich höher. Auch der Median ist in der Gruppe der nicht-hedgenden Unternehmen mit 66 % gegenüber 35 % deutlich höher. Der Mann-Whitney-U-Test zeigt bei einer 10%igen-Irrtumswahrscheinlichkeit einen signifikanten Rangplatzunterschied an.

Tabelle 28: Dividendenkennzahlen und Währungsderivateeinsatz – Unternehmen mit Dividendenhöhe von null enthalten

		Einsatz von Währungsderivaten				**Kein Einsatz von Währungsderivaten**				**Mann-Whitney-U-Test**		
Kennzahlen	Hypothese	N	Arith. Mittel	Median	Std. abw.	N	Arith. Mittel	Median	Std. abw.	Ø Rang FX-Derivate	Ø Rang Keine FX-Derivate	Sig.
Dividende / Cashflow I	+	87	0,13	0,09	0,17	30	0,20	0,09	0,26	57,8	62,6	0,498
Dividende / Jahresüberschuss	+	78	0,50	0,35	0,74	25	0,71	0,66	0,80	49,2	60,8	0,088*
Dividende / Marktwert Eigenkapital	+	63	0,019	0,019	0,014	21	0,024	0,023	0,022	41,4	45,9	0,458

Hinweis: Signifikanzniveaus von 10%, 5% und 1% sind mit *, ** und *** hervorgehoben.

Tabelle 29: Dividendenkennzahlen und Währungsderivateeinsatz – Unternehmen mit Dividendenhöhe von null nicht enthalten

		Einsatz von Währungsderivaten				Kein Einsatz von Währungsderivaten				Mann-Whitney-U-Test		
Kennzahlen	Hypothese	N	Arith. Mittel	Median	Std. abw.	N	Arith. Mittel	Median	Std. abw.	Ø Rang FX-Derivate	Ø Rang Keine FX-Derivate	Sig.
Dividende / Cashflow I	+	61	0,19	0,13	0,17	20	0,31	0,26	0,27	38,5	48,6	0,096*
Dividende / Jahresüberschuss	+	58	0,67	0,45	0,79	19	0,94	0,77	0,79	35,5	49,7	0,016**
Dividende / Marktwert Eigenkapital	+	51	0,023	0,021	0,012	14	0,035	0,030	0,017	29,7	44,9	0,008***

Hinweis: Signifikanzniveaus von 10%, 5% und 1% sind mit *, ** und *** hervorgehoben.

Für die Dividendenrendite und die Kennzahl „Dividende / Cashflow I" sind die Rangplatzdifferenzen zwar nicht signifikant, die Unterschiede in den Mittelwertgrößen erscheinen aber durchaus nicht unwesentlich. Zwischen der Dividendenhöhe und der Hedging-Entscheidung besteht somit im Rahmen der univariaten Betrachtungen entgegen den theoretischen Überlegungen ein negativer Zusammenhang. Allerdings sind für alle drei Dividendenkennzahlen die Standardabweichungen innerhalb der beiden Teilgruppen relativ hoch.

Inhaltlich nicht unproblematisch ist, dass bei den in Tabelle 28 dargestellten Auswertungen auch Unternehmen enthalten sind, die keine Dividenden ausgeschüttet hatten. Diese Unternehmen befinden sich oftmals temporär in schwierigen Situationen und die Dividendenzahlung ist nur vorübergehend ausgesetzt. Die Kennzahlenwerte spiegeln somit nicht das „normale" Dividendenniveau wider.

Tabelle 29 enthält die Ergebnisse für die drei Dividendenkennzahlen, wenn jene Unternehmen ausgeschlossen werden, die keine Dividende ausgezahlt hatten. Es zeigen sich die bereits in Tabelle 28 beobachteten Unterschiede zwischen den Teilgruppen nochmals erheblich deutlicher. Arithmetisches Mittel, Median und durchschnittlicher Rangplatz sind bei allen drei Dividendenkennzahlen für die Gruppe der nicht-hedgenden Unternehmen erheblich größer. Die Rangplatzdifferenz ist für die Kennzahl „Dividende / Cashflow I" auf einem 10%igen, für die Dividendenquote auf einem 5%igen und für die Dividendenrendite sogar auf einem 1%igen Sicherheitsniveau signifikant.

Die Unterschiede zwischen den Teilgruppen in Tabelle 29 sind dabei nicht nur statistisch, sondern auch ökonomisch signifikant. Die Dividendenausschüttungen sind in der Gruppe der nicht-hedgenden Unternehmen erheblich höher. Die Unternehmen, die keine Derivate einsetzen, schütten durchschnittlich 94 %

der ausgewiesenen Gewinne aus; hingegen machen dies nur 67 % der Unternehmen, die Derivate einsetzen. Nicht-hedgende Unternehmen schütten 31 % des Cashflows aus, während dies nur 19 % der hedgenden Unternehmen tun; der Median ist mit 26 % gegenüber 13 % sogar doppelt so hoch. Die durchschnittliche Dividendenrendite ist für keine Derivate einsetzende Unternehmen mit 3,5 % gegenüber 2,3 % ebenfalls deutlich höher. Wie in Tabelle 28 sind auch in Tabelle 29 die Standardabweichungen für alle drei Dividendenvariablen verhältnismäßig hoch; somit bestehen durchaus erhebliche Unterschiede in den Kennzahlenwerten innerhalb der einzelnen Teilgruppen.

Zusammenfassend ist bei den univariaten Auswertungen ein signifikant negativer Zusammenhang zwischen der Dividendenhöhe und der Hedging-Variablen festzuhalten. Dieses Ergebnis steht in krassem Widerspruch zu der aus der Hedging-Theorie abgeleiteten Hypothese, wonach Unternehmen mit hohen Dividendenauszahlungen einen stärkeren Anreiz für ein Währungsmanagement haben sollten.

Möglicherweise fasst die Kennzahl „Dividendenhöhe" im Rahmen der univariaten Untersuchungen jedoch weitere Einflussfaktoren. Erstens ist denkbar, dass die Dividendenhöhe für die Investitionsopportunitäten approximiert; so sind die Dividendenzahlungen von stark wachsenden Unternehmen typischerweise sehr gering. Zweitens können hier mögliche Branchen- oder Größeneffekte die Ergebnisse verzerren. Auch kann die Kennzahl „Dividendenhöhe" als Maßstab für Kapitalmarktrestriktionen interpretiert werden.[608] Da ausgeprägte Kapitalmarktrestriktionen ein Hedging-Motiv darstellen, wäre insofern ein negativer Zusammenhang erklärbar. Aufschlussreicher sind hier sicherlich multivariate Auswertungen, bei denen für verschiedene Einflussfaktoren simultan kontrolliert und der isolierte Erklärungsbeitrag der Dividendenhöhe herausgefiltert werden kann.

4.3.2.5 Unternehmensgröße

Die vorliegenden Studien zeigten, dass Unternehmen, die Finanzderivate einsetzen, erheblich größer sind. Dieser positive Zusammenhang erwies sich fast durchweg als hoch signifikant und wurde als Bestätigung für größenbedingte Transaktionskostenvorteile gewertet.

Für alle drei Größenvariablen sind arithmetisches Mittel, Median und durchschnittlicher Rangplatz erheblich größer in der Teilgruppe der Unternehmen, die Währungsderivate einsetzen. Arithmetisches Mittel und Median des Umsatzes und der Bilanzsumme betragen ungefähr das Dreifache bzw. Vierfache in der

[608] Für diese Interpretation vgl. Fazzari/Hubbard/Petersen (1988), S. 182f. Demnach ist für Unternehmen mit ausgeprägten Kapitalmarktrestriktionen eine Politik hoher Ausschüttungen und regelmäßiger Eigenkapitalaufnahmen vergleichsweise teuer. Diese Unternehmen verzichten auf hohe Ausschüttungen und bilden stattdessen Liquiditätsreserven.

Tabelle 30: Unternehmensgröße und Währungsderivateeinsatz

		Einsatz von Währungsderivaten				Kein Einsatz von Währungsderivaten				Mann-Whitney-U-Test		
Kennzahlen (in Mill. DM)	Hypothese	N	Arith. Mittel	Median	Std. abw.	N	Arith. Mittel	Median	Std. abw.	Ø Rang FX-Derivate	Ø Rang Keine FX-Derivate	Sig.
Umsatz	+/–	91	13,77	5,10	20,69	31	4,99	1,63	6,57	67,3	44,5	0,002***
Bilanzsumme	+/–	91	14,34	3,37	26,14	31	3,01	0,878	3,75	67,7	43,3	0,001***
Unternehmenswert	+/–	63	20,87	4,99	35,38	21	2,57	0,80	3,95	48,3	25,2	0,000***

Hinweis: Signifikanzniveaus von 10%, 5% und 1% sind mit *, ** und *** hervorgehoben.

Teilgruppe der hedgenden gegenüber der der nicht-hedgenden Unternehmen. Arithmetisches Mittel und Median des Unternehmenswertes sind in der Teilgruppe der hedgenden Unternehmen sogar um mehr als das Achtfache bzw. Sechsfache größer.

Die Größenunterschiede zwischen hedgenden und nicht-hedgenden Unternehmen werden auch durch den Mann-Whitney-U-Test bestätigt. Die Rangplatzdifferenzen sind sowohl für Umsatz, Bilanzsumme und Unternehmenswert hoch signifikant. Wie in den bisherigen Studien befinden sich somit in der Teilgruppe „Einsatz von Währungsderivaten" wesentlich größere Unternehmen, was als Bestätigung des Fixkostenarguments gewertet werden kann. Die Verteilung der drei Größenkennzahlen ist in beiden Teilgruppen, wie für das Gesamtsample, deutlich links-steil. Bemerkenswert ist auch die erheblich größere Streuung innerhalb der Teilgruppe „Einsatz von Währungsderivaten".

Zur weiteren Analyse des Fixkostenarguments untersuchten Géczy/Minton/Schrand (1997), ob zwischen dem Einsatz von Währungsderivaten und dem Einsatz von Zins- oder Güterpreisderivaten ein positiver Zusammenhang besteht; dabei ergab sich – wie auch bei Mian (1996) – ein signifikant positiver Zusammenhang.

Tabelle 31 zeigt die absoluten Häufigkeitsverteilungen der beiden binären Variablen „Zins- oder Güterpreisderivate" und „Währungsderivate"; unterhalb der Vierfeldertafel sind die Teststatistiken des Chi-Quadrat-Unabhängigkeitstests angegeben. Aus Tabelle 31 wird ein deutlich positiver Zusammenhang zwischen den Variablen „Währungsderivate" und „Zins- oder Güterpreisderivate" ersichtlich; in der Vierfeldertafel besteht eine deutliche Häufung in den Feldern links oben und rechts unten.

In der Teilgruppe „Einsatz von Währungsderivaten" verwenden 92,3 % der Unternehmen ebenfalls Zins- oder Güterpreisderivate (84 von 91), wohingegen dies in der Teilgruppe „Kein Einsatz von Währungsderivaten" nur 12,9 % (4 von 31) tun. Die Nullhypothese des Chi-Quadrat-Unabhängigkeitstests, dass kein

Tabelle 31: Einsatz von Zins- oder Güterpreisderivaten und Einsatz von Währungsderivaten

	Einsatz von Währungsderivaten	Kein Einsatz von Währungsderivaten	Σ
Zins- oder Güterpreisderivate	84	4	88
Keine Zins- oder Güterpreisderivate	7	27	34
Σ	91	31	122
Hypothese:	+		
Chi-Quadrat nach Pearson	72,53		
Signifikanz Chi-Quadrat nach Pearson	0,000***		
„Exakte" Signifikanz nach Fisher	0,000***		

Hinweis: Signifikanzniveaus von 10%, 5% und 1% sind mit *, ** und *** hervorgehoben.

Zusammenhang zwischen den Variablen „Währungsderivate" und „Zins- oder Güterpreisderivate" besteht, kann bei einer Irrtumswahrscheinlichkeit von kleiner 1 % verworfen werden. Der Chi-Quadrat-Wert ist für die Variable „Zins- oder Güterpreisderivate" sogar der höchste für alle der betrachteten binären Erklärungsvariablen.

Um zu überprüfen, inwieweit die Variable „Zins- oder Güterpreisderivate" nur einen Größeneffekt widerspiegelt, wurde die Auswertung separat für vier Umsatzklassen durchgeführt. In jeder der vier Umsatzklassen besteht ebenfalls ein hoch signifikant positiver Zusammenhang.[609]

Die Größenvariablen und die Variable „Zins- oder Güterpreisderivate" erweisen sich hier, wie in den bisherigen Untersuchungen, als hoch signifikant. Somit scheinen die mit dem Aufbau und Betrieb eines Risikomanagements verbundenen Fixkosten die Hedging-Entscheidung wesentlich zu beeinflussen.

4.3.2.6 Managermotive

4.3.2.6.1 Managerbezüge / Managerbeteiligung

Ausgehend vom Risikopräferenzproblem und den Eigeninteressen der Manager wurde die Hypothese eines positiven Einflusses der Managervariablen „Managerbezüge" und „Managerbeteiligung" auf die Hedging-Variable abgeleitet. Tabelle 32 zeigt die Gruppenunterschiede für die Variable „Managerbezüge", zusätzlich werden die Gruppenunterschiede unterteilt nach Umsatzklassen dargestellt.[610]

---

[609] Die Umsatzsegmentierung erfolgte entsprechend den Quantielen der Umsatzverteilung. Für die Segmentierung der Variablen „Zins- oder Güterpreisderivate" vgl. Tabelle A 8 im Anhang.

[610] Die Umsatzsegmentierung erfolgte entsprechend den Quantielen der Umsatzverteilung.

Tabelle 32: Managerbezüge und Währungsderivateeinsatz – Gesamtsample und Umsatzsegmentierung

		Einsatz von Währungsderivaten				Kein Einsatz von Währungsderivaten				Mann-Whitney-U-Test		
Umsatzklassen [Mio. DM]	Hypothese	N	Arith. Mittel	Median	Std. abw.	N	Arith. Mittel	Median	Std. abw.	Ø Rang FX-Derivate	Ø Rang Keine FX-Derivate	Sig.
> 12.296	+	23	1,74	1,71	0,79	4	1,14	1,19	0,23	15,2	7,0	0,056*
4.439–12.296	+	22	1,00	0,92	0,48	5	0,89	0,93	0,45	14,3	12,8	0,708
1.365–4.439	+	21	1,06	0,92	0,48	6	0,59	0,62	0,15	16,2	6,4	0,008***
0–1.365	+	14	0,81	0,72	0,32	13	0,58	0,45	0,33	16,4	11,4	0,090*
Gesamt	+	80	1,19	1,00	0,64	28	0,72	0,70	0,36	61,2	35,4	0,000***

Hinweis: Signifikanzniveaus von 10%, 5% und 1% sind mit *, ** und *** hervorgehoben.

Im Gesamtsample sind arithmetisches Mittel, Median und durchschnittlicher Rangwert für die Teilgruppe der hedgenden Unternehmen wesentlich höher. Der durchschnittliche Rangplatz ist in der Gruppe der hedgenden Unternehmen mit 61,2 gegenüber 35,4 deutlich höher; diese Rangplatzdifferenz ist hoch signifikant.[611]

Interessanterweise ist der Z-Wert der Variablen „Managerbezüge" mit 3,75 sogar höher als der der Größenvariablen „Umsatz" und „Bilanzsumme" mit 3,10 und 3,33.[612] Dies erscheint bemerkenswert, da in allen bisherigen Studien, mit Ausnahme der beiden Studien zu Goldderivaten, die Z-Werte bzw. t-Werte für die Größenvariablen erheblich größer waren als die für die anderen erklärenden Variablen.

Die Gruppendifferenzen sind nicht nur statistisch, sondern auch ökonomisch signifikant. Das durchschnittliche Einkommen eines Managers in der Teilgruppe „Einsatz von Währungsderivaten" beträgt 1,19 Mio. DM, in der Teilgruppe „Kein Einsatz von Währungsderivaten" sind dies 720.000 DM. Dies entspricht einem Einkommensunterschied von 470.000 DM oder 65,3 %. Auch der Median ist mit 1,0 Mio. DM gegenüber 700.000 DM deutlich höher. Folglich sind die durchschnittlich höheren Managereinkünfte bei hedgenden Unternehmen nicht auf einige wenige sehr hohe Managerbezüge zurückzuführen. Bemerkenswert ist

[611] Auch nach dem parametrischen t-Test ist die Mittelwertdifferenz hoch signifikant. Der Standardfehler der Mittelwertdifferenz beträgt dabei 0,099 und der t-Wert 4,79. Allerdings wird die Nullhypothese der Normalverteilung des Kolomogorov-Smirnov-Anpassungstests für die Variable „Managerbezüge" auf einem Signifikanzniveau von 5,0 % abgelehnt, sodass die Verwendung von parametrischen Testverfahren hier problematisch erscheint.

[612] Der Z-Wert für den Unternehmenswert beträgt 3,75.

allerdings die höhere Streuung der Managerbezüge innerhalb der Gruppe der hedgenden Unternehmen.

Eine nahe liegende Vermutung ist, dass dem positiven Einfluss der Variablen „Managerbezüge" lediglich Größeneffekte zugrunde liegen. Tatsächlich beträgt der Pearson Korrelationskoeffizient zwischen den Variablen „Managerbezüge" und „Umsatz" 0,489. Daher wurde der Einfluss der Variablen „Managerbezüge" ebenfalls getrennt für vier Umsatzklassen untersucht. Tabelle 32 bestätigt auch einen solchen positiven Zusammenhang zwischen Managerbezügen und Umsatz. In beiden Teilgruppen sind die Managerbezüge in den höheren Umsatzklassen größer.

Werden die Teilgruppenunterschiede für die einzelnen Umsatzklassen betrachtet, zeigen sich aber weiterhin deutliche Unterschiede in der Höhe der Managerbezüge. Die Unterschiede sind in drei der vier Klassen weiterhin statistisch und vor allem ökonomisch signifikant. Die statistische Signifikanz ist erstaunlich, da die Trennschärfe eines statistischen Tests mit abnehmendem Sampleumfang sich deutlich verringert und hier die einzelnen Umsatzklassen nur jeweils 27 Unternehmen umfassen.

Der durchschnittliche Einkommensunterschied beträgt in den vier Umsatzklassen 600.000 DM, 110.000 DM, 470.000 DM bzw. 230.000 DM. Dies entspricht einem höheren Einkommen der Manager hedgender Unternehmen von 52,6 %, 12,4 %, 79,7 % bzw. 39,7 % oder durchschnittlich 46,1 %. Der signifikante Einfluss der Managerbezüge ist somit nicht lediglich auf Größeneffekte zurückzuführen. Die Umsatzsegmentierung in Tabelle 32 bestätigt folglich deutlich die Hypothese eines positiven Zusammenhangs zwischen der Höhe der Managerbezüge und der Hedging-Entscheidung.

Ein Argument in der Hedging-Literatur für ein unternehmerisches Risikomanagement sind Vertragsabschlusskosten mit den Managern. Führt ein Unternehmen kein Risikomanagement durch, so sollten die Manager nur bei höheren Bezügen bereit sein, den Arbeitsplatz anzunehmen. Die unzureichend diversifizierten Manager werden sich das erhöhte Risiko durch eine Kompensationszahlung vergüten lassen. Entsprechend diesem Erklärungsansatz sollten in der Teilgruppe „Kein Einsatz von Währungsderivaten" höhere Managerbezüge beobachtbar sein. Die empirische Evidenz in Tabelle 32 widerspricht deutlich dieser Argumentation. Inhaltlich problematisch an obiger Argumentation ist die implizite Annahme, dass sowohl die Entlohnungsfunktion als auch insbesondere die Hedging-Entscheidung für den Manager exogen gegeben sind. Diese Exogenität kann vor allem für die Hedging-Entscheidung in Frage gestellt werden.

Tabelle 33 enthält die zweidimensionale Verteilung der absoluten Häufigkeiten der beiden binären Variablen „Managerbeteiligung" und „Währungsderivateeinsatz" sowie die Teststatistiken des Chi-Quadrat-Unabhängigkeitstests.

Tabelle 33 zeigt ebenfalls einen positiven Zusammenhang zwischen der Managervariablen und der Hedging-Variablen. In der Teilgruppe „Einsatz von

Tabelle 33: Managerbeteiligung und Währungsderivateeinsatz

	Einsatz von Währungsderivaten	Kein Einsatz von Währungsderivaten	Σ
Managerbeteiligung	11	2	13
Keine Managerbeteiligung	80	29	109
Σ	91	31	122

Hypothese:	+
Chi-Quadrat nach Pearson	0,77
Signifikanz Chi-Quadrat nach Pearson⁺	0,380
„Exakte" Signifikanz nach Fisher	0,512

Hinweis: ⁺ Da die Bedingung des Chi-Quadrat-Tests, eine erwartete Häufigkeit von mindestens fünf für alle Felder der Vierfeldertafel, nicht erfüllt wird, ist hier auf die „exakte" Signifikanz nach Fisher abzustellen.

Währungsderivaten" besteht bei 12,1 % der Unternehmen eine Managerbeteiligung (11 von 91 Unternehmen); in der Teilgruppe „Kein Einsatz von Währungsderivaten" sind dies dagegen nur 6,5 % (2 von 31).[613] Beziehungsweise von den Unternehmen mit Managerbeteiligung verwenden 84,6 % (11 von 13) Währungsderivate und von denen ohne Managerbeteiligung lediglich 73,4 % (80 von 109). Die Gruppenunterschiede sind allerdings nicht statistisch signifikant unterschiedlich.

Insgesamt bestätigt Tabelle 33 den zuvor anhand der Variablen „Managerbezüge" aufgezeigten positiven Einfluss der Managerinteressen auf das Hedging-Verhalten. In der normativen Hedging-Literatur wird ein Risikomanagement auf Unternehmensebene überwiegend als Mechanismus zur Entschärfung des Risikopräferenzproblems in Verbindung mit Investitionsentscheidungen diskutiert. In diesem Fall würde ein Hedging unternehmenswerterhöhend wirken und wäre im Interesse der (diversifizierten) Anteilseigner.

Allerdings besteht die Möglichkeit, dass sich die Manager als Entscheidungsträger bei der Hedging-Entscheidung an ihren eigenen Interessen orientieren. Die opportunistisch handelnden Manager würden dementsprechend ein Risikomanagement auch dann durchführen, wenn die mit dem Aufbau verbundenen Fixkosten die Implementierung aus Anteilseignersicht nicht rechtfertigen. Zur näheren Analyse der Managerinteressen wird im folgenden Abschnitt 4.3.2.6.2 der Derivateeinsatz bei managerkontrollierten Unternehmen untersucht.

---

[613] Wird eine Umsatzsegmentierung für die Variable „Managerbeteiligung" durchgeführt, so ergibt sich in drei der vier Umsatzklassen ein deutlich höherer Anteil von Unternehmen mit Managerbeteiligung in der Teilgruppe „Einsatz von Währungsderivaten". Da das Gesamtsample allerdings nur 13 Unternehmen mit Managerbeteiligung umfasst, erscheint eine solche Umsatzsegmentierung wenig aussagekräftig. Vgl. Tabelle A 9 im Anhang.

4.3.2.6.2 Managerkontrolle / Streubesitz

In den theoretischen und empirischen Beiträgen zu Corporate Governance-Problemen wird ein Unternehmen dann als managerkontrolliert betrachtet, wenn ein hoher Streubesitz vorliegt und dementsprechend kein Großaktionär die opportunistisch handelnden Manager disziplinieren kann. Wird für managerkontrollierte Unternehmen häufiger ein Derivateeinsatz beobachtet, so kann dies als indirekter Hinweis gewertet werden, dass Eigeninteressen der Manager das Hedging-Verhalten wesentlich beeinflussen.

Tabelle 34 enthält für die beiden Corporate Governance-Variablen „Streubesitz" und „1-Herfindahl-Index" die Gruppenunterschiede zwischen hedgenden und nicht-hedgenden Unternehmen, wobei neben den Gruppenunterschieden für das Gesamtsample die der Subsamples „Obergesellschaften" und „Nicht-Familienunternehmen" aufgeführt sind.

Für das Gesamtsample sind arithmetisches Mittel und Median der Streubesitzvariablen in der Teilgruppe der hedgenden Unternehmen höher. Die Unterschiede des arithmetischen Mittels erscheinen mit 30 % gegenüber 24 % und des Medians mit 20 % gegenüber 16 % jedoch ökonomisch nicht besonders bedeutsam. Die Differenz der durchschnittlichen Rangplätze ist nicht signifikant.

Da beim Streubesitz eine gewisse Größenabhängigkeit vermutet werden kann, wird die Untersuchung auch separat für vier Umsatzklassen durchgeführt.[614] In den drei Umsatzklassen mit einem Umsatz von über 1,354 Mrd. DM unterscheiden sich die Mittelwertgrößen nur geringfügig und die Rangplatzdifferenzen sind insignifikant. Bemerkenswerterweise ist für die Klasse der kleineren Unternehmen der Streubesitzanteil in der Teilgruppe der hedgenden Unternehmen wesentlich höher. In der Teilgruppe der hedgenden Unternehmen betragen arithmetisches Mittel und Median 47 % und 44 %, in der Teilgruppe der nicht-hedgenden Unternehmen sind dies dagegen nur 13 % und 2 %. Auch die Rangwertdifferenz erweist sich signifikant bei einem Sicherheitsniveau von 5 %.

Die Variablen „Familienunternehmen" und „Tochtergesellschaft" approximieren für verschiedene Hedging-Motive im Zusammenhang mit der Anteilseignerstruktur und besitzen, wie in Abschnitt 4.3.2.7 und 4.3.2.8 dargestellt wird, einen erheblichen empirischen Erklärungsgehalt. Um den Einfluss der Managerinteressen von diesen Hedging-Motiven isoliert zu untersuchen, werden auch die Subsamples „Obergesellschaften" und „Nicht-Familienunternehmen" betrachtet. Wie Tabelle 34 zeigt, sind für die Obergesellschaften die Teilgruppenunterschiede nahezu identisch. Interessanterweise sind hingegen für die Nicht-Familienunternehmen die Teilgruppenunterschiede beachtlich. Konsistent mit den theoretischen Vorüberlegungen sind die Mittelwertgrößen und die Rangwerte in der Teilgruppe der hedgenden Unternehmen erheblich größer. Der durchschnittliche

[614] Die Ergebnisse zur Umsatzsegmentierung sind in Tabelle A 10 im Anhang enthalten.

Tabelle 34: Managerkontrolle und Währungsderivateeinsatz – Gesamt- und Teilsample

Kennzahlen	Hypothese	Einsatz von Währungsderivaten				Kein Einsatz von Währungsderivaten				Mann-Whitney-U-Test		
		N	Arith. Mittel	Median	Std. abw.	N	Arith. Mittel	Median	Std. abw.	Ø Rang FX-Derivate	Ø Rang Keine FX-Derivate	Sig.
Streubesitz												
Gesamtsample	+	91	0,30	0,20	0,32	31	0,24	0,16	0,29	62,6	58,4	0,560
Obergesellschaften	+	70	0,35	0,28	0,34	17	0,36	0,25	0,33	43,5	46,2	0,681
Nicht-Familienunternehmen	+	56	0,41	0,37	0,35	15	0,21	0,05	0,29	38,5	26,8	0,049**
1-Herfindahl-Index												
Gesamtsample	+	91	0,52	0,60	0,39	31	0,46	0,54	0,38	62,9	57,6	0,466
Obergesellschaften	+	70	0,61	0,71	0,38	17	0,63	0,77	0,35	43,9	44,5	0,923
Nicht-Familienunternehmen	+	56	0,62	0,73	0,38	15	0,40	0,40	0,41	38,4	27,2	0,061*

Hinweis: Signifikanzniveaus von 10%, 5% und 1% sind mit *, ** und *** hervorgehoben.

Streubesitzanteil ist für die Teilgruppe der hedgenden Unternehmen mit 41 % gegenüber 21 % fast doppelt so hoch; der Unterschied für den Median ist mit 37 % gegenüber 5 % sogar noch deutlicher. Auch die Rangplatzdifferenz ist signifikant auf einem Niveau von 5 %.

Für die Variable „1-Herfindahl-Index " ergeben sich sowohl beim Gesamtsample als auch bei den verschiedenen Subsamples keine qualitativen Unterschiede gegenüber den für die Variable „Streubesitz" aufgezeigten Ergebnissen. Lediglich betragsmäßig sind die Teilgruppendifferenzen etwas geringer.[615]

Zusammenfassend kann festgehalten werden, dass – auch größenbereinigt – durchaus ein positiver Zusammenhang zwischen Managerkontrolle und Hedging-Verhalten zu beobachten ist. Allerdings sollte dies nicht als indirekter Beweis für Eigeninteressen der Manager bei der Hedging-Entscheidung gewertet werden. Für eine solche Schlussfolgerung sind die beobachteten Teilgruppenunterschiede und Signifikanzniveaus zu gering und die Ergebnisse in den Subsamples zu widersprüchlich. Aufschlussreicher sind hier sicherlich multivariate Analysen, bei denen für verschiedene Einflussfaktoren simultan kontrolliert werden kann.

615 Vgl. Tabelle 34 und Tabelle A 11 im Anhang.

4.3.2.7 Familienunternehmen

Ausgehend von Überlegungen zur Anteilseignerdiversifikation und zu Finanzierungsrestriktionen sollte ein positiver Zusammenhang zwischen der Variablen „Familienunternehmen" und der Hedging-Variablen beobachtbar sein.

Erstaunlicherweise zeigt sich in Tabelle 35 ein negativer Zusammenhang. In der Vierfeldertafel ist die Diagonale linksunten-rechtsoben relativ stärker besetzt. Die Teilgruppenunterschiede sind durchaus nicht unbedeutsam: In der Teilgruppe „Einsatz von Währungsderivaten" beträgt der Anteil von Familienunternehmen 38,5 % (35 von 91) und in der Teilgruppe „Kein Einsatz von Währungsderivaten" 51,6 % (16 von 31). Die Gruppenunterschiede bzw. der negative Zusammenhang ist allerdings nach dem Chi-Quadrat-Test nicht signifikant.

Eine nahe liegende Erklärung für diesen – entgegen den Vorüberlegungen – negativen Zusammenhang wären Größeneffekte; Familienunternehmen sind zumeist kleinere Unternehmen. Wird eine Umsatzsegmentierung durchgeführt, so zeigt sich jedoch für drei der vier Umsatzklassen ebenfalls eine negative Abhängigkeit.[616] Lediglich für Großkonzerne mit einem Umsatz von über 10 Mrd. DM ist ein solch negativer Zusammenhang nicht zu beobachten.

Das Ergebnis eines negativen Zusammenhangs ist umso überraschender, als alle im Sample enthaltenen Unternehmen mit Managerbeteiligung auch Familienunternehmen sind und wie in Abschnitt 4.3.2.6 dargestellt ein positiver Zusammenhang zwischen Managerbeteiligung und Hedging-Entscheidung besteht. Werden die 13 Unternehmen mit Managerbeteiligung nicht berücksichtigt, so vergrößern sich die Unterschiede zwischen den beiden Teilgruppen: In der Teilgruppe „Einsatz von Währungsderivaten" beträgt der Anteil der Familienunternehmen dann 30,0 % (24 von 80) und in der Teilgruppe „Kein Einsatz von Währungsderivaten" 48,3 % (14 von 29).[617] Das Chi-Quadrat nach Pearson beträgt

Tabelle 35: Familienunternehmen und Währungsderivateeinsatz

	Einsatz von Währungsderivaten	Kein Einsatz von Währungsderivaten	Σ
Familienunternehmen	35	16	51
Kein Familienunternehmen	56	15	71
Σ	91	31	122
Hypothese:		+	
Chi-Quadrat nach Pearson		1,64	
Signifikanz Chi-Quadrat nach Pearson		0,200	
„Exakte" Signifikanz nach Fisher		0,213	

Hinweis: Signifikanzniveaus von 10%, 5% und 1% sind mit *, ** und *** hervorgehoben.

[616] Vgl. Tabelle A 12 im Anhang.

[617] Vgl. Tabelle A 12 im Anhang.

nun 3,13 und ist auf 10%-Niveau statistisch gesichert. Es besteht somit ein deutlicher Unterschied bezüglich des Einsatzes von Derivaten abhängig davon, ob ein Familienmitglied im Management tätig ist oder nicht.

Eine mögliche Erklärung für den beobachteten negativen Zusammenhang zwischen Derivateeinsatz und Familienunternehmen, vor allem Familienunternehmen ohne Managementbeteiligung, können gewisse Ressentiments oder zumindest Unsicherheiten seitens der Inhaberfamilien gegenüber einem Derivateeinsatz sein. Derivateaktivitäten haben bei verschiedenen Unternehmen in der jüngeren Vergangenheit zu erheblichen Verlusten geführt, wobei teilweise auch der Fortbestand des Unternehmens fraglich war.[618] Diese spektakulären Einzelfälle wurden in der Wirtschaftspresse sehr umfangreich wiedergegeben und könnten zu erheblicher Verunsicherung bei den Inhaberfamilien geführt haben.

Mit diesem Erklärungsansatz wäre auch vereinbar, warum für Großkonzerne mit einem Umsatz von über 10 Mrd. DM und für Familienunternehmen mit Managementbeteiligung kein negativer Zusammenhang besteht. In Großkonzernen sind die Entscheidungsprozesse zumeist weniger emotional und mehr betriebswirtschaftlich fundiert. Bei aktiv im Management tätigen Familienmitgliedern werden die mit dem Thema Derivateeinsatz verbundenen Ressentiments deutlich geringer sein.

4.3.2.8 Tochtergesellschaften

Zwischen dem Unternehmensmerkmal „Tochtergesellschaften“ und einem Derivateeinsatz wurde ein negativer Zusammenhang postuliert. Tabelle 36 bestätigt die Hypothese. In der Teilgruppe der nicht-hedgenden Unternehmen beträgt der Anteil der Tochtergesellschaften 54,8 % (14 von 31) und in der der hedgenden Unternehmen hingegen nur 23,1 % (21 von 91). Alternativ ausgedrückt: 80,5 % der eigenständigen Unternehmen betreiben ein Währungsmanagement (70 von 87), während dies nur 60,0 % der Tochtergesellschaften tun (21 von 35). Diese Unterschiede erweisen sich als signifikant bei einer Sicherheitswahrscheinlichkeit von 5 %.

Da Tochtergesellschaften typischerweise kleinere Unternehmen sind und somit möglicherweise der geringere Derivateeinsatz seitens der Tochtergesellschaften lediglich größenbedingt ist, wurde auch die Variable „Tochtergesellschaft“ separat für die vier Umsatzklassen untersucht. Die Größensegmentierung bestätigt jedoch obiges Ergebnis: In drei der vier Umsatzklassen befindet sich ein deutlich höherer Prozentsatz von Tochtergesellschaften in der Teilgruppe der nicht-hedgenden Unternehmen.[619]

---

[618] Für einen Überblick über die Derivate-Desaster vgl. Po (1997), S. 41-55.

[619] Das Chi-Quadrat ist für zwei Umsatzklassen sogar statistisch signifikant. Vgl. Tabelle A 13 im Anhang.

Tabelle 36: Tochtergesellschaften und Währungsderivateeinsatz

	Einsatz von Währungsderivaten	Kein Einsatz von Währungsderivaten	Σ
Tochtergesellschaften	21	14	35
Keine Tochtergesellschaften	70	17	87
Σ	91	31	122
Hypothese:	–		
Chi-Quadrat nach Pearson	5,51		
Signifikanz Chi-Quadrat nach Pearson	0,019**		
„Exakte" Signifikanz nach Fisher	0,023**		

Hinweis: Signifikanzniveaus von 10%, 5% und 1% sind mit *, ** und *** hervorgehoben.

Inhaltlich nicht unbedenklich ist, dass obige Vierfeldertafel auch neun Tochtergesellschaften ausländischer Konzerne beinhaltet. Bei diesen ausländischen Tochtergesellschaften sind bezüglich des Währungs-Exposure einige Besonderheiten zu beachten. So sind bspw. die von den Tochtergesellschaften gehaltenen Bestände sowie Forderungen und Verbindlichkeiten in Konzernwährung aus Konzernsicht keine Fremdwährungsbestände.

Werden die neun ausländischen Tochtergesellschaften, von denen vier Derivate einsetzen, ausgeschlossen, so fallen die Unterschiede zwischen Tochtergesellschaften und eigenständigen Gesellschaften geringer aus. Der Anteil der Tochtergesellschaften, die Derivate einsetzen, erhöht sich von 60,0 % auf 65,4 % (17 von 26). Die Differenz zum Anteil der eigenständigen Gesellschaften, die Derivate einsetzen (80,5 %), verringert sich somit.[620] Der P-Value des Pearson Chi-Quadrats reduziert sich auf 0,109. Die Differenz ist zwar nicht mehr signifikant, betragsmäßig aber weiterhin nicht unbeachtlich.

Insgesamt scheint sich das Hedging-Verhalten von Tochtergesellschaften und eigenständigen Unternehmen zu unterscheiden; Tochtergesellschaften verwenden entsprechend den theoretischen Überlegungen weniger häufig Derivate.

4.3.2.9 Bankenbeteiligung

In Tabelle 37 zeigt sich kein Zusammenhang zwischen der Bankenvariablen und der Hedging-Variablen. Der Anteil der Unternehmen mit Bankenbeteiligung ist in der Teilgruppe „Einsatz von Währungsderivaten" mit 15,4 % (14 von 91) nur geringfügig höher als in der Teilgruppe „Kein Einsatz von Währungsderivaten" mit 12,9 % (4 von 31). Die Gruppenunterschiede sind insignifikant.

---

620 Vgl. Tabelle A 13 im Anhang.

Tabelle 37: Bankenbeteiligung und Währungsderivateeinsatz

	Einsatz von Währungsderivaten	Kein Einsatz von Währungsderivaten	Σ
Bankenbeteiligung	14	4	18
Keine Bankenbeteiligung	77	27	104
Σ	91	31	122
Hypothese:		+/–	
Chi-Quadrat nach Pearson		0,113	
Signifikanz Chi-Quadrat nach Pearson⁺		0,737	
„Exakte" Signifikanz nach Fisher		1,000	

Hinweis: ⁺ Da die Bedingung des Chi-Quadrat-Tests, eine erwartete Häufigkeit von mindestens fünf für alle Felder der Vierfeldertafel, nicht erfüllt wird, ist hier auf die „exakte" Signifikanz nach Fisher abzustellen.

Alternativ wurden in die Auswertungen nur die Obergesellschaften einbezogen.[621] Hierbei ergaben sich jedoch keine qualitativen Änderungen gegenüber den aufgezeigten Ergebnissen. Die Gruppenunterschiede sind weiterhin marginal und deutlich insignifikant. Die mit Beteiligungen verbundenen Einflussmöglichkeiten der Banken determinieren somit nicht die Hedging-Entscheidung.

4.3.2.10 Börsengesellschaften

Die Aufnahme von externen Finanzmitteln, vor allem Eigenkapital, ist für nicht-börsengehandelte Unternehmen ungleich schwieriger als für börsengehandelte. In der Teilgruppe „Einsatz von Währungsderivaten" sollte daher ein höherer Anteil von nicht-börsengehandelten Unternehmen zu beobachten sein.

Tabelle 38: Börsengesellschaften und Währungsderivateeinsatz

	Einsatz von Währungsderivaten	Kein Einsatz von Währungsderivaten	Σ
Börsengesellschaft	63	21	84
Nicht-Börsengesellschaft	28	10	38
Σ	91	31	122
Hypothese:		–	
Chi-Quadrat nach Pearson		0,02	
Signifikanz Chi-Quadrat nach Pearson		0,877	
„Exakte" Signifikanz nach Fisher		1,000	

[621] Vgl. Tabelle A 14 im Anhang.

Der Anteil der Börsengesellschaften ist in beiden Teilgruppen nahezu identisch. In der Teilgruppe „Einsatz von Währungsderivaten" beträgt der Anteil der börsengehandelten Unternehmen 69,2 % (63 von 91) und der in der Teilgruppe „Kein Einsatz von Währungsderivaten" 67,7 % (21 von 31). Beziehungsweise 75,0 % der Börsengesellschaften (63 von 84) und 73,7 % der nicht-börsennotierten Gesellschaften (28 von 38) betreiben ein Währungsmanagement. Diese Differenzen sind nach dem Chi-Quadrat-Unabhängigkeitstest deutlich insignifikant.

Wird die Untersuchung separat für die vier Umsatzklassen durchgeführt, zeigen sich gewisse Unterschiede zwischen kleineren und größeren Unternehmen.[622] In den beiden größeren Umsatzklassen (Umsatz von über 11.322 Mio. DM; Umsatz zwischen 4.259 und 11.322 Mio. DM) liegt der Anteil der Börsengesellschaften in der Teilgruppe „Kein Einsatz von Währungsderivaten" geringfügig höher. Dagegen ist in den beiden kleineren Umsatzklassen (Umsatz zwischen 1.354 und 4.258 Mio. DM; Umsatz von unter 1.354 Mio. DM) entgegen den Vorüberlegungen der Anteil der Nicht-Börsengesellschaften in der Teilgruppe „Kein Einsatz von Währungsderivaten" höher.

Nicht unproblematisch ist, dass sich unter den nicht-börsengehandelten Unternehmen auch zahlreiche Tochtergesellschaften befinden. Für Tochtergesellschaften sind Unterinvestitionssituationen allerdings aufgrund einer möglichen Inanspruchnahme des internen Kapitalmarkts weniger wahrscheinlich. Daher wurde die Untersuchung auch unter Ausschluss von Tochtergesellschaften durchgeführt. Allerdings ergaben sich hierbei gegenüber den in Tabelle 38 dargestellten Ergebnissen keine wesentlichen Änderungen.[623] Die Unterschiede der Prozentwerte in den beiden Teilgruppen sind betragsmäßig äußerst gering und statistisch insignifikant.

Zusammenfassend ist zu konstatieren, dass im Hedging-Verhalten zwischen börsengehandelten und nicht-börsengehandelten Unternehmen keine Unterschiede bestehen. Dieses Ergebnis ist für die weiteren multivariaten Untersuchungen bedeutsam. Weil eine Reihe von Kennzahlen sich nur für Börsengesellschaften bilden lässt, umfassen die multivariaten Regressionen oftmals nur das Subsample der Börsengesellschaften. Da kein Zusammenhang zwischen der Variablen „Börsengesellschaft" und der Hedging-Variablen besteht, erleichtert dies den Vergleich und die Interpretation der Ergebnisse der auf unterschiedlichen Samples beruhenden multivariaten Regressionen.

---

[622] Vgl. Tabelle A 15 im Anhang.

[623] Bemerkenswerterweise bestehen für Tochtergesellschaften dagegen keine Teilgruppenunterschiede. Vgl. Tabelle A 15 im Anhang.

4.3.2.11 Branchendiversifikation

Zwischen der Variable „Branchendiversifikation" und einem Währungsmanagement wurde ein positiver Zusammenhang postuliert. Die in Tabelle 39 dargestellten Ergebnisse stehen in deutlichem Widerspruch zu den theoretischen Vorüberlegungen. Während von den diversifizierten Unternehmen 86,5 % (32 aus 37) Währungsderivate verwenden, sind dies von den nicht-diversifizierten Unternehmen nur 69,4 % (59 aus 85). Alternativ ausgedrückt, in der Teilgruppe „Einsatz von Währungsderivaten" beträgt der Anteil der diversifizierten Unternehmen 35,2 % (32 von 91) und in der Teilgruppe „Kein Einsatz von Währungsderivaten" lediglich 16,1 % (5 von 31). Diese Unterschiede sind nach dem Chi-Quadrat-Test signifikant auf einem Sicherheitsniveau von 5 %.

Eine plausible Erklärung wären mögliche Größeneffekte, da über mehrere Branchen diversifizierte Konzerne zumeist auch größere Unternehmen sind. Jedoch ist für jede der vier betrachteten Umsatzklassen der Anteil diversifizierter Unternehmen in der Teilgruppe der hedgenden gegenüber der der nicht-hedgenden Unternehmen höher.[624] Größeneffekte können insofern das den theoretischen Überlegungen entgegengesetzte Hedging-Verhalten nicht erklären.

Eine weitere Begründung für die relativ geringere Anzahl von nicht-diversifizierten Unternehmen, die Derivate einsetzen, kann darin bestehen, dass nicht-diversifizierte Unternehmen oftmals Tochtergesellschaften sind und letztere, wie in Abschnitt 4.3.2.8 dargestellt, weit weniger häufig Derivate einsetzen. Wird die Untersuchung nur für die Obergesellschaften durchgeführt, zeigt sich jedoch in der Teilgruppe der hedgenden verglichen mit der der nicht-hedgenden Unternehmen weiterhin ein deutlich höherer Anteilswert von diversifizierten Unternehmen. Die Differenz der Anteilswerte ist hier mit 40,0 % gegenüber 17,6 %

Tabelle 39: Branchendiversifikation und Währungsderivateeinsatz

	Einsatz von Währungsderivaten	Kein Einsatz von Währungsderivaten	Σ
Branchendiversifikation	32	5	37
Keine Branchendiversifikation	59	26	85
Σ	91	31	122
Hypothese:	–		
Chi-Quadrat nach Pearson	3,97		
Signifikanz Chi-Quadrat nach Pearson	0,046**		
„Exakte" Signifikanz nach Fisher	0,069*		

Hinweis: Signifikanzniveaus von 10%, 5% und 1% sind mit *, ** und *** hervorgehoben.

[624] Vgl. Tabelle A 16 im Anhang.

sogar etwas größer als für das Gesamtsample; die Differenz ist dabei signifikant auf einem 10%-Niveau.[625]

Erstaunlicherweise verwenden folglich entgegen den Implikationen der Theorieansätze diversifizierte Unternehmen weit häufiger Währungsderivate. Eine weitere mögliche Begründung könnte darin bestehen, dass die Unternehmen eine Stabilisierung der Cashflows auf Sparten- bzw. Geschäftsfeldebene anstreben, eventuell liegt die Hedging-Entscheidung sogar bei den Spartenleitungen. Der Währungsderivateeinsatz wird dann bedingt durch jene Sparten, die erheblichen Währungsrisiken ausgesetzt sind. Diversifizierte Konzerne würden dementsprechend mit höherer Wahrscheinlichkeit Derivate einsetzen, da für die Klassifizierung als hedgendes Unternehmen bereits ausreichend ist, wenn in einer der Sparten Derivate verwendet werden.[626]

4.3.2.12 Währungs-Exposure

4.3.2.12.1 Exposure-Höhe

Eine zentrale Determinante der Hedging-Entscheidung sollte natürlich der Umfang der Risikoposition sein. Während die Exposure-Variable „Auslandsumsatzanteil“ vorwiegend das Transaction Exposure bzw. Conversion Exposure fasst, soll die Exposure-Variable „Branchenimportquote“ für das Competitive Exposure approximieren.

Tabelle 40: Währungs-Exposure und Währungsderivateeinsatz

		Einsatz von Währungsderivaten				**Kein Einsatz von Währungsderivaten**				**Mann-Whitney-U-Test**		
Kennzahlen	Hypothese	N	Arith. Mittel	Median	Std. abw.	N	Arith. Mittel	Median	Std. abw.	Ø Rang		Sig.
										FX-Derivate	Keine FX-Derivate	
Auslandsumsatzanteil	+	91	0,44	0,51	0,27	31	0,20	0,18	0,22	69,2	38,8	0,000***
Branchenimportquote	+	90	0,25	0,20	0,29	29	0,16	0,00	0,31	65,0	44,5	0,005***

Hinweis: Signifikanzniveaus von 10%, 5% und 1% sind mit *, ** und *** hervorgehoben.

---

[625] Vgl. Tabelle A 16 im Anhang.

[626] Dieser Effekt wird dadurch bekräftigt, dass die Unternehmen der Branchen „Bergbau / Mineralöl“, „Chemie“, „Metall“ und „Maschinenbau“ häufig als branchendiversifiziert klassifiziert wurden. Da in der Chemie-, Metall- und Maschinenbaubranche überdurchschnittlich häufig Derivate eingesetzt werden, sollte dies die Ergebnisse in Richtung eines positiven Zusammenhangs verzerren. Bei der Interpretation der Branchenvariablen ist somit zu bedenken, dass der beobachtete signifikant positive Zusammenhang möglicherweise klassifikationsbedingt bzw. datentechnisch bedingt ist.

Tabelle 40 zeigt einen deutlich positiven Zusammenhang zwischen der Höhe des Wechselkurs-Exposure und der Hedging-Entscheidung. Für beide Exposure-Variablen sind die Gruppenunterschiede der Mittelwertgrößen erheblich und die Rangplatzdifferenzen hoch signifikant.

Der durchschnittliche Auslandsumsatzanteil ist mit 44 % gegenüber 20 % mehr als doppelt so hoch in der Teilgruppe der hedgenden Unternehmen. Für den Median fällt der Gruppenunterschied sogar noch deutlicher aus: In der Teilgruppe der hedgenden Unternehmen beträgt der Median 51 % und in der der nicht-hedgenden Unternehmen dagegen nur 18 %. Der durchschnittliche Rangwert ist in der Gruppe der hedgenden Unternehmen mit 69,2 gegenüber 38,8 deutlich höher. Diese Rangplatzdifferenz erweist sich als hoch signifikant. Bemerkenswerterweise ist der P-Value der Rangplatzdifferenz von allen erklärenden Variablen für den Auslandsumsatzanteil am niedrigsten. Der Einfluss des Auslandsumsatzanteils auf die Hedging-Entscheidung ist somit noch ausgeprägter als der der Größenvariablen und der der Variablen „Managerbezüge".

Auch für die Exposure-Variable „Branchenimportquote" sind arithmetisches Mittel und Median für die Teilgruppe „Einsatz von Währungsderivaten" erheblich höher. Die Differenz der Rangplatzwerte ist ebenfalls hoch signifikant. Die verwendete Branchenimportquote beruht auf einer Branchenzuordnung entsprechend dem Hauptgeschäftsfeld. Daneben erfolgte eine Zuordnung gemäß des Geschäftsfeldes mit der höchsten Importquote, zudem wurde eine durchschnittliche Importquote für jedes Unternehmen gebildet. Für beide Kennzahlenvarianten sind die Unterschiede in den Lageparametern arithmetisches Mittel und Median weiterhin deutlich.[627] Für die branchenspezifische Importquote auf Basis des Geschäftsfeldes mit der höchsten Importquote ist der Rangplatzunterschied ebenfalls auf einem 1%igen Sicherheitsniveau signifikant. Das Signifikanzniveau der durchschnittlichen Importquote beträgt 1,8 %.

Bemerkenswerterweise sind sowohl für den Auslandsumsatzanteil als auch für die Branchenimportquote die Standardabweichungen in den Teilgruppen nicht gering; die Kennzahlenwerte streuen folglich innerhalb der Teilgruppen nicht unwesentlich.

Insgesamt zeigt sich hier deutlich die herausragende Bedeutung der Exposure-Höhe für die Hedging-Entscheidung. Beide Exposure-Variablen erweisen sich als hoch signifikant; der P-Value ist sogar von allen metrischen erklärenden Variablen für den Auslandsumsatzanteil am niedrigsten. Die präsentierten Befunde können inhaltlich dahingehend gedeutet werden, dass deutsche Unternehmen sich bei ihren Hedging-Entscheidungen sowohl am Transaction bzw. Conversion Exposure als auch am Competitive Exposure orientieren.

Aufgrund der hohen Erklärungskraft der Exposure-Variablen ist eine Nichtberücksichtigung der Exposure-Höhe in den multivariaten Auswertungen, wie dies in den älteren empirischen Untersuchungen geschah, höchst problematisch. Wird

---

[627] Vgl. Tabelle A 7 im Anhang.

eine Variable mit erheblichem Erklärungsgehalt nicht berücksichtigt, führt dies zu Unterspezifikationsproblemen und möglicherweise inkonsistenten Parameterschätzungen.

4.3.2.12.2 Auslandswertschöpfung

Das Währungs-Exposure ist abhängig von dem im Ausland erbrachten Wertschöpfungsanteil. Unternehmen mit überwiegend inländischer Wertschöpfung sollten – bei gleicher Exposure-Höhe – vermehrt Währungsderivate verwenden. In der Teilgruppe „Einsatz von Währungsderivaten" sollten daher geringere Werte für die Auslandswertschöpfung beobachtbar sein.

Tabelle 41 zeigt für das Gesamtsample entgegen den Vorüberlegungen einen mehr als doppelt so hohen Anteil der Auslandsbeschäftigten in der Teilgruppe „Einsatz von Währungsderivaten". Die Differenz der durchschnittlichen Rangwerte ist hoch signifikant. Dies ist allerdings nicht verwunderlich, da, falls nicht für die Exposure-Höhe kontrolliert wird, die Variable „Auslandswertschöpfungsanteil" für die Exposure-Höhe approximiert. Dieser Effekt zeigt sich auch in der mit 0,71 hohen Korrelation der Variablen „Auslandswertschöpfung" mit der Exposure-Variablen „Auslandsumsatz".[628]

Eine empirische Untersuchung des Zusammenhangs zwischen in Auslandswährung anfallendem Kostenanteil und Währungsderivateeinsatz ist daher nur dann sinnvoll, wenn gleichzeitig für die Exposure-Höhe kontrolliert wird. Daher wurden vier Exposure-Klassen gebildet und die Auswertung separat für jede Exposure-Klasse durchgeführt.

Tabelle 41: Auslandswertschöpfung und Währungsderivateeinsatz – Gesamtsample und Segmentierungen nach Auslandsumsatzanteil

		Einsatz von Währungsderivaten				**Kein Einsatz von Währungsderivaten**				**Mann-Whitney-U-Test**		
Auslands-umsatzanteil	Hypothese	N	Arith. Mittel	Median	Std. abw.	N	Arith. Mittel	Median	Std. abw.	Ø Rang FX-Derivate	Ø Rang Keine FX-Derivate	Sig.
> 0,63	–	28	0,49	0,52	0,21	0				Test nicht möglich⁺		
0,38–0,63	–	26	0,35	0,37	0,23	3	0,04	0,00	0,06	16,1	5,7	0,045**
0–0,38	–	19	0,14	0,07	0,23	10	0,32	0,34	0,18	13,0	18,9	0,077*
0	–	11	0,03	0,00	0,05	11	0,03	0,00	0,09	12,4	10,6	0,562
Gesamt	–	84	0,31	0,31	0,26	24	0,15	0,00	0,22	59,3	37,9	0,003***

Hinweis: ⁺ Mann-Whitney-U-Test nicht möglich, da Teilgruppe „Kein Einsatz von Währungsderivaten" nicht besetzt. Signifikanzniveaus von 10%, 5% und 1% sind mit *, ** und *** hervorgehoben.

[628] Für die Korrelationen der unabhängigen Variablen vgl. Tabelle 43.

Tabelle 41 enthält die Teilgruppenunterschiede in den vier Auslandsumsatzklassen.[629] Für die drei Klassen mit einem Auslandsumsatz von über null sollte ausgehend von obigen Vorüberlegungen ein niedrigerer Auslandsmitarbeiteranteil in der Teilgruppe „Einsatz von Währungsderivaten" beobachtbar sein. Diese Überlegungen lassen sich jedoch nicht auf die Klasse der Unternehmen mit einem Währungs-Exposure von null übertragen, da diese Unternehmen keine Anreize für ein Währungsmanagement, weder in Form eines Währungsderivateeinsatzes noch in Form realwirtschaftlicher Absicherungsmaßnahmen, besitzen.

Entsprechend den Vorüberlegungen ist in der Klasse der Unternehmen mit einem Auslandsumsatz von null für beide Teilgruppen der Auslandsmitarbeiteranteil annähernd null. Überraschend ist hingegen, dass elf der 22 Unternehmen mit einem Auslandsumsatz von null Währungsderivate verwenden.

Konsistent mit den Vorüberlegungen ist bei den Unternehmen mit einem Auslandsumsatzanteil zwischen 0 % und 38 % in der Teilgruppe „Einsatz von Währungsderivaten" der Anteil der ausländischen Wertschöpfung deutlich geringer. Der Anteil der ausländischen Wertschöpfung beträgt bei den Unternehmen, die Derivate einsetzen, 14 % und bei denen, die keine einsetzen, 32 %. Auch der durchschnittliche Rangwert ist mit 13,0 gegenüber 18,9 für die Teilgruppe „Einsatz von Währungsderivaten" deutlich geringer; diese Rangwertdifferenz erweist sich signifikant bei einem Sicherheitsniveau von 10 %.

Bei den Unternehmen mit einem Auslandsumsatzanteil zwischen 38 % und 63 % sind dagegen die Mittelwertgrößen und der durchschnittliche Rangwert in der Teilgruppe „Einsatz von Währungsderivaten" höher. Die Rangwertdifferenz ist dabei signifikant auf einem 5%igen Sicherheitsniveau. Allerdings beinhaltet die Teilgruppe „Kein Einsatz von Währungsderivaten" lediglich drei Unternehmen, sodass die Ergebnisse weniger repräsentativ sind. Nichtsdestoweniger stellt sich die Frage, warum diese drei Unternehmen trotz hohem Auslandsumsatzanteil und geringer ausländischer Wertschöpfung auf einen Derivateeinsatz verzichten. Eine nähere Betrachtung zeigt jedoch, dass es sich bei diesen drei Unternehmen um drei kleinere Familienunternehmen handelt, zwei davon sogar mit einem Umsatz von unter 310 Mio. DM. Wie in den Abschnitten 4.3.2.5 und 4.3.2.7 erörtert, verwenden sowohl Kleinunternehmen wie auch Familienunternehmen weit weniger häufig Währungsderivate.

Erachtet man die drei Unternehmen nun als durch Sondereinflüsse bedingt, so sind die Ergebnisse in Tabelle 41 durchaus einer sinnvollen Interpretation zugänglich. Bei Unternehmen mit geringem Exposure (Auslandsumsatzanteil zwischen 0 % und 38 %) besteht eine den Vorüberlegungen entsprechende substitutive Beziehung zwischen dem Einsatz von Währungsderivaten und realwirtschaftlichen Absicherungsmaßnahmen; die Unternehmen können zwischen

[629] Die 22 Unternehmen mit einem Auslandsumsatzanteil von 0 bilden eine Auslandsumsatzklasse. Die verbleibenden 86 Unternehmen wurden anhand der 33%-Perzentile in drei Klassen eingeteilt.

einem Währungsderivateeinsatz und realwirtschaftlichen Absicherungsmaßnahmen wählen. Sind die Unternehmen hingegen einem hohen Exposure ausgesetzt (Auslandsumsatzanteil über 38 %), so sind die meisten Unternehmen gezwungen, sowohl realwirtschaftliche Maßnahmen als auch Derivate zum Währungsmanagement einzusetzen.[630]

In diesem Abschnitt wurde insgesamt deutlich, dass Überlegungen zum Economic Exposure die Entscheidung über einen Derivateeinsatz mitbeeinflussen. Aufschlussreich für die Exposure-Problematik dürften sicherlich die multivariaten Analysen sein, bei denen für die Exposure-Höhe kontrolliert werden kann und sich der isolierte Einfluss des im Ausland erbrachten Wertschöpfungsanteils zeigt.

4.3.2.13 Branchenzugehörigkeit

Abschließend wird noch der Zusammenhang zwischen Währungsderivateeinsatz und Branchenzugehörigkeit dargestellt. Der Derivateeinsatz sollte in den einzelnen Branchen in Abhängigkeit der branchenspezifischen Agency-Probleme, Marktunvollkommenheiten und Exposure-Höhe variieren.

Tabelle 42 enthält für jede Branchenklasse den Anteilswert der Unternehmen, die Währungsderivate einsetzen, sowie die Teststatistiken des Chi-Quadrat-Tests. Auf eine Darstellung der einzelnen Vierfeldertafeln für jede Branchengruppe wurde hier verzichtet, da die kompaktere Darstellung einfacher einen vergleichenden Überblick über die elf Branchenklassen ermöglicht. Die Nullhypothese des Chi-Quadrat-Tests lautet, dass zwischen Währungsderivateeinsatz und Zugehörigkeit zur jeweiligen Branche kein Zusammenhang besteht. Letztlich wird dabei getestet, ob der Anteilswert sich in den jeweiligen Branchen vom durchschnittlichen Anteilswert (74,6 %) unterscheidet.

Die Nullhypothese des Chi-Quadrat-Tests kann nur für den Maschinenbau abgelehnt werden. Bemerkenswerterweise verwenden alle 16 Maschinenbauunternehmen Währungsderivate. Zwar ist der Anteilswertunterschied lediglich für den Maschinenbau statistisch signifikant, die Anteilswertunterschiede der einzelnen Branchen erscheinen jedoch durchaus ökonomisch signifikant und sind vor allem einer inhaltlich sinnvollen Interpretation zugänglich.

Neben dem Maschinenbau besteht ein deutlich überdurchschnittlicher Währungsderivateeinsatz in der Metall-, Elektro- und Chemieindustrie. Dies erscheint

---

[630] Wird zur Segmentierung nach der Exposure-Höhe auf die Variable „Branchenimportquote" zurückgegriffen, so ergeben sich entgegen den Vorüberlegungen in allen Exposure-Klassen höhere Auslandsmitarbeiteranteile in der Teilgruppe „Einsatz von Währungsderivaten". Möglicherweise kontrolliert die Variable „Branchenimportquote" weniger gut für die Exposure-Höhe als die Variable „Auslandsumsatz", sodass der Auslandsmitarbeiteranteil weiterhin für die Exposure-Höhe approximiert. Vgl. Tabelle A 17 im Anhang.

Tabelle 42: Branchenklassen und Währungsderivateeinsatz

		Einsatz von Währungsderivaten		Chi-Quadrat-Test		
Branchenklassen	Klassenumfang	Anzahl	%	Pearson Chi-Quadrat	Sig.	„Exakte" Sig. nach Fisher
Maschinenbau	16	16	100,0%	6,27⁺	0,012**	0,011**
Metall	14	13	92,9%	2,78⁺	0,095*	0,114
Elektro	16	14	87,5 %	1,62⁺	0,203	0,354
Chemie	27	23	85,2 %	2,05	0,152	0,221
Fahrzeugbau	9	7	77,8 %	0,05⁺	0,819	1,000
Konsumgüter	21	16	76,2 %	0,34	0,853	1,000
Versorgung	12	9	75,0 %	0,00⁺	0,973	1,000
Handel	24	16	66,7 %	0,99	0,320	0,311
Bergbau / Mineralöl	11	7	63,6 %	0,77⁺	0,382	0,468
Bauwesen	8	4	50,0 %	2,73⁺	0,098*	0,112
Dienstleistung	6	3	50,0 %	2,01⁺	0,156	0,171

Hinweis: Für die mit ⁺ gekennzeichneten Pearson Chi-Quadrat-Werte ist die Bedingung einer erwarteten Häufigkeit von mindestens fünf für alle Felder der Vierfeldertafel nicht erfüllt; in diesen Fällen ist auf die „exakte" Signifikanz nach Fisher abzustellen. Signifikanzniveaus von 10%, 5% und 1% sind mit *, ** und *** hervorgehoben.

aufgrund des umfangreichen Auslandsgeschäfts und der hohen Innenfinanzierungsvolumina in diesen Branchen inhaltlich plausibel.

Der unterdurchschnittliche Derivateeinsatz in den Branchen Handel, Bauwesen und Dienstleistung ist nicht überraschend, da Unternehmen dieser Branchen typischerweise nur einem geringen Wechselkurs-Exposure ausgesetzt sind. Erstaunlich ist hingegen der hohe Anteil von Versorgungsunternehmen, die Währungsderivate einsetzen. Versorgungsunternehmen verfügen über eine vorwiegend inländische Kundenbasis und sind infolge der starken staatlichen Regulierung mit geringen Agency-Problemen behaftet.[631] Allerdings befinden sich unter den hier betrachteten Versorgungsunternehmen auch breit diversifizierte Konzerne mit umfangreichen Aktivitäten in anderen Geschäftsfeldern.

Verwunderlich ist ebenfalls die geringe Anzahl von Bergbau-, Öl- bzw. Gasunternehmen (Branchenklasse „Bergbau / Mineralöl"), die Währungsderivate einsetzen. Diese Unternehmen stehen in starkem internationalen Wettbewerb und ein zusätzliches Wechselkursrisiko resultiert aus der Dollarnotierung der meisten Rohstoffe. Auch bei den ausgeprägt international tätigen Unternehmen der Fahrzeugindustrie überrascht der relativ geringe Derivateeinsatz. Bei den Unterneh-

[631] Mian (1996) und Goldberg/Godwin/Kim/Tritschler (1998) beobachten eine signifikant geringere Derivateeinsatz-Wahrscheinlichkeit für amerikanische Versorgungsunternehmen.

men dieser Branchenklassen handelt es sich jedoch häufig um Tochterunternehmen in- und ausländischer Konzerne. Wird die Auswertung in Tabelle 42 nur für Obergesellschaften durchgeführt, so zeigt sich bemerkenswerterweise, dass alle Unternehmen des Fahrzeugbaus sowie der Bergbau-, Öl- und Gasindustrie Währungsderivate einsetzen.

4.3.2.14 Zusammenfassung der univariaten Ergebnisse

Die wesentlichen Ergebnisse der univariaten Betrachtungen können wie folgt zusammengefasst werden:

- Bemerkenswert ist die hohe Bedeutung der Managermotive für die Hedging-Entscheidung. Die Manager von hedgenden Unternehmen beziehen – auch größenbereinigt – deutlich höhere Einkünfte als die von nicht-hedgenden Unternehmen. Die Einkommensunterschiede sind dabei statistisch und vor allem ökonomisch signifikant. Auch verwenden Unternehmen mit Managerbeteiligungen weit häufiger Währungsderivate. Diese Befunde werfen die Frage auf, ob die (unzureichend diversifizierten) Manager sich bei der Hedging-Entscheidung an den Eigeninteressen orientieren und eine Implementierung auch dann beschließen, wenn dies aufgrund der hohen Kosten aus Anteilseignersicht unvorteilhaft ist. Eine disziplinierende Einflussnahme von Großaktionären konnte jedoch nicht eindeutig festgestellt werden.
- Entsprechend den univariaten Befunden sind größenbedingte Kostenvorteile eine wesentliche Hedging-Determinante. Zwischen den Größenvariablen und der Hedging-Variable bestand wie in den vorliegenden Studien ein hoch signifikant positiver Zusammenhang. Interessanterweise sind die P-Values hier allerdings geringer als die für den Auslandsumsatzanteil und die Managerbezüge. Neben den Größenvariablen bestätigt auch der hoch signifikant positive Zusammenhang zwischen dem Einsatz von Währungsderivaten und dem von Zins- oder Güterpreisderivaten die Bedeutung von größenbedingten Kostenvorteilen.
- Ausgehend von den univariaten Befunden erscheinen das Konkurskostenmotiv und der Fremdkapitalgeber-Anteilseigner-Konflikt von keiner Bedeutung für die Hedging-Entscheidung. Die durchschnittlichen Verschuldungskennzahlen zwischen hedgenden und nicht-hedgenden Unternehmen unterschieden sich nur unwesentlich. Auch zwischen Unternehmen mit und ohne Bankenbeteiligung bestehen nur geringfügige Unterschiede im Hedging-Verhalten.
- Erstaunlicherweise können Kapitalmarktrestriktionen und Unterinvestitionsprobleme – entgegen den amerikanischen empirischen Studien – das Hedging-Verhalten deutscher Unternehmen nicht erklären. Sämtliche aus Kapitalmarktrestriktionen oder Unterinvestitionsproblemen abgeleiteten Kennzahlen erwiesen sich als insignifikant und besaßen oftmals eine den Theorieimplikationen

entgegengesetzte Einflussrichtung. Die durchschnittlichen Verschuldungs-, Investitions- und Liquiditätskennzahlen unterschieden sich kaum zwischen hedgenden und nicht-hedgenden Unternehmen. Die durchschnittliche Dividendenhöhe war für nicht-hedgende Unternehmen höher. Auch die mit Kapitalmarktrestriktionen konfrontierten Familienunternehmen und Nicht-Börsengesellschaften verwendeten nicht häufiger Derivate. Folglich kommt dem Ansatz von Froot/Scharfstein/Stein (1993), der international im Mittelpunkt der neueren theoretischen und empirischen Diskussion steht, nur eine geringe Erklärungskraft für das Hedging-Verhalten deutscher Unternehmen zu.

- Durch die dichotomen Variablen „Familienbesitz", „Tochtergesellschaft", „Börsengesellschaft" und „Bankeneinfluss" sollten hier explizit die deutschen Kapitalmarktverhältnisse bei der Analyse des Hedging-Verhaltens berücksichtigt werden. Während die Variablen „Börsengesellschaft" und „Bankeneinfluss" sich als nicht signifikant erweisen, besitzen die Variablen „Familienbesitz" und „Tochtergesellschaft" – auch größenbereinigt – einen erheblichen Einfluss. Tochtergesellschaften verwenden konsistent mit Informations- und Organisationsüberlegungen weniger häufig Währungsderivate. Interessanterweise ist der Derivateeinsatz bei Familienunternehmen – entgegen Kapitalmarktzugangs- und Diversifikationsüberlegungen – deutlich geringer. Als mögliche Begründung wurden Ressentiments seitens der Inhaberfamilien gegenüber einem Derivateeinsatz angeführt.
- Ein wesentlicher Bestimmungsfaktor des Einsatzes von Währungsderivaten ist die Exposure-Höhe. Die Exposure-Kennzahlen „Auslandsumsatzanteil" und „Branchenimportquote" nehmen für hedgende Unternehmen durchschnittlich deutlich höhere Werte an. Die Unterschiede erweisen sich dabei als statistisch hoch signifikant. Die Variable „Auslandsumsatzanteil" besitzt dabei den niedrigsten P-Value unter allen betrachteten Erklärungsfaktoren. Daneben verdeutlicht die Signifikanz der Variablen „Auslandswertschöpfungsanteil" die außerordentliche Bedeutung von Exposure-Überlegungen für die Hedging-Entscheidung.

4.4 Multivariate Untersuchung

In diesem Abschnitt werden die aus der Hedging-Theorie abgeleiteten Hypothesen im Rahmen einer multivariaten Analyse untersucht. Zu erklärende Variable der Modellschätzung ist die dichotome Hedging-Variable und erklärende Variablen bilden die aus der Theorie abgeleiteten Unternehmenskennzahlen. Im Gegensatz zu den univariaten kann bei den multivariaten Auswertungen für die verschiedenen Einflussfaktoren simultan kontrolliert und können somit aussagekräftigere Ergebnisse über den Erklärungsbeitrag der einzelnen Einflussfaktoren herausgearbeitet werden. Den folgenden multivariaten Auswertungen liegen die um Extremwerte bereinigten Verteilungen der Erklärungsvariablen zugrunde.[632] Statistisches Auswertungsinstrumentarium ist die multiple Logit-Analyse, die sich in den jüngeren empirischen Forschungsarbeiten bei dichotomen Fragestellungen zunehmend durchgesetzt hat.

Im nachfolgenden Abschnitt 4.4.1 werden die methodischen Grundlagen der Logit-Analyse erläutert. Abschnitt 4.4.2 beinhaltet ökonometrische Überlegungen zur Variablenauswahl bzw. Modellspezifikation sowie eine Analyse der Korrelationsstrukturen der Erklärungsvariablen. Im umfangreichen Abschnitt 4.4.3 werden die Ergebnisse der multiplen Logit-Schätzungen präsentiert und diskutiert.

4.4.1 Methodische Grundlagen: Logistische Regression

Den folgenden multivariaten Logit-Analysen liegt eine dichotome Fragestellung zugrunde, wobei die abhängige Variable zwei Ausprägungen annehmen kann:

$$Y = \begin{cases} 0 & \text{Kein Einsatz von Währungsderivaten} \\ 1 & \text{Einsatz von Währungsderivaten} \end{cases}$$

4.4.1.1 Modellansatz und Anwendungsvoraussetzungen

Bei der (binomialen) Logit-Regression wird allgemein die Abhängigkeit einer Variablen mit zwei qualitativen Ausprägungen von mehreren unabhängigen Variablen beliebigen Skalenniveaus untersucht. Dabei wird ausgegangen von der Existenz einer latenten stetigen Variablen Y_i^*, die zu einer dichotomen Realisierung von Y_i führt.[633] Die beobachtbare Variable Y_i entspricht hier dem Einsatz bzw. Nicht-Einsatz von Währungsderivaten, während die latente Variable Y_i^* die Neigung bzw. die Wahrscheinlichkeit für einen Derivateeinsatz darstellt.

Bei der logistischen Regression stellt die Eintrittswahrscheinlichkeit $P_i(Y=1)$ für das Ereignis $Y=1$ die abhängige Variable dar. Entsprechend der obigen Kodierung ist hier die Hedging-Wahrscheinlichkeit $P_i(Y=1)$ die abhängige Variable. Zwischen der Hedging-Wahrscheinlichkeit $P_i(Y=1)$ und den erklärenden Variablen wird ein auf der logistischen Verteilungsfunktion basierender S-förmiger Zusammenhang unterstellt.[634] Für das i-te Unternehmen wird folgender Zusam-

[632] Kennzahlenwerte außerhalb des Intervalls [μ–4σ; μ+4σ] wurden wie bei den univariaten Betrachtungen durch die Kennzahlenwerte μ–4σ bzw. μ+4σ ersetzt.

[633] Vgl. Aldrich/Nelson (1984), S. 40f.

[634] Für alternative Spezifikationsannahmen bezüglich des funktionalen Zusammenhangs vgl. Aldrich/Nelson (1984), S. 32-35.

menhang zwischen der Hedging-Wahrscheinlichkeit $P_i(Y=1)$ und den K Unternehmenskennzahlen x_{ki} angenommen:[635]

$$P_i(Y=1) = \frac{e^{\beta_0+\beta_1 x_{1i}+\beta_2 x_{2i}+\ldots+\beta_K x_{Ki}}}{1 + e^{\beta_0+\beta_1 x_{1i}+\beta_2 x_{2i}+\ldots+\beta_K x_{Ki}}} = \frac{1}{1 + e^{-(\beta_0+\beta_1 x_{1i}+\beta_2 x_{2i}+\ldots+\beta_K x_{Ki})}} \quad (k \in K) \tag{4.3}$$

Die K Logit-Koeffizienten β_k sowie die Regressionskonstante β_0 sind die zu schätzenden Modellparameter. Die Logit-Koeffizienten β_k zeigen den partiellen Einfluss der einzelnen erklärenden Variablen auf die Hedging-Wahrscheinlichkeit. Die Schätzung der Modellparameter β_k beruht bei der Logit-Analyse auf der Maximum-Likelihood-Methode.[636] Allgemein werden bei einer Maximum-Likelihood-Schätzung jene Parameterwerte als Schätzwerte für den unbekannten Parameterwert der Grundgesamtheit gewählt, die das beobachtete Stichprobenergebnis am wahrscheinlichsten erscheinen lassen.[637] Ausgangspunkt ist die Likelihood-Funktion, die die Wahrscheinlichkeit für das Stichprobenergebnis in Abhängigkeit der zu schätzenden Parameterwerte anzeigt. Durch Differenzierung der Likelihood-Funktion nach den zu schätzenden Parametern und anschließender Lösung des resultierenden Gleichungssystems werden die zu schätzenden Parameter bestimmt. Allerdings ist das resultierende Gleichungssystem bei der Logit-Regression nicht analytisch lösbar und kann nur mittels eines iterativen Verfahrens[638] bestimmt werden.

Ein Problem der Logit-Analyse ist die vergleichsweise schwere Einschätzung des Ausmaßes des Einflusses der einzelnen erklärenden Variablen. Da zwischen den erklärenden Variablen und der Hedging-Wahrscheinlichkeit (spezifikationsbedingt) ein nicht-linearer Zusammenhang besteht, sind die partiellen Logit-Koeffizienten betragsmäßig nur schwer interpretierbar.[639] Abhängig von der Hedging-Wahrscheinlichkeit bzw. von den Kennzahlenwerten sämtlicher erklärender Variablen ist der partielle Einfluss einer erklärenden Variablen unterschiedlich stark ausgeprägt.

---

[635] Für die Darstellungsformen des Logit-Modells vgl. Maddala (1983), S. 22; Aldrich/Nelson (1984), S. 32; Hosmer/Lemeshow (1989), S. 25-27; Urban (1993), S. 25-28; Krafft (1997), S. 628 und Ryan (1997), S. 256.

[636] Vgl. Aldrich/Nelson (1984), S. 48-52; Urban (1993), S. 55-58; Ryan (1997), S. 258-262.

[637] Zur Maximum-Likelihood-Schätzmethode vgl. z.B. Hochstädter (1989), S. 418-423 oder Wonnacott/Wonnacott (1990), S. 564-579.

[638] Bei dem hier verwendeten Statistikpaket SPSS erfolgt die Maximierung der Likelihood-Funktion mittels des Newton-Raphson-Algorithmus.

[639] Vgl. Krafft (1997), S. 633.

Die Logit-Analyse gilt insgesamt als ein äußerst robustes Schätzverfahren mit wenig restriktiven Anwendungsvoraussetzungen. So wird bspw. im Gegensatz zur Diskriminanzanalyse, dem traditionellen statistischen Verfahren bei dichotomen Fragestellungen, keine multivariate Normalverteilung der erklärenden Variablen vorausgesetzt, was insbesondere die Verwendung von dichotomen Erklärungsvariablen ermöglicht.[640]

Die Schätzung des logistischen Modells beruht auf der Maximum-Likelihood-Methode. Da die Maximum-Likelihood-Schätzwerte allerdings nur asymptotisch unverzerrt und effizient sind, muss ein hinreichend großer Sampleumfang gewährleistet sein.[641] In der einschlägigen Literatur wird dabei ein Sampleumfang von 50 als Untergrenze für die Logit-Regression angesehen.[642]

Ein weiteres schätztechnisches Problem im Zusammenhang mit der Maximum-Likelihood-Methode ist das Problem einer vollständigen Separation.[643] Besteht für eine Erklärungsvariable oder eine Linearkombination von Erklärungsvariablen ein Trennwert, bei dem abhängig vom Über- bzw. Unterschreiten die abhängige Variable jeweils dieselbe Ausprägung annimmt, so konvergieren die Maximum-Likelihood-Schätzwerte gegen unendlich und die Standardfehler steigen deutlich an. Anwendungsvoraussetzung ist somit, dass ein solcher Trennwert nicht existiert und ein Überhang in der Datenstruktur besteht. Allerdings kann auch ein lediglich geringer Überhang zu deutlichen Konvergenzproblemen führen.[644] Prinzipiell sind solche Separations- bzw. Konvergenzprobleme vor allem für dichotome Erklärungsvariablen leichter möglich.[645] Außerdem ist das Vorliegen eines Separations- bzw. Konvergenzproblems umso wahrscheinlicher, je geringer der Sampleumfang und je größer die Regressorenanzahl.[646] Letztlich sind die aufgezeigten Separations- bzw. Konvergenzprobleme Folge einer Überspezifikation des Modellansatzes.[647]

Um solche Überspezifikationsprobleme zu vermeiden, wird in der Literatur zur Logit-Analyse gefordert, dass die Regressorenanzahl nicht die Anzahl der erklärenden Variablen mit einem Kennzahlenwert von nur null oder nur eins

---

640 Vgl. Maddala (1991), S. 73.

641 Vgl. Hochstädter (1989), S. 423; Urban (1993), S. 53.

642 Vgl. Aldrich/Nelson (1984), S. 81; Urban (1993), S. 13.

643 Zum Separationsproblem vgl. Hosmer/Lemeshow (1989), S. 126-131 und Ryan (1997), S. 263-266.

644 Vgl. Ryan (1997), S. 264.

645 In diesem Sinne ist eine Anwendungsvoraussetzung, dass die Vierfeldertafel zwischen der dichotomen Erklärungsvariablen und der Hedging-Variablen vollständig besetzt ist. Vgl. dazu Hosmer/Lemeshow (1989), S. 126-131.

646 Vgl. Hosmer/Lemeshow (1989), S. 130.

647 Vgl. Hosmer/Lemeshow (1989), S. 131.

übersteigt.[648] Bei Nichterfüllung dieser Voraussetzung wurde bei den folgenden Untersuchungen auf eine Modellschätzung verzichtet.

Die Logit-Analyse setzt kein gleiches Häufigkeitsverhältnis der Ausprägungen der zu erklärenden Variablen in der Stichprobe und der Grundgesamtheit voraus. Bei verschiedenen Stichprobenschichtungen ist lediglich der Schätzer für die Regressionskonstante $\hat{\beta}_0$ verzerrt. Die Koeffizientenschätzer $\hat{\beta}_k$, anhand derer Signifikanz und Richtung der Einflussvariablen beurteilt werden, sind hingegen unabhängig von der Stichprobenart unverzerrt.[649]

Wie bei anderen multivariaten Auswertungsmethoden dürfen auch bei der multiplen Logit-Analyse keine ausgeprägten Korrelationen zwischen den erklärenden Variablen bestehen.[650] Bei empirischen Studien ist diese idealisierende Prämisse niemals erfüllt, sondern ein gewisser Grad an linearer Abhängigkeit existiert immer. Als Folge zunehmender Multikollinearität ergeben sich jedoch größere Standardfehler und eine geringere Signifikanz der Koeffizientenschätzer, da sich der Gesamteinfluss nicht mehr den einzelnen erklärenden Variablen exakt zuweisen lässt. So kann bei hoher Multikollinearität der Gesamteinfluss der Regressoren signifikant sein, jedoch lässt dieser sich nur derart ungenau auf die einzelnen Regressoren aufteilen, dass die einzelnen Regressionskoeffizienten als nicht signifikant ausgewiesen werden.

4.4.1.2 Signifikanzprüfung der Logit-Koeffizienten

Die Signifikanzprüfung des partiellen Einflusses der einzelnen Erklärungsfaktoren erfolgt bei der Logit-Regression mittels des modifizierten t-Tests bzw. des Wald-Tests.[651] Für jede der erklärenden Variablen wird die Nullhypothese formuliert, dass zwischen der erklärenden Variablen und der Hedging-Wahrscheinlichkeit kein Zusammenhang besteht. Die Nullhypothese lautet somit $H_0{:}\beta_k{=}0$ und die Alternativhypothese $H_A{:}\beta_k{\neq}0$. Den Signifikanzprüfungen wurde hier generell eine zweiseitige Fragestellung zugrunde gelegt, da aus den verschiedenen Theorieansätzen teilweise unterschiedliche Implikationen über die Einflussrichtung resultieren. Auch erleichtert dies die Vergleichbarkeit mit den amerikanischen Studien, die regelmäßig auf einer zweiseitigen Fragestellung beruhen.

Die Signifikanzprüfung der Logit-Koeffizienten β_k basiert auf der Wald-Teststatistik w^2. Die Teststatistik folgt dabei einer Chi-Quadrat-Verteilung mit

---

[648] Vgl. Green (1998), S. 444.

[649] Vgl. Maddala (1983), S. 91; Maddala (1991), S. 793.

[650] Vgl. Aldrich/Nelson (1984), S. 49; Hosmer/Lemeshow (1989), S. 131f.

[651] Für den modifizierten t-Test bzw. den Wald-Test vgl. Urban (1993), S. 58f. oder Ryan (1997), S. 269f.

einem Freiheitsgrad. Die Wald-Teststatistik w^2 gleicht dem quadrierten Quotienten aus Koeffizientenschätzer $\hat{\beta}_k$ und zugehörigem Standardfehler $\hat{\sigma}_{\hat{\beta}_k}$.[652,653]

$$w^2 = \left(\frac{\hat{\beta}_k}{\hat{\sigma}_{\hat{\beta}_k}} \right)^2 \tag{4.4}$$

4.4.1.3 Beurteilung der Gesamtmodellgüte

In den methodischen Beiträgen zur Logit-Analyse wird eine Reihe von Gütemaßen und Testverfahren zur Beurteilung der Gesamtgüte vorgeschlagen und teilweise kontrovers diskutiert. In den neueren empirischen Untersuchungen haben sich zunehmend der Likelihood-Ratio-Test, das McFadden R^2 und der Hosmer-Lemeshow-Anpassungstest durchgesetzt. Zusätzlich wird zumeist nach wie vor eine Klassifikationsmatrix dargestellt.

Likelihood-Ratio-Test

Der Likelihood-Ratio-Test untersucht den gemeinsamen Einfluss der Parameter $\beta_1, \ldots, \beta_K$.[654] Der Test beruht auf den Werten der Likelihood-Funktion. Die mit –2 multiplizierten logarithmierten Likelihood-Werte werden als Devianz bezeichnet. Beim Likelihood-Ratio-Test wird nun die Differenz zwischen der Devianz des vollständigen Modells und der Devianz des Null-Modells gebildet, wobei das Null-Modell lediglich den Schätzwert für die Konstante β_0 enthält. Je höher die Devianzverbesserung, auch Model Chi-Square genannt, desto höher die Gesamtmodellgüte. Das Model Chi-Square, die Prüfgröße des Likelihood-Ratio-Tests, folgt asymptotisch einer Chi-Quadrat-Verteilung mit K Freiheitsgraden. Die Nullhypothese besagt, dass die erklärenden Variablen keinen Einfluss auf die Hedging-Wahrscheinlichkeit ausüben (H_0: $\beta_1 = \ldots = \beta_k = 0$)).

McFadden R^2

Wie der Likelihood-Ratio-Test beruht das McFadden R^2 (auch Pseudo-R^2 oder Likelihood-Ratio-Index) ebenfalls auf dem Vergleich der Devianz des vollstän-

---

[652] Der Standardfehler wird aus den zweiten Ableitungen der Likelihood-Funktion abgeleitet. Vgl. dazu Hosmer/Lemeshow (1989), S. 28f.

[653] Die Größe w gleicht zwar formal der t-Statistik, ist allerdings nicht t-verteilt. Da sowohl die Wald-Statistik w als auch die t-Statistik asymptotisch normalverteilt sind, sind die Test-Statistiken bei zunehmender Samplegröße äquivalent. Vgl. dazu Ryan (1997), S. 269.

[654] Vgl. Maddala (1983), S. 40; Hosmer/Lemeshow (1989), S. 138f. und Ryan (1997), S. 270.

digen Modells mit der des Null-Modells. Das McFadden R^2 ist hierbei definiert als Quotient aus Model Chi-Square und Devianz des Null-Modells:[655]

$$\text{McFadden } R^2 = 1 - \frac{\text{Devianz vollständiges Modell}}{\text{Devianz Null-Modell}} = \frac{\text{Model Chi-Square}}{\text{Devianz Null-Modell}} \quad (4.5)$$

Das McFadden R^2 nimmt Werte zwischen 0 und 1 an. Hohe Werte zeigen eine deutliche Devianzverbesserung und bescheinigen eine gute Modellgüte. Konzeptionell bedingt ist das McFadden R^2 tendenziell geringer als das R^2 in der linearen Regression und in der Literatur werden Werte von 0,2 bis 0,4 bereits als gute Anpassungsgüte eingeschätzt.[656] Das McFadden R^2 wird in der Literatur zwar als konzeptionell nicht ganz unproblematisch beurteilt,[657] findet aber in empirischen Untersuchungen weitgehend Verbreitung.

Klassifikationsmatrix / Klassifikationsgewinn

Eine anschauliche Methode zur Beurteilung der Modellgüte ist der Klassifikationsgewinn einer Klassifikation ausgehend von der Modellschätzung gegenüber einer Zufallsklassifikation.[658] Basierend auf der Modellschätzung erfolgt eine Klassifizierung in hedgende und nicht-hedgende Unternehmen. Überschreitet die geschätzte Hedging-Wahrscheinlichkeit $P_i(Y=1)$ eines Unternehmens einen gewissen Trennwert, so erfolgt eine Klassifizierung als hedgendes Unternehmen, andernfalls als nicht-hedgendes Unternehmen. Typischerweise wird für die Klassifizierung vereinfachend ein Trennwert von 0,5 verwendet. Die Anzahl der korrekt klassifizierten Unternehmen bildet die Trefferanzahl. Wird die Trefferanzahl auf die Gesamtzahl der Unternehmen bezogen, ergibt sich die Trefferquote. Diese auf der Modellschätzung basierende Trefferquote wird der Trefferquote bei Zufallsklassifikation gegenübergestellt. Die Differenz wird als Klassifikationsgewinn bezeichnet und stellt ein Maß für die Gesamtmodellgüte dar.[659]

Zur Bestimmung der Trefferquote bei Zufallsklassifikation werden in der Literatur zwei Methoden angeführt; dies ist einerseits das Maximum Change Criterion und andererseits das Proportional Change Criterion.[660] Beim Maximum

---

655 Vgl. Urban (1993), S. 62f.; Krafft (1997), S. 631.

656 Vgl. Urban (1993), S. 62f.

657 Vgl. z.B. Hosmer/Lemeshow (1989), S. 148f.

658 Vgl. Krafft (1997), S. 631f.; Ryan (1997), S. 268f.

659 Eine hohe Klassifikationsgenauigkeit der Modellschätzung muss jedoch nicht eine hohe Prognosefähigkeit bedeuten, da Modellschätzung und Klassifikation auf derselben Stichprobe beruhen. Allerdings dient die Klassifikationsgenauigkeit im Kontext der vorliegenden Untersuchung auch nicht der Überprüfung der Prognosefähigkeit, sondern der Beurteilung der Anpassungsgüte.

660 Vgl. Krafft (1996), S. 631f.

Change Criterion erfolgt eine Zuordnung aller Elemente zu jener Gruppe bzw. Ausprägung, die in der Stichprobe die größere Häufigkeit besitzt. Für die vorliegende Untersuchung würde dies eine Klassifikation aller Unternehmen als hedgende Unternehmen bedeuten. Das Proportional Change Criterion legt der Bestimmung der zufälligen Trefferquote das tatsächlich beobachtete Verhältnis zwischen den beiden Gruppen zugrunde. D.h. die Klassifikation beruht auf den beobachteten Wahrscheinlichkeiten für ein Hedging bzw. für kein Hedging. Da eine korrekte Klassifizierung beider Gruppen angestrebt wird, basieren die folgenden Auswertungen auf dem Proportional Change Criterion.

Zwar ermöglicht die Klassifikationsmatrix eine intuitive Beurteilung des Erklärungsgehalts der Modellschätzung, jedoch ist die Dichotomisierung der kontinuierlichen Hedging-Wahrscheinlichkeit mehr oder weniger willkürlich und beinhaltet einen erheblichen Informationsverlust. So wird bspw. ein Unternehmen mit einer geschätzten Hedging-Wahrscheinlichkeit von 51 % genauso als hedgendes Unternehmen klassifiziert wie ein Unternehmen mit einer Hedging-Wahrscheinlichkeit von 95 %.

Hosmer-Lemeshow-Anpassungstest

Eine differenziertere und subtilere Methode zur Beurteilung der Gesamtmodellgüte als die Klassifikationsmatrix ist der Hosmer-Lemeshow-Anpassungstest.[661] Dieser Test ermöglicht eine deutlich bessere Nutzung des Informationsgehalts der kontinuierlichen Hedging-Wahrscheinlichkeit. Die Unternehmen werden entsprechend der Höhe der geschätzten Hedging-Wahrscheinlichkeiten $P_i(Y=1)$ geordnet und in zehn etwa gleich große Gruppen ($j=1,...,10$) eingeteilt. Ausgehend von den geschätzten Hedging-Wahrscheinlichkeiten der einzelnen Unternehmen $P_i(Y=1)$ wird für jede Gruppe die durchschnittliche Hedging-Wahrscheinlichkeit $\bar{P}_j(Y=1)$ und die erwartete Anzahl der hedgenden Unternehmen $n_j \bar{P}_j(Y=1)$ ermittelt.

Als erste anschauliche Beurteilung der Anpassungsgüte kann für jede Gruppe die mittels der Modellschätzung bestimmte Anzahl von hedgenden Unternehmen n_j mit der empirisch beobachteten Anzahl von hedgenden Unternehmen o_j verglichen werden. Je geringer die Abweichung der erwarteten von der beobachteten Anzahl der hedgenden Unternehmen, desto besser ist die Anpassungsgüte.

Die Summe der quadrierten und standardisierten Abweichungen bildet die Hosmer-Lemeshow-Teststatistik $\hat{C}$:[662]

[661] Vgl. Hosmer/Lemeshow (1980); Hosmer/Lemeshow (1989), S. 140-145 und S. 171-173.

[662] Vgl. Hosmer/Lemeshow (1989), S. 141.

$$\hat{C}=\sum_{j=1}^{10}\frac{(o_j-n_j\,\bar{P}_j(Y=1))^2}{n_j\,\bar{P}_j(Y=1)(1-\bar{P}_j(Y=1))}\text{, wobei }\bar{P}_j(Y=1)=\sum_{k=1}^{n_j}\frac{P_k(Y=1)}{n_j} \tag{4.6}$$

Die Hosmer-Lemeshow-Teststatistik $\hat{C}$ ist approximativ chi-quadrat-verteilt mit $\nu = 10-2 = 8$ Freiheitsgraden. Die Nullhypothese des Hosmer-Lemeshow-Tests lautet, dass das Modell eine perfekte Anpassung aufweist.

4.4.2 Variablenauswahl und Korrelationsanalyse

Nachdem im vorigen Abschnitt 4.4.1 das statistische Instrument der Logit-Analyse vorgestellt wurde, befasst sich Abschnitt 4.4.2 mit der Modellspezifikation bzw. der Variablenauswahl. Dazu werden in Abschnitt 4.4.2.1 prinzipielle ökonometrische Überlegungen zur Modellspezifikation bzw. Variablenauswahl erörtert. Zur Untersuchung möglicher Multikollinearitätsprobleme beinhaltet Abschnitt 4.4.2.2 eine Analyse der Korrelationsbeziehungen der Erklärungsfaktoren.

4.4.2.1 Ökonometrische Überlegungen zur Variablenauswahl

Eine Modellschätzung, die einen Erklärungsfaktor mit wesentlichem Erklärungsgehalt nicht berücksichtigt, wird als unterspezifiziert bezeichnet. Mögliche Folge einer Unterspezifikation sind verzerrte und ineffiziente Parameterschätzungen.[663] Diese Parameterschätzungen sind darüber hinaus inkonsistent, d.h. mit zunehmender Samplegröße bleiben die Schätzungen weiterhin verzerrt und ineffizient.

Enthält die Schätzgleichung dagegen neben den eigentlichen erklärenden Variablen weitere Variablen mit marginalem oder keinem Erklärungsbeitrag, so ist das Modell überspezifiziert. Mögliche Auswirkungen einer Überspezifikation sind Ineffizienz der Schätzer, nummerische Instabilität, Multikollinearitätsprobleme und ein Verlust von Freiheitsgraden.[664]

In der ökonometrischen Literatur wird empfohlen, in den multivariaten Ansatz die Variablen mit nicht unwesentlichem Erklärungsgehalt aufzunehmen, die Schätzgleichung prinzipiell aber so einfach wie möglich zu halten.[665] Des Weiteren können durch Modellvariationen und eine Analyse der Korrelationsstrukturen der abhängigen Variablen mögliche ökonometrische Probleme aufgedeckt werden.[666]

---

[663] Vgl. Gujarati (1995), S. 456-458.

[664] Vgl. Hosmer/Lemeshow (1989), S. 83; Gujarati (1995), S. 459.

[665] Der Grundsatz, die Modellstruktur prinzipiell so einfach wie möglich zu halten, wird in der Literatur als Occam's Razor bezeichnet. Vgl. dazu Gujarati (1995), S. 454 und S. 458f.

[666] Zur Variablenauswahl bzw. Modellspezifikation vgl. auch Hosmer/Lemeshow (1989), S. 82-93.

Ausgehend von der Hedging-Theorie sind 23 erklärende Variablen und insgesamt 52 Variablenvariationen abgeleitet und univariat analysiert worden. Eine derart große Anzahl von Variablen kann jedoch nicht gleichzeitig in einem multivariaten Ansatz untersucht werden. Bei den folgenden multivariaten Untersuchungen wird jeweils nur eine begrenzte Anzahl von Erklärungsvariablen gleichzeitig in den Regressionsansatz aufgenommen. Aufgrund der zahlreichen Variablen und der möglichen Variablenvariationen ergibt sich eine Vielzahl von Modellvarianten. Auf die von SPSS bereitgestellten statistischen Auswahlmethoden Backward Selection, Forward Elimination und Stepwise Regression, bei denen abhängig von statistischen Signifikanzwerten Regressoren in den Regressionsansatz aufgenommen und ausgeschlossen werden, wurde hier bewusst verzichtet.[667] Anstelle dessen beruht die Variablenauswahl auf den theoretischen Überlegungen, den univariaten Ergebnissen sowie den Korrelationsstrukturen der unabhängigen Variablen.

4.4.2.2 Korrelationsanalyse

Zur Analyse möglicher ökonometrischer Probleme, insbesondere möglicher Multikollinearitätsprobleme, ist den multivariaten Auswertungen eine Analyse der Korrelationsstrukturen der erklärenden Variablen vorangeschaltet. Bei Vorliegen deutlicher Korrelationsbeziehungen können sich abhängig von den jeweils einbezogenen erklärenden Variablen die geschätzten Koeffizienten und deren Signifikanzniveaus erheblich unterscheiden. Sowohl bei der Modellspezifikation bzw. Variablenauswahl als auch bei der inhaltlichen Interpretation sind insofern die Korrelationsstrukturen zu beachten.

Die Untersuchung der bivariaten Korrelationen erfolgt hier anhand der Rangkorrelation nach Spearman.[668] Dieses Verfahren setzt keine normalverteilten Variablen voraus und kann folglich auch zur Untersuchung nicht-metrischer Variablen angewendet werden.[669] Der Korrelationskoeffizient nach Spearman ist ein Maß für die Stärke des Zusammenhangs zweier Rangordnungen, wobei metrisch skalierte Variablen zuvor in eine Rangfolge transformiert werden. Der Wertebereich des Korrelationskoeffizienten erstreckt sich von –1 bis 1, wobei Werte nahe $|1{,}0|$ eine ausgeprägte Abhängigkeit bedeuten. Zur Beurteilung der Multikollinearität können jedoch keine konkreten Grenzwerte für die Korrela-

[667] Zur Kritik an diesen Auswahlverfahren vgl. Hosmer/Lemeshow (1989), S. 87; Gujarati (1995), S. 460.

[668] Zur Rangkorrelation nach Spearman vgl. Sachs (1997), S. 510-515 oder Hartung (1998), S. 533-559.

[669] Die überwiegende Anzahl der hier betrachteten metrischen Kennzahlen ist nicht normalverteilt. Die Nullhypothese der Normalverteilung kann nach dem Kolmogorov-Smirnov-Anpassungstest auf einem 5%-Niveau für 23 der 33 metrischen Kennzahlen (69,7 %) verworfen werden. Vgl. Tabelle A 5 im Anhang.

tionskoeffizienten angegeben werden; vereinfachend wird in einigen Literaturbeiträgen ein Korrelationskoeffizient von größer $|0{,}5|$ als nicht unproblematisch eingeschätzt.[670] Tabelle 43 beinhaltet die bivariaten Korrelationen zwischen den erklärenden Variablen, wobei Koeffizienten von über $|0{,}5|$ grau hinterlegt sind.[671]

Bei der weit überwiegenden Anzahl der betrachteten Variablen sind keine bedeutenden Korrelationen festzuhalten. Problematische Korrelationskoeffizienten von über $|0{,}5|$ befinden sich – nicht überraschend – mehrheitlich unter den Variablen, die für dasselbe Unternehmenscharakteristikum approximieren. Besonders die drei Größenvariablen sowie die beiden Streubesitzvariablen sind mit Koeffizienten von über 0,9 hoch korreliert. Aber auch zwischen den einzelnen Verschuldungs-, Liquiditäts-, Dividenden- und Exposure-Variablen sind äußerst hohe Korrelationskoeffizienten zu beobachten. Bei den multivariaten Auswertungen verbietet sich die Verwendung von zwei Variablen, die für dasselbe Unternehmenscharakteristikum approximieren sollen, somit nicht nur wegen Interpretationsschwierigkeiten, sondern auch aus statistischen Gründen.

Die Korrelationen zwischen für unterschiedliche Unternehmenscharakteristika operationalisierende Variablen erscheinen zumeist unbedenklich. Bemerkenswerter ist jedoch die mit über $|0{,}5|$ deutliche Korrelation zwischen der Variablen „Managerbezüge" und den Größenvariablen. Auch zwischen den Streubesitzvariablen und den dichotomen Erklärungsvariablen, vor allem der Variablen „Börsengesellschaft", bestehen nicht unwesentliche Korrelationen. Ferner sind noch gewisse Korrelationsbeziehungen zwischen den Investitions- und Verschuldungsvariablen sowie zwischen den Dividenden- und Verschuldungsvariablen zu beobachten.

Kritisch anzumerken ist, dass hier nur die paarweisen Abhängigkeiten betrachtet wurden. Die oben aufgezeigten Korrelationsprobleme entstehen aber auch dann, wenn zwischen einem Regressor und mehreren weiteren Regressoren eine lineare Abhängigkeit besteht. Dies ist tendenziell dann der Fall, wenn in die multivariate Analyse eine große Anzahl erklärender Variablen einbezogen wird.[672]

---

[670] Vgl. Niehaus (1987), S. 111; Gujarati (1995), S. 336.

[671] Für die Korrelationsbeziehungen der erklärenden Variablen vgl. auch Tabellen A 18 und 20 im Anhang.

[672] Vgl. Bleymüller/Gehlert/Gülicher (1996), S. 174.

Tabelle 43: Korrelationen der erklärenden Variablen – Rangkorrelationskoeffizienten nach Spearman

	Umsatzwachstum (3 Jahre)	Market-to-book-ratio	Investitionen / Umsatz	Investitionen / Cashflow I	Fremdkapital / Bilanzsumme	Fremdkapital / Unternehmenswert	Cashflow I / Fremdkapital	EBIT / Zinsaufwand	Liquide Mittel / Cashflow I	Liquide Mittel / Kurzf. Verbl.	Umlaufvermögen / Kurzf. Verbl.	Dividende / Cashflow I	Dividende / Jahresüberschuss	Dividende / Marktwert Eigenkapital	Umsatz (Mio. DM)	Bilanzsumme (Mio. DM)	Unternehmenswert (Mio. DM)	Managerbezüge (Mio. DM)	Managerbeteiligung	Streubesitz	1-Herfindahl-Index	Auslandsumsatzanteil	Importquote (Hauptgeschäftsfeld)	Auslandswertschöpfungsanteil	Familienunternehmen	Tochtergesellschaft	Bankenbeteiligung	Börsengesellschaft	Branchendiversifikation
Umsatzwachstum (3 Jahre)	1,00	0,10	0,08	0,10	-0,07	-0,03	-0,07	0,10	0,00	-0,05	-0,13	0,13	0,04	0,12	-0,04	-0,02	0,05	0,04	0,13	-0,03	0,03	0,17	0,02	-0,02	0,26	-0,15	-0,10	0,08	-0,07
Market-to-book-ratio		1,00	0,16	-0,12	-0,00	-0,53	0,31	0,38	-0,19	0,01	-0,06	0,25	0,06	-0,02	0,17	0,16	0,29	0,30	0,04	-0,01	0,03	0,09	0,03	-0,12	-0,05	0,02	-0,21	0,00	-0,03
Investitionen / Umsatz			1,00	0,56	-0,32	-0,32	0,44	0,24	-0,24	0,13	0,01	-0,06	-0,14	-0,07	0,05	0,24	0,20	0,06	0,00	0,00	0,08	0,09	0,12	-0,10	-0,04	-0,10	0,05	0,05	-0,11
Investitionen / Cashflow I				1,00	0,19	0,26	-0,18	-0,41	0,03	-0,10	-0,16	-0,37	-0,24	-0,39	0,06	0,09	0,04	-0,15	-0,04	-0,07	-0,04	0,03	0,13	-0,15	0,07	-0,05	0,10	0,09	-0,01
Fremdkapital / Bilanzsumme					1,00	0,79	-0,71	-0,54	0,14	-0,28	-0,17	-0,23	-0,08	-0,32	0,31	0,23	0,26	0,09	-0,16	0,03	-0,01	-0,09	-0,12	0,05	-0,11	0,10	0,06	-0,04	0,14
Fremdkapital / Unternehmenswert						1,00	-0,78	-0,66	0,19	-0,30	-0,09	-0,48	-0,22	-0,24	0,27	0,24	0,11	-0,04	-0,09	0,11	0,05	0,04	-0,05	-0,12	-0,08	-0,01	0,22	0,00	0,12
Cashflow I / Fremdkapital							1,00	0,63	-0,43	0,14	0,10	0,24	-0,01	0,36	-0,13	-0,11	-0,10	0,02	0,11	-0,10	-0,07	0,03	0,04	0,02	0,07	-0,04	-0,03	-0,05	-0,07
EBIT / Zinsaufwand								1,00	-0,12	0,31	0,23	0,40	0,22	0,55	-0,01	0,07	0,12	0,09	-0,01	-0,16	-0,14	-0,03	-0,05	-0,06	-0,06	0,03	-0,20	-0,17	-0,10
Liquide Mittel / Cashflow I									1,00	0,74	0,35	0,14	0,34	-0,10	0,04	0,09	0,13	-0,04	-0,03	0,17	0,15	-0,06	-0,06	0,04	-0,04	-0,15	0,00	0,20	0,08
Liquide Mittel / Kurzf. Verbl.										1,00	0,61	0,27	0,30	0,11	0,03	0,17	0,17	0,00	-0,04	0,16	0,15	0,03	0,01	-0,05	-0,07	-0,22	-0,01	0,19	0,09
Umlaufvermögen / Kurzf. Verbl.											1,00	0,04	0,00	0,04	0,13	0,21	0,10	0,14	-0,09	0,10	0,05	0,28	0,23	0,24	-0,10	-0,07	-0,06	0,02	0,20
Dividende / Cashflow I												1,00	0,85	0,83	-0,08	-0,06	-0,03	0,14	0,04	0,16	0,17	-0,09	-0,05	-0,18	-0,12	-0,06	-0,18	0,24	-0,04
Dividende / Jahresüberschuss													1,00	0,67	-0,18	-0,13	-0,09	-0,01	-0,03	0,11	0,09	-0,30	-0,12	-0,24	-0,25	0,08	-0,10	0,22	-0,10
Dividende / Marktwert Eigenkapital														1,00	-0,10	-0,11	-0,11	0,15	0,02	-0,05	-0,12	-0,19	0,05	-0,24	-0,02	0,06	-0,20	0,00	0,04
Umsatz (Mio. DM)															1,00	0,92	0,93	0,58	-0,14	0,03	0,06	0,17	-0,20	0,10	-0,26	-0,13	-0,02	-0,14	0,09
Bilanzsumme (Mio. DM)																1,00	0,98	0,56	-0,12	0,09	0,13	0,19	-0,17	0,02	-0,31	-0,13	-0,00	-0,09	0,05
Unternehmenswert (Mio. DM)																	1,00	0,66	-0,08	0,26	0,31	0,33	-0,13	0,08	-0,36	-0,16	-0,03	0,00	0,06
Managerbezüge (Mio. DM)																		1,00	-0,03	0,31	0,29	0,40	0,07	0,31	-0,15	-0,21	-0,04	0,02	0,19
Managerbeteiligung																			1,00	-0,11	-0,08	0,05	0,09	-0,02	0,41	-0,22	-0,07	0,00	0,06
Streubesitz																				1,00	0,93	0,17	0,01	0,20	-0,30	-0,32	0,25	0,85	0,07
1-Herfindahl-Index																					1,00	0,12	-0,01	0,07	-0,24	-0,42	0,32	0,80	0,05
Auslandsumsatzanteil																						1,00	0,61	0,71	0,05	-0,14	0,06	0,11	0,20
Importquote (Hauptgeschäftsfeld)																							1,00	0,11	0,10	0,00	-0,03	0,10	0,21
Auslandswertschöpfungsanteil																								1,00	-0,12	0,00	0,09	0,07	0,13
Familienunternehmen																									1,00	-0,35	-0,07	-0,08	0,06
Tochtergesellschaft																										1,00	-0,21	-0,20	-0,18
Bankenbeteiligung																											1,00	0,28	0,13
Börsengesellschaft																												1,00	-0,10
Branchendiversifikation																													1,00

4.4.3 Multivariate Ergebnisse

Im Folgenden werden die Befunde der multivariaten Logit-Analysen zum Hedging-Verhalten deutscher Unternehmen ausführlich dargestellt und kritisch diskutiert. Im folgenden Abschnitt 4.4.3.1 wird insbesondere auf die Gesamtmodellgüte eingegangen sowie die Robustheit der Ergebnisse bei alternativen Modellspezifikationen untersucht. In Abschnitt 4.4.3.2 werden die aus den theoretischen Überlegungen abgeleiteten Hypothesen anhand der partiellen Einflüsse tiefergehend analysiert. Abschnitt 4.4.3.3 beinhaltet eine Zusammenfassung der wesentlichen Ergebnisse.

4.4.3.1 Gesamtmodellgüte / Modellspezifikationen

Dieser Abschnitt gibt einen Gesamtüberblick über die multiplen Ergebnisse und untersucht die Robustheit der Ergebnisse bei alternativen Modellspezifikationen. Des Weiteren werden verschiedene Gütemaße präsentiert und die Gesamtmodellgüte diskutiert. Nachdem in diesem Abschnitt ein Gesamtüberblick gegeben wurde, beinhaltet der nachfolgende Abschnitt 4.4.3.2 eine tiefergehende Analyse der einzelnen Erklärungsdeterminanten. Diese Vorgehensweise wurde hier bewusst gewählt, da eine tiefergehende Diskussion der einzelnen Erklärungsdeterminanten einen Gesamtüberblick über die signifikanten Erklärungsgrößen voraussetzt. Einflussrichtung und Signifikanz der einzelnen Erklärungsdeterminanten sind nämlich abhängig von den jeweils im Modellansatz enthaltenen Erklärungsvariablen.

Abschnitt 4.4.3.1.1 enthält einen ersten Grobüberblick über die wesentlichen Ergebnisse der multiplen Untersuchung. Abschnitt 4.4.3.1.2 beschäftigt sich mit der Ergebnisauswirkung der im Sample enthaltenen Tochtergesellschaften ausländischer Konzerne. Außerdem beinhalten die beiden Abschnitte 4.4.3.1.1 und 4.4.3.1.2 eine umfangreiche Darstellung und Diskussion der Gesamtmodellgüte. Abschnitt 4.4.3.1.3 untersucht, inwieweit Brancheneffekte die Ergebnisse möglicherweise überlagern.

Aufgrund von Datenrestriktionen konnten nicht sämtliche Kennzahlen für jedes Unternehmen bestimmt werden. In die einzelnen Modellschätzungen können allerdings nur jene Unternehmen einbezogen werden, für die die jeweils betrachteten unabhängigen Variablen auch vorhanden sind. Die einzelnen Modellvarianten unterscheiden sich daher in der Anzahl der einbezogenen Unternehmen. In Abschnitt 4.4.3.1.4 fanden nur die Kennzahlen Berücksichtigung, die für alle Unternehmen gebildet werden konnten.

4.4.3.1.1 Grundmodell

Tabelle 44 beinhaltet die Ergebnisse der multiplen logistischen Regression. Im oberen Bereich von Tabelle 44 sind die Werte der Koeffizientenschätzer und daneben in Klammern deren Signifikanzwerte (P-Values) angegeben. Da die abhängige Variable im Falle eines Einsatzes von Währungsderivaten den Wert eins annimmt, bedeutet ein positives Vorzeichen des Logit-Koeffizienten eine Erhöhung der Wahrscheinlichkeit für einen Währungsderivateeinsatz bei einem Anstieg des Wertes der betreffenden erklärenden Variablen. Die Signifikanzwerte beziehen sich auf die Nullhypothese, dass der wahre Koeffizient null beträgt bzw. zwischen dem Erklärungsfaktor und dem Hedging-Verhalten kein Zusammenhang besteht. Im unteren Bereich von Tabelle 44 sind verschiedene Maßgrößen zur Beurteilung der Gesamtgüte der Logit-Regression angeführt.

Modell (1) enthält – basierend auf den theoretischen Vorüberlegungen und den univariaten Befunden – die als wesentlich betrachteten Erklärungsvariablen. Ein gleichzeitiger Einschluss von Kennzahlen, die für dasselbe Unternehmenscharakteristikum operationalisieren, kann zu schätztechnischen Problemen und Interpretationsschwierigkeiten führen. Daher wird aus jeder Variablengruppe nur jeweils eine Variable in einen multiplen Modellansatz aufgenommen. Infolge von Datenrestriktionen umfasst Modell (1) nur 103 der insgesamt 122 Unternehmen.

Als hoch signifikant (1%-Niveau) erweisen sich die Variablen „Auslandsumsatzanteil“ und „Familienunternehmen“ sowie die Kontrollvariable „Ausländische Tochtergesellschaft“. Unternehmen mit hohem Auslandsumsatzanteil betreiben mit höherer Wahrscheinlichkeit ein Währungsmanagement; Familienunternehmen und ausländische Tochtergesellschaften verwenden mit geringer Wahrscheinlichkeit Währungsderivate.

Wie in den univariaten zeigt sich auch bei den multivariaten Auswertungen, dass die Managermotive ein wesentlicher Erklärungsfaktor der Hedging-Entscheidung sind. Auch in der multivariaten Untersuchung besteht zwischen der Höhe der Managerbezüge und der Hedging-Entscheidung ein signifikant positiver Zusammenhang. Während der Einfluss hier bei den multivariaten Auswertungen auf einem 5%-Niveau signifikant ist, wurde er bei den univariaten Betrachtungen sogar als hoch signifikant eingestuft.

Daneben besteht ferner zwischen der Liquiditätsvariablen „Liquide Mittel / Cashflow I“ und der Hedging-Variablen ein signifikant negativer Zusammenhang (10%-Niveau). Erstaunlich ist der – entgegen den Hypothesen – signifikant negative Einfluss (5%-Niveau) der Variablen „Streubesitz“ auf die Hedging-Wahrscheinlichkeit. Hingegen erweist sich der Einfluss der in Modell (1) betrachteten Investitions-, Verschuldungs- und Dividendenvariablen als nicht signifikant. Auch die dichotomen Variablen „Börsengesellschaft“, „Bankenbeteiligung“ und „Branchendiversifikation“ werden als nicht signifikant eingestuft. Die aufgezeigten Befunde der multivariaten Auswertung entsprechen weitgehend den univariaten Ergebnissen.

In drastischem Widerspruch zu den univariaten Ergebnissen und den vorliegenden empirischen Untersuchungen steht die Insignifikanz der Größenvariablen „Umsatz“. Während in den vorliegenden Studien zwischen der Größenvariablen und der Hedging-Variablen überwiegend ein hoch signifikant positiver Zusammenhang bestand, zeigt sich bei Modell (1) ein insignifikant negativer Zusam menhang. Auch bei den nachfolgend betrachteten Modellvarianten erweist sich die Umsatzvariable durchweg als insignifikant. Werden alternativ die Größenvariablen „Bilanzsumme" oder „Unternehmenswert" verwendet, ergeben sich kaum Unterschiede.

Tabelle 44: Multiple Logit-Analyse – Grundmodell (Modell (1))

Modell		**(1)**	
Erklärende Variablen (Hypothesen):			
Fremdkapital / Bilanzsumme	+	2,87	(0,253)
Investitionen / Umsatz	+	–3,85	(0,528)
Liquide Mittel / Cashflow I	–	–0,12*	(0,091)
Dividende / Cashflow I	+	–1,55	(0,302)
Umsatz (Mrd. DM)	+/–	–0,02	(0,502)
Managerbezüge (Mio. DM)	+	2,25**	(0,032)
Streubesitz	+	–3,72**	(0,030)
Inländische Tochtergesellschaft	–	–1,91*	(0,089)
Ausländische Tochtergesellschaft		–4,57***	(0,002)
Familienunternehmen	+	–2,69***	(0,009)
Börsengesellschaft	–	0,63	(0,506)
Bankenbeteiligung	+/–	–0,77	(0,448)
Branchendiversifikation	–	0,84	(0,332)
Auslandsumsatzanteil	+	4,23***	(0,003)
Konstante		–0,61	(0,799)
Gütemaße:			
Likelihood-Ratio-Test			
Model Chi-Square		46,8	(0,000)
Bestimmtheitsmaß nach McFadden		0,403	
Klassifikationstrefferquote		0,825	
Trefferquote bei Zufallsklassifikation		0,623	
Hosmer-Lemeshow-Anpassungstest			
Hosmer-Lemeshow-Teststatistik		4,54	(0,806)
Anzahl		103	

Hinweis: Die dichotome abhängige Variable nimmt im Falle eines Währungsderivateeinsatzes den Wert eins an. Angegeben sind für die einzelnen erklärenden Variablen die Schätzwerte für die Parameter β_k; daneben in Klammern befinden sich die zugehörigen Signifikanzwerte für die Nullhypothese $H_0 : \beta_k = 0$. Für die mit *, ** bzw. *** gekennzeichneten Koeffizientenschätzer kann die Nullhypothese auf einem Signifikanzniveau von 10 %, 5 % bzw. 1 % verworfen werden. Für den Likelihood-Ratio-Test und den Hosmer-Lemeshow-Anpassungstest sind in Klammern die Signifikanzwerte der chi-quadrat-verteilten Teststatistiken angegeben.

Tabelle 45: Klassifikationsmatrix binomiales Logit-Modell – Modell (1)

		Prognose		
		Währungs-derivateeinsatz	Kein Währungs-derivateeinsatz	Σ
Beobach-tungen	Währungs-derivateeinsatz	70	7	77
	Kein Währungs-derivateeinsatz	11	15	26
Σ		81	22	103

Klassifikationstrefferquote: 82,5 % (85 von 103)
Trefferquote bei Zufallsklassifikation: 62,3 %

Der deutliche Erklärungsgehalt der betrachteten Einflussfaktoren wird auch durch die hohe Gesamtgüte der Regression bestätigt. Das McFadden R^2 nimmt mit 40,3 % einen für Logit-Regressionen ausgesprochen hohen Wert an. Die Nullhypothese des Likelihood-Ratio-Tests, dass das geschätzte Modell zu keiner Devianzverbesserung gegenüber dem Nullmodell führt, kann deutlich verworfen werden (P-Values 0,000).

Zur Einschätzung der Gesamtgüte werden zusätzlich im Rahmen einer Klassifikationsmatrix die tatsächlichen den mittels Modell (1) prognostizierten Ausprägungen gegenübergestellt (Tabelle 45), wobei alle Unternehmen mit einer Hedging-Wahrscheinlichkeit $P_i(Y=1)$ von über 0,5 als hedgende Unternehmen klassifiziert wurden.

Die Klassifikationsmatrix enthält in den Feldern links oben und rechts unten die Anzahl der korrekt klassifizierten Unternehmen. Nur 18 der 103 Unternehmen werden nicht korrekt klassifiziert. Von den 81 Unternehmen, die ausgehend von der Modellschätzung als hedgende Unternehmen klassifiziert wurden, hedgen immerhin auch 70 Unternehmen (86,4 %). Von den als nicht-hedgende klassifizierten 22 Unternehmen verzichten 15 Unternehmen auch tatsächlich auf einen Derivateeinsatz (68,2 %).

Insgesamt ermöglicht das Modell verglichen mit einer Zufallsklassifikation eine deutlich bessere Klassifizierung der Unternehmen. Die mittels des Proportional Chance Criterion bestimmte zufällige Trefferquote beträgt 62,3 %.[673] Auf Basis des geschätzten Modells können hingegen 82,5 % der Unternehmen korrekt klassifiziert werden. Dieser Klassifikationsgewinn von über 20 % kann durchaus als beachtlich eingeschätzt werden.

[673] Die Zufallstrefferquote nach dem Proportional Chance Criterion errechnet sich ausgehend von der im Sample beobachteten Hedging-Wahrscheinlichkeiten wie folgt: Der Anteil der hedgenden Unternehmen beläuft sich auf 77/103 = 0,748 und der der nicht-hedgenden Unternehmen auf 26/103 = 0,252. Die erwartete Zufallstrefferanzahl beträgt somit 6,55(= 0,252 · 26) + 57,60(= 0,748 · 77) = 64,15 und die erwartete Zufallstrefferquote 64,15/103 = 0,623.

Zwar ermöglicht obige Klassifikationsmatrix eine sehr anschauliche Beurteilung der Erklärungskraft des Modells, jedoch ist mit der Dichotomisierung der geschätzten Wahrscheinlichkeit in eine binäre Ergebnisvariable ein erheblicher Informationsverlust verbunden. Ein deutlich differenzierterer und subtilerer Test ist der Hosmer-Lemeshow-Anpassungstest.

Der in Tabelle 46 dargestellte Hosmer-Lemeshow-Anpassungstest bestätigt ebenfalls die ausgesprochen hohe Anpassungsgüte des geschätzten Modells. Die mittels Modell (1) bestimmte Anzahl von hedgenden Unternehmen (Erwartungswert) stimmt in den einzelnen Gruppen annähernd mit der tatsächlich beobachteten Anzahl (Beobachtungen) überein. Die Abweichung der Anzahl der tatsächlich beobachteten von der Anzahl der erwarteten Unternehmen ist in sieben der zehn Gruppen geringer als 0,5. Lediglich in der zweiten Gruppe besteht eine nennenswerte Abweichung; ausgehend von Modell (1) werden 3,3 hedgende Unternehmen erwartet, tatsächlich aber werden fünf hedgende Unternehmen beobachtet. Die Summe der quadrierten und standardisierten Abweichungen (Hosmer-Lemeshow-Teststatistik) ist mit 4,54 äußerst gering und statistisch nicht signifikant verschieden von null. Die Nullhypothese des Hosmer-Lemeshow-Tests einer perfekten Anpassung des Modells kann somit nicht verworfen werden.

Insgesamt bestätigen die hier dargestellten Gütemaße eine sehr hohe Anpassungsgüte. Mittels der einbezogenen Erklärungsdeterminanten kann das empirisch beobachtete Hedging-Verhalten deutscher Unternehmen somit größtenteils erklärt werden.

Tabelle 46: Hosmer-Lemeshow-Anpassungstest für Modell (1)

		Währungsderivateeinsatz		**Kein Währungsderivateeinsatz**		
Gruppe	Anzahl	Beobachtungen	Erwartungswert	Beobachtungen	Erwartungswert	Abweichungen
1	10	1	1,4	9	8,6	0,4
2	10	5	3,3	5	6,7	1,7
3	10	6	5,8	4	4,2	0,2
4	10	6	7,2	4	2,8	1,2
5	10	8	8,3	2	1,7	0,3
6	10	8	9,0	2	1,0	1,0
7	10	10	9,5	0	0,5	0,5
8	10	10	9,7	0	0,3	0,3
9	10	10	9,9	0	0,2	0,2
10	13	13	13,0	0	0,0	0,0

Hosmer-Lemeshow-Teststatistik $\hat{C}$: 4,54 (0,806)

Zur Überprüfung der Robustheit der in diesem Unterabschnitt dargelegten Ergebnisse werden in den nachfolgenden Unterabschnitten 4.4.3.1.2 und 4.4.3.1.3 verschiedene alternative Modellspezifikationen geschätzt und mit den in diesem Abschnitt dargestellten Ergebnissen verglichen.

4.4.3.1.2 Ausschluss von Tochtergesellschaften ausländischer Konzerne

Das Gesamtsample enthält neun Tochtergesellschaften ausländischer Konzerne.[674] Auch unter den bei der Schätzung von Modell (1) einbezogenen 103 Unternehmen befinden sich acht ausländische Tochtergesellschaften. Die Einbeziehung der Tochterunternehmen ausländischer Konzerne ist nicht unproblematisch. Bei diesen ausländischen Tochtergesellschaften sind bezüglich des Währungs-Exposure einige Besonderheiten zu bedenken. So sind bspw. Liquiditätsbestände sowie Verträge in Konzernwährung aus Sicht der Tochtergesellschaft Fremdwährungsbestände, aus Konzernsicht sind dies hingegen keine Fremdwährungsbestände. Zudem kommt der Konzernwährung eine besondere Rolle im konzerninternen Liefer-, Leistungs- und Zahlungsverkehr zu. Die Hedging-Entscheidung wird bei ausländischen Tochtergesellschaften neben den in Abschnitt 2.2 dargestellten Theorieansätzen folglich von weiteren Überlegungen beeinflusst.

Um für mögliche verzerrende Effekte aufgrund der Besonderheit ausländischer Tochtergesellschaften zu kontrollieren, bestehen prinzipiell zwei Möglichkeiten: Zum einen können die neun Tochtergesellschaften von den Auswertungen ausgeschlossen werden; zum zweiten kann für das Unternehmensmerkmal „Ausländische Tochtergesellschaft" mittels einer dichotomen Variablen im Rahmen der multiplen Auswertungen kontrolliert werden.

Im vorigen Abschnitt wurde eine dichotome Kontrollvariable „Auslandstochtergesellschaft" verwendet, da ein Ausschluss der Tochtergesellschaften ausländischer Konzerne eine Reduzierung der auswertbaren Informationsmenge bedeuten würde. In diesem Abschnitt ist zu klären, ob der alternative Ausschluss der Tochtergesellschaften ausländischer Konzerne zu qualitativ anderen Ergebnissen führt.

Tabelle 47 enthält neben Modell (1) die Modellschätzung bei Ausschluss der Tochtergesellschaften ausländischer Konzerne (Modell (2)). Werden die beiden Modellvarianten verglichen, so zeigen sich keine wesentlichen Ergebnisunterschiede. Die Koeffizientenschätzer besitzen für alle Einflussfaktoren in beiden Modellen dieselben Vorzeichen. Auch erweisen sich dieselben Einflussfaktoren als signifikant, wobei die P-Values der signifikanten Koeffizientenschätzer in Modell (2) etwas höher sind. So werden in Modell (2) auch die Variablen „Liquide Mittel / Cashflow I" und „Inländische Tochtergesellschaft" auf einem 10%-Niveau nicht mehr als signifikant eingestuft. Wie in Modell (1) erweist sich auch hier die Größenvariable „Umsatz" als insignifikant.

[674] Fünf von den neun ausländischen Tochtergesellschaften verwenden Währungsderivate.

Tabelle 47: Multiple Logit-Analyse – Ausschluss von Tochtergesellschaften ausländischer Konzerne (Modell (2))

Modell		**(1)**		**(2)**	
Erklärende Variablen (Hypothesen):					
Fremdkapital / Bilanzsumme	+	2,87	(0,253)	3,51	(0,215)
Investitionen / Umsatz	+	–3,85	(0,528)	–1,45	(0,829)
Liquide Mittel / Cashflow I	–	–0,12*	(0,091)	–0,17	(0,151)
Dividende / Cashflow I	+	–1,55	(0,302)	–2,48	(0,166)
Umsatz (Mrd. DM)	+/–	–0,02	(0,502)	–0,01	(0,711)
Managerbezüge (Mio. DM)	+	2,25**	(0,032)	2,73**	(0,040)
Streubesitz	+	–3,72**	(0,030)	–3,77**	(0,041)
Inländische Tochtergesellschaft	–	–1,91*	(0,089)	–1,84	(0,119)
Ausländische Tochtergesellschaft		–4,57***	(0,002)		
Familienunternehmen	+	–2,69***	(0,009)	–2,50**	(0,018)
Börsengesellschaft	–	0,63	(0,506)	0,00	(1,000)
Bankenbeteiligung	+/–	–0,77	(0,448)	–0,93	(0,400)
Branchendiversifikation	–	0,84	(0,332)	1,48	(0,177)
Auslandsumsatzanteil	+	4,23***	(0,003)	4,75***	(0,006)
Konstante		–0,61	(0,799)	–1,26	(0,633)
Gütemaße:					
Likelihood-Ratio-Test					
Model Chi-Square		46,8	(0,000)	48,1	(0,000)
Bestimmtheitsmaß nach McFadden		0,403		0,467	
Klassifikationstrefferquote		0,825		0,853	
Trefferquote bei Zufallsklassifikation		0,623		0,643	
Hosmer-Lemeshow-Anpassungstest					
Hosmer-Lemeshow-Teststatistik		4,54	(0,806)	5,79	(0,670)
Anzahl		103		95	

Hinweis: Die dichotome abhängige Variable nimmt im Falle eines Währungsderivateeinsatzes den Wert eins an. Angegeben sind für die einzelnen erklärenden Variablen die Schätzwerte für die Parameter β_k; daneben in Klammern befinden sich die zugehörigen Signifikanzwerte für die Nullhypothese $H_0 : \beta_k = 0$. Für die mit *, ** bzw. *** gekennzeichneten Koeffizientenschätzer kann die Nullhypothese auf einem Signifikanzniveau von 10 %, 5 % bzw. 1 % verworfen werden. Für den Likelihood-Ratio-Test und den Hosmer-Lemeshow-Anpassungstest sind in Klammern die Signifikanzwerte der chi-quadrat-verteilten Teststatistiken angegeben.

Die Beurteilung der Gesamtgüte im vorigen Abschnitt beruht auf einer Modellschätzung mit Einschluss der Variablen „Ausländische Tochtergesellschaft". Dies ist nicht ganz unproblematisch, da die Variable „Ausländische Tochtergesellschaft" mehr den Charakter einer Kontrollvariablen hat und nicht explizit aus den Theorieansätzen abgeleitet wurde. Dies wirft die Frage auf, ob die im vorigen Abschnitt konstatierte hohe Gesamtgüte eventuell lediglich auf die Kontrollvariable „Ausländische Tochtergesellschaft" zurückzuführen ist. Diese Frage ist umso gravierender, als die Variable „Ausländische Tochtergesellschaft" von allen unabhängigen Variablen den geringsten P-Value aufweist. Daher wird im Folgenden nochmals ausführlicher auf die Beurteilung der Anpassungsgüte eingegangen und die verschiedenen Gütemaße unter Ausschluss der ausländischen Tochtergesellschaften diskutiert.

Wie für Modell (1) so ergibt sich auch für Modell (2) eine sehr hohe Anpassungsgüte. Das McFadden R^2 ist bei Ausschluss ausländischer Tochtergesellschaften sogar nochmals etwas höher und nimmt mit 46,7 % für eine Logit-Regression einen ausgesprochen hohen Wert an. Auch anhand der Klassifikationsmatrix ist die hohe Erklärungskraft ersichtlich (Tabelle 48). In der Klassifikationsmatrix sind die Felder links oben und rechts unten, die die Anzahl der korrekt klassifizierten Unternehmen beinhalten, deutlich stärker besetzt. Von den 95 Unternehmen werden 81 korrekt klassifiziert. Der Prozentsatz der auf Basis der Modellschätzung korrekt klassifizierten Unternehmen ist mit 85,3 % deutlich höher als 64,3 % bei einer Zufallsklassifikation.

Die hohe Gesamtgüte wird ebenfalls durch den Hosmer-Lemeshow-Anpassungstest bestätigt. Die Abweichungen der Anzahl der tatsächlich hedgenden Unternehmen von der auf Basis der Modellschätzung erwarteten Anzahl von hedgenden Unternehmen erscheinen insgesamt äußerst gering. In neun Gruppen ist die Abweichung nicht größer als 1,0 und in sechs Gruppen beträgt die Abweichung sogar weniger als 0,5. Lediglich in der vierten Gruppe besteht mit 2,2 eine deutliche Abweichung. Die Summe der quadrierten standardisierten Abweichungen (Hosmer-Lemeshow-Teststatistik) ist mit 5,79 sehr gering und unterscheidet sich nicht signifikant von null.

Zusammenfassend ist festzuhalten, dass die Ergebnisse qualitativ unabhängig davon sind, ob die Tochtergesellschaften ausländischer Konzerne ausgeschlossen

Tabelle 48: Klassifikationsmatrix binomiales Logit-Modell – Modell (2)

		Prognose		
		Währungs-derivateeinsatz	**Kein Währungs-derivateeinsatz**	Σ
Beobach-tungen	**Währungs-derivateeinsatz**	68	5	73
	Kein Währungs-derivateeinsatz	9	13	22
	Σ	77	18	95

Klassifikationstrefferquote: 85,3 % (81 von 95)
Trefferquote bei Zufallsklassifikation: 64,3 %

Tabelle 49: Hosmer-Lemeshow-Anpassungstest für Modell (2)

		Währungs-derivateeinsatz		**Kein Währungs-derivateeinsatz**		
Gruppe	Anzahl	Beobachtungen	Erwartungswert	Beobachtungen	Erwartungswert	Abweichungen
1	10	2	1,2	8	8,8	0,8
2	10	4	3,8	6	6,2	0,2
3	10	6	6,6	4	3,4	0,6
4	10	6	8,2	4	1,8	2,2
5	10	10	9,0	0	1,0	1,0
6	10	10	9,6	0	0,4	0,4
7	10	10	9,9	0	0,1	0,1
8	10	10	9,9	0	0,1	0,1
9	10	10	10,0	0	0,0	0,0
10	5	5	5,0	0	0,0	0,0

Hosmer-Lemeshow-Teststatistik $\hat{C}$: 5,79 (0,670)

werden oder eine Kontrollvariable dem multiplen Ansatz hinzugefügt wird. Vorzeichen und Signifikanzniveaus der einzelnen partiellen Koeffizienten sind weitgehend unverändert; auch die in Abschnitt 4.4.3.1.1 dargelegte hohe Anpassungsgüte von Modell (1) ist nicht lediglich auf die Kontrollvariable „Ausländische Tochtergesellschaft" zurückzuführen.

Da die Verwendung der Kontrollvariable „Ausländische Tochtergesellschaft" nicht zu verzerrten Parameterschätzern führt, werden in den nachfolgenden Auswertungen die Tochtergesellschaften ausländischer Konzerne nicht ausgeschlossen. Dies ermöglicht die Nutzung der vorhandenen Informationsmenge und verhindert eine Reduzierung an Freiheitsgraden. Für eine Reihe der folgenden Modellschätzungen wird aber alternativ auch eine Schätzung bei Ausschluss der ausländischen Tochtergesellschaften durchgeführt und im Anhang dokumentiert.

4.4.3.1.3 Einschluss der Branchenvariablen

Im Folgenden wird untersucht, inwieweit die im vorigen Abschnitt dargestellten Ergebnisse Gültigkeit besitzen, wenn mögliche Brancheneffekte berücksichtigt werden. Dazu wurde Modell (1) um elf Branchenvariablen erweitert (Modell (3)). Die elf binären Branchenvariablen fungieren als Kontrollvariablen, sodass die Koeffizientenschätzer den um Brancheneffekte bereinigten Einfluss des jeweiligen Erklärungsfaktors zeigen.[675] Bei Einschluss der Branchenvariablen wird die Variable „Branchendiversifikation", deren Bildung auf der Brancheneinteilung beruht, aufgrund von ausgeprägten Multikollinearitätsproblemen nicht miteinbezogen.[676]

In Tabelle 50 sind die Ergebnisse von Modell (1) und Modell (3) gegenübergestellt. Der Einschluss der Branchenvariablen führt zu keinen wesentlichen Ergebnisänderungen bezüglich der einzelnen Erklärungsfaktoren. Bei keiner der Erklärungsvariablen ist eine Änderung der Richtung des Einflusses auf die Hedging-Entscheidung zu beobachten. Auch die P-Values der als signifikant eingestuften Erklärungsfaktoren unterscheiden sich zumeist nur geringfügig. Hingegen erhöhen sich die P-Values der Variablen „Liquide Mittel / Cashflow I" und „Inländische Tochtergesellschaft" bei Einschluss der Branchenvariablen nicht unwesentlich und werden nicht mehr als statistisch signifikant eingestuft. Dagegen reduziert sich der P-Value der Dividendenquote deutlich, hierbei ist jedoch anzumerken, dass das Vorzeichen den theoretischen Vorüberlegungen widerspricht. Brancheneffekte waren insbesondere bei der Fremdkapitalquote zu vermuten; jedoch zeigen sich keine wesentlichen Ergebnisunterschiede bei der Fremdkapitalquote. Bemerkenswert ist auch hier die deutliche Insignifikanz der Umsatzvariablen.[677]

---

[675] In empirischen Studien werden typischerweise *n* Branchen durch *n*–1 dichotome Branchenvariablen abgebildet, wobei eine Branche die Referenzbranche bildet, andernfalls könnten die Regressionskoeffizienten aufgrund einer perfekten linearen Abhängigkeit nummerisch nicht ermittelt werden. Da jedoch hier einzelnen Unternehmen mehrere Branchen zugeordnet wurden und somit keine perfekte lineare Abhängigkeit zwischen den Branchenvariablen besteht, wurde in Modell (3) für jede Branche ein dichotome Variable verwendet. Vgl. Gujarati (1995), S. 504.

[676] Die paarweisen Korrelationen zwischen der Branchendiversifikationsvariablen und den einzelnen Branchenvariablen sind zwar wenig stark ausgeprägt. Für die Chemiebranche beträgt der paarweise Korrelationskoeffizient 0,55 und für die anderen Branchenvariablen liegen die Absolutwerte der Korrelationskoeffizienten sogar unter 0,25. Wird die Branchendiversifikationsvariable jedoch auf die elf Branchenvariablen regressiert, zeigt das mit 0,9 äußerst hohe Bestimmtheitsmaß eine starke lineare multiple Abhängigkeit. Für die paarweisen Korrelationen vgl. Tabelle A 20 im Anhang.

[677] Werden bei der Schätzung von Modell (3) die Tochtergesellschaften ausländischer Konzerne ausgeschlossen, so bleiben die Vorzeichen der Erklärungsvariablen unverändert und die Signifikanzwerte unterscheiden sich nicht wesentlich gegenüber denen von Modell (3). Vgl. Tabelle A 21 im Anhang.

Tabelle 50: Multiple Logit-Analyse – Einschluss der Branchenvariablen (Modell (3))

Modell		(1)		(3)	
Erklärende Variablen (Hypothesen):					
Fremdkapital / Bilanzsumme	+	2,87	(0,253)	3,34	(0,330)
Investitionen / Umsatz	+	–3,85	(0,528)	–4,82	(0,555)
Liquide Mittel / Cashflow I	–	–0,12*	(0,091)	–0,27	(0,181)
Dividende / Cashflow I	+	–1,55	(0,302)	–4,95	(0,107)
Umsatz (Mrd. DM)	+/–	–0,02	(0,502)	–0,01	(0,839)
Managerbezüge (Mio. DM)	+	2,25**	(0,032)	2,91**	(0,039)
Streubesitz	+	–3,72**	(0,030)	–4,85**	(0,038)
Inländische Tochtergesellschaft	–	–1,91*	(0,089)	–2,25	(0,175)
Ausländische Tochtergesellschaft		–4,57***	(0,002)	–6,84***	(0,001)
Familienunternehmen	+	–2,69***	(0,009)	–4,89***	(0,006)
Börsengesellschaft	–	0,63	(0,506)	1,39	(0,343)
Bankenbeteiligung	+/–	–0,77	(0,448)	–0,75	(0,613)
Branchendiversifikation	–	0,84	(0,332)		
Auslandsumsatzanteil	+	4,23***	(0,003)	5,18***	(0,009)
Bergbau / Mineralöl				2,52	(0,214)
Konsum				4,62**	(0,036)
Chemie				1,24	(0,511)
Metall				–1,71	(0,457)
Maschinenbau				10,49	(0,758)
Elektro				4,25*	(0,061)
Fahrzeugbau				–0,54	(0,810)
Versorgung				2,65	(0,302)
Bau				1,32	(0,536)
Handel				2,23	(0,227)
Dienstleistung				2,92	(0,230)
Konstante		–0,61	(0,799)	–2,76	(0,462)
Gütemaße:					
Likelihood-Ratio-Test					
Model Chi-Square		46,8	(0,000)	64,2	(0,000)
Bestimmtheitsmaß nach McFadden		0,403		0,551	
Klassifikationstrefferquote		0,825		0,884	
Trefferquote bei Zufallsklassifikation		0,623		0,623	
Hosmer-Lemeshow-Anpassungstest					
Hosmer-Lemeshow-Teststatistik		4,54	(0,806)	1,92	(0,983)
Anzahl		103		103	

Hinweis zur Tabelle 50: Die dichotome abhängige Variable nimmt im Falle eines Währungsderivateeinsatzes den Wert eins an. Angegeben sind für die einzelnen erklärenden Variablen die Schätzwerte für die Parameter β_k; daneben in Klammern befinden sich die zugehörigen Signifikanzwerte für die Nullhypothese $H_0 : \beta_k = 0$. Für die mit *, ** bzw. *** gekennzeichneten Koeffizientenschätzer kann die Nullhypothese auf einem Signifikanzniveau von 10 %, 5 % bzw. 1 % verworfen werden. Für den Likelihood-Ratio-Test und den Hosmer-Lemeshow-Anpassungstest sind in Klammern die Signifikanzwerte der chi-quadrat-verteilten Teststatistiken angegeben.

Von den elf Branchenvariablen werden die Variablen „Konsum" und „Elektro" als signifikant ausgewiesen.[678] Auf Vorzeichen und Signifikanz der Branchenvariablen wird hier nicht näher eingegangen, da die Branchenvariablen lediglich als Kontrollvariablen fungieren und im multivariaten Kontext nur schwer interpretierbar sind. Auch steht das Unternehmensmerkmal „Branchenzugehörigkeit" nicht in direktem Bezug zu den Theorieansätzen.[679]

Der Einschluss der Branchenvariablen führt zu einem deutlichen Anstieg der dargestellten Gütemaße. Durch Einbeziehung der Branchenvariablen erhöht sich das McFadden R^2 um beachtliche 14,8 % auf 55,1 %. Auch der Prozentsatz der korrekt klassifizierten Unternehmen erhöht sich nochmals auf 88,4 %. Die Nullhypothese, dass der Einschluss der Branchenvariablen zu keiner Verbesserung der Gesamtgüte führt, kann mit einer Sicherheitswahrscheinlichkeit von 10 % abgelehnt werden.[680]

Auch im Rahmen des Hosmer-Lemeshow-Tests zeigt sich eine geringe Abweichung der ausgehend von Modell (3) erwarteten von der tatsächlichen Anzahl der Unternehmen in den einzelnen Gruppen; die Hosmer-Lemeshow-Teststatistik $\hat{C}$ beträgt lediglich 1,92 und unterscheidet sich somit nur marginal von null. Allerdings ist der deutliche Anstieg der Gesamtgüte insofern zu relativieren, da die Gütemaße keine Korrektur für die Anzahl der einbezogenen unabhängigen Variablen enthalten.[681]

---

[678] Auffällig ist der hohe Logit-Koeffizient der Variablen „Maschinenbau". Obwohl der Koeffizient mit 10,49 den höchsten Wert aufweist und damit von allen Branchenvariablen den stärksten Einfluss auf die Hedging-Wahrscheinlichkeit ausübt, wird er nicht als statistisch signifikant eingestuft. Tatsächlich setzen sogar alle Maschinenbauunternehmen Währungsderivate ein. Die geringe statistische Signifikanz ist hier durch Separations- bzw. Konvergenzprobleme bei der Modellschätzung begründet. Zum Separations- bzw. Konvergenzproblem vgl. die Ausführungen in Abschnitt 4.4.1.1.

[679] Im Rahmen der univariaten Betrachtung ergab sich zwar eine Branchenabhängigkeit der Hedging-Entscheidung, letztlich ist aber nicht die Branchenzugehörigkeit an sich ausschlaggebend, sondern vielmehr die mit der Branchenzugehörigkeit verbundenen typischen Unternehmenscharakteristika, wie z.B. hoher Auslandsumsatzanteil oder Verschuldung, die allerdings im multiplen Ansatz separat berücksichtigt werden.

[680] Der Devianzunterschied zwischen Modell (1) und (3) beträgt 17,4, was bei zehn Freiheitsgraden einem Signifikanzwert von 0,067 entspricht.

[681] Das Bestimmtheitsmaß nach McFadden, der Likelihood-Ratio-Test und auch die Klassifikationsmaße berücksichtigen nicht, dass bei gegebener Stichprobe mit jeder hinzu

Die weiteren Auswertungen basieren überwiegend auf Schätzgleichungen ohne Branchenvariablen. Dies ist sicherlich nicht unproblematisch, da die Branchenzugehörigkeit die Hedging-Wahrscheinlichkeit mitbeeinflusst, was sich insbesondere in der hohen Gesamtgüte von Modell (3) widerspiegelt. Andererseits erscheint die Verwendung von 25 Regressoren bei nur 103 Beobachtungen äußerst fragwürdig. Erstens ist eine Anwendungsvoraussetzung der Logit-Analyse eine hinreichend große Zahl von Freiheitsgraden, was insbesondere für asymmetrische Samples gilt.[682] Zweitens besteht das Problem der Überspezifizierung mit den Folgen ineffizienter Parameterschätzer sowie möglicher Multikollinearitäts- und Stabilitätsprobleme.[683]

In der ökonometrischen Literatur wird empfohlen, in den multivariaten Ansatz nur Variablen mit wesentlichem Erklärungsgehalt aufzunehmen und die Schätzgleichung prinzipiell so einfach wie möglich zu halten.[684] Nachfolgend wird dieser Empfehlung gefolgt und bei der Modellschätzung auf den Einschluss von Branchenvariablen verzichtet. Zusätzlich werden jedoch bei einige Auswertungen, bei denen verzerrende Brancheneffekte möglich erscheinen, die Modellschätzungen auch unter Einschluss der Branchenvariablen durchgeführt.[685]

4.4.3.1.4 Missing Value / Sampleumfang

Aufgrund von Datenrestriktionen konnten nicht für alle Unternehmen sämtliche Kennzahlen gebildet werden.[686] Falls ein solcher Missing Value (fehlender Kennzahlenwert) vorlag und die betreffende Kennzahl in der Modellgleichung enthalten war, so blieb der gesamte Datensatz des Unternehmens bei der Modellschätzung unberücksichtigt. Somit werden erstens nicht alle verfügbaren Informationen genutzt und zweitens führt die Reduzierung des Samples zu einer Verringerung der statistischen Trennschärfe.

---

kommenden unabhängigen Variable ein mehr oder wenig großer Erklärungsbeitrag hinzugefügt wird, der möglicherweise nur zufällig ist.

682 Eine Anwendungsvoraussetzung der Logit-Analyse ist, dass die Anzahl der beiden Ausprägungen der abhängigen Variablen jeweils größer ist als die Anzahl der Regressoren. Im Modell (3) verwenden 26 von den 103 Unternehmen Währungsderivate bei 24 Regressoren, sodass diese Bedingung zwar noch erfüllt ist. Werden jedoch weitere Regressoren hinzugefügt oder wird das Sample aufgrund der Verwendung von Marktdaten reduziert, so ist diese Bedingung nicht mehr erfüllt. Vgl. die Ausführungen in Abschnitt 4.4.1.1.

683 Vgl. Hosmer/Lemeshow (1989), S. 83; Gujarati (1995), S. 459.

684 Vgl. Hosmer/Lemeshow (1989), S. 82-87; Gujarati (1995), S. 454-459.

685 Die Schätzungen der jeweiligen Modelle mit Branchenvariablen werden nur dann durchgeführt, wenn die Anwendungsvoraussetzungen der Logit-Analyse erfüllt sind. Vgl. dazu Fußnote 682.

686 Die Anzahl der Unternehmen, für die die einzelnen Kennzahlen gebildet werden konnten, ist aus Tabelle A 4 im Anhang ersichtlich.

Bei Modell (1) konnten lediglich die Informationen von 103 Unternehmen verarbeitet werden. Eine erhebliche Samplereduzierung ist dabei vor allem mit der Variablen „Managerbezüge" verbunden. Daher wird ausgehend von Modell (1) die Variable „Managerbezüge" ausgeschlossen, womit sich der Sampleumfang auf 113 Unternehmen erhöht (Modell (4)). Zusätzlich wurde ein weiteres Modell geschätzt, bei dem nur jene Variablen einbezogen wurden, die für alle Unternehmen vorlagen (Modell (5)).

Werden die Ergebnisse von Modell (4) und (5) mit denen von Modell (1) verglichen, zeigen sich bezüglich der einzelnen Koeffizientenschätzer kaum Unterschiede (Tabelle 51). Sämtliche Koeffizientenschätzer besitzen in allen drei Modellen die gleichen Vorzeichen. Lediglich bei der Umsatzvariable ist ein Vorzeichenwechsel zu beobachten, wobei der Koeffizient in allen drei Modellen insignifikant ist. Auch die Signifikanzniveaus der signifikanten Koeffizienten sind annähernd gleich. Lediglich der P-Value der Kennzahl „Liquide Mittel / Cashflow I" in Modell (4) und der der alternativ verwendeten Kennzahl „Liquide Mittel / Kurzf. Verbl." in Modell (5) sind deutlich höher. Dagegen reduziert sich der P-Value der Variablen „Inländische Tochtergesellschaft" in Modell (4) und Modell (5) nicht unwesentlich, in Modell (4) wird die „Inländische Tochtergesellschaft" sogar auf einem 5%-Niveau als statistisch signifikant eingestuft.[687] Gewisse Unterschiede ergeben sich hingegen bei der Gesamtgüte der Modellschätzungen. Das McFadden R^2 ist für Modell (1) mit 40,3 % gegenüber 33,2 % bei Modell (4) und 30,1 % bei Modell (5) erheblich höher. Die geringere Gesamtgüte von Modell (5) gegenüber Modell (1) zeigt sich auch in dem geringeren Klassifikationsgewinn und der höheren Hosmer-Lemeshow-Statistik.

Die nachfolgenden Untersuchungen beruhen auf der Modellgleichung mit der Variablen „Managerbezüge" (Modell (1)). Zwar führt dies einerseits zu einer deutlichen Reduzierung der Samplegröße, andererseits besitzt die Höhe der Managerbezüge einen wesentlichen empirischen Erklärungsgehalt. Der betreffende Parameterschätzer erweist sich durchweg als signifikant und das Bestimmtheitsmaß ist bei Einschluss der Managervariable deutlich höher.[688] Die Auslassung

[687] Werden allerdings die Branchenvariablen den Modellschätzungen (4) und (5) hinzugefügt, so wird die Variable „Inländische Tochtergesellschaft" wieder als nicht signifikant eingestuft. Ansonsten jedoch führt der Einschluss der Branchenvariablen zu keinen qualitativen Unterschieden gegenüber den in Tabelle 51 dargestellten Befunden. Die Einflussrichtungen sind identisch und die Signifikanzwerte vergleichbar. Vgl. Tabelle A 21 im Anhang.

[688] Das geringe Bestimmtheitsmaß in Modell (4) gegenüber Modell (1) kann entweder in dem Ausschluss der Managervariable oder dem veränderten Sampleumfang begründet sein. Wird Modell (4) mit den 103 Unternehmen von Modell (1) geschätzt, so beträgt das Bestimmtheitsmaß 35,5 %. Folglich ist das geringere Bestimmtheitsmaß vorwiegend auf den Ausschluss der Managervariablen zurückzuführen. Vgl. Tabelle A 22 im Anhang.

Tabelle 51: Multiple Logit-Analyse – Ausschluss der Variablen „Managerbezüge" (Modell (4)); Ausschließliche Verwendung von für alle Unternehmen vorhandenen Kennzahlen (Modell (5))

Modell		**(1)**		**(4)**		**(5)**	
Erklärende Variablen (Hypothesen):							
Fremdkapital / Bilanzsumme	+	2,87	(0,253)	2,32	(0,291)	0,89	(0,662)
Investitionen / Umsatz	+	–3,85	(0,528)	–2,51	(0,643)		
Liquide Mittel / Cashflow I	–	–0,12*	(0,091)	–0,17	(0,132)		
Liquide Mittel / Kurzf. Verbl.	–					–0,44	(0,390)
Dividende / Cashflow I	+	–1,55	(0,302)	–1,25	(0,359)		
Umsatz (Mrd. DM)	+/–	–0,02	(0,502)	0,01	(0,779)	0,02	(0,461)
Managerbezüge (Mio. DM)	+	2,25**	(0,032)				
Streubesitz	+	–3,72**	(0,030)	–3,02**	(0,029)	–2,65**	(0,035)
Inländische Tochtergesellschaft	–	–1,91*	(0,089)	–2,01**	(0,030)	–1,56*	(0,058)
Ausländische Tochtergesellschaft		–4,57***	(0,002)	–3,96***	(0,002)	–3,75***	(0,001)
Familienunternehmen	+	–2,69***	(0,009)	–2,73***	(0,002)	–2,16***	(0,004)
Börsengesellschaft	–	0,63	(0,506)	0,85	(0,260)	0,35	(0,613)
Bankenbeteiligung	+/–	–0,77	(0,448)	–0,96	(0,313)	–0,74	(0,379)
Branchendiversifikation	–	0,84	(0,332)	1,13	(0,148)	0,94	(0,179)
Auslandsumsatzanteil	+	4,23***	(0,003)	4,10***	(0,001)	4,26***	(0,000)
Konstante		–0,61	(0,799)	0,93	(0,623)	1,22	(0,490)
Gütemaße:							
Likelihood-Ratio-Test							
Model Chi-Square		46,8	(0,000)	42,7	(0,000)	41,6	(0,000)
Bestimmtheitsmaß nach McFadden		0,403		0,332		0,301	
Klassifikationstrefferquote		0,825		0,847		0,786	
Trefferquote bei Zufallsklassifikation		0,623		0,619		0,674	
Hosmer-Lemeshow-Anpassungstest							
Hosmer-Lemeshow-Teststatistik		4,54	(0,806)	3,59	(0,892)	7,05	(0,531)
Anzahl		103		113		122	

Hinweis: Die dichotome abhängige Variable nimmt im Falle eines Währungsderivateeinsatzes den Wert eins an. Angegeben sind für die einzelnen erklärenden Variablen die Schätzwerte für die Parameter β_k; daneben in Klammern befinden sich die zugehörigen Signifikanzwerte für die Nullhypothese $H_0 : \beta_k = 0$. Für die mit *, ** bzw. *** gekennzeichneten Koeffizientenschätzer kann die Nullhypothese auf einem Signifikanzniveau von 10 %, 5 % bzw. 1 % verworfen werden. Für den Likelihood-Ratio-Test und den Hosmer-Lemeshow-Anpassungstest sind in Klammern die Signifikanzwerte der chi-quadrat-verteilten Teststatistiken angegeben.

eines wesentlichen Erklärungsfaktors bei den multivariaten Auswertungen (Unterspezifikation) würde zu inkonsistenten Parameterschätzern führen.

4.4.3.2 Partielle Einflüsse der Erklärungsvariablen

Die im vorigen Abschnitt 4.4.3.1 dargestellten Modellschätzungen erwiesen sich als relativ stabil und die hohen Gütemaße dokumentierten einen erheblichen gemeinsamen Erklärungsgehalt der betrachteten Erklärungsfaktoren. In den folgenden Abschnitten 4.4.3.2.1 bis 4.4.3.2.12 sollen nun die partiellen Einflüsse der einzelnen Erklärungsfaktoren bzw. die dahinterstehenden Hypothesen tiefergehend analysiert werden. Ausgehend von Modell (1) werden für die einzelnen Unternehmenscharakteristika alternative Kennzahlen betrachtet. Bei der Diskussion der Ergebnisse wird auch direkt Bezug genommen zu den vorliegenden empirischen Studien. Außerdem werden einige weiter gehende Auswertungen, wie die Untersuchung von Interaktionseffekten und Abhängigkeitsstrukturen, durchgeführt.

Die Abschnitte 4.4.3.2.1 bis 4.4.3.2.4 untersuchen den Einfluss der metrischen Verschuldungs-, Investitions-, Liquiditäts- und Dividendenkennzahlen, hinter denen insbesondere der Modellansatz von Froot/Scharfstein/Stein (1993) steht. Der umfangreiche Abschnitt 4.4.3.2.5 analysiert den Zusammenhang zwischen Unternehmensgröße und Hedging-Wahrscheinlichkeit. Abschnitt 4.4.3.2.6 beschäftigt sich ausführlich mit dem Einfluss der Managermotive und möglicher Corporate-Governance-Probleme auf die Hedging-Entscheidung. Die Abschnitte 4.4.3.2.7 bis 4.4.3.2.11 beschäftigen sich mit den dichotomen Einflussvariablen „Familienunternehmen“, „Tochtergesellschaft“, „Bankenbeteiligung“, „Börsengesellschaft“ und „Branchendiversifikation“. Der umfangreiche Abschnitt 4.4.3.2.12 setzt sich intensiv mit der Bedeutung des Währungs-Exposure für das Hedging-Verhalten auseinander.

4.4.3.2.1 Konkurskosten

In der Literatur wird zur ökonomischen Begründung eines unternehmerischen Währungsmanagement auf die Existenz von Konkurskosten verwiesen. Als Indikator für die Konkurswahrscheinlichkeit wird hier auf verschiedene Verschuldungskennzahlen zurückgegriffen. In den bisherigen Studien bestand zwischen der Verschuldungskennzahl „Fremdkapitalquote“ und der Hedging-Variablen zumeist – konsistent mit den Hypothesen – ein positiver Zusammenhang. Der Zusammenhang war bei den multivariaten gegenüber den univariaten Betrachtungen deutlich ausgeprägter. Die Evidenz zur Verschuldungskennzahl „Zinsdeckung“ war hingegen unterschiedlich.

Im Rahmen der univariaten Betrachtungen in Abschnitt 4.3.2.1 besaßen die Verschuldungsvariablen nur eine geringe Erklärungskraft. Die univariaten Befunde zu den Verschuldungskennzahlen sind allerdings nur eingeschränkt aussagekräftig, da zwischen der Verschuldungshöhe und anderen Hedging-Determinanten, wie z.B. den Investitionsopportunitäten,[689] Abhängigkeiten denkbar sind. Auch sind bei der Verschuldungshöhe verzerrende Brancheneffekte denkbar. Insofern dürften gerade für die Verschuldungskennzahlen die Ergebnisse der multivariaten Auswertung wesentlich aufschlussreicher sein.

Tabelle 52 enthält vier Modellschätzungen, wobei jeweils alternative Verschuldungskennzahlen einbezogen wurden und die übrige Modellstruktur unverändert blieb. Insgesamt unterscheiden sich die Ergebnisse deutlich gegenüber den univariaten Befunden. Für alle vier Kennzahlen zeigt sich entsprechend der Hedging-Theorie ein positiver Einfluss der Verschuldungshöhe auf die Wahrscheinlichkeit eines Derivateeinsatzes.

Für die Fremdkapitalquote auf Buchwertbasis (Modell (1)) und Marktwertbasis (Modell (6)) ergibt sich ein positives Vorzeichen. Im Gegensatz zur Mehrzahl der vorliegenden Untersuchungen erweist sich dieser positive Einfluss hier jedoch nicht als statistisch signifikant. Die zwei auf Stromgrößen basierenden Verschuldungskennzahlen „Schuldentilgungskraft" (Cashflow I / Fremdkapital) und „Zinsdeckung" (EBIT / Zinsaufwand) werden dagegen als signifikant eingestuft. Der Einfluss der Schuldentilgungskraft ist auf einem 5%-Niveau gesichert;[690] der Einfluss der Zinsdeckung erweist sich auf einem 10%-Niveau als signifikant.[691] Konsistent mit der Hedging-Theorie verwenden Unternehmen mit höherer Schuldentilgungskraft und höherer Zinsdeckung mit geringerer Wahrscheinlichkeit Währungsderivate.

Um für mögliche verzerrende Brancheneffekte zumindest teilweise zu bereinigen, wurden die Modellschätzungen zusätzlich noch um die Branchenvariablen erweitert. Für Modell (6) ist eine Schätzung mit Branchenvariablen allerdings nicht möglich.[692] In den übrigen drei Modellvarianten zeigt sich ebenfalls eine höhere Hedging-Wahrscheinlichkeit für Unternehmen mit höherem Verschuldungsgrad, wobei allerdings die Schuldentilgungskraft nun nicht mehr als signifikant ausgewiesen wird.[693]

---

[689] In diesem Sinne beträgt der bivariate Korrelationskoeffizient zwischen den Variablen „Fremdkapital / Unternehmenswert" und „Market-to-book-ratio" -0,53, zwischen den Variablen „Cashflow I / Fremdkapital" und „Investitionen / Umsatz" 0,44 und zwischen den Variablen „EBIT / Zinsaufwand" und „Investitionen / Cashflow I" 0,41. Vgl. Tabelle 43 in Abschnitt 4.4.2.2.

[690] Allerdings ist der hier aufgezeigte Befund zur Schuldentilgungskraft (Modell (7)) nur eingeschränkt repräsentativ. Bei alternativen Modellvariationen wird die Schuldentilgungskraft überwiegend als insignifikant eingestuft.

[691] Dieser Befund ist allerdings zu relativieren. Drei Unternehmen weisen – trotz der durchgeführten Bereinigung um Extremwerte – ausgesprochen hohe Werte für die Zinsdeckungen auf. Werden diese drei Unternehmen bei der Auswertung ausgeschlossen, so wird die Zinsdeckung nicht mehr als signifikant eingestuft.

[692] Vgl. dazu die Anmerkungen in Fußnote 682.

[693] Vgl. Tabelle 50 und im Anhang Tabelle A 23.

Tabelle 52: Multiple Logit-Analyse – Verschuldungskennzahlen und Währungsderivateeinsatz

Modell		(1)		(6)		(7)		(8)	
Erklärende Variablen (Hypothesen):									
Fremdkapital / Bilanzsumme	+	2,87	(0,253)						
Fremdkapital / Unternehmenswert	+			1,34	(0,530)				
Cashflow I / Fremdkapital	–					–6,59**	(0,021)		
EBIT / Zinsaufwand	–							–0,01*	(0,080)
Investitionen / Umsatz	+	–3,85	(0,528)	–9,30	(0,197)	–2,20	(0,731)	–4,73	(0,432)
Liquide Mittel / Cashflow I	–	–0,12*	(0,091)	–0,17	(0,156)	–0,27**	(0,039)	–0,16	(0,140)
Dividende / Cashflow I	+	–1,55	(0,302)	0,04	(0,989)	–0,81	(0,613)	–1,15	(0,452)
Umsatz (Mrd. DM)	+/–	–0,02	(0,502)	–0,01	(0,645)	–0,02	(0,374)	–0,02	(0,603)
Managerbezüge (Mio. DM)	+	2,25**	(0,032)	2,97**	(0,031)	2,48**	(0,025)	2,37**	(0,031)
Streubesitz	+	–3,72**	(0,030)	–3,07*	(0,086)	–4,38**	(0,016)	–3,87**	(0,025)
Inländische Tochtergesellschaft	–	–1,91*	(0,089)	–1,75	(0,207)	–1,78	(0,141)	–1,83*	(0,096)
Ausländische Tochtergesellschaft		–4,57***	(0,002)	–3,33*	(0,073)	–4,53***	(0,002)	–4,38***	(0,002)
Familienunternehmen	+	–2,69***	(0,009)	–2,32**	(0,041)	–2,55**	(0,017)	–2,42**	(0,016)
Börsengesellschaft	–	0,63	(0,506)			0,74	(0,458)	0,27	(0,774)
Bankenbeteiligung	+/–	–0,77	(0,448)	–0,39	(0,701)	–0,61	(0,566)	–0,80	(0,436)
Branchendiversifikation	–	0,84	(0,332)	0,67	(0,522)	0,77	(0,373)	0,89	(0,318)
Auslandsumsatzanteil	+	4,23***	(0,003)	3,52**	(0,021)	5,12***	(0,002)	5,05***	(0,002)
Konstante		–0,61	(0,799)	0,16	(0,938)	1,95	(0,187)	1,31	(0,352)
Gütemaße:									
Likelihood-Ratio-Test									
Model Chi-Square		46,8	(0,000)	34,2	(0,000)	51,0	(0,000)	48,7	(0,000)
Bestimmtheitsmaß nach McFadden		0,403		0,385		0,438		0,418	
Klassifikationstrefferquote		0,825		0,825		0,825		0,845	
Trefferquote bei Zufallsklassifikation		0,623		0,619		0,622		0,622	
Hosmer-Lemeshow-Anpassungstest									
Hosmer-Lemeshow-Teststatistik		4,54	(0,806)	6,64	(0,576)	3,84	(0,871)	6,27	(0,617)
Anzahl		103		78		103		103	

Hinweis zur Tabelle 52: Die dichotome abhängige Variable nimmt im Falle eines Währungsderivateeinsatzes den Wert eins an. Angegeben sind für die einzelnen erklärenden Variablen die Schätzwerte für die Parameter β_k; daneben in Klammern befinden sich die zugehörigen Signifikanzwerte für die Nullhypothese $H_0 : \beta_k = 0$. Für die mit *, ** bzw. *** gekennzeichneten Koeffizientenschätzer kann die Nullhypothese auf einem Signifikanzniveau von 10 %, 5 % bzw. 1 % verworfen werden. Für den Likelihood-Ratio-Test und den Hosmer-Lemeshow-Anpassungstest sind in Klammern die Signifikanzwerte der chi-quadrat-verteilten Teststatistiken angegeben.

Anzumerken ist ferner, dass die in Tabelle 52 dargestellten Modellschätzungen unabhängig von der verwendeten Verschuldungsvariablen relativ stabil sind. Die neben den Verschuldungsvariablen einbezogenen Erklärungsvariablen besitzen in den vier Modellen – bis auf die (insignifikante) Dividendenvariable – identische Vorzeichen. Auch dieselben Erklärungsvariablen erweisen sich als signifikant, wobei die P-Values in Modell (6) tendenziell höher sind. Die verschiedenen Gütemaße unterscheiden sich für die vier Modelle ebenfalls nur unwesentlich voneinander.

Interessanterweise bestehen zwischen Modell (6) einerseits und den Modellen (1), (7) und (8) andererseits keine strukturellen Ergebnisunterschiede. Dies ist insofern bemerkenswert, als der Sampleumfang für Modell (6) deutlich geringer ist. Die Fremdkapitalquote auf Marktwertbasis kann nur für Börsengesellschaften gebildet werden, was zu einer erheblichen Reduzierung des Sampleumfangs führte. Die höheren P-Values in Modell (6) dürften zumindest teilweise durch den geringeren Sampleumfang begründet sein.

Insgesamt können die dargelegten Befunde dahingehend gewertet werden, dass die Verschuldungshöhe eine der Erklärungsdeterminanten der Hedging-Entscheidung darstellt. In sämtlichen der in diesem Abschnitt und im Anhang dargestellten Modellschätzungen zeigte sich mit zunehmender Verschuldung auch eine ansteigende Hedging-Wahrscheinlichkeit. Verglichen mit den vorliegenden empirischen Befunden unterscheiden sich bemerkenswerterweise zwar die Ergebnisse zu den einzelnen Verschuldungskennzahlen, das Gesamtergebnis der Verschuldungshöhe als ein Erklärungsfaktor der Hedging-Entscheidung stimmt jedoch überein. Interessanterweise erwies sich hier – wie in einigen der vorliegenden Studien – der Zusammenhang zwischen den Verschuldungsvariablen und der Hedging-Variablen in den univariaten Auswertungen als insignifikant und in den multivariaten als signifikant.[694]

4.4.3.2.2 Investitionsopportunitäten

In den vorliegenden Studien erwiesen sich die Investitionsopportunitäten als eine der wesentlichen Hedging-Determinanten. Tabelle 53 enthält die Modellschätzungen bei alternativer Verwendung vier verschiedener Investitionsvariablen. Zwischen der Variablen „Investitionen / Umsatz" und der Hedging-Wahrscheinlichkeit besteht ein insignifikant negativer Zusammenhang (Modell (1)). Die geringe Erklärungskraft der Investitionsquote bestätigt sich auch, wenn al-

[694] Vgl. dazu die Diskussion bei Dolde (1995), S. 190-195.

ternativ der Cashflow als Nennergröße der Investitionsquote verwendet wird (Modell (9)).

Das entgegen den theoretischen Ausführungen negative Vorzeichen der Variablen „Investitionen / Umsatz" ist durchaus konsistent mit den vorliegenden empirischen Befunden. Auch in den Studien von Berkman/Bradbury (1996), Géczy/Minton/ Schrand (1997), Wysocki (1998) und Graham/Rogers (1999) wurden Investitionsquoten auf Basis der Sachanlageinvestitionen untersucht.[695] In allen vier Untersuchungen bestand zwischen den Investitionsquoten und der Hedging-Variablen ebenfalls ein negativer Zusammenhang. Inhaltlich problematisch ist, dass bei den verwendeten Investitionsquoten nur Investitionen in das Sachanlagevermögen erfasst werden. Die Sachanlageinvestitionen sind aber zumeist mit geringeren Informationsproblemen behaftet und die Hedging-Anreize daher weniger ausgeprägt. Insofern dürfte eine Erklärung für den negativen Zusammenhang in der Art der betrachteten Investitionen liegen.

Für das durchschnittliche dreijährige Umsatzwachstum (Modell (10)) und auch die Market-to-book-ratio (Modell (11)) sind zwar konsistent mit den Erwartungen positive Logit-Koeffizienten zu beobachten, diese sind aber mit P-Values von über 0,80 deutlich insignifikant. Das Ergebnis zur Market-to-book-ratio – eines positiven, aber insignifikanten Zusammenhangs – stimmt mit den vorliegenden empirischen Befunden überein.

Auch in Tabelle 53 sind die Modellschätzungen unabhängig von der einbezogenen Investitionsvariablen verhältnismäßig stabil. In allen vier Modellen werden für sämtliche Erklärungsfaktoren durchweg dieselben Vorzeichen ausgewiesen und mit Ausnahme der Liquiditätsvariablen dieselben Erklärungsvariablen als signifikant eingestuft. Allerdings sind die Signifikanzwerte für Modellschätzung (11) etwas höher, was jedoch durch den geringeren Sampleumfang bedingt sein dürfte. Insgesamt bestand in keiner der in Abschnitt 4.4.3 und im Anhang wiedergegebenen Modellschätzungen ein signifikanter Einfluss einer Investitionsvariablen.

Entsprechend den Ausführungen von Froot/Scharfstein/Stein (1993) sollten jene Unternehmen ein Risikomanagement betreiben, die über umfangreiche Investitionsopportunitäten verfügen und gleichzeitig zusätzlich mit hohen Kosten der Außenfinanzierung konfrontiert sind. Géczy/Minton/Schrand (1997) und Graham/Rogers (1999) untersuchten daher bei den multivariaten Analysen durch die Bildung von Interaktionstermen den über die partiellen Einflüsse hinausgehenden gemeinsamen Einfluss von Investitions- und Verschuldungsvariablen.[696] In beiden Studien wurde ein Interaktionsterm aus der Market-to-book-ratio und

[695] Bei Berkman/Bradbury (1996) und Wysocki (1998) wurden die Investitionsquoten allerdings nur im Rahmen der univariaten Untersuchungen betrachtet.

[696] Vgl. Géczy/Minton/Schrand (1997), S. 1337 und Graham/Rogers (1999), S. 7.

Tabelle 53: Multiple Logit-Analyse – Investitionskennzahlen und Währungsderivateeinsatz

Modell		(1)		(9)		(10)		(11)	
Erklärende Variablen (Hypothesen):									
Fremdkapital / Bilanzsumme	+	2,87	(0,253)	3,15	(0,199)	2,04	(0,427)	1,67	(0,495)
Investitionen / Umsatz	+	–3,85	(0,528)						
Investitionen / Cashflow I	+			0,00	(0,996)				
Umsatzwachstum (3 Jahre)	+					0,64	(0,842)		
Market-to-book-ratio	+							0,02	(0,901)
Liquide Mittel / Cashflow I	–	–0,12*	(0,091)	–0,18	(0,136)	–0,19*	(0,096)	–0,05	(0,571)
Dividende / Cashflow I	+	–1,55	(0,302)	–1,52	(0,332)	–2,57	(0,136)	–0,75	(0,749)
Umsatz (Mrd. DM)	+/–	–0,02	(0,502)	–0,02	(0,400)	–0,02	(0,413)	–0,02	(0,545)
Managerbezüge (Mio. DM)	+	2,25**	(0,032)	2,31**	(0,028)	2,14**	(0,050)	2,56**	(0,039)
Streubesitz	+	–3,72**	(0,030)	–3,69**	(0,031)	–3,65**	(0,036)	–2,80*	(0,099)
Inländische Tochtergesellschaft	–	–1,91*	(0,089)	–1,85*	(0,090)	–1,88*	(0,097)	–1,87	(0,162)
Ausländische Tochtergesellschaft		–4,57***	(0,002)	–4,45***	(0,002)	–4,25***	(0,003)	–3,04*	(0,099)
Familienunternehmen	+	–2,69***	(0,009)	–2,60***	(0,010)	–2,69***	(0,009)	–2,19**	(0,043)
Börsengesellschaft	–	0,63	(0,506)	0,65	(0,492)	0,48	(0,625)		
Bankenbeteiligung	+/–	–0,77	(0,448)	–0,77	(0,445)	–0,77	(0,451)	–0,52	(0,599)
Branchendiversifikation	–	0,84	(0,332)	0,90	(0,305)	0,46	(0,609)	1,01	(0,323)
Auslandsumsatzanteil	+	4,23***	(0,003)	4,38***	(0,003)	4,15***	(0,006)	3,87**	(0,012)
Konstante		–0,61	(0,799)	–1,21	(0,580)	0,12	(0,960)	–0,85	(0,692)
Gütemaße:									
Likelihood-Ratio-Test									
Model Chi-Square		46,8	(0,000)	46,4	(0,000)	40,2	(0,000)	34,1	(0,001)
Bestimmtheitsmaß nach McFadden		0,403		0,399		0,376		0,365	
Klassifikationstrefferquote		0,825		0,835		0,809		0,829	
Trefferquote bei Zufallsklassifikation		0,623		0,623		0,685		0,619	
Hosmer-Lemeshow-Anpassungstest									
Hosmer-Lemeshow-Teststatistik		4,54	(0,806)	2,74	(0,950)	3,06	(0,930)	3,18	(0,923)
Anzahl		103		103		94		82	

Hinweis zur Tabelle 53: Die dichotome abhängige Variable nimmt im Falle eines Währungsderivateeinsatzes den Wert eins an. Angegeben sind für die einzelnen erklärenden Variablen die Schätzwerte für die Parameter β_k; daneben in Klammern befinden sich die zugehörigen Signifikanzwerte für die Nullhypothese $H_0 : \beta_k = 0$. Für die mit *, ** bzw. *** gekennzeichneten Koeffizientenschätzer kann die Nullhypothese auf einem Signifikanzniveau von 10 %, 5 % bzw. 1 % verworfen werden. Für den Likelihood-Ratio-Test und den Hosmer-Lemeshow-Anpassungstest sind in Klammern die Signifikanzwerte der chi-quadrat-verteilten Teststatistiken angegeben.

der Fremdkapitalquote gebildet. Géczy/Minton/Schrand (1997) bildeten zusätzlich einen Interaktionsterm aus der Forschungs- und Entwicklungsquote und Fremdkapitalquote. Während der Interaktionsterm aus der Market-to-book-ratio und der Fremdkapitalquote bei Graham/Rogers (1999) nicht als signifikant eingestuft wurde, erwies er sich bei Géczy/Minton/Schrand (1997) auf einem 10%-Niveau signifikant und besaß ein der Theorie entsprechendes Vorzeichen.

In Anlehnung an Géczy/Minton/Schrand (1997) und Graham/Rogers (1999) wurde auch hier ein Interaktionsterm[697] aus Fremdkapitalquote zu Marktwerten und Market-to-book-ratio gebildet und Modell (1) hinzugefügt. Im Gegensatz zu Géczy/Minton/ Schrand (1997) zeigt sich hier zwischen dem Interaktionsterm und der Hedging-Variablen ein nicht signifikant negativer Zusammenhang.[698] Ausgehend von den in den Tabellen 52 und 53 enthaltenen Investitions- und Verschuldungskennzahlen wurden weitere Interaktionsterme untersucht, wobei jedoch in keinem Fall ein signifikanter Einfluss festgestellt werden konnte.

Zusammenfassend zeigt sich in den multivariaten wie in den univariaten Auswertungen kein statistisch gesicherter Einfluss der Investitionsvariablen auf die Hedging-Variable. Dies kann jedoch nicht dahingehend interpretiert werden, dass der für amerikanische Unternehmen beobachtete positive Einfluss für deutsche Unternehmen nicht bestünde. Für die einzelnen Investitionskennzahlen ergeben sich hier durchaus ähnliche Ergebnisse wie in den amerikanischen Studien. In den amerikanischen Studien beruht die Einschätzung der Investitionsopportunitäten als eine wesentliche Hedging-Determinante auf der hohen Signifikanz der Forschungs- und Entwicklungsquote. Diese Kennzahl kann jedoch für deutsche Unternehmen aufgrund mangelnder Veröffentlichungsverpflichtungen leider nicht zuverlässig gebildet werden.

4.4.3.2.3 Liquidität

Bei Unternehmen mit umfangreichen Liquiditätsreserven sollte mit geringerer Wahrscheinlichkeit ein Derivateeinsatz zu beobachten sein. Tabelle 54 enthält neben der Modellschätzung für die Liquiditätskennzahl „Liquide Mittel / Cashflow I" noch die für die Kennzahlen „Liquide Mittel / Kurzf. Verbl." und „Umlaufvermögen / Kurzf. Verbl.".

---

[697] Für ein Darstellung und Diskussion von Interaktionstermen im Rahmen der Logit-Analyse vgl. Hosmer/Lemeshow (1989), S. 63-68 oder Urban (1993), S. 72-75.

[698] Vgl. Tabelle A 22 im Anhang.

Tabelle 54: Multiple Logit-Analyse – Liquiditätskennzahlen und Währungsderivateeinsatz

Modell		**(1)**		**(12)**		**(13)**	
Erklärende Variablen (Hypothesen):							
Fremdkapital / Bilanzsumme	+	2,87	(0,253)	−0,87	(0,739)	0,11	(0,963)
Investitionen / Umsatz	+	−3,85	(0,528)	−4,26	(0,496)	−4,36	(0,486)
Liquide Mittel / Cashflow I	–	−0,12*	(0,091)				
Liquide Mittel / Kurzf. Verbl.	–			−1,21*	(0,089)		
Umlaufvermögen / Kurzf. Verbl.	–					−0,45	(0,102)
Dividende / Cashflow I	+	−1,55	(0,302)	−1,45	(0,322)	−1,51	(0,302)
Umsatz (Mrd. DM)	+/–	−0,02	(0,502)	−0,01	(0,613)	−0,02	(0,529)
Managerbezüge (Mio. DM)	+	2,25**	(0,032)	2,39**	(0,023)	2,58**	(0,021)
Streubesitz	+	−3,72**	(0,030)	−4,26**	(0,016)	−3,88**	(0,021)
Inländische Tochtergesellschaft	–	−1,91*	(0,089)	−2,10*	(0,069)	−1,93*	(0,087)
Ausländische Tochtergesellschaft		−4,57***	(0,002)	−4,76***	(0,001)	−4,02***	(0,004)
Familienunternehmen	+	−2,69***	(0,009)	−2,83***	(0,007)	−2,83***	(0,007)
Börsengesellschaft	–	0,63	(0,506)	0,32	(0,732)	0,17	(0,855)
Bankenbeteiligung	+/–	−0,77	(0,448)	−1,02	(0,299)	−0,75	(0,436)
Branchendiversifikation	–	0,84	(0,332)	0,94	(0,279)	1,00	(0,242)
Auslandsumsatzanteil	+	4,23***	(0,003)	4,98***	(0,002)	5,21***	(0,002)
Konstante		−0,61	(0,799)	2,39	(0,374)	1,88	(0,465)
Gütemaße:							
Likelihood-Ratio-Test Model Chi-Square		46,8	(0,000)	46,9	(0,000)	46,5	(0,000)
Bestimmtheitsmaß nach McFadden		0,403		0,403		0,400	
Klassifikationstrefferquote		0,825		0,825		0,825	
Trefferquote bei Zufallsklassifikation		0,623		0,623		0,623	
Hosmer-Lemeshow-Anpassungstest Hosmer-Lemeshow-Teststatistik		4,54	(0,806)	10,84	(0,211)	5,72	(0,678)
Anzahl		103		103		103	

Hinweis: Die dichotome abhängige Variable nimmt im Falle eines Währungsderivateeinsatzes den Wert eins an. Angegeben sind für die einzelnen erklärenden Variablen die Schätzwerte für die Parameter β_k; daneben in Klammern befinden sich die zugehörigen Signifikanzwerte für die Nullhypothese $H_0: \beta_k = 0$. Für die mit *, ** bzw. *** gekennzeichneten Koeffizientenschätzer kann die Nullhypothese auf einem Signifikanzniveau von 10 %, 5 % bzw. 1 % verworfen werden. Für den Likelihood-Ratio-Test und den Hosmer-Lemeshow-Anpassungstest sind in Klammern die Signifikanzwerte der chi-quadratverteilten Teststatistiken angegeben.

Die dargestellten Befunde unterscheiden sich deutlich von den univariaten Ergebnissen, in denen ein negativer Zusammenhang nicht bestätigt werden konnte. Bei den multivariaten Auswertungen ist für alle drei Liquiditätskennzahlen entsprechend den theoretischen Ausführungen ein negativer Zusammenhang zu beobachten. Wie in den vorliegenden Untersuchungen ist für die Liquiditätsvariable „Liquide Mittel / Kurzf. Verbl." der Logit-Koeffizient auf einem 10%-Niveau signifikant negativ (Modell (12)). Die Liquiditätskennzahl „Liquide Mittel / Cashflow I" (Modell (1)) erweist sich ebenfalls auf einem 10%-Niveau statistisch signifikant. Dies ist insofern interessant, als diese Liquiditätskennzahl zwar direkt aus dem Modell von Froot/Scharfstein/Stein (1993) resultiert, allerdings in den vorliegenden Studien noch nicht untersucht wurde.

Das hier dargestellte Ergebnis zur Liquiditätskennzahl „Liquide Mittel / Cashflow I" (Modell (1)) ist durchaus repräsentativ. In allen in Abschnitt 4.4.3 und im Anhang dargestellten Modellvarianten besitzt der Logit-Koeffizient der Liquiditätskennzahl ein negatives Vorzeichen. Der P-Value liegt für die meisten Modellschätzungen zwischen 0,06 und 0,18. Tendenziell höhere P-Values sind zu beobachten, falls aufgrund der Notwendigkeit von Marktdaten nur Börsengesellschaften in die Modellschätzung eingeschlossen werden konnten. Eine inhaltliche Erklärung ist, dass für diese Unternehmen das Liquiditätsargument an Bedeutung verliert, da Börsenunternehmen die Schwankungen der operativen Cashflows vergleichsweise einfacher durch eine externe Finanzmittelaufnahme ausgleichen können.

Höhere P-Values ergeben sich für die drei Liquiditätskennzahlen bei Einschluss der Branchenvariablen.[699] Einerseits dürfte die geringere statistische Trennschärfe sicherlich durch die erheblich geringere Anzahl an Freiheitsgraden begründet sein. Eine mögliche inhaltliche Erklärung wären branchenspezifische Liquiditätsunterschiede.[700]

Der negative Einfluss der Liquiditätsvariablen „Umlaufvermögen / Kurzf. Verbl." wird auf den herkömmlichen Signifikanzniveaus zwar nicht als signifikant ausgewiesen (Modell (13)). Allerdings beträgt der P-Value immerhin 10,2 %, sodass ein statistischer Einfluss nicht völlig verneint werden kann. Diese Kennzahl wurde zwar teilweise auch in den vorliegenden Studien verwendet, erscheint jedoch inhaltlich höchst problematisch, da nicht das gesamte Umlaufvermögen als Liquiditätsreserve angesehen werden kann.

---

[699] Vgl. Modell (3) in Tabelle 50 sowie Tabelle A 24 im Anhang.

[700] Die bivariaten Korrelationskoeffizienten zwischen den Liquiditätsvariablen und den Branchenvariablen erscheinen allerdings wenig problematisch. Zwar beträgt der Korrelationskoeffizient zwischen der Liquiditätsvariablen „Liquide Mittel / Cashflow I" und der Variablen „Bau" 0,51, sämtliche anderen Koeffizienten liegen jedoch deutlich unter |0,25|. Vgl. Tabelle A 19 im Anhang.

Entsprechend dem Ansatz von Froot/Scharfstein/Stein (1993) sollten Unternehmen mit umfangreichen Investitionsopportunitäten und gleichzeitig niedrigen Liquiditätsbeständen weit häufiger hedgen. Zur Überprüfung des gemeinsamen Einflusses bildeten Gay/Nam (1998) verschiedene Interaktionsterme zwischen den verwendeten Investitions- und Liquiditätsvariablen.[701] Dabei zeigte sich eine den Hypothesen entsprechende Einflussrichtung, die sich teilweise auch als signifikant erwies. Zur näheren Untersuchung des gemeinsamen Einflusses wurden auch hier verschiedene Interaktionsterme aus den verwendeten Investitions- und Liquiditätsvariablen gebildet. Im Gegensatz zu Gay/Nam (1998) kann jedoch kein signifikanter Einfluss festgestellt werden.[702]

Zusammenfassend lässt sich festhalten, dass konsistent mit den theoretischen Überlegungen Unternehmen mit geringen Liquiditätsreserven mit größerer Wahrscheinlichkeit Derivate einsetzen. In sämtlichen Modellvarianten und für alle drei Liquiditätskennzahlen wurde ein negatives Vorzeichen beobachtet. Bei einer Vielzahl der Modellschätzungen erwies sich dieser Zusammenhang als statistisch signifikant. Die dargestellten Ergebnisse sind insgesamt konsistent mit der Hedging-Theorie und vergleichbar mit den vorliegenden empirischen Befunden.

4.4.3.2.4 Dividende

Dividendenanpassungen können erhebliche Kosten verursachen. Unternehmen mit hohen Dividendenauszahlungen sollten daher zur Sicherstellung der Ausschüttung mit höherer Wahrscheinlichkeit Derivate einsetzen. In Tabelle 55 sind die multiplen Modellschätzungen bei alternativer Verwendung der drei Dividendenkennzahlen „Dividende / Cashflow I", „Dividende / Jahresüberschuss" und „Dividende / Marktwert Eigenkapital" wiedergegeben.

Entgegen den univariaten Befunden, bei denen ein deutlich negativer Zusammenhang zu beobachten war, besteht bei den multivariaten Auswertungen kein signifikant negativer Zusammenhang zwischen den Dividendenkennzahlen und der Hedging-Variablen. Die Vorzeichen der Dividendenkennzahlen „Dividende / Cashflow I" und „Dividende / Marktwert Eigenkapital" sind zwar negativ, allerdings ist der Einfluss nicht statistisch gesichert. Auch zeigt sich bei der Dividendenkennzahl „Dividende / Jahresüberschuss" ein (insignifikant) positiver Zusammenhang.

In den univariaten Auswertungen war der negative Zusammenhang zwischen Dividendenhöhe und Hedging-Verhalten deutlich ausgeprägter, wenn Unterneh-

---

[701] Vgl. Gay/Nam (1998), S. 62-65.

[702] Vgl. Tabelle A 23 im Anhang. Bei Verwendung der Liquiditätsvariablen „Liquide Mittel / Kurzf. Verbl." ergeben sich teilweise signifikante Einflüsse des Interaktionsterms, die Einflussrichtung widerspricht jedoch den theoretischen Überlegungen.

Tabelle 55: Multiple Logit-Analyse – Dividendenkennzahlen und Währungsderivateeinsatz

Modell		**(1)**		**(14)**		**(15)**	
Erklärende Variablen (Hypothesen):							
Fremdkapital / Bilanzsumme	+	2,87	(0,253)	8,33**	(0,024)	2,04	(0,485)
Investitionen / Umsatz	+	–3,85	(0,528)	–8,94	(0,132)	–5,82	(0,223)
Liquide Mittel / Cashflow I	–	–0,12*	(0,091)	–0,60**	(0,021)	–0,17	(0,139)
Dividende / Cashflow I	+	–1,55	(0,302)				
Dividende / Jahresüberschuss	+			0,16	(0,683)		
Dividende / Marktwert Eigenkapital	+					–9,48	(0,699)
Umsatz (Mrd. DM)	+/–	–0,02	(0,502)	0,01	(0,869)	–0,02	(0,562)
Managerbezüge (Mio. DM)	+	2,25**	(0,032)	1,24	(0,301)	2,90**	(0,031)
Streubesitz	+	–3,72**	(0,030)	–5,28**	(0,014)	–2,89*	(0,097)
Inländische Tochtergesellschaft	–	–1,91*	(0,089)	–1,75	(0,210)	–1,69	(0,236)
Ausländische Tochtergesellschaft		–4,57***	(0,002)	–6,58***	(0,007)	–3,24	(0,104)
Familienunternehmen	+	–2,69***	(0,009)	–5,24***	(0,006)	–2,28**	(0,044)
Börsengesellschaft	–	0,63	(0,506)	2,76*	(0,070)		
Bankenbeteiligung	+/–	–0,77	(0,448)	–1,24	(0,382)	–0,32	(0,742)
Branchendiversifikation	–	0,84	(0,332)	1,58	(0,171)	0,75	(0,451)
Auslandsumsatzanteil	+	4,23***	(0,003)	7,46***	(0,002)	3,27**	(0,035)
Konstante		–0,61	(0,799)	–2,86	(0,279)	–0,28	(0,916)
Gütemaße:							
Likelihood-Ratio-Test Model Chi-Square		46,8	(0,000)	53,4	(0,000)	34,8	(0,001)
Bestimmtheitsmaß nach McFadden		0,403		0,427		0,392	
Klassifikationstrefferquote		0,825		0,870		0,825	
Trefferquote bei Zufallsklassifikation		0,623		0,636		0,619	
Hosmer-Lemeshow-Anpassungstest							
Anzahl		103		92		78	

Hinweis: Die dichotome abhängige Variable nimmt im Falle eines Währungsderivateeinsatzes den Wert eins an. Angegeben sind für die einzelnen erklärenden Variablen die Schätzwerte für die Parameter β_k; daneben in Klammern befinden sich die zugehörigen Signifikanzwerte für die Nullhypothese $H_0 : \beta_k = 0$. Für die mit *, ** bzw. *** gekennzeichneten Koeffizientenschätzer kann die Nullhypothese auf einem Signifikanzniveau von 10 %, 5 % bzw. 1 % verworfen werden. Für den Likelihood-Ratio-Test und den Hosmer-Lemeshow-Anpassungstest sind in Klammern die Signifikanzwerte der chi-quadrat-verteilten Teststatistiken angegeben.

men, die keine Dividende ausschütteten, ausgeschlossen wurden. Werden in die multivariaten Auswertungen Unternehmen mit einer Dividendenhöhe von null nicht miteinbezogen, so ergeben sich für die Dividendenkennzahlen gegenüber den in Tabelle 55 dargestellten Befunden keine qualitativen Ergebnisunterschiede.[703]

Bemerkenswerterweise reduzierte sich bei Verwendung der Branchenkontrollvariablen der Signifikanzwert der Dividendenvariablen „Dividende / Cashflow I" auf 0,107 (Modell (3)). Bei der Dividendenkennzahl „Dividende / Jahresüberschuss" ergibt sich bei Einschluss der Branchenvariablen ebenfalls ein negativer, allerdings deutlich insignifikanter Zusammenhang.[704]

Zusammenfassend ist festzuhalten, dass der Dividendenhöhe keine wesentliche Erklärungskraft für das beobachtbare Hedging-Verhalten deutscher Unternehmen zukommt. In den meisten Modellvarianten ist ein insignifikant negativer Zusammenhang zu beobachten. Der univariate Befund eines deutlich negativen Zusammenhangs kann im Rahmen der multivariaten Analysen nicht bestätigt werden. Dies legt die Vermutung nahe, dass sich bei den univariaten Auswertungen in den Dividendenkennzahlen andere Einflussfaktoren widerspiegelten.

4.4.3.2.5 Unternehmensgröße

In der Mehrzahl der vorliegenden Studien bestand ein hoch signifikant positiver Einfluss der Unternehmensgröße auf die Derivateeinsatz-Wahrscheinlichkeit. Auch hier war im Rahmen der univariaten Betrachtungen ein ausgeprägt positiver Zusammenhang zu beobachten. Dagegen erwies sich in Modell (1) die Größenvariable „Umsatz" überraschenderweise als deutlich insignifikant. Dabei ergab sich auch entgegen den bisherigen Befunden eine negative Einflussrichtung.

Werden alternativ zur Größenvariable „Umsatz" die Variablen „Bilanzsumme" (Modell (16)) und „Unternehmenswert" (Modell (17)) verwendet, so ergibt sich zwar ein positives Vorzeichen, der Einfluss ist mit P-Values von 0,528 und 0,719 aber weiterhin statistisch deutlich insignifikant. Tatsächlich wurde in keiner der hier durchgeführten Modellschätzungen eine Signifikanz der Größenvariablen beobachtet. Der geringe statistische Erklärungsgehalt der Größenvariablen ist vor dem Hintergrund der univariaten Ergebnisse und vor allem der bisherigen empirischen Befunde außerordentlich erstaunlich.

Dies wirft die Frage auf, warum sich die hier dargestellten Ergebnisse dermaßen deutlich von den bisherigen empirischen Befunden und den univariaten Ergebnissen unterscheiden. Eine deutliche Signifikanz bei den univariaten und gleichzeitige Insignifikanz bei den multivariaten Auswertungen ist ein typisches

---

[703] Vgl. Tabellen A 24 und 25 im Anhang.

[704] Vgl. Tabelle A 25 im Anhang.

Tabelle 56: Multiple Logit-Analyse – Unternehmensgröße und Währungsderivateeinsatz

Modell		**(1)**		**(16)**		**(17)**	
Erklärende Variablen (Hypothesen):							
Fremdkapital / Bilanzsumme	+	2,87	(0,253)	1,94	(0,430)	2,34	(0,418)
Investitionen / Umsatz	+	–3,85	(0,528)	–6,47	(0,336)	–9,12	(0,226)
Liquide Mittel / Cashflow I	–	–0,12*	(0,091)	–0,18	(0,106)	–0,16	(0,146)
Dividende / Cashflow I	+	–1,55	(0,302)	–1,40	(0,343)	0,55	(0,833)
Umsatz (Mrd. DM)	+/–	–0,02	(0,502)				
Bilanzsumme (Mrd. DM)	+/–			0,03	(0,528)		
Unternehmenswert (Mrd. DM)	+/–					0,02	(0,719)
Managerbezüge (Mio. DM)	+	2,25**	(0,032)	1,74*	(0,087)	2,24*	(0,084)
Streubesitz	+	–3,72**	(0,030)	–3,29*	(0,051)	–2,65	(0,127)
Inländische Tochtergesellschaft	–	–1,91*	(0,089)	–1,62	(0,129)	–1,62	(0,233)
Ausländische Tochtergesellschaft		–4,57***	(0,002)	–4,06***	(0,003)	–3,46*	(0,074)
Familienunternehmen	+	–2,69***	(0,009)	–2,30**	(0,020)	–2,12*	(0,057)
Börsengesellschaft	–	0,63	(0,506)	0,72	(0,444)		
Bankenbeteiligung	+/–	–0,77	(0,448)	–0,67	(0,502)	–0,25	(0,804)
Branchendiversifikation	–	0,84	(0,332)	0,80	(0,353)	0,66	(0,520)
Auslandsumsatzanteil	+	4,23***	(0,003)	3,99***	(0,004)	3,24**	(0,031)
Konstante		–0,61	(0,799)	–0,16	(0,944)	–0,57	(0,819)
Gütemaße:							
Likelihood-Ratio-Test							
Model Chi-Square		46,8	(0,000)	47,0	(0,000)	34,6	(0,001)
Bestimmtheitsmaß nach McFadden		0,403		0,404		0,390	
Klassifikationstrefferquote		0,825		0,835		0,821	
Trefferquote bei Zufallsklassifikation		0,623		0,623		0,619	
Hosmer-Lemeshow-Anpassungstest							
Hosmer-Lemeshow-Teststatistik		4,54	(0,806)	6,60	(0,581)	10,62	(0,224)
Anzahl		103		103		78	

Hinweis: Die dichotome abhängige Variable nimmt im Falle eines Währungsderivateeinsatzes den Wert eins an. Angegeben sind für die einzelnen erklärenden Variablen die Schätzwerte für die Parameter β_k; daneben in Klammern befinden sich die zugehörigen Signifikanzwerte für die Nullhypothese $H_0 : \beta_k = 0$. Für die mit *, ** bzw. *** gekennzeichneten Koeffizientenschätzer kann die Nullhypothese auf einem Signifikanzniveau von 10 %, 5 % bzw. 1 % verworfen werden. Für den Likelihood-Ratio-Test und den Hosmer-Lemeshow-Anpassungstest sind in Klammern die Signifikanzwerte der chi-quadrat-verteilten Teststatistiken angegeben.

Anzeichen für Kollinearitätsprobleme. Insofern ist näher zu untersuchen, ob es Erklärungsvariablen gibt, die sowohl die Hedging-Entscheidung maßgeblich beeinflussen als auch eine hohe Korrelation mit der Größenvariablen aufweisen. Werden die bivariaten Korrelationskoeffizienten der Umsatzvariablen mit den anderen unabhängigen Variablen betrachtet, so zeigt sich eine nicht unerhebliche Korrelation mit der Variable „Managerbezüge". Der bivariate Korrelationskoeffizient zwischen der Umsatzvariablen und der Variablen „Managerbezüge" beträgt 0,58.[705]

Zur näheren Untersuchung der Abhängigkeitsstrukturen der Managerbezüge, des Umsatzes und der Hedging-Entscheidung werden zwei Logit-Modelle geschätzt. Das erste Logit-Modell (Modell (18)) beinhaltet als unabhängige Variable nur die Umsatzvariable und das zweite Logit-Modell (Modell (19)) daneben zusätzlich die Variable „Managerbezüge" (Tabelle 57). Enthält das Logit-Modell lediglich die Umsatzvariable, so wird die Umsatzvariable erwartungsgemäß als signifikant ausgewiesen (P-Value 0,046). Wird hingegen die Variable „Managerbezüge" hinzugefügt, so ist bemerkenswerterweise die Umsatzvariable nicht mehr signifikant.

Die Insignifikanz der Umsatzvariablen im Falle der Kontrolle für die Höhe der Managerbezüge erscheint äußerst interessant. In den univariaten Betrachtungen wurde diskutiert, ob hinter der Signifikanz der Managerbezüge nicht etwa lediglich Größeneffekte stehen. Allerdings implizieren die in Tabelle 57 dargelegten Befunde eine entgegengesetzte Schlussfolgerung. Es stellt sich die Frage, ob die Größenvariable im Rahmen der univariaten Auswertungen lediglich infolge von Managereffekten als signifikant ausgewiesen wurde. Die Managerbezüge haben sich in den hier durchgeführten Auswertungen als ein wesentlicher Erklärungsfaktor der Hedging-Entscheidung herausgestellt. Ist diese Variable nicht im Schätzansatz enthalten, so wird der Einfluss der Umsatzvariablen als signifikant positiv ausgewiesen, weil zwischen dem Umsatz und den Managerbezügen ein ausgeprägter positiver Zusammenhang besteht.[706] Die Größenvariable approximiert in diesem Sinne somit lediglich für die Variable „Managerbezüge".

Während die obigen Ausführungen vorwiegend einen statistischen Effekt beschreiben, sind die Befunde aber auch inhaltlich höchst brisant. Die Vorstands- und Geschäftsleitungsmitglieder von Großunternehmen beziehen verglichen mit kleineren Unternehmen tendenziell deutlich höhere Bezüge und haben dementsprechend deutlich stärkere Anreize für eine Reduzierung der Gesamtrisiken.

[705] Die bivariaten Korrelationskoeffizienten zwischen der Variable „Managerbezüge" und den Größenvariablen „Bilanzsumme" und „Unternehmenswert" nehmen ähnlich hohe Werte an. Vgl. Tabelle 43 in Abschnitt 4.4.2.2.

[706] Zur Analyse der Auswirkung zweier korrelierter Regressoren auf die Schätzergebnisse vgl. Gujarati (1995), S. 204-206.

Tabelle 57: Logit-Analyse – Unternehmensgröße, Managerbezüge und Währungsderivateeinsatz

Modell		**(18)**		**(19)**	
Erklärende Variablen (Hypothesen):					
Umsatz (Mrd. DM)	+/–	0,067**	(0,046)	0,03	(0,422)
Managerbezüge (Mio. DM)	+			2,05***	(0,008)
Konstante		0,579**	(0,046)	–0,94	(0,127)
Gütemaße:					
Bestimmtheitsmaß nach McFadden		0,056		0,153	
Hosmer-Lemeshow-Anpassungstest					
Hosmer-Lemeshow-Teststatistik		23,45	(0,003)	13,26	(0,103)
Anzahl		103		103	

Hinweis: Die dichotome abhängige Variable nimmt im Falle eines Währungsderivateeinsatzes den Wert eins an. Angegeben sind für die einzelnen erklärenden Variablen die Schätzwerte für die Parameter β_k; daneben in Klammern befinden sich die zugehörigen Signifikanzwerte für die Nullhypothese $H_0: \beta_k = 0$. Für die mit *, ** bzw. *** gekennzeichneten Koeffizientenschätzer kann die Nullhypothese auf einem Signifikanzniveau von 10 %, 5 % bzw. 1 % verworfen werden. Für den Likelihood-Ratio-Test und den Hosmer-Lemeshow-Anpassungstest sind in Klammern die Signifikanzwerte der chi-quadrat-verteilten Teststatistiken angegeben.

Neben den höheren Bezügen kommen den Vorstands- und Geschäftsleitungsmitgliedern von Großunternehmen aus ihrer Tätigkeit weitere nicht-monetäre Vorteile, wie z.B. Sozialprestige, zu. Diese nicht-monetären Vorteile dürften ebenfalls deutlich umfangreicher bei größeren als bei kleineren Unternehmen sein. Hinzu kommt, dass ein Vorstandsmitglied eines Großkonzerns im Falle eines Arbeitsplatzverlustes nur ungleich schwieriger eine vergleichbare Managementposition finden kann. Folglich sollten die Manager von Großkonzernen aus Eigeninteresse deutlich stärkere Anreize für die Implementierung eines Risikomanagements besitzen und dementsprechend die Unternehmensgröße einen positiven Einfluss auf die Hedging-Wahrscheinlichkeit ausüben. In den bisherigen Studien zur Hedging-Entscheidung wurden allerdings die Managerinteressen nicht in Verbindung mit dem Unternehmensmerkmal „Unternehmensgröße" diskutiert.

Das Ergebnis hat durchaus nicht unerhebliche Implikationen für die Einschätzungen der Befunde der vorliegenden Studien. In den vorliegenden Studien wurde die Signifikanz der Größenvariablen ausschließlich mit den Fixkosten eines Risikomanagements inhaltlich begründet. Die hier aufgezeigten Befunde können dahingehend interpretiert werden, dass bei Großunternehmen nicht Fixkosten, sondern vielmehr Managerinteressen die Hedging-Entscheidung leiten. Diese Einschätzung drängt sich umso mehr auf, als in den vorliegenden Untersuchungen die Variable „Managerbezüge" oder eine vergleichbare Variable nicht im multiplen Ansatz enthalten war.

Interessant ist, ob die Umsatzvariable als signifikant ausgewiesen wird, wenn bei Modell (1) die Variable „Managerbezüge" nicht miteinbezogen wird. Wie Modell (4) zeigt, besitzt in diesem Fall die Umsatzvariable ein positives Vorzeichen, der Einfluss ist bemerkenswerterweise mit einem P-Value von 0,779 jedoch weiterhin deutlich insignifikant.[707] Dies wirft die Frage nach den Gründen für die deutlichen Signifikanzunterschiede bezüglich der Umsatzvariablen zwischen den univariaten und den multivariaten Ergebnissen auf. Es ist zu klären, ob die Umsatzvariable tatsächlich keinen bereits in den anderen Regressoren enthaltenen Erklärungsgehalt besitzt oder ob ökonometrische Schwierigkeiten, insbesondere Multikollinearitätsprobleme, vorliegen. Ausgeprägte bivariate Korrelationen zwischen der Umsatzvariablen und den anderen unabhängigen Variablen von Modell (4) sind jedoch nicht ersichtlich.[708]

Die bivariaten Korrelationen sind allerdings nur ein erster Hinweis auf mögliche Multikollinearitätsprobleme. Letztlich sind für Multikollinearitätsprobleme nicht die bivariaten Korrelationen, sondern die multiplen Korrelationsbeziehungen ausschlaggebend. Zur Aufdeckung solcher multipler Abhängigkeiten wurde eine OLS-Regression durchgeführt, wobei die Umsatzvariable auf die anderen abhängigen Variablen von Modell (4) regressiert wurde. Das Bestimmtheitsmaß erscheint mit 36 % nicht übermäßig hoch, 64 % der Streuung der Umsatzvariablen ist unabhängig von der Streuung der anderen unabhängigen Variablen. Die Umsatzvariable sollte somit eigentlich über genug Reststreuung verfügen. Aufgrund der hohen Reststreuung ist es doch überraschend, dass die Umsatzvariable deutlich insignifikant ist. Die Insignifikanz der Umsatzvariablen ist hier somit nicht auf Multikollinearitätsprobleme zurückzuführen.

Insgesamt ist festzuhalten, dass zwischen Unternehmensgröße und Hedging-Wahrscheinlichkeit für das betrachtete Sample kein Zusammenhang besteht. In allen durchgeführten Modellschätzungen ist der Einfluss der Größenvariablen statistisch deutlich insignifikant, was in krassem Widerspruch zu den vorliegenden Studien steht. Der Befund ist hier nicht auf ökonometrische Schwierigkeiten bzw. Kollinearitätsprobleme zurückzuführen. Allerdings wirft die Korrelationsanalyse die Frage auf, ob nicht etwa Managerinteressen und weniger Fixkosten die hohe Signifikanz der Größenvariablen in den bisherigen Studien begründet haben. Manager von größeren verglichen mit kleineren Unternehmen haben aus Eigeninteressen stärkere Anreize für die Durchführung eines Risikomanagements.

Die hier beobachtete geringe Signifikanz der Größenvariablen kann jedoch nicht dahingehend interpretiert werden, dass das Fixkostenargument für die Erklärung des Hedging-Verhaltens deutscher Unternehmen nicht relevant sei. Letztlich stehen hinter der Größenvariablen verschiedene theoretische Erklä-

---

[707] Vgl. Modell (4) in Tabelle 51.

[708] Vgl. Tabelle 43 in Abschnitt 4.4.2.2.

rungsansätze, die zu entgegengesetzten Hypothesen über die Einflussrichtungen führen. Mit der Größenvariablen können diese Erklärungsansätze aber nur gemeinsam überprüft werden. Insofern ist denkbar, dass die einzelnen Erklärungsansätze zwar tatsächlich relevant sind, sich in der Größenvariablen aber ausgleichen.

4.4.3.2.6 Managermotive

4.4.3.2.6.1 Managerbezüge / Managerbeteiligung

Ein Erklärungsansatz für ein unternehmerisches Risikomanagement besteht in Eigeninteressen der unzureichend diversifizierten Manager. Bei den univariaten Betrachtungen waren die Unterschiede der Managerbezüge zwischen hedgenden und nicht-hedgenden Unternehmen statistisch hoch signifikant und vor allem auch ökonomisch bedeutsam.

Ein deutlich positiver Einfluss der Höhe der Managerbezüge bestand ebenfalls bei den multivariaten Auswertungen. Der Zusammenhang erweist sich bei fast allen Modellschätzungen auf einem 5%-Niveau als signifikant. Die hohe Bedeutung spiegelt sich auch in der deutlichen Verringerung des McFadden R^2 bei Ausschluss der Variablen „Managerbezüge" wider.[709]

Alternativ wird zudem eine Modellschätzung mit der Managervariablen „Managerbeteiligung" anstelle der „Managerbezüge" durchgeführt (Modell (20)). Bei den univariaten Auswertungen bestanden bei Unternehmen mit Managerbeteiligungen etwas höhere Hedging-Häufigkeiten, die Unterschiede wurden jedoch als nicht signifikant eingestuft.

Dagegen erweist sich bemerkenswerterweise bei Modellschätzung (20) die Variable „Managerbeteiligung" (Tabelle 58) als signifikant auf einem 10%-Niveau. Auch bei Einschluss der Branchenvariablen ergeben sich nahezu unveränderte P-Values für die Variablen „Managerbezüge" und „Managerbeteiligung".[710]

Prinzipiell sollen in einen multivariaten Ansatz nicht zwei Variablen aufgenommen werden, die für dasselbe Charakteristikum approximieren. Allerdings kann argumentiert werden, dass sich Managerbezüge und Managerbeteiligungen vom ökonomischen Gehalt qualitativ unterscheiden. Außerdem beträgt die Korrelation zwischen den beiden Managervariablen 0,03, sodass keine Multikollinearitätsprobleme bestehen sollten. Daher wurde die Modellschätzung bei gleichzeitiger Berücksichtigung der Managerbezüge und der Managerbeteiligung durchgeführt (Modell (21)). Bemerkenswerterweise erhöht sich die Signifikanz der Variablen „Managerbeteiligung" erheblich, verglichen mit Modell (20) reduziert sich der P-Value von 0,099 auf 0,020 bei Modell (21).

---

[709] Vgl. Modell (4) in Tabelle 51.

[710] Vgl. Modell (3) in Tabelle 50 sowie Tabelle A 26 im Anhang.

Tabelle 58: Multiple Logit-Analyse – Managerbezüge und Währungsderivateeinsatz

Modell		**(1)**		**(20)**		**(21)**	
Erklärende Variablen (Hypothesen):							
Fremdkapital / Bilanzsumme	+	2,87	(0,253)	2,69	(0,237)	3,68	(0,185)
Investitionen / Umsatz	+	–3,85	(0,528)	–1,66	(0,768)	–2,74	(0,679)
Liquide Mittel / Cashflow I	–	–0,12*	(0,091)	–0,18	(0,122)	–0,23*	(0,076)
Dividende / Cashflow I	+	–1,55	(0,302)	–1,38	(0,324)	–1,89	(0,247)
Umsatz (Mrd. DM)	+/–	–0,02	(0,502)	0,01	(0,772)	–0,02	(0,468)
Managerbezüge (Mio. DM)	+	2,25**	(0,032)			2,27**	(0,038)
Managerbeteiligung	+			1,75*	(0,099)	3,24**	(0,020)
Streubesitz	+	–3,72**	(0,030)	–3,06**	(0,035)	–4,29**	(0,021)
Inländische Tochtergesellschaft	–	–1,91*	(0,089)	–1,89**	(0,047)	–1,98	(0,101)
Ausländische Tochtergesellschaft		–4,57***	(0,002)	–3,89***	(0,002)	–4,90***	(0,002)
Familienunternehmen	+	–2,69***	(0,009)	–3,13***	(0,001)	–3,62***	(0,002)
Börsengesellschaft	–	0,63	(0,506)	0,81	(0,299)	0,43	(0,672)
Bankenbeteiligung	+/–	–0,77	(0,448)	–0,75	(0,444)	–0,37	(0,737)
Branchendiversifikation	–	0,84	(0,332)	1,04	(0,195)	0,45	(0,623)
Auslandsumsatzanteil	+	4,23***	(0,003)	4,43***	(0,001)	5,57***	(0,001)
Konstante		–0,61	(0,799)	0,55	(0,782)	–1,01	(0,699)
Gütemaße:							
Likelihood-Ratio-Test							
Model Chi-Square		46,8	(0,000)	45,8	(0,000)	53,8	(0,000)
Bestimmtheitsmaß nach McFadden		0,403		0,356		0,462	
Klassifikationstrefferquote		0,825		0,841		0,893	
Trefferquote bei Zufallsklassifikation		0,623		0,618		0,623	
Hosmer-Lemeshow-Anpassungstest							
Hosmer-Lemeshow-Teststatistik		4,54	(0,806)	4,33	(0,826)	6,59	(0,581)
Anzahl		103		113		103	

Hinweis: Die dichotome abhängige Variable nimmt im Falle eines Währungsderivateeinsatzes den Wert eins an. Angegeben sind für die einzelnen erklärenden Variablen die Schätzwerte für die Parameter β_k; daneben in Klammern befinden sich die zugehörigen Signifikanzwerte für die Nullhypothese $H_0: \beta_k = 0$. Für die mit *, ** bzw. *** gekennzeichneten Koeffizientenschätzer kann die Nullhypothese auf einem Signifikanzniveau von 10 %, 5 % bzw. 1 % verworfen werden. Für den Likelihood-Ratio-Test und den Hosmer-Lemeshow-Anpassungstest sind in Klammern die Signifikanzwerte der chi-quadrat-verteilten Teststatistiken angegeben.

Zwischen den univariaten Auswertungen, der Modellschätzung (20) und der Modellschätzung (21) bestehen erhebliche Unterschiede in der Signifikanz der Variablen „Managerbeteiligung". Eine mögliche Erklärung wäre die unterschiedliche Anzahl der in die Auswertung einbezogenen Unternehmen. Beruhten die univariaten Auswertungen auf 122 Unternehmen, so waren dies aufgrund von Datenrestriktionen bei Modell (20) 113 und bei Modell (21) 103 Unternehmen. Solche samplebedingten Ergebnisunterschiede erscheinen insbesondere leicht möglich, da das Gesamtsample nur 13 Unternehmen mit Managerbeteiligung umfasst. Daher wurde die univariate Untersuchung auch für das Sample mit den 113 und den 103 Unternehmen durchgeführt. Wie für das Gesamtsample bestehen hier jedoch keine signifikanten Unterschiede zwischen Unternehmen mit und ohne Managerbeteiligung.[711]

Darüber hinaus wurde Modell (20) mit den 103 Unternehmen, die Modell (21) zugrunde lagen, geschätzt.[712] Auch hierbei waren keine Unterschiede zu beobachten. Folglich sind die Ergebnisunterschiede zwischen den univariaten Auswertungen, Modell (20) und Modell (21) nicht durch die unterschiedlichen Samples bedingt. Vielmehr sind die Ergebnisunterschiede auf die Kontrolle für andere Einflussgrößen zurückzuführen. Entsprechend den aussagekräftigeren multivariaten Ergebnissen kommt dem Vorliegen eines Manageranteilsbesitzes somit eine zentrale Bedeutung bei der Erklärung des Hedging-Verhaltens deutscher Unternehmen zu.

Zusammenfassend ist festzuhalten, dass die Höhe des im Unternehmen gebundenen Managervermögens eine wesentliche Erklärungsdeterminante des Hedging-Verhaltens deutscher Unternehmen darstellt. Sowohl die Höhe der Managerbezüge als auch das Vorliegen einer Managerbeteiligung beeinflussen erheblich das Hedging-Verhalten. Insgesamt werden die Ergebnisse der univariaten Betrachtungen nochmals bekräftigt.

Dieser Befund widerspricht den vorliegenden Studien, in denen ein Einfluss der Managerinteressen auf die Hedging-Entscheidung nicht nachgewiesen werden konnte. Bei Berkman/Bradbury (1996), Géczy/Minton/Schrand (1997), Gay/ Nam (1998), Allayannis/Ofek (1998), Wysocki (1998), Graham/Rogers (1999) und Haushalter (2000) besaßen die Managervariablen keinen Erklärungsgehalt. Lediglich Tufano (1996) und Knopf/Nam/Thornton (2000) beobachteten einen signifikanten Einfluss der Managervariablen.

[711] Bei dem Sample mit den 113 Unternehmen hedgen von den 13 Unternehmen mit Managerbeteiligung 11 (84,6 %) und von den 100 Unternehmen ohne Managerbeteiligung 73 (73,0 %). In dem Sample mit den 103 Unternehmen hedgen von 10 Unternehmen mit Managerbeteiligung 9 (90,0 %) und von den 93 verbleibenden Unternehmen 68 (73,1 %). Die Prozentunterschiede unterscheiden sich somit nur geringfügig gegenüber den univariaten Betrachtungen und dem Sample mit 122 Unternehmen.

[712] Vgl. Tabelle A 26 im Anhang.

Zur Approximation der Manageranreize wurde in den vorliegenden Studien auf den Marktwert der in Managerbesitz befindlichen Eigenkapitalanteile und Optionsrechte abgestellt. Beide Kennzahlen wurden als nicht signifikant eingestuft und die Wirkungsrichtung widersprach zumeist sogar den Hypothesen. Dies ist insofern erstaunlich, als die (metrische) Variable „Eigenkapitalanteil in Managerbesitz" inhaltlich durchaus vergleichbar ist mit der hier verwendeten, allerdings dichotomisierten Variablen „Managerbeteiligung". Ein möglicher Einfluss der Höhe der Managerbezüge auf die Hedging-Entscheidung wurde in den amerikanischen Studien leider nicht untersucht, was jedoch vor dem Hintergrund der hier aufgezeigten deutlichen Erklärungskraft äußerst wünschenswert wäre.

Für weitere Forschungsarbeiten wäre eine tiefergehende Auseinandersetzung mit den Managerinteressen aufschlussreich. Dies gilt insbesondere auch mit Blick auf die Interdependenz zwischen Unternehmensgröße, Managerinteressen und Hedging-Entscheidung. Wie zuvor in Abschnitt 4.4.3.2.5 dargelegt, ist die deutliche Signifikanz der Größenvariablen in den bisherigen Studien möglicherweise weniger auf Transaktionskostenvorteile, sondern vielmehr auf Managerinteressen zurückzuführen. Interessant ist in diesem Zusammenhang die Studie von Knopf/Nam/Thornton (2000), die sich ausführlich mit den Managermotiven auseinander setzt und subtilere Managervariablen verwendet. Bemerkenswerterweise besteht bei Knopf/Nam/ Thornton (2000) ebenfalls ein signifikanter Einfluss der Managermotive und ein insignifikant (negativer) Einfluss der Unternehmensgröße.

Eine alternative Erklärung für den signifikanten Einfluss der Variablen „Managerbezüge" auf die Hedging-Variable ist der Qualifikationsgrad des Managements. Ein hoher Kennzahlenwert der Variablen „Managerbezüge" kann als ein Indikator für eine hohe Qualifikation des Managements interpretiert werden. Hieraus ergeben sich zwei Begründungen für den negativen Zusammenhang: Erstens setzt ein Risikomanagement entsprechende Fähigkeiten und Kenntnisse des Managements voraus. Zweitens zeigt sich in dem Modell von Breeden/ Viswanathan (1998), dass fähige Manager einen Anreiz haben, Hedging-Aktionen durchzuführen und Störwirkungen auf die Ergebnisgröße zu reduzieren, wohingegen weniger fähige Manager den Anreiz haben, Hedging-Aktionen zu unterlassen, um eine Beurteilung durch die Anteilseigner zu erschweren.

4.4.3.2.6.2 Managerkontrolle / Streubesitz

Unternehmen mit hohen Managerbezügen verwenden wie im vorherigen Abschnitt dargelegt mit deutlich höherer Wahrscheinlichkeit Währungsderivate. Es besteht die Möglichkeit, dass die Manager im Eigeninteresse Risikoreduzierungsaktivitäten durchführen. In diesem Falle sollte bei managerkontrollierten Unternehmen eine höhere Hedging-Wahrscheinlichkeit beobachtbar sein. Die disziplinierende Wirkung von Großaktionären auf die Hedging-Entscheidung bestätigten Tufano (1996) und Knopf/Nam/Thornton (2000).[713]

Tabelle 59 zeigt dagegen einen negativen Zusammenhang zwischen Streubesitz und Hedging-Wahrscheinlichkeit. Entgegen den Disziplinierungsüberlegungen verwenden Unternehmen mit hohem Streubesitzanteil mit einer geringeren Wahrscheinlichkeit Währungsderivate. Erstaunlicherweise wird dieser Zusammenhang sogar als signifikant eingestuft (5%-Niveau). Bei alternativer Verwendung der Corporate Governance-Variablen „1-Herfindahl-Index" anstelle des Streubesitzanteils besteht ebenfalls eine geringere Derivateeinsatz-Wahrscheinlichkeit bei managerkontrollierten Unternehmen; jedoch wird der Einfluss nicht als signifikant eingestuft. Bei Einschluss der Branchenvariablen ergeben sich keine Ergebnisänderungen bezüglich der Variablen „Streubesitz" und „1-Herfindahl-Index".[714]

Ausgehend von den Managerinteressen und den Corporate Governance-Überlegungen sollte insbesondere bei Unternehmen mit gleichzeitig hohen Managerbezügen und hohem Streubesitzanteil eine deutlich höhere Hedging-Wahrscheinlichkeit zu beobachten sein. Daher wird in einem weiteren Auswertungsschritt zusätzlich ein Interaktionsterm als Produkt aus den Variablen „Managerbezüge" und „Streubesitzanteil" in den multivariaten Ansatz mitaufgenommen. Allerdings kann ein Zusammenhang zwischen dem Interaktionsterm und der Hedging-Wahrscheinlichkeit nicht bestätigt werden. Der Interaktionsterm besitzt zwar ein positives Vorzeichen, ist jedoch mit einem P-Value von 0,99 deutlich insignifikant.[715]

Dies wirft die Frage nach den Gründen für die unterschiedlichen Befunde von Tufano (1996) und Knopf/Nam/Thornton (2000) auf. Eine mögliche Erklärung besteht in der Risikoeinstellung der Großaktionäre. Für das Kontrollverhalten eines Großaktionärs ausschlaggebend sind dessen Risikopräferenzen, die nicht mit den Risikopräferenzen der breit diversifizierten Anteilseigner übereinstimmen müssen. Es ist zu hinterfragen, ob der Großaktionär selbst breit diversifiziert ist oder ob die Übernahme von (unsystematischen) Risiken auf Großaktionärsebene weitere Kosten verursacht. Ein Großaktionär wird nur dann auf Hedging-Entscheidungen des Managements disziplinierend einwirken, wenn er selbst breit diversifiziert ist. Daneben sind im Zusammenhang mit der Hedging-Entscheidung weitere großaktionärsspezifische Interessen zu bedenken. Das negative Vorzeichen der Variablen „Streubesitz" und „1-Herfindahl-Index" bedeutet, dass bei deutschen Unternehmen von Großaktionären nicht nur keine disziplinierende

---

713 Den Einfluss von Großaktionären auf die Hedging-Entscheidung untersucht ebenfalls Guay (1999). Allerdings kann dort ein disziplinierender Einfluss von Großaktionären nicht nachwiesen werden.

714 Vgl. Modell (3) in Tabelle 50 sowie Tabelle A 27 im Anhang.

715 Vgl. Tabelle A 27 im Anhang.

Tabelle 59: Multiple Logit-Analyse – Streubesitz und Währungsderivateeinsatz

Modell		**(1)**		**(22)**	
Erklärende Variablen (Hypothesen):					
Fremdkapital / Bilanzsumme	+	2,87	(0,253)	2,71	(0,266)
Investitionen / Umsatz	+	–3,85	(0,528)	–3,56	(0,540)
Liquide Mittel / Cashflow I	–	–0,12*	(0,091)	–0,18	(0,108)
Dividende / Cashflow I	+	–1,55	(0,302)	–1,32	(0,352)
Umsatz (Mrd. DM)	+/–	–0,02	(0,502)	–0,01	(0,643)
Managerbezüge (Mio. DM)	+	2,25**	(0,032)	1,89*	(0,050)
Streubesitz	+	–3,72**	(0,030)		
1-Herfindahl-Index	+			–1,42	(0,289)
Inländische Tochtergesellschaft	–	–1,91*	(0,089)	–1,52	(0,144)
Ausländische Tochtergesellschaft		–4,57***	(0,002)	–3,93***	(0,006)
Familienunternehmen	+	–2,69***	(0,009)	–2,02**	(0,022)
Börsengesellschaft	–	0,63	(0,506)	0,11	(0,900)
Bankenbeteiligung	+/–	–0,77	(0,448)	–0,58	(0,553)
Branchendiversifikation	–	0,84	(0,332)	0,79	(0,354)
Auslandsumsatzanteil	+	4,23***	(0,003)	3,60***	(0,008)
Konstante		–0,61	(0,799)	–0,43	(0,851)
Gütemaße:					
Likelihood-Ratio-Test					
Model Chi-Square		46,8	(0,000)	42,7	(0,000)
Bestimmtheitsmaß nach McFadden		0,403		0,367	
Klassifikationstrefferquote		0,825		0,806	
Trefferquote bei Zufallsklassifikation		0,623		0,623	
Hosmer-Lemeshow-Anpassungstest					
Hosmer-Lemeshow-Teststatistik		4,54	(0,806)	3,22	(0,920)
Anzahl		103		103	

Hinweis: Die dichotome abhängige Variable nimmt im Falle eines Währungsderivateeinsatzes den Wert eins an. Angegeben sind für die einzelnen erklärenden Variablen die Schätzwerte für die Parameter β_k; daneben in Klammern befinden sich die zugehörigen Signifikanzwerte für die Nullhypothese $H_0 : \beta_k = 0$. Für die mit *, ** bzw. *** gekennzeichneten Koeffizientenschätzer kann die Nullhypothese auf einem Signifikanzniveau von 10 %, 5 % bzw. 1 % verworfen werden. Für den Likelihood-Ratio-Test und den Hosmer-Lemeshow-Anpassungstest sind in Klammern die Signifikanzwerte der chi-quadrat-verteilten Teststatistiken angegeben.

Wirkung ausgeht, sondern vielmehr die Großaktionäre ihr Einflusspotenzial für eine Risikoreduzierungsstrategie nutzen.

Eine Erklärung für die Diskrepanz der hier dargestellten gegenüber den amerikanischen Befunden besteht möglicherweise in den unterschiedlichen Anteilseignerstrukturen. In den USA wird ein Großteil der Unternehmensanteile von breit diversifizierten institutionellen Investoren gehalten, während institutionelle Investoren in Deutschland eine vergleichsweise geringe Bedeutung haben. In Deutschland bestehen dagegen zahlreiche Unternehmensverflechtungen sowie umfangreiche Banken- und Familienbeteiligungen.[716] Bei diesen Großaktionären sind in Verbindung mit der unternehmerischen Hedging-Entscheidung neben Kontrollargumenten auch Diversifikationsüberlegungen und weitere großaktionärsspezifische Hedging-Motive relevant. Für die Interpretation problematisch ist, dass sich diese unterschiedlichen Überlegungen sowohl in der Streubesitzvariablen als auch in den Variablen „Tochtergesellschaft“, „Familienunternehmen“ und „Bankenbeteiligung“ widerspiegeln können. So könnte auch die negative Wirkung der Variablen „Tochtergesellschaft“, „Familienunternehmen“ und „Bankenbeteiligung“ auf die Hedging-Entscheidung zu einem gewissen Maße durch Kontrollüberlegungen mitbeeinflusst sein. Insgesamt ist eine überschneidungsfreie inhaltliche Zuordnung der verschiedenen Motive zu den einzelnen Anteilseignerstrukturvariablen nur sehr schwer möglich.

Dies hat nicht nur Implikationen für die Interpretation der Streubesitzvariablen, sondern auch für die Variablen „Inländische Tochtergesellschaft“, „Familienunternehmen“ und „Bankenbeteiligung“. Aufgrund der Überschneidungen der Kontrollüberlegungen und weiteren Hedging-Motiven wurde ausgehend von Modell (1) zum einen die Streubesitzvariable ausgeschlossen, wobei allerdings keine wesentlichen Ergebnisunterschiede zu beobachten waren. Zum anderen wurden auch die Variablen „Inländische Tochtergesellschaft“, „Familienunternehmen“ und „Bankenbeteiligung“ ausgeschlossen. Hierbei erhöhte sich der P-Value der Streubesitzvariablen auf 0,203, ansonsten bestanden aber ebenfalls keine strukturellen Unterschiede. Des Weiteren wurde aufgrund des mit 0,65 recht hohen Korrelationskoeffizienten zwischen den Variablen „Streubesitz“ und „Börsenbeteiligung“ die Logit-Schätzung auch ohne die Variable „Börsenbeteiligung“ durchgeführt. Es ergaben sich jedoch kaum Ergebnisänderungen.[717]

Generelle Aussagen über das Verhalten von Großaktionären im Zusammenhang mit der Hedging-Entscheidung können nur schwer getroffen werden. Vielmehr sind die spezifischen Hedging-Motive der einzelnen Großaktionärsgruppen zu beachten. Insofern können in diesem Unterabschnitt auch keine Rückschlüsse über den Einfluss der Eigeninteressen der Manager auf die Hedging-Entscheidung gezogen werden.

---

[716] Vgl. Franks/Mayer (1997a), S. 30-35; Boehmer (1999), S. 10-19.

[717] Die Modellschätzungen sind in den Tabellen A 27 und A 28 im Anhang enthalten.

Eine alternative Erklärung für den signifikanten Einfluss der Variable „Managerbezüge" auf die Hedging-Variable bestand darin, dass die Variable „Managerbezüge" ein Indikator für die Managementqualität ist und dass fähige Manager einen Anreiz haben durch Hedging Störeinflüsse auf die Ergebnisgröße zu reduzieren, um ihre Fähigkeit zu signalisieren. In diesem Fall besitzen Großaktionäre keinen Anreiz, die Hedging-Aktivitäten des Managements zu beschneiden. Dieser Erklärungsansatz ist somit sowohl konsistent mit den empirischen Befunden zu der Variable „Managerbezüge" als auch zu der Variable „Streubesitz".

4.4.3.2.7 Familienunternehmen

In den univariaten Auswertungen zeigte sich entgegen den theoretischen Vorüberlegungen, dass Familienunternehmen weniger häufig Derivate einsetzen. Die Unterschiede wurden zwar nicht als statistisch signifikant ausgewiesen, erschienen aber inhaltlich durchaus bedeutsam.

Im Rahmen der multivariaten Auswertungen zeigt sich ebenfalls die geringere Hedging-Häufigkeit von Familienunternehmen. Der Einfluss erweist sich in Modell (1) mit einem P-Value von 0,009 als hoch signifikant. In sämtlichen dargestellten Modellschätzungen ist für die Familienvariable ein signifikant negativer Einfluss zu beobachten. Dabei liegt der P-Value bei über der Hälfte der durchgeführten Modellschätzungen in einem engen Band zwischen 0,006 und 0,02. Die P-Values sind für die Familienvariable nach der Exposure-Variablen „Auslandsumsatzanteil" sogar die geringsten unter allen betrachteten Erklärungsfaktoren.

Bei den univariaten Untersuchungen ergaben sich in zusätzlichen Auswertungen deutliche Unterschiede abhängig davon, ob die Inhaberfamilie über eine Managementposition aktiv in die Unternehmensleitung eingebunden ist. Dieser Effekt bestätigt sich auch im Rahmen der multivariaten Analysen. Wird die Variable „Managerbeteiligung" der Modellgleichung hinzugefügt, so reduziert sich der P-Value der Familienvariablen nochmals erheblich. Bei Verwendung der Managervariablen „Managerbeteiligung" anstelle der Variablen „Managerbezüge" beträgt der P-Value der Familienvariablen 0,001 (Modell (20)). Werden beide Managervariablen gleichzeitig miteinbezogen, so beträgt der P-Value der Familienvariablen 0,002 (Modell (21)).

Insgesamt bekräftigen die multivariaten Befunde die univariaten Ergebnisse. Entgegen den Hypothesen verwenden Familienunternehmen weit weniger häufig Derivate. Bei der Interpretation der univariaten Befunde wurde auf mögliche Ressentiments oder Verunsicherungen seitens der Inhaberfamilien gegenüber einem Derivateeinsatz verwiesen. In der jüngeren Vergangenheit haben einige namhafte Unternehmen spektakuläre Verluste aus Derivategeschäften erlitten, was umfangreich in der Wirtschaftspresse wiedergegeben wurde und zu einer Verunsicherung seitens der Inhaberfamilien geführt haben kann.

4.4.3.2.8 Tochtergesellschaften

In den univariaten Untersuchungen bestand konsistent mit den Hypothesen eine geringere Hedging-Häufigkeit für Tochtergesellschaften. In Modellschätzung (1) besitzt der Logit-Koeffizient der Variablen „Inländische Tochtergesellschaft" das prognostizierte negative Vorzeichen.[718] Der Signifikanztest bestätigt mit einem P-Value von 0,089 einen statistisch gesicherten Einfluss. In sämtlichen der hier durchgeführten Modellschätzungen bestand ein negativer Wirkungszusammenhang. Dieser wurde in knapp der Hälfte der Modellschätzungen auf einem 10%-Niveau als signifikant ausgewiesen. Allerdings waren bei einigen Schätzungen auch P-Values von über 0,2 zu beobachten. Diese Ergebnisse sind insgesamt vergleichbar mit den univariaten Befunden. Zusammenfassend kann festgehalten werden, dass entsprechend den theoretischen Ausführungen Tochtergesellschaften mit deutlich geringerer Wahrscheinlichkeit Währungsderivate verwenden.

4.4.3.2.9 Bankenbeteiligung

Bei den univariaten Auswertungen waren die Teilgruppenunterschiede annähernd identisch und deutlich insignifikant. Die multivariaten Befunde bekräftigen die univariaten Ergebnisse. In den multivariaten Auswertungen erweist sich die Variable „Bankenbeteiligung" durchweg als insignifikant. Der P-Value liegt in keiner Schätzung unter 0,25 und in über 75 % der Modellschätzungen sogar über 0,4.

4.4.3.2.10 Börsengesellschaften

Der Logit-Koeffizient der Variablen „Börsengesellschaft" ist in der Modellschätzung (1) mit einem P-Value von 0,506 nicht signifikant. Das Ergebnis eines insignifikant positiven Zusammenhangs ist durchaus repräsentativ. Bei den durchgeführten Modellschätzungen zeigt sich fast durchweg – entgegen den theoretischen Vorüberlegungen – für Börsengesellschaften ein positives Vorzeichen. Allerdings nehmen die P-Values, wie in der univariaten Untersuchung, ziemlich hohe Werte an. Für eine Vielzahl von Modellschätzungen sind P-Values von deutlich über 0,5 zu beobachten.

4.4.3.2.11 Branchendiversifikation

Wie bei den univariaten Untersuchungen besteht auch im Rahmen der multivariaten Auswertungen ein den Hypothesen widersprechender positiver Zusammenhang, der sich allerdings nicht mehr als signifikant erweist. Der Logit-Koeffizient der Variablen „Branchendiversifikation" in Modell (1) beträgt 0,84

---

[718] Die Kontrollvariable „Ausländische Tochtergesellschaft" wird in diesem Abschnitt nicht diskutiert. Vgl. dazu die Ausführungen in Abschnitt 4.4.3.1.2.

und der zugehörige P-Value 0,332. Sämtliche hier durchgeführten Modellschätzungen ergeben ein positives Vorzeichen des Logit-Koeffizienten. In der weit überwiegenden Anzahl der durchgeführten Modellschätzungen erwies sich der Einfluss nicht als statistisch gesichert.

4.4.3.2.12 Währungs-Exposure

4.4.3.2.12.1 Exposure-Höhe

Ein zentraler Erklärungsfaktor der Hedging-Entscheidung sollte die Höhe des Währungs-Exposure sein. Bei den univariaten Betrachtungen kam der Exposure-Höhe ebenfalls eine herausragende Bedeutung für die Erklärung des Hedging-Verhaltens zu. Im Rahmen der multivariaten Auswertungen bestätigt sich der erhebliche Erklärungsgehalt des Auslandsumsatzes. In fast allen Modellvarianten besteht ein statistisch hoch signifikanter Einfluss. Wie in den univariaten Untersuchungen nehmen die P-Values bei der weit überwiegenden Anzahl der multivariaten Schätzungen für die Auslandsumsatzvariable die geringsten Werte von allen betrachteten Erklärungsvariablen – bis auf die Kontrollvariable „Ausländische Tochtergesellschaft" - an. Lediglich in einigen wenigen Modellschätzungen sind die Signifikanzwerte für die Familienvariable geringer. Die P-Values für den Auslandsumsatz liegen in über 30 % der durchgeführten Modellschätzungen in einem sehr engen Band zwischen 0,001 und 0,003.

Hingegen sind in den verschiedenen Modellvarianten mit Branchenvariablen für den Auslandsumsatz P-Values von über 0,01 zu beobachten.[719] Eine Erklärung hierfür ist, dass die Exposure-Effekte teilweise von den Branchenvariablen aufgefangen werden, da sich die Exposure-Charakteristika von Unternehmen einer Branche durchaus ähneln.

Alternativ wurde die Exposure-Variable „Branchenimportquote" der Modellschätzung zugrunde gelegt (Modell (23)). Während die Variable „Auslandsumsatzanteil" das Transaction bzw. Conversion Exposure abbildet, soll die Variable „Branchenimportquote" für das Competitive Exposure approximieren. Da die beiden Exposure-Variablen qualitativ unterschiedliche Formen des Währungs-Exposure fassen, wurde zusätzlich eine Modellschätzung bei gleichzeitigem Einschluss beider Exposure-Variablen durchgeführt (Modell (24)).

Zwischen der Variablen „Branchenimportquote" und der Hedging-Wahrscheinlichkeit besteht erwartungsgemäß ein positiver Zusammenhang (Modell (23)). Die Signifikanzprüfung bestätigt einen statistisch gesicherten Einfluss auf einem 10%-Niveau. Allerdings ist die Signifikanz geringer als bei den univariaten Untersuchungen und auch deutlich geringer als bei der Variablen „Auslandsumsatzanteil."

[719] Vgl. Modell (3) und die entsprechenden Modellschätzungen in den Tabellen A 22 bis A 28 im Anhang.

Tabelle 60: Multiple Logit-Analyse – Währungs-Exposure und Währungsderivateeinsatz

Modell		**(1)**		**(23)**		**(24)**	
Erklärende Variablen (Hypothesen):							
Fremdkapital / Bilanzsumme	+	2,87	(0,253)	2,33	(0,339)	2,93	(0,257)
Investitionen / Umsatz	+	–3,85	(0,528)	–4,59	(0,430)	–3,24	(0,602)
Liquide Mittel / Cashflow I	–	–0,12*	(0,091)	–0,14	(0,215)	–0,16	(0,176)
Dividende / Cashflow I	+	–1,55	(0,302)	–3,24*	(0,058)	–2,11	(0,211)
Umsatz (Mrd. DM)	+/–	–0,02	(0,502)	0,00	(0,946)	–0,02	(0,610)
Managerbezüge (Mio. DM)	+	2,25**	(0,032)	2,57**	(0,012)	2,30**	(0,030)
Streubesitz	+	–3,72**	(0,030)	–2,96*	(0,080)	–3,55**	(0,041)
Inländische Tochtergesellschaft	–	–1,91*	(0,089)	–1,83*	(0,087)	–2,02*	(0,080)
Ausländische Tochtergesellschaft		–4,57***	(0,002)	–3,72**	(0,016)	–4,25***	(0,007)
Familienunternehmen	+	–2,69***	(0,009)	–2,56**	(0,015)	–2,75**	(0,010)
Börsengesellschaft	–	0,63	(0,506)	0,76	(0,431)	0,50	(0,622)
Bankenbeteiligung	+/–	–0,77	(0,448)	–0,77	(0,417)	–0,79	(0,435)
Branchendiversifikation	–	0,84	(0,332)	1,17	(0,207)	0,98	(0,339)
Auslandsumsatzanteil	+	4,23***	(0,003)			3,60**	(0,016)
Branchenimportquote	+			1,92*	(0,087)	1,00	(0,371)
Konstante		–0,61	(0,799)	–0,06	(0,978)	–0,73	(0,766)
Gütemaße:							
Likelihood-Ratio-Test							
Model Chi-Square		46,8	(0,000)	40,1	(0,000)	46,7	(0,000)
Bestimmtheitsmaß nach McFadden		0,403		0,355		0,413	
Klassifikationstrefferquote		0,825		0,861		0,842	
Trefferquote bei Zufallsklassifikation		0,623		0,628		0,628	
Hosmer-Lemeshow-Anpassungstest							
Hosmer-Lemeshow-Teststatistik		4,54	(0,806)	13,86	(0,086)	13,03	(0,119)
Anzahl		103		101		101	

Hinweis: Die dichotome abhängige Variable nimmt im Falle eines Währungsderivateeinsatzes den Wert eins an. Angegeben sind für die einzelnen erklärenden Variablen die Schätzwerte für die Parameter β_k; daneben in Klammern befinden sich die zugehörigen Signifikanzwerte für die Nullhypothese $H_0 : \beta_k = 0$. Für die mit *, ** bzw. *** gekennzeichneten Koeffizientenschätzer kann die Nullhypothese auf einem Signifikanzniveau von 10 %, 5 % bzw. 1 % verworfen werden. Für den Likelihood-Ratio-Test und den Hosmer-Lemeshow-Anpassungstest sind in Klammern die Signifikanzwerte der chi-quadrat-verteilten Teststatistiken angegeben.

Die deutliche Signifikanz der Exposure-Variablen „Auslandsumsatzanteil" kann inhaltlich dahingehend interpretiert werden, dass der Hedging-Entscheidung deutscher Unternehmen maßgeblich das Transaction Exposure bzw. der Conversion Effect zugrunde liegt. Die Signifikanz der Exposure-Variablen „Branchenimportquote" in Modell (23) könnte überdies als Beleg für eine Bedeutung des Competitive Exposure gewertet werden.

Bemerkenswerterweise wird in Modell (24), das beide Exposure-Variablen enthält, die Branchenimportquote allerdings nicht mehr als signifikant ausgewiesen. Die Variable „Branchenimportquote" enthält folglich keine wesentlichen zusätzlichen Informationen gegenüber der Variablen „Auslandsumsatzanteil". Dies legt die Vermutung nahe, dass hinter der Signifikanz der Branchenimportquote doch nicht der Competitive Effect steht und dass die Branchenimportquote vielmehr ebenfalls für das Transaction Exposure bzw. den Conversion Effect approximiert. Diese Argumentation wird auch durch die mit 0,51 nicht unwesentliche Korrelation zwischen dem Auslandsumsatz und der Branchenimportquote gestützt

Erstaunlicherweise führt der Einschluss der Variablen „Branchenimportquote" zu einer erheblich höheren Hosmer-Lemeshow-Teststatistik. Die Nullhypothese des Hosmer-Lemeshow-Tests, einer perfekten Anpassung des geschätzten Modells, kann für Modell (23) sogar auf einem 10%-Niveau verworfen werden.

Zusammenfassend ist der hohe Erklärungsbeitrag der Exposure-Variablen „Auslandsumsatzanteil" für das Hedging-Verhalten herauszuheben. Während der hohe Erklärungsgehalt des Auslandsumsatzanteils konsistent ist mit den vorliegenden Befunden, bestehen bezüglich des Competitive Exposure deutliche Ergebnisunterschiede. Die Competitive Exposure-Variable, konzeptionell vergleichbar mit der hier verwendeten Branchenimportquote, erwies sich in den vorliegenden Studien auch dann als signifikant, wenn weitere Exposure-Variablen im Regressionsansatz enthalten waren. So wurde im Gegensatz zu Modell (24) bei Allayannis/Ofek (1998) die Competitive Exposure-Variable auch bei gleichzeitigem Einschluss des Auslandsumsatzanteils und bei Géczy/Minton/Schrand (1997) bei gleichzeitigem Einschluss der Exposure-Variable „Auslandsergebnis" als signifikant ausgewiesen.

4.4.3.2.12.2 Auslandswertschöpfung

Wird die Wertschöpfung teilweise in den entsprechenden Auslandsmärkten bzw. Währungsräumen erbracht, so führt die Angleichung der Währungsstruktur der Ein- und Auszahlungen zu einem geringeren Währungs-Exposure. In den univariaten Betrachtungen konnte konsistent mit den Vorüberlegungen ein (signifikant) negativer Zusammenhang zwischen ausländischem Wertschöpfungsanteil und Währungsderivateeinsatz für die Teilgruppe mit einem Auslandsumsatzanteil zwischen 0 % und 38 % festgestellt werden. Wurde indessen nicht durch Teilgruppenbildung für die Exposure-Höhe kontrolliert, so bestand entgegen den Erwartungen ein hoch signifikant positiver Zusammenhang. Eine Erklärung ist, dass in diesem Fall die Variable „Auslandswertschöpfung" für die Höhe des Währungs-Exposure approximiert. Insofern erscheinen gerade für die Variable „Auslandswertschöpfung" die multivariaten Auswertungen aufschlussreich.

Bei den multivariaten Auswertungen zeigt sich entsprechend den Vorüberlegungen ein negativer Zusammenhang zwischen ausländischer Wertschöpfung und Währungsderivateeinsatz-Wahrscheinlichkeit (Tabelle 61). In Modell (25) besitzt der Logit-Koeffizient der Variablen „Auslandswertschöpfung" das prognostizierte negative Vorzeichen und erweist sich auf einem 10%-Niveau als signifikant (P-Value von 0,052). Durch die Signifikanz der Variablen „Auslandswertschöpfung" wird aber auch deutlich, dass Überlegungen zum Economic Exposure die Derivateeinsatz-Entscheidung deutscher Unternehmen mitbeeinflussen.

Des Weiteren ist in Tabelle 61 auffällig, dass der gleichzeitige Einschluss der Variablen „Auslandswertschöpfung" und „Auslandsumsatzanteil" zu einem beachtlichen Anstieg des McFadden R^2 und der Klassifikationstrefferquote führt. Das McFadden R^2 nimmt mit 55,3 % einen für eine Logit-Regression außergewöhnlich hohen Wert an. Auch die hohe Klassifikationstrefferquote von 91,3 % ist bemerkenswert. Dieser erhebliche Anstieg der Gütemaße unterstreicht nochmals die besondere Bedeutung des Währungs-Exposure bei der Hedging-Entscheidung.

Wird anstelle des Auslandsumsatzanteils (Modell (25)) die Branchenimportquote (Modell (26)) in Verbindung mit der Auslandswertschöpfung verwendet, so wird erstaunlicherweise für die Auslandswertschöpfung ein (insignifikant) positiver Zusammenhang ausgewiesen. Eine Erklärung ist, dass die Branchenimportquote gegenüber dem Auslandsumsatzanteil weniger treffend das Währungs-Exposure abbildet und dass bei nicht adäquater Berücksichtigung der Exposure-Höhe der Exposure-Effekt teilweise von der Variablen „Auslandswertschöpfung" aufgefangen wird. Werden alle drei Exposure-Variablen gleichzeitig im Modellansatz berücksichtigt, so ist der Einfluss des Auslandsumsatzes hoch signifikant positiv, der der Auslandswertschöpfung signifikant negativ (P-Value 0,081) und der der Branchenimportquote insignifikant positiv.[720]

In den vorliegenden Studien wurde der Anteil der im Ausland erbrachten Wertschöpfung nicht analysiert. Allerdings wurde der in Auslandswährung anfallende Kostenanteil bei Géczy/Minton/Schrand (1997) und Howton/Perfect (1998a) indirekt durch die Verwendung der Erklärungsvariablen „Auslandsergebnis" mitberücksichtigt. Während hier in Modell (25) die in Auslandswährung fakturierten Umsätze und Kosten getrennt in den Regressionsansatz aufgenommen wurden, verwendeten Géczy/Minton/Schrand (1997) und Howton/Perfect (1998a) eine vergleichbare Saldogröße. Die Variable „Auslandsergebnis" erwies sich dabei als hoch signifikant, sodass die hier präsentierten mit den bisherigen Befunden inhaltlich durchaus vereinbar sind.

[720] Vgl. Tabelle A 28 im Anhang.

Tabelle 61: Multiple Logit-Analyse – Währungs-Exposure, Auslandswertschöpfung und Währungsderivateeinsatz

Modell		**(1)**		**(25)**		**(26)**	
Erklärende Variablen (Hypothesen):							
Fremdkapital / Bilanzsumme	+	2,87	(0,253)	4,89	(0,120)	4,58	(0,111)
Investitionen / Umsatz	+	–3,85	(0,528)	–6,20	(0,407)	–5,26	(0,428)
Liquide Mittel / Cashflow I	–	–0,12*	(0,091)	–0,22	(0,180)	–0,26*	(0,063)
Dividende / Cashflow I	+	–1,55	(0,302)	–4,00*	(0,076)	–4,15*	(0,051)
Umsatz (Mrd. DM)	+/–	–0,02	(0,502)	–0,04	(0,433)	0,00	(0,956)
Managerbezüge (Mio. DM)	+	2,25**	(0,032)	3,19*	(0,057)	2,60**	(0,045)
Streubesitz	+	–3,72**	(0,030)	–5,86**	(0,013)	–4,62**	(0,028)
Inländische Tochtergesellschaft	–	–1,91*	(0,089)	–2,69*	(0,090)	–1,87	(0,145)
Ausländische Tochtergesellschaft		–4,57***	(0,002)				
Familienunternehmen	+	–2,69***	(0,009)	–4,78***	(0,006)	–3,42**	(0,014)
Börsengesellschaft	–	0,63	(0,506)	1,27	(0,398)	1,51	(0,231)
Bankenbeteiligung	+/–	–0,77	(0,448)	–0,88	(0,518)	–1,18	(0,269)
Branchendiversifikation	–	0,84	(0,332)	1,78	(0,133)	1,17	(0,241)
Auslandsumsatzanteil	+	4,23***	(0,003)	9,08***	(0,002)		
Branchenimportquote	+					2,57*	(0,058)
Auslandswertschöpfung	–			–6,31*	(0,052)	0,79	(0,635)
Konstante		–0,61	(0,799)	–0,43	(0,887)	–0,87	(0,743)
Gütemaße:							
Likelihood-Ratio-Test							
Model Chi-Square		46,8	(0,000)	54,6	(0,000)	55,6	(0,000)
Bestimmtheitsmaß nach McFadden		0,403		0,553		0,438	
Klassifikationstrefferquote		0,825		0,913		0,880	
Trefferquote bei Zufallsklassifikation		0,623		0,648		0,648	
Hosmer-Lemeshow-Anpassungstest							
Hosmer-Lemeshow-Teststatistik		4,54	(0,806)	4,57	(0,802)	2,57	(0,958)
Anzahl		103		92		92	

Hinweis: Die dichotome abhängige Variable nimmt im Falle eines Währungsderivateeinsatzes den Wert eins an. Angegeben sind für die einzelnen erklärenden Variablen die Schätzwerte für die Parameter β_k; daneben in Klammern befinden sich die zugehörigen Signifikanzwerte für die Nullhypothese $H_0 : \beta_k = 0$. Für die mit *, ** bzw. *** gekennzeichneten Koeffizientenschätzer kann die Nullhypothese auf einem Signifikanzniveau von 10 %, 5 % bzw. 1 % verworfen werden. Für den Likelihood-Ratio-Test und den Hosmer-Lemeshow-Anpassungstest sind in Klammern die Signifikanzwerte der chi-quadratverteilten Teststatistiken angegeben.

Zusammenfassend ist eine überragende Bedeutung des Währungs-Exposure für das Hedging-Verhalten deutscher Unternehmen festzuhalten. Die P-Values nehmen für die Exposure-Variable „Auslandsumsatzanteil" sogar die geringsten Werte aller untersuchten Erklärungsfaktoren an. Inhaltlich können die Befunde dahingehend interpretiert werden, dass deutsche Unternehmen ihren Entscheidungen über einen Derivateeinsatz überwiegend das Transaction bzw. Conversion Exposure zugrunde legen. Die besondere Bedeutung des Transaction Exposure bzw. des Conversion Exposure für das Risikomanagement deutscher Unternehmen steht in Einklang mit den Ergebnissen der Befragungen von Glaum/Roth (1993), Gebhardt/Ruß (1999) und Glaum/Förschle (2000).[721] Allerdings zeigt die Signifikanz der Variablen „Auslandswertschöpfung", dass Economic Exposure-Überlegungen ebenfalls das Hedging-Verhalten mitbeeinflussen.

Zusammenfassung der multivariaten Ergebnisse

Die wesentlichen Ergebnisse der multivariaten Betrachtungen lassen sich wie folgt zusammenfassen:

- Äußerst interessant erscheinen die Befunde zu den Managermotiven. Die Höhe des im Unternehmen gebundenen Managervermögens ist ein wesentlicher Erklärungsfaktor des Hedging-Verhaltens. Die Variablen „Managerbezüge" und „Managerbeteiligung" üben einen signifikanten Einfluss auf die Hedging-Wahrscheinlichkeit aus. Insgesamt werden die Ergebnisse der univariaten Betrachtungen nochmals bekräftigt. Eine disziplinierende Wirkung von Großaktionären konnte jedoch nicht beobachtet werden. Vielmehr bestand entgegen den Disziplinierungsüberlegungen zwischen der Streubesitzvariablen und der Hedging-Wahrscheinlichkeit ein signifikant positiver Zusammenhang.
- Erstaunlicherweise war im Rahmen der multivariaten Analysen keinerlei Zusammenhang zwischen Unternehmensgröße und Hedging-Wahrscheinlichkeit festzustellen. In keiner der hier durchgeführten multiplen Modellschätzungen besaß die Größenvariable einen signifikanten Erklärungsbeitrag. Dies steht in krassem Kontrast zu den univariaten Befunden und zu den vorliegenden Studien. Ergänzende Auswertungen zeigten interessanterweise eine Insignifikanz der Größenvariablen, sobald die Variable „Managerbezüge" ebenfalls im multiplen Regressionsansatz aufgenommen wurde. Dieser Befund legt die Vermutung nahe, dass die Signifikanz der Größenvariablen bei den univariaten Betrachtungen aus der hohen Korrelation zwischen der Unternehmensgröße und den Managerbezügen resultiert.

[721] Vgl. Glaum/Roth (1993), S. 1186; Gebhardt/Ruß (1999), S. 47-53 und Glaum/Förschle (2000), S. 43-54.

- Die Verschuldungshöhe erwies sich – im Gegensatz zu den univariaten Befunden – bei den multivariaten Analysen als eine wesentliche Hedging-Determinante. In sämtlichen Modellschätzungen bestand zwischen Verschuldungshöhe und Hedging-Wahrscheinlichkeit ein positiver Zusammenhang, der häufig auch als signifikant eingestuft wurde. Insofern besitzen das Konkurskostenmotiv und der Fremdkapitalgeber-Anteilseigner eine Bedeutung bei der Erklärung des Hedging-Verhaltens.
- Während die amerikanischen Studien einen erheblichen Erklärungsgehalt des Ansatzes von Froot/Scharfstein/Stein (1993) bestätigen, ist die empirische Evidenz für deutsche Unternehmen uneinheitlich. Neben dem Verschuldungsgrad bestand hier vor allem konsistent mit dem Modell von Froot/Scharfstein/Stein (1993) ein signifikant negativer Einfluss der Liquiditätsreserven auf die Hedging-Entscheidung. Hingegen konnten die Hypothesen über den Einfluss der Investitionsopportunitäten und der Dividendenhöhe nicht bestätigt werden. Auch die Interaktionsterme aus Investitions- und Verschuldungsvariablen sowie Investitions- und Liquiditätsvariablen wurden hier als insignifikant eingestuft.
- In Übereinstimmung mit den univariaten Betrachtungen erweisen sich bei den multivariaten Analysen die Variablen „Börsengesellschaft" und „Bankeneinfluss" als insignifikant und die Variablen „Familienbesitz" und „Tochtergesellschaft" als signifikant. Bei Tochtergesellschaften besteht konsistent mit Informations- und Organisationsüberlegungen eine geringere Hedging-Wahrscheinlichkeit. Interessanterweise besteht bei Familienunternehmen eine deutlich geringere Derivateeinsatz-Wahrscheinlichkeit. Die P-Values für die Variable „Familienunternehmen" nehmen sogar nach dem Auslandsumsatzanteil die zweitniedrigsten Werte an. Eine mögliche Begründung für die den Diversifikationsüberlegungen entgegengesetzte Einflussrichtung könnten Ressentiments der Inhaberfamilien gegenüber einem Derivateeinsatz sein.
- Eine herausragende Bedeutung für den Einsatz von Währungsderivaten kommt dem Wechselkurs-Exposure zu. Die Exposure-Variablen „Auslandsumsatzanteil" und „Branchenimportquote" besitzen einen signifikant positiven Einfluss auf die Hedging-Wahrscheinlichkeit. Die P-Values nehmen für den Auslandsumsatzanteil unter allen betrachteten Erklärungsfaktoren sogar die geringsten Werte an. Außerdem bestand – konsistent mit den Exposure-Überlegungen – ein signifikant negativer Zusammenhang zwischen dem Auslandswertschöpfungsanteil und der Hedging-Wahrscheinlichkeit.
- Insgesamt bestätigen die verschiedenen Gütemaße den deutlichen Erklärungsgehalt der betrachteten Einflussfaktoren. Das McFadden R^2 beträgt in den meisten Modellschätzungen über 40 %, was für eine Logit-Regression ein ausgesprochen hoher Wert ist. Die Klassifikationsgewinne gegenüber einer Zufallsklassifikation belaufen sich bei den meisten Modellschätzungen auf

ungefähr 20 %. Auch der Hosmer-Lemeshow-Test bestätigt deutlich eine, hohe Anpassungsgüte der Modellschätzungen. Zudem erweisen sich die Befunde weitgehend robust bei alternativen Modellspezifikationen. Werden Tochtergesellschaften ausländischer Konzerne ausgeschlossen oder Branchenvariablen hinzugefügt, so ergeben sich keine qualitativen Ergebnisänderungen. Auch falls Datenrestriktionen bei einigen Kennzahlen die Anzahl der einbezogenen Unternehmen verringern, sind keine wesentlichen Ergebnisunterschiede zu beobachten. Die hohe Gesamtgüte und die Robustheit der Befunde bestärken insgesamt nochmals den Aussagegehalt der präsentierten Ergebnisse.

5 Schlussbetrachtung

Zielsetzung der empirischen Untersuchung war die Analyse der ökonomischen Bestimmungsgründe eines Währungsderivateeinsatzes deutscher Unternehmen. Seit Mitte der neunziger Jahre wurde in einer Reihe von empirischen Studien das Hedging-Verhalten amerikanischer Unternehmen untersucht. Das grundlegende Untersuchungsdesign der eigenen empirischen Arbeit ist weitgehend angelehnt an das der vorliegenden amerikanischen Studien. Ausgehend von der ökonomischen Theorie eines unternehmerischen Hedging wurden Hypothesen über den Einfluss einzelner Unternehmenscharakteristika auf das Hedging-Verhalten abgeleitet. Zur Abbildung der Unternehmenscharakteristika wurden konkrete Kennzahlen gebildet und im Rahmen von Querschnittsanalysen die Hypothesen überprüft. Die spezifischen deutschen Kapitalmarktverhältnisse bzw. Besonderheiten bei der Unternehmensfinanzierung – wie ausgeprägter Bankeneinfluss oder umfangreiche Familienbeteiligungen – fanden durch die Wahl der einbezogenen Erklärungsvariablen Berücksichtigung.

Im Mittelpunkt der neueren theoretischen und empirischen Diskussion zum unternehmerischen Risikomanagement steht der Erklärungsansatz von Froot/ Scharfstein/ Stein (1993). Demnach führen Cashflow-Schwankungen aufgrund von Kapitalmarktrestriktionen zu Unterinvestitionssituationen; durch ein Hedging wird die Innenfinanzierungskraft sichergestellt und eine solche Unterinvestitionssituation vermieden. Der Erklärungsansatz besaß in den amerikanischen Studien zumeist einen erheblichen Erklärungsgehalt. Konsistent mit den Implikationen der von Froot/Scharfstein/ Stein (1993) beschriebenen Unterinvestitionssituation betreiben Unternehmen mit umfangreichen Investitionsopportunitäten, mit geringen Liquiditätsbeständen, mit hoher Verschuldung sowie Unternehmen aus Branchen mit geringem Regulierungsgrad häufiger ein Risikomanagement. Diese Zusammenhänge waren in der Mehrzahl der Studien statistisch gesichert. Dagegen ist die empirische Evidenz für deutsche Unternehmen uneinheitlich. Konsistent mit Froot/Scharfstein/Stein (1993) war ein signifikant negativer Einfluss des Liquiditätsbestandes und ein signifikant positiver Einfluss des Verschuldungsgrades auf die Hedging-Wahrscheinlichkeit zu beobachten. Allerdings konnten die Hypothesen über den Einfluss der Investitionsopportunitäten und der Dividendenhöhe nicht bestätigt werden. Auch die Interaktionsterme aus Investitions- und Verschuldungsvariablen sowie aus Investitions- und Liquiditätsvariablen besaßen keinen Erklärungsbeitrag.

Eine Begründung für die geringe empirische Evidenz des Erklärungsansatzes von Froot/Scharfstein/Stein (1993) bei deutschen Unternehmen liegt möglicherweise in den unterschiedlichen Formen der Unternehmensfinanzierung. Amerikanische verglichen mit deutschen Unternehmen finanzieren die Investitionen zu einem größeren Anteil aus intern generierten Cashflows. Die Sicherstellung der Innenfinanzierungskraft ist somit für amerikanische Unternehmen tendenziell bedeutsamer.

Daneben muss die dem Ansatz von Froot/Scharfstein/Stein (1993) zugrunde liegende Annahme steigender Grenzkosten der Außenfinanzierung für das institutionelle Umfeld in Deutschland kritisch hinterfragt werden. Zur Begründung der steigenden Grenzkosten der Außenfinanzierung wird auf Myers/Majluf (1984), wonach eine Aktienemission informationsbedingt mit zusätzlichen Agency-Kosten behaftet ist, verwiesen. Allerdings kommt den Überlegungen von Myers/Majluf (1984) unter den deutschen Kapitalmarktverhältnissen aufgrund der Dominanz des Bezugsrechtsverfahrens sowie der Rolle der Hausbank als Mechanismus zur Überwindung von Informationsproblemen eine vergleichsweise geringere Bedeutung zu.[722]

Neben diesen inhaltlichen Begründungen kann der geringe empirische Erklärungsgehalt von Froot/Scharfstein/Stein (1993) für deutsche Unternehmen auf datentechnische Probleme zurückgeführt werden. In den amerikanischen Studien beruhte die Einschätzung des erheblichen Erklärungsgehalts von Froot/Scharfstein/Stein (1993) oftmals auf der hohen Signifikanz der Investitionskennzahl „Forschungs- und Entwicklungsquote". Diese Kennzahl kann jedoch leider für deutsche Unternehmen aufgrund mangelnder Veröffentlichungsverpflichtungen nicht zuverlässig gebildet werden. Für weitere Kennzahlen zur Operationalisierung des von Froot/Scharfstein/ Stein (1993) beschriebenen Unterinvestitionsproblems ergeben sich hier allerdings durchaus ähnliche Ergebnisse wie in den amerikanischen Studien.

Die spezifisch deutschen Kapitalmarktverhältnisse wurden durch die Erklärungsvariablen „Bankenbeteiligung", „Börsengesellschaft", „Tochtergesellschaft" und „Familienunternehmen" bei der Analyse berücksichtigt. Ein Bankeneinfluss auf die Derivateeinsatz-Entscheidung konnte jedoch nicht festgestellt werden. Auch die Hedging-Wahrscheinlichkeit von börsengelisteten und nichtbörsengelisteten Unternehmen unterschied sich nur geringfügig. Tochtergesellschaften sollten aufgrund geringerer Informationsasymmetrien zwischen Tochter- und Obergesellschaft, Zugangsmöglichkeiten zum internen Kapitalmarkt sowie Organisationsüberlegungen weniger häufig Derivate verwenden als eigenständige Gesellschaften. Die Untersuchungen bestätigen eine signifikant geringere Hedging-Wahrscheinlichkeit bei Tochtergesellschaften.

Bemerkenswert sind die Befunde zum Hedging-Verhalten bei Familienunternehmen. Für die Inhaberfamilien stellt der Wert des Unternehmens oftmals den Hauptbestandteil des Gesamtvermögens dar und aus Familiensicht sind somit die gesamten Unternehmensrisiken relevant. Entgegen den Diversifikationsüberlegungen ist jedoch ein geringerer Derivateeinsatz bei Familienunternehmen zu

[722] Vgl. Heiden/Gebhardt/Burkhardt (1997), S. 12f; Gebhardt/Heiden/Daske (2001), S. 6f.

beobachten. In den multiplen Auswertungen besitzt die Variable „Familienunternehmen“ sogar – nach der Variable „Auslandsumsatz“ – den geringsten P-Value unter sämtlichen Erklärungsvariablen.

Als Begründung für den geringeren Derivateeinsatz bei Familienunternehmen wurden mögliche Ressentiments seitens der Inhaberfamilien gegenüber einem Derivateeinsatz angeführt. Bei einigen Unternehmen sind durch Derivateaktivitäten in der jüngeren Vergangenheit erhebliche – teilweise existenzbedrohende – Verluste entstanden. Diese spektakulären Einzelfälle wurden in der Wirtschaftspresse sehr umfangreich wiedergegeben und könnten erhebliche Verunsicherungen bei den Inhaberfamilien hervorgerufen haben.

Diese Begründung unterstützt der Befund eines nicht geringeren Derivateeinsatzes bei Familienunternehmen mit einem Umsatz von mehr als 10 Mrd. DM und bei Familienunternehmen mit einer Managementtätigkeit eines Familienmitglieds. In Großkonzernen sind die Entscheidungsprozesse zumeist mehr versachlicht. Bei im Management eingebundenen Familienmitgliedern werden die mit dem Thema Derivateeinsatz verbundenen Ressentiments deutlich geringer sein und betriebswirtschaftliche Überlegungen im Vordergrund stehen.

Ein theoretischer Erklärungsansatz für ein unternehmerisches Risikomanagement sind die Interessen der risikoaversen Manager. In der Mehrzahl der Studien konnte ein Einfluss der Managerinteressen auf die Hedging-Entscheidung nicht nachgewiesen werden. Dagegen beobachteten Tufano (1996) und Knopf/Nam/Thornton (2000) einen signifikanten Einfluss der Managervariablen. Die neueren Befunde von Knopf/Nam/Thornton (2000) sind insofern interessant, als sich dort intensiv mit den Managermotiven auseinander gesetzt wurde und die verwendeten Managervariablen deutlich aussagekräftiger sind.

Die Managerinteressen erwiesen bei deutschen Unternehmen als eine wesentliche Hedging-Determinante. Das im Unternehmen gebundene Managervermögen beeinflusst erheblich das Hedging-Verhalten. Die Managervariablen „Managerbezüge“ und „Managerbeteiligung“ sind deutlich signifikant. Die Einflüsse erscheinen überdies betragsmäßig bedeutsam. Bei den univariaten Betrachtungen betrug das durchschnittliche Einkommen eines Managers eines hedgenden Unternehmens 1,19 Mio. DM und eines nicht-hedgenden 720.000 DM. Diese Befunde werfen die Frage auf, ob die (unzureichend diversifizierten) Manager aus Eigeninteressen auch dann ein Risikomanagement durchführen, wenn dies aufgrund der hohen Kosten für die (diversifizierten) Anteilseigner nachteilhaft ist.

Zur näheren Analyse der Managerinteressen wurde hier – wie bei Tufano (1996) und Knopf/Nam/Thornton (2000) – untersucht, ob in managerkontrollierten Unternehmen eine höhere Hedging-Wahrscheinlichkeit zu beobachten ist. Entgegen den Befunden von Tufano (1996) und Knopf/Nam/Thornton (2000) konnte eine disziplinierende Wirkung von Großaktionären auf die Hedging-Entscheidung nicht beobachtet werden. Zwischen den von Großaktionären gehaltenen Kapitalanteilen und der Hedging-Entscheidung bestand hier sogar erstaunlicherweise ein signifikant negativer Zusammenhang.

Eine mögliche Erklärung für die Ergebnisdifferenzen sind unterschiedliche Risikoeinstellungen von deutschen und amerikanischen Großaktionären. Für das Kontrollverhalten eines Großaktionärs ausschlaggebend sind dessen Risikopräferenzen. Falls ein Großaktionär selbst nicht breit diversifiziert ist oder falls die Übernahme von (unsystematischen) Risiken auf Großaktionärsebene weitere Kosten verursacht, wird der Großaktionär ebenso wie das Management an einer Risikoreduzierung interessiert sein. In den USA wird ein Großteil der Unternehmensanteile von breit diversifizierten institutionellen Investoren gehalten. In Deutschland besitzen diversifizierte institutionelle Investoren dagegen eine vergleichsweise geringe Bedeutung.

Über die Richtung des Zusammenhangs zwischen Unternehmensgröße und Derivateeinsatz-Wahrscheinlichkeit lassen sich keine eindeutigen Hypothesen formulieren. In der Mehrzahl der vorliegenden Studien bestand jedoch ein hoch signifikant positiver Einfluss der Unternehmensgröße auf die Hedging-Wahrscheinlichkeit, was durchweg mit den Fixkosten eines Risikomanagements begründet wurde. Auch hier bestand bei den univariaten Auswertungen ein hoch signifikant positiver Zusammenhang.

Überraschenderweise zeigte sich dagegen bei den multivariaten Auswertungen ein insignifikant negativer Zusammenhang zwischen der Unternehmensgröße und der Hedging-Wahrscheinlichkeit. In keiner der hier durchgeführten Modellschätzungen konnte eine Signifikanz der Größenvariablen beobachtet werden. Der geringe statistische Erklärungsgehalt der Größenvariablen ist vor dem Hintergrund der univariaten Ergebnisse und vor allem der bisherigen empirischen Befunde außerordentlich erstaunlich.

Zur näheren Untersuchung wurden in einem weiteren Auswertungsschritt die linearen Abhängigkeitsstrukturen der Erklärungsfaktoren und deren Auswirkung auf die Hedging-Variable analysiert. Interessanterweise zeigte sich bei den multiplen Schätzungen die Insignifikanz der Größenvariablen im Falle des Einschlusses der Erklärungsvariablen „Managerbezüge“. Da zwischen der Größenvariablen und der Variablen „Managerbezüge“ eine deutliche Korrelation besteht, legt dies die Vermutung nahe, dass die Signifikanz der Größenvariablen bei den univariaten Betrachtungen lediglich den Einfluss der Variablen „Managerbezüge“ widerspiegelt. Inhaltlich können die Befunde dahingehend interpretiert werden, dass Vorstandsmitglieder von Großunternehmen verglichen mit kleineren Unternehmen tendenziell deutlich höhere Bezüge beziehen und dementsprechend stärkere Anreize für eine Risikoreduzierung haben.

Neben den höheren Bezügen sind Vorstandspositionen darüber hinaus mit weiteren nicht-monetären Vorteilen verbunden. Zudem kann ein Vorstandsmitglied eines Großkonzerns im Falle eines Arbeitsplatzverlustes nur ungleich schwieriger eine vergleichbare Managementposition finden. Folglich bestehen für die Manager von Großkonzernen aus Eigeninteressen deutlich ausgeprägtere Hedging-Anreize. In den bisherigen Studien zur Hedging-Entscheidung wurden allerdings die Managerinteressen nicht in Verbindung mit dem Unternehmensmerkmal „Unternehmensgröße“ diskutiert.

Das Ergebnis hat durchaus nicht unerhebliche Implikationen für die Einschätzungen der Befunde der vorliegenden Studien. In den bisherigen Studien wurde die Signifikanz der Größenvariablen ausschließlich mit den Fixkosten eines Risikomanagements inhaltlich begründet. Die hier aufgezeigten Befunde können dahingehend interpretiert werden, dass bei Großunternehmen nicht Fixkosten, sondern vielmehr Managerinteressen die Hedging-Entscheidung leiten. Diese Einschätzung drängt sich umso mehr auf, als in den vorliegenden Studien die Variable „Managerbezüge“ oder eine vergleichbare Managervariable nicht in den multiplen Auswertungen enthalten war. Bemerkenswerterweise besteht bei Knopf/Nam/Thornton (2000), die verglichen mit den früheren Studien ebenfalls deutlich subtilere Managervariablen verwenden, auch ein signifikanter Einfluss der Managervariablen und ein insignifikant (negativer) Einfluss der Unternehmensgröße. Insgesamt wäre für weitere Forschungsarbeiten eine tiefergehende Auseinandersetzung mit den Managerinteressen aufschlussreich. Dies gilt insbesondere mit Blick auf die Interdependenz zwischen Unternehmensgröße, Managerinteressen und Hedging-Entscheidung.

Die frühen Studien zum Hedging-Verhalten enthielten ausschließlich aus informationsökonomischen Überlegungen abgeleitete Erklärungsvariablen. Dies ist insofern problematisch, als die Hedging-Entscheidung maßgeblich von der Exposure-Höhe abhängen sollte und die Nichtberücksichtigung einer wesentlichen Erklärungsvariablen zu verzerrten und inkonsistenten Parameterschätzern führt. Die neueren Studien zeigen durchweg einen hoch signifikanten positiven Zusammenhang zwischen Exposure-Höhe und Währungsderivateeinsatz. Auch in den hier durchgeführten Auswertungen besitzt das Währungs-Exposure einen erheblichen Erklärungsgehalt. Sowohl in den univariaten als auch multivariaten Auswertungen nehmen die P-Values für die Exposure-Variable „Auslandsumsatz“ sogar die geringsten Werte unter allen betrachteten Erklärungsvariablen an.

Darüber hinaus beschäftigte sich die vorliegende Arbeit mit Überlegungen zum Economic Exposure und untersuchte, inwieweit der in Auslandswährung anfallende Kostenanteil die Hedging-Entscheidung beeinflusst. Konsistent mit den Vorüberlegungen ist eine deutlich geringere Hedging-Wahrscheinlichkeit bei umfangreicher Auslandswertschöpfung zu beobachten. Während die Literatur zum Economic Exposure die Bedeutung von in Auslandswährung anfallenden Kostenanteilen herausstellt, wurden solche Überlegungen in den bisherigen empirischen Studien nur ansatzweise aufgegriffen. Insgesamt unterstreichen die hohe Signifikanz der Exposure-Variablen und die interessanten Ergebnisse zur Auslandswertschöpfung die Notwendigkeit einer intensiveren Auseinandersetzung mit der Exposure-Abbildung im Rahmen der Hedging-Studien.

Während die ursprünglichen Literaturbeiträge zur Relevanz der Hedging-Entscheidung sich explizit auf ein Hedging mit finanzwirtschaftlichen Instrumenten bezogen, wird in den jüngeren Theoriebeiträgen allgemein von der ökonomischen Begründung eines unternehmerischen Währungsmanagements gesprochen und keine Differenzierung zwischen finanzwirtschaftlichen und realwirtschaftlichen Hedging-Maßnahmen vorgenommen.[723]

In den theoretischen Beiträgen zur Hedging-Relevanz werden Wechselkursrisiken oftmals als unsystematische Risiken angesehen.[724] Neuere Kapitalmarktstudien haben dagegen signifikante Risikoprämien für die Übernahme von Wechselkursrisiken festgestellt.[725] Erstaunlicherweise wurden in der Diskussion um die Hedging-Relevanz diese neueren empirischen Befunde noch nicht aufgegriffen.

In der Hedging-Theorie wird angeführt, dass, falls Wechselkursrisiken systematisch sind, ein Hedging nicht zu einer Unternehmenswerterhöhung führt, da die Finanzinstrumente eine Risikoprämie für das systematische Risiko enthalten. Diese Argumentation gilt allerdings nur für auf einem vollkommenen Kapitalmarkt gehandelte Instrumente. Falls durch realwirtschaftliche Maßnahmen der Erwartungswert der Zahlungsüberschüsse nicht verändert wird, ermöglicht ein Hedging
– vorausgesetzt Wechselkursrisiken sind systematisch – die Reduzierung der Eigenkapitalkosten und somit eine Erhöhung des Unternehmenswertes. An dieser Stelle wird deutlich, dass die Übertragung der Relevanz-Diskussion von finanzwirtschaftlichen Instrumenten auf realwirtschaftliche Maßnahmen inhaltlich höchst fragwürdig ist.

Ausgehend von diesen inhaltlichen Überlegungen und den neueren empirischen Befunden ist weiterer theoretischer und empirischer Forschungsbedarf über den Zusammenhang zwischen Währungsmanagement, Exposure-Höhe und Eigenkapitalkosten zu konstatieren. Dabei erscheint insbesondere eine differenzierte empirische Untersuchung zwischen den Bestimmungsgründen von realwirtschaftlichem und finanzwirtschaftlichem Hedging sinnvoll.

Weiterer Forschungsbedarf besteht ferner über den Zusammenhang zwischen der Hedging-Entscheidung und weiteren finanzwirtschaftlichen Entscheidungen, wie Verschuldungsgrad, Liquiditätsbestand, Dividendenhöhe. Der hier und in den bisherigen Hedging-Studien gewählte Untersuchungsansatz analysiert die Hedging-Entscheidung unabhängig von anderen finanzwirtschaftlichen Entscheidungen. Der Untersuchungsansatz einer Querschnittsregression unterstellt impli-

---

[723] Vgl. z.B. Rawls/Smithson (1990); Buckley (1996), S. 163-173; Sercu/Uppal (1995), S. 453-646; Hommel/Pritsch (1997); Cummins/Phillips/Smith (1998).

[724] Vgl. z.B. Smith/Smithson/Wilford (1990), S. 127f.; Rawls/Smithson (1990), S. 6; Dobson/Soenen (1993), S. 35f. oder Stulz (1996), S. 12.

[725] Vgl. Dumas/Solnik (1995); Prasad/Rajan (1995); Bartov/Bodnar/Kaul (1996); Dukas/Fatemi/Tavakkol (1996); He/Ng/Wu (1996); Choi/Rajan (1997) und DeSantis/Gérard (1999).

zit eine Exogenität der finanzwirtschaftlichen Entscheidungsvariablen bzw. unterstellt eine Entscheidungssituation, in der die Unternehmen zunächst die Verschuldungs-, Liquiditäts- und Dividendenentscheidung treffen und erst nachgelagert über ein Hedging befinden. Eine weiterführende Fragestellung für zukünftige Forschungsarbeiten wäre daher die Analyse der Hedging-Entscheidung in Verbindung mit anderen finanzwirtschaftlichen Entscheidungen.

Anhang

Tabelle A1: Überblick über die Konzeption der vorliegenden Studien zu den Bestimmungsgründen eines Derivateeinsatzes

	Derivateart	Hedging-Information	Ex-ante Exposure	Sample	Hedging-Variable	Zeitpunkt	Methodik
Nance/Smith/ Smithson (1993)	Derivate	Fragebogen	Nein	169 Unternehmen aus Fortune 500-Liste oder S&P 500-Index	Binär	1986	Logit
Francis/Stephan (1993)	Derivate	Jahres-abschluss	Nein	926 Unternehmen aus Datenbank „NAARS“ und „COMPUSTAT“ (gematchtes Sample)	Binär	1983-87	Logit
Dolde (1995)	Derivate	Fragebogen	Ja	244 Unternehmen aus Fortune 500-Liste	Binär	1992	Logit
Mian (1996)	Derivate Währungsderivate Zinsderivate	Jahres-abschluss	Nein	3022 Unternehmen aus Datenbank „NAARS“ und „COMPUSTAT“	Binär	1992	Logit
Berkman/ Bradbury (1996)	Derivate	Jahres-abschluss	Nein	116 börsengehandelte neuseeländische Unternehmen	Nominalwert bzw. Marktwert der Derivateposition/Unternehmenswert	1994	Tobit
Tufano (1996)	Goldderivate	Fragebogen	Ja	48 Gold fördernde nordamerikanische Unternehmen	Delta des Hedge-Portfolios/Goldförderung	1991-93	Tobit
Géczy/Minton/ Schrand (1997)	Währungsderivate	Jahres-abschluss	Ja	372 Unternehmen aus Fortune 500-Liste	Binär	1991	Logit
Adam (1997)	Goldderivate	Fragebogen	Ja	50 Gold fördernde nordamerikanische Unternehmen	Absicherungs-volumen/zukünftige Investitionen	1990-95	OLS-Regression
Goldberg/ Godwin/Kim/Tritschler (1998)	Derivate Währungsderivate Zinsderivate	Jahres-abschluss	Nein	410 Unternehmen mit Bilanzsumme von über 1 Mrd. Dollar	Nominalwert der Derivateposition/ Unternehmenswert	1993	Probit/ Zweistufig (Cragg)

Tabelle A1: Forts.

	Derivateart	Hedging-Information	Ex-ante Exposure	Sample	Hedging-Variable	Zeit-punkt	Metho-dik
Gay/Nam (1998)	Derivate	Jahres-abschluss	Nein	486 Unternehmen aus Business Week 1000- Liste	Nominalwert der Derivateposition/ Unternehmenswert	1994	Tobit
Howton/Perfect (1998a)	Derivate Währungsderivate Zinsderivate	Jahres-abschluss	Nein	451 Unternehmen aus Fortune 500-Liste; 461 Unternehmen (Zufallsauswahl)	Nominalwert bzw. Marktwert der Derivateposition/ Unternehmenswert	1994	Tobit
Allayannis/Ofek (1998)	Währungsderivate	Jahres-abschluss	Nein	378 Unternehmen aus S&P 500-Index	Nominalwert der Währungstermin-geschäfte/Bilanz-summe	1993	Probit/ Zwei-stufig (Cragg)
Wysocki (1998)	Derivate	Jahres-abschluss	Nein	403 Unternehmen mit Börsennotiz an der NYSE oder AMEX	Binär	1994	Logit
Guay (1999)	Derivate	Jahres-abschluss	Nein	3130 Unternehmen, davon 254 Unternehmen mit erstmaligem Derivateeinsatz	Binär	1990-94	Logit
Graham/Rogers (1999)	Währungsderivate Zinsderivate	Jahres-abschluss	Ja	531 Unternehmen (Zufallsauswahl)	Netto-Nominalwert der Währungsderi-vate/ Bilanzsumme	1994-95	Probit/ Zwei-stufig (Cragg)
Haushalter (2000)	Commodity-Derivate	Fragebogen	Ja	100 Öl und Gas fördernde Unternehmen	Absicherungs-umfang/Jahres-produktion	1992-94	Probit/ Zwei-stufig (Cragg)
Knopf/Nam/ Thornton (2000)	Derivate	Jahres-abschluss	Nein	307 Unternehmen aus S&P 500-Index	Nominalwert der Derivateposition/ Bilanzsumme	1995	Tobit

Tabelle A 2: Univariate Analysen zu den Bestimmungsgründen eines Derivateeinsatzes – Kennzahlen, Hypothesen und Befunde

Erklärungsvariablen, Variablendefinitionen und Hypothesen		Untersuchungen	Nance/Smith/Smithson (1993)	Francis/Stephan (1993)	Dolde (1995)	Mian (1996)	Berkman/Bradbury (1996)	Tufano (1996)	Géczy/Minton/Schrand (1997)	Adam (1997)	Goldberg/Godwin/Kim/Tritschler (1998)	Gay/Nam (1998)	Wysocki (1998)	Graham/Rogers (1999)	Haushalter (2000)	Knopf/Nam/Thornton (2000)
			Derivate	Derivate	Derivate	Währungsderivate	Derivate	Goldderivate	Währungsderivate	Goldderivate	Währungsderivate	Derivate	Derivate	Währungsderivate	Commodity-Hedge	Derivate
Sampleumfang bei univariaten Auswertungen			169	926	168-244	3022	116	110-131	269-372	85-208	410	486	403	307	292	410
Konkurskosten																
Fremdkapitalquote	Fremdkapital (Buchwert) / Unternehmenswert	+	–		–	–**	+***	+**	–*	+	–***	+***	–***		+***	
Fremdkapitalquote	Fremdkapital (Buchwert) / Marktwert Eigenkapital	+		+**												
Fremdkapitalquote	Fremdkapital (Buchwert) / Bilanzsumme	+												+		+***
Zinsdeckung	EBIT / Zinsaufwand	–	–				–		–			+	–			–***
Zinsdeckung	Nettoergebnis / Zinsaufwand	–		–												
Rating	S&P-Rating	+			–											
Rating	(0/1)-Variable. Bei bestehendem S&P-Rating ein Wert von eins.	–													+	
Altman Z-Score	Konkursindikator „Z-Score" in Anlehnung an Altman (1983)	+		–*												
Risikoprämie	Verbindlichkeitszinssatz des Unternehmens abzüglich laufzeitkongruentem Zinssatz für Staatsanleihen	+								–**						
Gewinnmarge	Vorsteuerngewinn / Bilanzsumme	–												–		
Gewinnmarge	Goldpreis abzgl. Auszahlungen für Förderung einer Unze Gold	–								+***						
Differenzierte Produkte	Werbeaufwendungen / Erlöse	+			+*											
Differenzierte Produkte	Verkaufs- und Verwaltungskosten / Erlöse	+			+**											
Produktionskosten	Laufende operative Auszahlungen / Outputmenge	+						+							–***	

Tabelle A 2: Fortsetzung

Erklärungsvariablen, Variablendefinitionen und Hypothesen		Untersuchungen	Nance/Smith/Smithson (1993)	Francis/Stephan (1993)	Dolde (1995)	Mian (1996)	Berkman/Bradbury (1996)	Tufano (1996)	Géczy/Minton/Schrand (1997)	Adam (1997)	Goldberg/Godwin/Kim/Tritschler (1998)	Gay/Nam (1998)	Wysocki (1998)	Graham/Rogers (1999)	Haushalter (2000)	Knopf/Nam/Thornton (2000)
Investitionsopportunitäten																
F&E-Quote	Aufwendungen für Forschung und Entwicklung / Unternehmenswert	+	+**								+***	+**				
F&E-Quote	Aufwendungen für Forschung und Entwicklung / Umsatz	+			+***				+***							
F&E-Quote	Aufwendungen für Forschung und Entwicklung / Bilanzsumme	+														+**
Market-to-book-ratio	Eigenkapital (Marktwert) / Eigenkapital (Buchwert)	+	+			+			+***	–		–	+***			+**
Gewinn-Kurs-Verhältnis	Gewinn pro Aktie / Aktienkurs	–			–		+**									
Kurs-Gewinn-Verhältnis	Aktienkurs / Gewinn pro Aktie	+		+								–				
Überrendite	Marktadjustierte tägliche Überrendite für Einjahreszeitraum	+										+**				
Investitionsquote	Investitionen in Sachanlagevermögen / Unternehmenswert	+							–**							
Investitionsquote	Investitionen in Sachanlagevermögen / Cashflow	+					–									
Investitionsquote	Investitionen in Sachanlagevermögen / Bilanzsumme	+											–			
Explorationsaktivitäten	Explorationsaufwendungen / Unternehmenswert	+						+**		+					+	
Übernahmeaktivitäten	Versuchte Unternehmensübernahmen / Unternehmenswert	+						–		+						
Liquiditätsreserven																
Liquidität	Umlaufvermögen / Kurzfristige Verbindlichkeiten	–	–*			–***					–					
Liquidität	Liquide Mittel / Kurzfristige Verbindlichkeiten	–					–**	–	–*	–				–*		
Liquidität	Liquide Mittel / Unternehmenswert	–													–	

Tabelle A 2: Fortsetzung

Erklärungsvariablen, Variablendefinitionen und Hypothesen	Untersuchungen		Nance/Smith/ Smithson (1993)	Francis/ Stephan (1993)	Dolde (1995)	Mian (1996)	Berkman/ Bradbury (1996)	Tufano (1996)	Géczy/Minton/ Schrand (1997)	Adam (1997)	Goldberg/God-win/Kim/Tritschler (1998)	Gay/Nam (1998)	Wysocki (1998)	Graham/ Rogers (1999)	Haushalter (2000)	Knopf/Nam/ Thornton (2000)
Dividendenhöhe																
Dividendenrendite	Dividende pro Aktie / Aktienkurs	+	+***			+***			–					+		–
Dividendenrendite	Dividende / Bilanzsumme	+												+*		
Dividendenquote	Dividende / Gewinn	+/–				+***	+***								+***	
Dividendenquote	Dividende / Anzahl der geförderten Unzen Gold	+								–**				+		
Dividendenhöhe	Absolute Dividendenzahlung	+		+												
Risikomanagementsubstitute																
Wandelanleihenfinanzierung	Wandelanleihen (Buchwert) / Unternehmenswert	+/?	–									+	–			
Genussscheinfinanzierung	Genussscheinkapital (Buchwert) / Unternehmenswert	+/?	–						–			+*	–*			–
Wandelanleihen- und Genussscheinfinanzierung	(Genussscheinkapital + Wandelanleihen) / Unternehmenswert	–					+**									
Fremdkapitalfristigkeit	Langfristiges Fremdkapital / Fremdkapital	?				+**										
Unternehmensdiversifikation	Anteil des bilanziellen Vermögens außerhalb der Goldbranche	–						+*								
Unternehmensdiversifikation	Umsätze Goldbereich / Gesamtumsätze	+								+						
Unternehmensdiversifikation	Umsätze im Öl- und Gasbereich / Gesamtumsätze	+													–	
Steuern																
Investitionsbedingte Sonderabschreibungen	(0/1)-Variable. Bei vorhandenen investitionsbedingten Sonderabschreibungen ein Wert von 1	+	+***										+			
Verlustvortrag	Bestand an Verlustvorträgen	+	–		+							+				
Verlustvortrag	(0/1)-Variable. Bei vorhandenem Verlustvortrag ein Wert von eins.	+				–***	+**									
Verlustvortrag	Verlustvorträge (Buchwerte) / Bilanzsumme	+						+	+					–		

Tabelle A 2: Fortsetzung

Erklärungsvariablen, Variablendefinitionen und Hypothesen		Untersuchungen	Nance/Smith/Smithson (1993)	Francis/Stephan (1993)	Dolde (1995)	Mian (1996)	Berkman/Bradbury (1996)	Tufano (1996)	Géczy/Minton/Schrand (1997)	Adam (1997)	Goldberg/Godwin/Kim/Tritschler (1998)	Gay/Nam (1998)	Wysocki (1998)	Graham/Rogers (1999)	Haushalter (2000)	Knopf/Nam/Thornton (2000)
Verlustvortrag	Verlustvorträge (Buchwerte) / Unternehmenswert	+										+**				–
Marginaler Steuersatz	Marginaler Steuersatz in Anlehnung an Graham (1996)	–													+**	
Steuerquote	Steuern / Vorsteuerergebnis	+		–												
Steuerprogression	(0/1)-Variable. Bei möglichen Vorsteuergewinnen im progressiven Bereich der Steuerfunktion ein Wert von eins.	+	+*			–***										
Steuerersparnis	Mögliche Steuerersparnis durch Hedging (in Dollar)	+												+*		
Steuerersparnis	Mögliche Steuerersparnis durch Hedging / Umsatz	+												–		
Anrechenbare Auslandssteuern	(0/1)-Variable. Bei anrechenbaren Steuergutschriften aus im Ausland abgeführten Steuern ein Wert von eins.	+				+***										
Managerinteressen																
Eigenkapital in Managerbesitz	Marktwert des in Managementbesitz befindlichen Eigenkapitals	+						–	+			–**	+***	+***	+	
Eigenkapitalanteil in Managerbesitz	In Managerbesitz befindliches Eigenkapital / Eigenkapital	+					–						–***		–***	
Optionsrechte in Managerbesitz	Marktwert der in Managementbesitz befindlichen Optionsrechte	–						–	+***			+				
Optionsrechte in Managerbesitz	Anzahl der in Managementbesitz befindlichen Optionsrechte	–												+***	+	
Volatilitätssensitivität des Optionsportfolios	Sensitivität des Optionsportfolios des CEO von der Aktienkursvolatilität	–														–**
Aktienkurssensitivität des Managerportfolios	Sensitivität des Options- und Aktienportfolios des CEO von Aktienkursänderungen	+														+
Variabler Vergütungsanteil	Bonus / (Grundgehalt + Bonus)	+											+***			

Tabelle A 2: Fortsetzung

Erklärungsvariablen, Variablendefinitionen und Hypothesen			Nance/Smith/ Smithson (1993)	Francis/ Stephan (1993)	Dolde (1995)	Mian (1996)	Berkman/ Bradbury (1996)	Tufano (1996)	Géczy/Minton/ Schrand (1997)	Adam (1997)	Goldberg/God-win/Kim/Tritschler (1998)	Gay/Nam (1998)	Wysocki (1998)	Graham/ Rogers (1999)	Haushalter (2000)	Knopf/Nam/ Thornton (2000)
Manageralter	(0/1)-Variable. Falls CEO 64 oder 65 Jahre alt, so Wert von eins.	+											+			
Managerdiversifikation	(Grundgehalt + Bonus) / Gesamtvergütung	–														–**
Geschäftsfeldanzahl	Anzahl der Geschäftsfelder	+											+***			
Großaktionär	Von Großaktionären gehaltene Anteile	–						–								–***
Großaktionärsanzahl	Anzahl der Großaktionäre	–													+/–	
Unternehmensgröße																
Unternehmenswert	Fremdkapital (Buchwert) + Eigenkapital (Marktwert)	+/?	+***			+***	+***	+	+***	+***	+***	–	+***		+***	–*
Eigenkapital	Eigenkapital (Marktwert)	?		+***												
Umsatz	Umsatz	?		+***	+***					+***						
Bilanzsumme	Bilanzsumme	?		+***						+***				+***		
Goldreserven	Goldreserven (in Mil. Unzen)	–						+		+						
Goldförderung	Jährliche Goldförderung	?								+*						
Free Cashflow	Cashflow nach Investitionsauszahlungen und Dividenden	–								+*						
Informationsasymmetrien																
Analystenanzahl	Anzahl der Analysten, die das jeweilige Unternehmen beobachten	–							+***							
Institutionelle Investoren	Von institutionellen Investoren gehaltene Anteile	–							+***					+***		
Exposure-Höhe																
Auslandsumsatz	Auslandsumsätze / Umsatz	+					+**		+***					+**		
Auslandsumsatz	Auslandsumsätze / Unternehmenswert	+									+***					
Auslandsergebnis	Auslandsergebnis / Umsatz	+							+***							
Auslandsvermögen	Auslandsvermögen / Gesamtvermögen	+					+**		–							
Kurzf. Fremdkapital in Auslandswährung	Fremdkapital in Auslandswährung mit einer ursprünglichen Laufzeit von unter einem Jahr	?							+***							

Tabelle A 2: Fortsetzung

Erklärungsvariablen, Variablendefinitionen und Hypothesen			Nance/Smith/ Smithson (1993)	Francis/ Stephan (1993)	Dolde (1995)	Mian (1996)	Berkman/ Bradbury (1996)	Tufano (1996)	Géczy/Minton/ Schrand (1997)	Adam (1997)	Goldberg/God-win/Kim/Tritschler (1998)	Gay/Nam (1998)	Wysocki (1998)	Graham/ Rogers (1999)	Haushalter (2000)	Knopf/Nam/ Thornton (2000)
Langf. Fremdkapital in Auslandswährung	Fremdkapital in Auslandswährung mit einer ursprünglichen Laufzeit von über einem Jahr	?							+***							
Fremdkapital in Auslandswährung	(0/1)-Variable. Bei Fremdkapital in Auslandswährung ein Wert von eins.	?							+***							
Competitive Exposure	Importe / Gesamtproduktion (jeweils für vierstelligen SIC-Code)	+							+***							
Wechselkurssensitivität des Ergebnisses	Wechselkurssensitivität der standardisierten Cashflows über einen Siebenjahreszeitraum	+			–											
Ergebnisvolatilität	Volatilität der mit der Bilanzsumme standardisierten Ergebnisse über einen Sieben- bzw. Zehnjahreszeitraum	+			–						+***					
Zinssensitivität des Ergebnisses	Zinssensitivität der standardisierten Cashflows über einen Siebenjahreszeitraum	+			–											
Rohstoffpreissensitivität des Cashflows	Rohstoffpreissensitivität der standardisierten Cashflows über einen Siebenjahreszeitraum	+			–											
Sonstige Erklärungsfaktoren																
Regulierte Unternehmen	(0/1)-Variable. Versorgungsunternehmen erhalten den Wert eins.	–				–***										
Basisrisiko	Produktion in Gebieten mit geringem Basisrisiko / Gesamtproduktion	+													+***	

Hinweis: + bzw. – zeigen die Vorzeichen der Differenz der Mittelwerte der Kennzahlenverteilung von hedgenden und nicht-hedgenden Unternehmen. Für die mit *, **, *** gekennzeichneten Vorzeichen sind die Mittelwertsdifferenzen signifikant auf einem Niveau von 10 %, 5 %, 1 %. Mian (1996), Goldberg/Godwin/Kim/Tritschler (1998) und Graham/Rogers (1999) beschäftigen sich neben Währungs- auch mit Zinsderivaten, wiedergegeben sind die Befunde zum Währungsderivateeinsatz. Die Studien von Howton/Perfect (1998a), Allayannis/Ofek (1998) und Guay (1999) enthielten keine univariaten Auswertungen.

Tabelle A 3: Multiple Analysen zu den Bestimmungsgründen eines Derivateeinsatzes – Kennzahlen, Hypothesen und Befunde

Erklärungsvariablen, Variablendefinitionen und Hypothesen (Untersuchungen)			Nance/Smith/Smithson (1993)	Francis/Stephan (1993)	Dolde (1995)	Mian (1996)	Berkman/Bradbury (1996)	Tufano (1996)	Géczy/Minton/Schrand (1997)	Adam (1997)	Goldberg/Godwin/Kim/Tritschler (1998)	Gay/Nam (1998)	Howton/Perfect (1998a)	Allayannis/Ofek (1998)	Wysocki (1998)	Guay (1999)	Graham/Rogers (1999)	Haushalter (2000)	Knopf/Nam/Thornton (2000)
			Derivate/ Logit	Derivate/ Logit	Derivate/ Logit	Währungsderivate / Logit	Derivate/ Tobit	Goldderivate/ Tobit	Währungsderivate/ Logit	Goldderivate/ Regression	Währungsderivate/ Probit	Derivate/ Tobit	Währungsderivate/ Tobit	Währungsderivate/ Probit	Derivate/ Logit	Derivate/ Probit	Währungsderivate/Probit	Commodity-Hedge / Probit	Derivate/ Tobit
Sampleumfang bei multivariaten Auswertungen			169	926	129-151	3022	104-117	105	372	80	347	304-487	451	245	403	3130	161	289-295	260
Konkurskosten																			
Fremdkapitalquote	Fremdkapital / Unternehmenswert	+	+/–		+***		+**	+***	+/–	+/–*	–	+***			–*			+	
Fremdkapitalquote	Fremdkapital / Marktwert Eigenkapital	+		+									–			+***			
Fremdkapitalquote	Fremdkapital / Bilanzsumme	+												–**			+		+***
Zinsdeckung	EBIT / Zinsaufwand	–	–				–***				n.s.	–	+		+	+**			–**
Zinsdeckung	Nettoergebnis / Zinsaufwand	–		+															
Rating	(0/1)-Variable. Bei bestehendem S&P-Rating ein Wert von eins.	–																–	
Altman Z-Score	Konkursindikator „Z-Score" in Anlehnung an Altman (1983)	+		–															
Risikoprämie	Verbindlichkeitszinssatz des Unternehmens abzüglich laufzeitkongruentem Zinssatz für Staatsanleihen	+								+/–									
Gewinnmarge	Vorsteuerngewinn / Umsatz	–																	
Gewinnmarge	Goldpreis abzgl. Auszahlungen für Förderung einer Goldunze	–								–***									
Rentabilität	Ergebnis / Bilanzsumme	–														–	–		
Rentabilität	EBITD / Bilanzsumme	+												+					
Rentabilität	Cashflow / Bilanzsumme	+											+**						
Produktionskosten	Laufende operative Auszahlungen / Outputmenge	+						–										+/–	
V&V-Quote	Verkaufs- und Verwaltungskosten / Umsatz	+			+*														
Sachanlagenintensität	Sachanlagevermögen / Bilanzsumme	–											+						

Tabelle A 3: Fortsetzung

Erklärungsvariablen, Variablendefinitionen und Hypothesen	Untersuchungen		Nance/Smith/ Smithson (1993)	Francis/ Stephan (1993)	Dolde (1995)	Mian (1996)	Berkman/ Bradbury (1996)	Tufano (1996)	Géczy/Minton/ Schrand (1997)	Adam (1997)	Goldberg/Godwin/ Kim/Tritschler (1998)	Gay/Nam (1998)	Howton/ Perfect (1998a)	Allayannis/Ofek (1998)	Wysocki (1998)	Guay (1999)	Graham/ Rogers (1999)	Haushalter (2000)	Knopf/Nam/ Thornton (2000)
Investitionsopportunitäten																			
F&E-Quote	Aufwendungen für Forschung und Entwicklung / Unternehmenswert	+	+*								+***	+**							
F&E-Quote	Aufwendungen für Forschung und Entwicklung / Umsatz	+			+**				+***				+***	+**					
F&E-Quote	Aufwendungen für Forschung und Entwicklung / Bilanzsumme	+															+**		+**
Market-to-book-ratio	Eigenkapital (Marktwert) / Eigenkapital (Buchwert)	+	+						+	–*		+**			–		+		
Market-to-book-ratio	Eigenkapital (Marktwert) + Fremdkapital (Buchwert) / Bilanzsumme	+				–					n.s.	+**		–		+*			+**
Überrendite	Marktadjustierte tägliche Überrendite für einen Einjahreszeitraum	+										+**							
Gewinn-Kurs-Verhältnis	Gewinn pro Aktie / Aktienkurs	–					+/–*												
Kurs-Gewinn-Verhältnis	Aktienkurs / Gewinn pro Aktie	+		+								+***							
Investitionsquote	Investitionen in Sachanlagevermögen / Bilanzsumme	+															–		
Investitionsquote	Investitionen in Sachanlagevermögen / Cashflow	+					+/–												
Explorationsaktivitäten	Explorationsaufwendungen / Unternehmenswert	+						-										+	
Übernahmeaktivitäten	Versuchte Unternehmensübernahmen / Unternehmenswert	+						+											
Liquiditätsreserven																			
Liquidität	Umlaufvermögen / Kurzfristige Verbindlichkeiten	–	–								–**								
Liquidität	Liquide Mittel / Kurzfristige Verbindlichkeiten	–					–*	–***	–***	–			–*				n.s.		

Tabelle A 3: Fortsetzung

Erklärungsvariablen, Variablendefinitionen und Hypothesen		Untersuchungen	Nance/Smith/ Smithson (1993)	Francis/ Stephan (1993)	Dolde (1995)	Mian (1996)	Berkman/ Bradbury (1996)	Tufano (1996)	Géczy/Minton/ Schrand (1997)	Adam (1997)	Goldberg/God- win/Kim/Tritsch- ler (1998)	Gay/Nam (1998)	Howton/ Perfect (1998a)	Allayannis/Ofek (1998)	Wysocki (1998)	Guay (1999)	Graham/ Rogers (1999)	Haushalter (2000)	Knopf/Nam/ Thornton (2000)
Liquidität	(Liquide Mittel – Kurzfristige Verbindlichkeiten) / Bilanzsumme	–												n.s					
Liquidität	Liquide Mittel / Unternehmenswert	–																+	
Liquidität	(0/1)-Variable. Bei überdurchschnittlichem Wert für „Liquide Mittel/Bilanzsumme" ein Wert von eins.	+										+*							
Dividendenhöhe																			
Dividendenrendite	Dividende pro Aktie / Aktienkurs	+	+**											–	–**				+
Dividendenrendite	Dividende / Bilanzsumme	+									n.s.						–		
Dividendenquote	Dividende / Gewinn	+/–					+*											+	
Dividendenquote	Dividende / Anzahl der geförderten Unzen Gold	+								–									
Dividendenhöhe	Absolute Dividendenzahlung	+		+/–															
Risikomanagement-substitute																			
Wandelanleihen-finanzierung	Wandelanleihen (Buchwerte) / Unternehmenswert	+/–	+								n.s.	–			–				
Genussschein-finanzierung	Genussscheinkapital (Buchwerte) / Unternehmenswert	+/–	–								n.s.	+/–			–				–
Wandelanleihen- und Genussscheinfinan-zierung	(Genussscheinkapital + Wandelanleihen) / Unternehmenswert	–					+/–						+						
Unternehmens-diversifikation	Anteil des bilanziellen Vermögens außerhalb der Goldbranche	–						–											
Unternehmens-diversifikation	Umsätze Goldbereich / Gesamtumsätze	+								+***									
Unternehmens-diversifikation	Umsätze im Öl- und Gasbereich / Gesamtumsätze	+																+	
Steuern																			
Investitionsbedingte Sonderabschreibungen	Betrag der investitionsbedingten Sonderabschreibungen	+	+*								n.s.								

Tabelle A 3: Fortsetzung

Erklärungsvariablen, Variablendefinitionen und Hypothesen		Untersuchungen	Nance/Smith/ Smithson (1993)	Francis/ Stephan (1993)	Dolde (1995)	Mian (1996)	Berkman/ Bradbury (1996)	Tufano (1996)	Géczy/Minton/ Schrand (1997)	Adam (1997)	Goldberg/Godwin /Kim/Tritschler (1998)	Gay/Nam (1998)	Howton/ Perfect (1998a)	Allayannis/Ofek (1998)	Wysocki (1998)	Guay (1999)	Graham/ Rogers (1999)	Haushalter (2000)	Knopf/Nam/ Thornton (2000)
Investitionsbedingte Sonderabschreibungen	(0/1)-Variable. Bei vorhandenen investitionsbedingten Sonderabschreibungen ein Wert von eins.	+													$+^{*}$				
Verlustvortrag	Bestand an Verlustvorträgen	+	+		+						n.s.								
Verlustvortrag	(0/1)-Variable. Bei vorhandenem Verlustvortrag ein Wert von eins.	+				–	$+^{**}$						–	n.s.					
Verlustvortrag	Verlustvorträge (Buchwerte) / Bilanzsumme	+						+	+								+		–
Verlustvortrag	Verlustvorträge (Buchwerte) / Unternehmenswert	+										+/–							
Steuerprogression	(0/1)-Variable. Bei möglichen Vorsteuerngewinnen im progressiven Bereich der Steuerfunktion ein Wert von eins.	+	$+^{*}$			+					n.s.		$+^{***}$						
Marginaler Steuersatz	Marginaler Steuersatz in Anlehnung an Graham (1996)	–																$+^{*}$	
Steuerquote	Steuern / Vorsteuerergebnis	+		+															
Steuerersparnis bei Volatilitätsreduktion	Mögliche Steuerersparnis durch Hedging (in Dollar)	+															–		
Anrechenbare Auslandssteuern	(0/1)-Variable. Bei anrechenbaren Steuergutschriften aus im Ausland abgeführten Steuern ein Wert von eins.	+				$+^{***}$													
Managerinteressen																			
Eigenkapital in Managerbesitz	Marktwert des in Managerbesitz befindlichen Eigenkapitals	+						$+^{***}$	+			–			+		+	+	+
Eigenkapitalanteil in Managerbesitz	In Managerbesitz befindliches Eigenkapital / Eigenkapital	+					+							n.s.	$-^{**}$			$-^{**}$	
Optionsrechte in Managerbesitz	Produkt aus der Anzahl der in Managerbesitz befindlichen Aktienoptionen und Aktienkurs	–							+										
Optionsrechte in Managerbesitz	Anzahl der in Managerbesitz befindlichen Aktienoptionen	–						$-^{***}$				$+^{**}$					–	+	

Tabelle A 3: Fortsetzung

Erklärungsvariablen, Variablendefinitionen und Hypothesen	Untersuchungen		Nance/Smith/Smithson (1993)	Francis/Stephan (1993)	Dolde (1995)	Mian (1996)	Berkman/Bradbury (1996)	Tufano (1996)	Géczy/Minton/Schrand (1997)	Adam (1997)	Goldberg/Godwin/Kim/Tritschler (1998)	Gay/Nam (1998)	Howton/Perfect (1998a)	Allayannis/Ofek (1998)	Wysocki (1998)	Guay (1999)	Graham/Rogers (1999)	Haushalter (2000)	Knopf/Nam/Thornton (2000)
Optionsrechte in Managerbesitz	In Managerbesitz befindliche Optionsrechte / Eigenkapital	–												n.s.					
Optionsrechte in Managerbesitz	Wert der gewährten Optionen des CEO / (Grundgehalt + Bonus)	–																+	
Volatilitätssensitivität des Optionsportfolios	Sensitivität des Optionsportfolios des CEO von der Aktienkursvolatilität	–																	–**
Aktienkurssensitivität des Managerportfolios	Sensitivität des Options- und Aktienportfolios des CEO von Aktienkursänderungen	+																	+
Variabler Vergütungsanteil	Bonus / (Grundgehalt + Bonus)	+													+				
Manageralter	(0/1)-Variable. Falls CEO 64 oder 65 Jahre alt, so Wert von eins.	+													+				
Managerdiversifikation	Grundgehalt + (Bonus / Gesamtvergütung)	–																	–**
Geschäftsfeldanzahl	Anzahl der Geschäftsfelder	+													+**				
Großaktionär	Von Großaktionären gehaltene Anteile	–						–***											–*
Großaktionärsanzahl	Anzahl der Großaktionäre	–																+	
Unternehmensgröße																			
Unternehmenswert	Fremdkapital (Buchwert) + Eigenkapital (Marktwert)	?	+***			+***	+***	+	+***		+	–			+***				–
Unternehmenswert	Eigenkapital (Marktwert)	?											+*			+***			
Umsätze	Umsätze	?		+***	+														
Bilanzsumme	Bilanzsumme	?												+***			+***	+**	
Goldreserven	Goldreserven (in Unzen)	–/?						–		+*									
Informationsasymmetrien																			
Analystenanzahl	Anzahl der Analysten, die das jeweilige Unternehmen beobachten	–							+***										
Institutionelle Investoren	Von institutionellen Investoren gehaltene Anteile	–															+**		

Tabelle A 3: Fortsetzung

Erklärungsvariablen, Variablendefinitionen und Hypothesen		Untersuchungen	Nance/Smith/ Smithson (1993)	Francis/ Stephan (1993)	Dolde (1995)	Mian (1996)	Berkman/ Bradbury (1996)	Tufano (1996)	Géczy/Minton/ Schrand (1997)	Adam (1997)	Goldberg/Godwin/ Kim/Tritschler (1998)	Gay/Nam (1998)	Howton/ Perfect (1998a)	Allayannis/Ofek (1998)	Wysocki (1998)	Guay (1999)	Graham/ Rogers (1999)	Haushalter (2000)	Knopf/Nam/ Thornton (2000)
Exposure-Höhe																			
Auslandsumsatz	Auslandsumsätze / Umsatz	+												+***			+***		
Auslandsumsatz	Auslandsumsätze / Unternehmenswert	+									+***								
Auslandsergebnis	Auslandsergebnis / Umsatz	+							+***										
Auslandsergebnis	(0/1)-Variable. Bei Berichterstattung über ein Auslandsergebnis ein Wert von eins.	+											+***						
Auslandsvermögen	Auslandsvermögen / Gesamtvermögen	+					+/–												
Fremdkapital in Auslandswährung	(0/1)-Variable. Bei Fremdkapital in Auslandswährung ein Wert von eins.	?							+***										
Competitive Exposure	Importe / Gesamtproduktion (jeweils für vierstelligen SIC-Code)	+							+***										
Competitive Exposure	(Exporte + Importe) / Gesamtproduktion (jeweils für zweistelligen SIC-Code)	+												+*					
Wechselkurssensitivität des Aktienkurses	Koeffizient aus Regression monatlicher Aktienrenditen auf Wechselkursänderungen	+														–			
Wechselkurssensitivität des Ergebnisses	Wechselkurssensitivität der standardisierten Ergebnisse über einen Siebenjahreszeitraum	+			+														
Ergebnisvolatilität	Volatilität des operativen Ergebnisses vor Abschreibungen	+														+**			
Ergebnisvolatilität	Volatilität der mit der Bilanzsumme standardisierten Ergebnisse über einen Sieben- bzw. Zehnjahreszeitraum	+			+						+								

Tabelle A 3: Fortsetzung

Erklärungsvariablen, Variablendefinitionen und Hypothesen		Untersuchungen	Nance/Smith/ Smithson (1993)	Francis/ Stephan (1993)	Dolde (1995)	Mian (1996)	Berkman/ Bradbury (1996)	Tufano (1996)	Géczy/Minton/ Schrand (1997)	Adam (1997)	Goldberg/Godwin /Kim/Tritschler (1998)	Gay/Nam (1998)	Howton/ Perfect (1998a)	Allayannis/Ofek (1998)	Wysocki (1998)	Guay (1999)	Graham/ Rogers (1999)	Haushalter (2000)	Knopf/Nam/ Thornton (2000)
Zinssensitivität des Aktienkurses	Koeffizient aus Regression monatlicher Aktienrenditen auf Wechselkursänderungen	+														–			
Zinssensitivität des Ergebnisses	Zinssensitivität der standardisierten Ergebnisse über einen Siebenjahreszeitraum	+			–														
Rohstoffpreissensitivität des Ergebnisses	Rohstoffpreissensitivität der standardisierten Ergebnisse über einen Siebenjahreszeitraum	+			–														
Marktrisiko	ß-Wert aus Regression der Aktienrendite auf Marktrendite	+														+			
Unternehmens-spezifisches Risiko	Standardabweichung der Residuen aus der Regression der Aktien- auf die Marktrendite	+														–			
Sonstige Erklärungsfaktoren																			
Regulierte Unternehmen	(0/1)-Variable. Versorgungsunternehmen erhalten den Wert eins.	–				–***					–*				–	–**			
Management von Zins- oder Güterpreisrisiken	(0/1)-Variable. Bei Einsatz von Zins- oder Güterpreis-Derivaten ein Wert von eins.	+					+*		+***										
Basisrisiko	Produktion in Gebieten mit geringem Basisrisiko / Gesamtproduktion	+																+***	

Hinweis: Die Vorzeichen + bzw. – dokumentieren einen positiven bzw. negativen Einfluss auf die Hedging-Variable. Für die mit *, **, *** gekennzeichneten Vorzeichen besteht ein statistisch gesicherter Einfluss auf einem Signifikanzniveau von 10 %, 5 %, 1 %. Mian (1996), Goldberg/Godwin/Kim/Tritschler (1998), Howton/Perfect (1998a) und Graham/Rogers (1999) beschäftigen sich neben Währungs- auch mit Zinsderivaten, wiedergegeben sind die Befunde zum Währungsderivateeinsatz. Bei Goldberg/Godwin/Kim/Tritschler (1998), Allayannis/Ofek (1998), Graham/Rogers (1999) und Haushalter (2000) werden im Rahmen einer zweistufigen Vorgehensweise eine Probit- und eine lineare Regression geschätzt, wiedergegeben sind die Befunde der Probit-Regression.

Tabelle A 4: Verteilungsparameter der einbezogenen Variablen

Kennzahlen	Anzahl	Verteilungsparameter Arith. Mittel	Median	25 %-Quantil	75 %-Quantil	Std. abw.
Fremdkapital / Bilanzsumme	122	0,71	0,74	0,62	0,80	0,14
Fremdkap. / Unternehmenswert	84	0,56	0,59	0,42	0,71	0,20
Cashflow I / Fremdkapital	117	0,15	0,12	0,07	0,20	0,12
Cashflow II / Fremdkapital	112	0,16	0,13	0,07	0,21	0,12
EBIT / Zinsaufwand	118	14,8	4,3	1,82	8,31	53,4
Bilanzsummenwachstum (5 J.)	94	0,065	0,047	0,017	0,102	0,094
Bilanzsummenwachstum (3 J.)	106	0,059	0,052	0,002	0,106	0,107
Umsatzwachstum (5 Jahre)	94	0,061	0,037	0,008	0,085	0,099
Umsatzwachstum (3 Jahre)	106	0,066	0,047	0,005	0,098	0,101
Investitionen / Umsatz	118	0,058	0,049	0,021	0,079	0,055
Investitionen / Bilanzsumme	118	0,064	0,060	0,03	0,09	0,048
Investitionen / Unternehmenswert	80	0,049	0,050	0,03	0,07	0,036
Investitionen / Cashflow I	113	0,86	0,73	0,46	1,05	0,98
Investitionen / Cashflow II	112	0,80	0,67	0,43	0,98	0,93
Market-to-book-ratio	84	2,7	2,0	1,4	3,3	2,1
Liquide Mittel / Cashflow I	117	1,80	0,82	0,26	2,10	2,85
Liquide Mittel / Cashflow II	112	1,41	0,76	0,23	1,91	1,79
Liquide Mittel / Kurzf. Verbl.	122	0,47	0,26	0,08	0,69	0,56
Umlaufvermögen / Kurzf. Verbl.	122	2,45	2,09	1,45	3,20	1,29
Dividende / Cashflow I	117	0,15	0,09	0,00	0,21	0,20
Dividende / Cashflow II	112	0,14	0,08	0,00	0,21	0,19
Dividende / Jahresüberschuss	103	0,55	0,36	0,00	0,70	0,76
Dividende / Marktwert Eigenkap.	84	0,020	0,020	0,004	0,029	0,016
Umsatz (Mio. DM)	122	11.539	4.258	1.354	11.323	18.541
Bilanzsumme (Mio. DM)	122	11.458	3.087	858	9.080	23.153
Unternehmenswert (Mio. DM)	84	16.296	3.517	965	12.977	31.654
Managerbezüge (Mio. DM)	108	1,07	0,93	0,67	1,39	0,61
Streubesitz	122	0,28	0,19	0,00	0,46	0,31
1-Herfindahl-Index	122	0,51	0,59	0,00	0,86	0,39
Auslandsumsatzanteil	122	0,38	0,39	0,08	0,64	0,28
Importquote (Durchschnitt)	119	0,22	0,19	0,01	0,28	0,25
Importquote (Maximum)	119	0,30	0,21	0,01	0,41	0,37
Importquote (Hauptgeschäftsfeld)	119	0,23	0,19	0,00	0,28	0,29
Ausl. Wertschöpfungsanteil	108	0,27	0,24	0,00	0,50	0,25

Hinweis: Die dargestellten Verteilungsparameter beziehen sich auf die um Extremwerte bereinigten Verteilungen. Als Extremwerte werden solche Werte betrachtet, die außerhalb des Intervalls $[\mu - 4\sigma; \mu + 4\sigma]$ der ursprünglichen Kennzahlenverteilung liegen; diese Extremwerte wurden durch den Kennzahlenwert „$\mu - 4\sigma$" bzw. „$\mu + 4\sigma$" ersetzt.

Tabelle A 5: Normalverteilungstest der einbezogenen Variablen

Kennzahlen	Anzahl	Kolmogorov-Smirnov-Anpassungstest Kolmogorov-Smirnov-Z	Sig.
Fremdkapital / Bilanzsumme	122	1,33	0,057
Fremdkapital / Unternehmenswert	84	1,02	0,254
Cashflow I / Fremdkapital	117	1,46	0,029
Cashflow II / Fremdkapital	112	1,26	0,082
EBIT / Zinsaufwand	118	4,32	0,000
Bilanzsummenwachstum (5 Jahre)	94	1,16	0,137
Bilanzsummenwachstum (3 Jahre)	106	1,16	0,136
Umsatzwachstum (5 Jahre)	94	1,68	0,007
Umsatzwachstum (3 Jahre)	106	1,62	0,010
Investitionen / Umsatz	118	1,22	0,103
Investitionen / Bilanzsumme	118	1,01	0,261
Investitionen / Unternehmenswert	80	0,43	0,992
Investitionen / Cashflow I	113	2,41	0,000
Investitionen / Cashflow II	112	2,27	0,000
Market-to-book-ratio	84	1,85	0,002
Liquide Mittel / Cashflow I	117	2,85	0,000
Liquide Mittel / Cashflow II	112	2,28	0,000
Liquide Mittel / Kurzf. Verbl.	122	2,20	0,000
Umlaufvermögen / Kurzf. Verbl.	122	1,45	0,030
Dividende / Cashflow I	117	2,38	0,000
Dividende / Cashflow II	112	2,40	0,000
Dividende / Jahresüberschuss	103	2,37	0,000
Dividende / Marktwert Eigenkapital	84	1,07	0,205
Umsatz (Mio. DM)	122	3,19	0,000
Bilanzsumme (Mio. DM)	122	3,49	0,000
Unternehmenswert (Mio. DM)	84	2,79	0,000
Managerbezüge (Mio. DM)	108	1,39	0,041
Streubesitz	122	2,04	0,001
1-Herfindahl-Index	122	2,20	0,000
Auslandsumsatzanteil	122	1,33	0,059
Importquote (Durchschnitt)	119	2,11	0,000
Importquote (Maximum)	119	2,29	0,000
Importquote (Hauptgeschäftsfeld)	119	2,36	0,000
Ausländischer Wertschöpfungsanteil	108	1,81	0,003

Hinweis: Die dargestellten Kolmogorov-Smirnov-Teststatistiken beziehen sich auf die um Extremwerte bereinigten Verteilungen. Als Extremwerte werden solche Werte betrachtet, die außerhalb des Intervalls $[\mu - 4\sigma; \mu + 4\sigma]$ der ursprünglichen Kennzahlenverteilung liegen; diese Extremwerte wurden durch den Kennzahlenwert „$\mu - 4\sigma$" bzw. „$\mu + 4\sigma$" ersetzt.

Tabelle A 6: Univariate Ergebnisse nicht bereinigt um Extremwerte

Kennzahlen	Einsatz von Währungsderivaten						Kein Einsatz von Währungsderivaten						Mann-Whitney-U-Test			
													Ø Rang			
	N	Arith. Mittel	Me-dian	Min.	Max.	Std. abw.	N	Arith. Mittel	Me-dian	Min.	Max.	Std. abw.	FX-Derivate	Keine FX-Derivate	Z-Wert	Sig.
Konkurskosten																
Fremdkapital / Bilanzsumme	91	0,71	0,75	0,34	0,95	0,13	31	0,69	0,72	0,35	0,92	0,18	61,7	61,1	0,08	0,937
Fremdkap. / Unternehmenswert	63	0,57	0,62	0,05	0,85	0,19	21	0,54	0,55	0,14	0,94	0,25	43,70	38,90	0,78	0,435
Cashflow I / Fremdkapital	87	0,14	0,12	0,00	0,64	0,10	30	0,18	0,15	0,01	0,47	0,14	60,7	54,2	0,90	0,369
Cashflow II / Fremdkapital	84	0,15	0,12	–0,13	0,66	0,11	28	0,18	0,15	0,01	0,50	0,15	57,1	54,6	0,363	0,717
EBIT / Zinsaufwand	87	10,5	4,4	–2,4	364	39,4	31	46,6	4,3	–15,2	1044,9	187,8	60,2	57,6	0,36	0,721
Investitionsopportunitäten																
Bilanzsummenwachstum (5 J.)	68	0,061	0,046	–0,147	0,382	0,098	26	0,076	0,064	–0,056	0,344	0,081	45,6	52,5	1,11	0,268
Bilanzsummenwachstum (3 J.)	78	0,058	0,049	–0,221	0,551	0,118	28	0,065	0,058	–0,100	0,278	0,087	52,4	56,6	0,62	0,533
Umsatzwachstum (5 Jahre)	68	0,061	0,037	–0,104	0,431	0,103	26	0,060	0,039	–0,051	0,416	0,092	47,1	48,7	0,25	0,800
Umsatzwachstum (3 Jahre)	78	0,067	0,049	–0,152	0,494	0,096	28	0,063	0,032	–0,052	0,444	0,113	55,5	47,8	1,14	0,255
Investitionen / Umsatz	88	0,058	0,050	–0,043	0,285	0,052	30	0,059	0,035	–0,007	0,235	0,064	60,9	55,5	0,74	0,462
Investitionen / Bilanzsumme	88	0,063	0,061	–0,061	0,240	0,047	30	0,068	0,055	–0,007	0,177	0,052	59,7	58,9	0,11	0,919
Investit. / Unternehmenswert	60	0,047	0,050	–0,028	0,120	0,033	20	0,057	0,049	–0,007	0,140	0,043	39,7	43,0	0,56	0,579
Investitionen / Cashflow I	84	0,85	0,73	–1,00	10,28	1,18	29	1,16	0,69	–0,22	11,51	2,08	57,0	57,0	0,00	1,000
Investitionen / Cashflow II	84	0,83	0,67	–1,12	12,46	1,41	28	0,94	0,63	–0,24	6,58	1,22	56,6	56,2	0,05	0,960
Market-to-book-ratio	63	2,7	2,0	0,6	11,7	2,0	21	2,6	2,0	0,6	10,9	2,4	43,8	38,5	0,86	0,388

Tabelle A 6: Fortsetzung

Liquidität																
Liquide Mittel / Cashflow I	87	1,77	0,91	0,00	22,09	3,04	30	2,17	0,55	0,00	15,50	3,74	59,3	58,1	0,17	0,866
Liquide Mittel / Cashflow II	84	1,48	0,83	0,00	13,11	2,20	28	2,15	0,64	0,00	14,15	3,58	55,7	58,8	0,43	0,667
Liquide Mittel / Kurzf. Verbl.	91	0,46	0,26	0,00	2,16	0,52	31	0,49	0,22	0,00	2,53	0,66	62,2	59,6	0,36	0,722
Umlaufvermögen / Kurzf. Verbl.	91	2,50	2,15	0,55	5,76	1,20	31	2,32	1,88	0,25	5,95	1,53	64,0	54,0	1,36	0,173
Dividende																
Dividende / Cashflow I	87	0,13	0,09	0,00	0,74	0,17	30	0,22	0,09	0,00	1,47	0,32	57,8	62,6	0,68	0,498
Dividende / Cashflow II	84	0,13	0,08	0,00	0,82	0,17	28	0,21	0,09	0,00	1,41	0,31	55,2	60,4	0,74	0,460
Dividende / Jahresüberschuss	78	0,55	0,35	0,00	9,02	1,12	25	0,71	0,66	0,00	3,74	0,80	49,2	60,8	1,71	0,088
Dividende/Marktwert Eigenkap.	63	0,019	0,019	0,000	0,058	0,014	21	0,024	0,023	0,000	0,071	0,022	41,4	45,9	0,74	0,458
Unternehmensgröße																
Umsatz (Mio. DM)	91	13.849	5.100	207	106.747	20.991	31	4.994	1.628	84	26.404	6.572	67,3	44,5	3,10	0,002
Bilanzsumme (Mio. DM)	91	14.608	3.367	123	174.095	27.637	31	3.009	878	79	12.554	3.749	67,7	43,3	3,32	0,001
Unternehmenswert (Mio. DM)	63	21.783	4.986	134	215.193	39.467	21	2.572	796	124	14.479	3.945	48,3	25,2	3,75	0,000
Manager																
Vorstandsbezüge (Mio. DM)	80	1,20	1,00	0,30	4,62	0,66	28	0,72	0,70	0,09	1,54	0,36	61,2	35,4	3,75	0,000
Streubesitz	91	0,30	0,20	0,00	1,00	0,32	31	0,24	0,16	0,00	1,00	0,29	62,6	58,4	0,58	0,560
1-Herfindahl-Index	91	0,52	0,60	0,00	1,00	0,39	31	0,46	0,54	0,00	1,00	0,38	62,9	57,6	0,73	0,466
Währungs-Exposure																
Auslandsumsatzanteil	91	0,44	0,51	0,00	0,85	0,27	31	0,20	0,18	0,00	0,82	0,22	69,2	38,8	4,15	0,000
Importquote (Durchschnitt)	90	0,24	0,20	0,00	1,36	0,26	29	0,16	0,01	0,00	0,77	0,23	64,2	47,0	2,36	0,018
Importquote (Maximum)	90	0,33	0,22	0,00	1,54	0,37	29	0,21	0,01	0,00	1,54	0,37	64,8	45,0	2,72	0,007
Importqu. (Hauptgeschäftsfeld)	90	0,25	0,20	0,00	1,36	0,29	29	0,16	0,00	0,00	1,54	0,32	65,0	44,5	2,82	0,005
Ausländ. Wertschöpfungsanteil	84	0,31	0,31	0,00	0,87	0,26	24	0,15	0,00	0,00	0,87	0,22	59,3	37,9	2,99	0,003

Tabelle A 7: Univariate Ergebnisse bereinigt um Extremwerte

		Einsatz von Währungsderivaten				Kein Einsatz von Währungsderivaten				Mann-Whitney-U-Test			
										Ø Rang			
Kennzahlen	Extrem-werte	N	Arith. Mittel	Median	Std. abw.	N	Arith. Mittel	Median	Std. abw.	FX-Derivate	Keine FX-Derivate	Z-Wert	Sig.
Konkurskosten													
Fremdkapital / Bilanzsumme	0	91	0,71	0,75	0,13	31	0,69	0,72	0,18	61,7	61,1	0,08	0,937
Fremdkapital / Unternehmenswert	0	63	0,57	0,62	0,19	21	0,54	0,55	0,25	43,7	38,9	0,78	0,435
Cashflow I / Fremdkapital	1	87	0,14	0,12	0,10	30	0,18	0,15	0,14	60,7	54,2	0,90	0,369
Cashflow II / Fremdkapital	1	84	0,15	0,12	0,11	28	0,18	0,15	0,15	57,1	54,6	0,55	0,582
EBIT / Zinsaufwand	1	87	10,5	4,4	39,4	31	26,7	4,3	80,4	60,2	57,6	0,36	0,721
Investitionsopportunitäten													
Bilanzsummenwachstum (5 Jahre)	0	68	0,061	0,046	0,098	26	0,076	0,064	0,081	45,6	52,5	1,11	0,268
Bilanzsummenwachstum (3 Jahre)	2	78	0,057	0,049	0,114	28	0,065	0,058	0,087	52,4	56,6	0,62	0,533
Umsatzwachstum (5 Jahre)	0	68	0,061	0,037	0,103	26	0,060	0,039	0,092	47,1	48,7	0,25	0,800
Umsatzwachstum (3 Jahre)	1	78	0,067	0,049	0,096	28	0,063	0,032	0,113	55,5	47,8	1,14	0,255
Investitionen / Umsatz	0	88	0,058	0,050	0,052	30	0,059	0,035	0,064	60,9	55,5	0,74	0,462
Investitionen / Bilanzsumme	0	88	0,063	0,061	0,047	30	0,068	0,055	0,052	59,7	58,9	0,11	0,919
Investitionen / Unternehmenswert	0	60	0,047	0,050	0,033	20	0,057	0,049	0,043	39,7	43,0	0,56	0,579
Investitionen / Cashflow I	2	84	0,81	0,73	0,87	29	1,00	0,69	1,27	57,0	57,0	0,00	0,997
Market-to-book-ratio	1	63	2,7	2,0	2,0	21	2,6	2,0	2,4	43,83	38,52	0,86	0,388
Liquidität													
Liquide Mittel / Cashflow I	2	87	1,68	0,91	2,53	30	2,15	0,55	3,65	59,3	58,1	0,17	0,869
Liquide Mittel / Cashflow II	3	84	1,38	0,83	1,82	28	1,49	0,64	1,73	55,7	58,8	0,36	0,717
Liquide Mittel / Kurzf. Verbl.	0	91	0,46	0,26	0,52	31	0,49	0,22	0,66	62,2	59,6	0,36	0,722
Umlaufvermögen / Kurzf. Verbl.	0	91	2,50	2,15	1,20	31	2,32	1,88	1,53	64,0	54,0	1,36	0,173

Tabelle A 7: Fortsetzung

Dividende												
Unternehmen mit Divid. von 0 enthalten												
Dividende / Cashflow I	1	87	0,13	0,09	0,17	30	0,20	0,09	0,26	57,8	62,6	0,68	0,498
Dividende / Cashflow II	1	84	0,13	0,08	0,17	28	0,20	0,09	0,26	55,2	60,4	0,74	0,460
Dividende / Jahresüberschuss	1	78	0,50	0,35	0,74	25	0,71	0,66	0,80	49,2	60,8	1,71	0,088
Dividende / Marktwert Eigenkapital	0	63	0,019	0,019	0,014	21	0,024	0,023	0,022	41,4	45,9	0,74	0,458
Untern. mit Divid. von 0 nicht enthalten												
Dividende / Cashflow I	1	61	0,19	0,13	0,17	20	0,31	0,26	0,27	38,5	48,6	1,66	0,096
Dividende / Cashflow II	1	59	0,18	0,12	0,17	19	0,29	0,24	0,26	37,2	46,7	1,59	0,112
Dividende / Jahresüberschuss	1	58	0,67	0,45	0,79	19	0,94	0,77	0,79	35,5	49,7	2,41	0,016
Dividende / Marktwert Eigenkapital	0	51	0,023	0,021	0,012	14	0,035	0,030	0,017	29,7	44,9	2,65	0,008
Unternehmensgröße												
Umsatz (Mio. DM)	3	91	13.768	5.100	20.689	31	4.994	1.628	6.572	67,3	44,5	3,10	0,002
Bilanzsumme (Mio. DM)	1	91	14.337	3.367	26.135	31	3.009	878	3.749	67,7	43,3	3,33	0,001
Unternehmenswert (Mio. DM)	1	63	20.870	4.986	35.374	21	2.572	796	3.945	48,3	25,2	3,75	0,000
Manager												
Vorstandsbezüge (Mio. DM)	1	80	1,19	1,00	0,64	28	0,72	0,70	0,36	61,2	35,4	3,75	0,000
Streubesitz	0	91	0,30	0,20	0,32	31	0,24	0,16	0,29	62,6	58,4	0,58	0,560
1-Herfindahl-Index	0	91	0,52	0,60	0,39	31	0,46	0,54	0,38	62,9	57,6	0,73	0,466
Währungs-Exposure												
Auslandsumsatzanteil	0	91	0,44	0,51	0,27	31	0,20	0,18	0,22	69,2	38,8	4,15	0,000
Importquote (Durchschnitt)	1	90	0,24	0,20	0,26	29	0,16	0,01	0,23	64,2	47,0	2,36	0,018
Importquote (Maximum)	0	90	0,33	0,22	0,37	29	0,21	0,01	0,37	64,8	45,0	2,72	0,007
Importquote (Hauptgeschäftsfeld)	1	90	0,25	0,20	0,29	29	0,16	0,00	0,31	65,0	44,5	2,82	0,005
Ausländischer Wertschöpfungsanteil	0	84	0,31	0,31	0,26	24	0,15	0,00	0,22	59,3	37,9	2,99	0,003

Hinweis: Als Extremwerte werden solche Werte betrachtet, die außerhalb des Intervalls [$\mu - 4\sigma$; $\mu + 4\sigma$] der ursprünglichen Kennzahlenverteilung liegen; diese Extremwerte wurden durch den Kennzahlenwert „μ - 4σ" bzw. „μ + 4σ" ersetzt.

Tabelle A 8: Univariate Befunde: Einsatz von Zins- oder Güterpreisderivaten und Einsatz von Währungsderivaten – Gesamt- und Teilsample

			Einsatz von Währungsderivaten			**Kein Einsatz von Währungsderivaten**			**Chi-Quadrat-Test**		
Umsatzklassen [Mio. DM]	Klassen-umfang	Zins- o. Güterderivate	N	Zins- o. Güterderivate	%	Anzahl	Zins- o. Güterderivate	%	Pearson Chi-Quadrat	Sig.	„Exakte" Sig. nach Fisher
Gesamt	122	88	91	84	92,3 %	31	4	12,9 %	72,53	0,000	0,000
> 11.322	30	14	16	12	75,0 %	14	2	14,3 %	11,06	0,001	0,001
4.258 – 11.322	31	24	24	23	95,8 %	7	1	14,3 %	20,62	0,000+	0,000
1.354 – 4.258	31	26	28	26	92,9 %	3	0	0,0 %	17,27	0,000+	0,002
0 – 1.354	30	24	23	23	100,0 %	7	1	14,3 %	24,64	0,000	0,000

Hinweis: Die Prozentwerte zeigen den Anteil der Unternehmen, die Zins- oder Güterpreisderivate einsetzen, in den beiden Teilgruppen „Einsatz von Währungsderivaten" und „Kein Einsatz von Währungsderivaten". + Da die Bedingung des Chi-Quadrat-Tests, eine erwartete Häufigkeit von mindestens fünf für alle Felder der Vierfeldertafel, nicht erfüllt wird, ist hier auf die „exakte" Signifikanz nach Fisher abzustellen.

Tabelle A 9: Univariate Befunde: Managerbeteiligung und Währungsderivateeinsatz – Gesamt- und Teilsample

			Einsatz von Währungsderivaten			**Kein Einsatz von Währungsderivaten**			**Chi-Quadrat-Test**		
Umsatzklassen [Mio. DM]	Klassen-umfang	Manager-beteiligung	N	Manager-beteiligung	%	Anzahl	Manager-beteiligung	%	Pearson Chi-Quadrat	Sig.	„Exakte" Sig. nach Fisher
Gesamt	122	13	91	11	12,1 %	31	2	6,5 %	0,77	0,380+	0,512
> 11.322	30	6	16	5	31,3 %	14	1	7,1 %	2,71	0,100+	0,175
4.258 – 11.322	31	3	24	3	12,5 %	7	0	0,0 %	0,97	0,325+	1,000
1.354 – 4.258	31	2	28	2	7,1 %	3	0	0,0 %	0,23	0,632+	1,000
0 – 1.354	30	2	23	1	4,3 %	7	1	14,3 %	0,85	0,356+	0,418

Hinweis: Die Prozentwerte zeigen den Anteil der Unternehmen mit Managerbeteiligung in den beiden Teilgruppen „Einsatz von Währungsderivaten" und „Kein Einsatz von Währungsderivaten". + Da die Bedingung des Chi-Quadrat-Tests, eine erwartete Häufigkeit von mindestens fünf für alle Felder der Vierfeldertafel, nicht erfüllt wird, ist hier auf die „exakte" Signifikanz nach Fisher abzustellen.

Tabelle A 10: Univariate Befunde: Streubesitz und Währungsderivateeinsatz – Gesamt- und Teilsample

	Einsatz von Währungsderivaten				**Kein Einsatz von Währungsderivaten**				**Mann-Whitney-U-Test**		
Umsatzklassen [Mio. DM]	N	Arith. Mittel	Median	Std. abw.	N	Arith. Mittel	Median	Std. abw.	Ø Rang WK-Derivate	Ø Rang Keine WK-Derivate	Sig.
Gesamt	91	0,30	0,20	0,32	31	0,24	0,16	0,29	62,6	58,4	0,560
> 11.322	16	0,29	0,27	0,25	14	0,24	0,16	0,30	16,7	14,2	0,448
4.258 – 11.322	24	0,30	0,20	0,34	7	0,36	0,22	0,36	15,5	17,8	0,548
1.354 – 4.258	28	0,16	0,01	0,26	3	0,17	0,00	0,29	16,1	14,7	0,777
0 – 1.354	23	0,47	0,44	0,35	7	0,13	0,02	0,16	17,5	8,9	0,023

Tabelle A 11: Univariate Befunde: Herfindahl-Index und Währungsderivateeinsatz – Gesamt- und Teilsample

	Einsatz von Währungsderivaten				**Kein Einsatz von Währungsderivaten**				**Mann-Whitney-U-Test**		
Umsatzklassen [Mio. DM]	N	Arith. Mittel	Median	Std. abw.	N	Arith. Mittel	Median	Std. abw.	Ø Rang WK-Derivate	Ø Rang Keine WK-Derivate	Sig.
Gesamt	91	0,52	0,60	0,39	31	0,46	0,54	0,38	62,9	57,6	0,466
> 11.322	16	0,62	0,66	0,32	14	0,44	0,49	0,37	17,2	13,6	0,440
4.258 – 11.322	24	0,50	0,58	0,40	7	0,59	0,62	0,35	15,6	17,3	0,667
1.354 – 4.258	28	0,35	0,12	0,38	3	0,50	0,75	0,43	15,6	19,3	0,777
0 – 1.354	23	0,70	0,87	0,36	7	0,35	0,00	0,44	17,4	9,4	0,036

Tabelle A 12: Univariate Befunde: Familienunternehmen und Währungsderivateeinsatz – Gesamt- und Teilsample

			Einsatz von Währungsderivaten			**Kein Einsatz von Währungsderivaten**			**Chi-Quadrat-Test**		
Umsatzklassen [Mio. DM] / Unternehmen ohne vs. mit Managementbeteiligung	Klassen-umfang	Familien-unter-nehmen	N	Familien-unter-nehmen	%	N	Familien-unter-nehmen	%	Pearson Chi-Quadrat	Sig.	„Exakte" Sig. nach Fisher
Gesamt	122	51	91	35	38,5 %	31	16	51,6 %	1,64	0,200	0,213
> 11.322	30	18	16	10	62,5 %	14	8	57,1 %	0,89	0,765	1,000
4.258 – 11.322	31	13	24	9	37,5 %	7	4	57,1 %	0,86	0,354⁺	0,413
1.354 – 4.258	31	12	28	10	35,7 %	3	2	66,7 %	1,09	0,296⁺	0,543
0 – 1.354	30	8	23	6	26,1 %	7	2	28,6 %	0,17	0,896⁺	1,000
Ohne Managementbeteiligung	109	38	80	24	30,0 %	29	14	48,3 %	3,13	0,077	0,111
Mit Managementbeteiligung	13	13	11	11	100,0 %	2	2	100,0 %	Chi-Quadrat-Test nicht möglich⁺⁺		

Hinweis: Die Prozentwerte zeigen den Anteil der Familienunternehmen in den beiden Teilgruppen „Einsatz von Währungsderivaten" und „Kein Einsatz von Währungsderivaten". ⁺Da die Bedingung des Chi-Quadrat-Tests, eine erwartete Häufigkeit von mindestens fünf für alle Felder der Vierfeldertafel, nicht erfüllt wird, ist hier auf die „exakte" Signifikanz nach Fisher abzustellen. ⁺⁺ Berechnung von Chi-Quadrat-Werten ist nicht möglich, weil die Kennzahl „Familienbesitz" hier nur eine Ausprägung annimmt.

Tabelle A 13: Univariate Befunde: Tochtergesellschaften und Währungsderivateeinsatz – Gesamt- und Teilsample

			Einsatz von Währungsderivaten			**Kein Einsatz von Währungsderivaten**			**Chi-Quadrat-Test**		
Umsatzklassen [Mio. DM] / Inländ. vs. ausländ. Tochtergesell.	Klassen-umfang	Tochter-gesell.	N	Tochter-gesell.	%	N	Tochter-gesell.	%	Pearson Chi-Quadrat	Sig.	„Exakte" Sig. nach Fisher
Gesamt	122	35	91	21	23,1 %	31	14	45,2 %	5,51	0,019	0,023
> 11.322	30	10	16	3	18,8 %	14	7	50,0 %	3,28	0,070⁺	0,122
4.258 – 11.322	31	10	24	7	29,2 %	7	3	42,9 %	0,47	0,495⁺	0,652
1.354 – 4.258	31	11	28	10	35,7 %	3	1	33,3 %	0,01	0,935⁺	1,000
0 – 1.354	30	4	23	1	4,3 %	7	3	42,9 %	6,89	0,009⁺	0,031
Inländ. Tochtergesell.	113	26	87	17	19,5 %	26	9	34,6 %	2,57	0,109	0,119
Ausländ. Tochtergesell.	9	9	4	4	100,0 %	5	5	100,0 %	Keine Chi-Quadrat-Werte möglich⁺⁺		

Hinweis: Die Prozentwerte zeigen den Anteil der Tochtergesellschaften in den beiden Teilgruppen „Einsatz von Währungsderivaten" und „Kein Einsatz von Währungsderivaten". ⁺ Da die Bedingung des Chi-Quadrat-Tests, eine erwartete Häufigkeit von mindestens fünf für alle Felder der Vierfeldertafel, nicht erfüllt wird, ist hier auf die „exakte" Signifikanz nach Fisher abzustellen. ⁺⁺ Berechnung von Chi-Quadrat-Werten ist nicht möglich, weil die Kennzahl „Tochtergesellschaft" hier nur eine Ausprägung annimmt.

Tabelle A 14: Univariate Befunde: Bankenbeteiligung und Währungsderivateeinsatz – Gesamt- und Teilsample

			Einsatz von Währungsderivaten			**Kein Einsatz von Währungsderivaten**			**Chi-Quadrat-Test**		
Ober- vs. Tochter-gesellschaften	Klassen-umfang	Banken-beteiligung	N	Banken-beteiligung	%	N	Banken-beteiligung	%	Pearson Chi-Quadrat	Sig.	„Exakte" Sig. nach Fisher
Gesamt	122	18	91	14	15,4 %	31	4	12,9 %	0,11	0,737	1,000
Obergesellschaften	87	17	70	14	20,0 %	17	3	17,6 %	0,05⁺	0,826	1,000
Tochtergesellschaften	35	1	21	0	0,0 %	14	1	7,1 %	1,54⁺	0,214	0,400

Hinweis: Die Prozentwerte zeigen den Anteil der Unternehmen mit Bankenbeteiligung in den beiden Teilgruppen „Einsatz von Währungsderivaten" und „Kein Einsatz von Währungsderivaten". ⁺ Da die Bedingung des Chi-Quadrat-Tests, eine erwartete Häufigkeit von mindestens fünf für alle Felder der Vierfeldertafel, nicht erfüllt wird, ist hier auf die „exakte" Signifikanz nach Fisher abzustellen.

Tabelle A 15: Univariate Befunde: Börsengesellschaften und Währungsderivateeinsatz – Gesamt- und Teilsample

			Einsatz von Währungsderivaten			**Kein Einsatz von Währungsderivaten**			**Chi-Quadrat-Test**		
Umsatzklassen [Mio. DM] / Ober- vs. Tochter-gesellschaften	Klassen-umfang	Börsen-gehandelt	N	Börsen-gehandelt	%	N	Börsen-gehandelt	%	Pearson Chi-Quadrat	Sig.	„Exakte" Sig. nach Fisher
Gesamt	122	84	91	63	69,2 %	31	21	67,7 %	0,02	0,877	1,000
> 11.322	30	25	16	13	81,3 %	14	12	85,7 %	0,11	0,743⁺	1,000
4.258 – 11.322	31	22	24	17	70,8 %	7	5	71,4 %	0,00	0,976⁺	1,000
1.354 – 4.258	31	17	28	16	57,1 %	3	1	33,3 %	0,62	0,431⁺	0,576
0 – 1.354	30	20	23	17	73,9 %	7	3	42,9 %	2,33	0,127⁺	0,181
Obergesellschaften	87	65	70	52	74,3 %	17	13	76,5 %	0,35	0,853⁺	1,000
Tochtergesellschaften	35	19	21	11	52,4 %	14	8	57,1 %	0,08	0,782⁺	1,000

Hinweis: Die Prozentwerte zeigen den Anteil der Börsengesellschaften in den beiden Teilgruppen „Einsatz von Währungsder." und „Kein Einsatz von Währungsder.". ⁺ Da die Bedingung des Chi-Quadrat-Tests, eine erwartete Häufigkeit von mindestens fünf für alle Felder der Vierfeldertafel, nicht erfüllt wird, ist hier auf die „exakte" Signifikanz nach Fisher abzustellen.

Tabelle A 16: Univariate Befunde: Branchendiversifikation und Währungsderivateeinsatz – Gesamt- und Teilsample

			Einsatz von Währungsderivaten			**Kein Einsatz von Währungsderivaten**			**Chi-Quadrat-Test**		
Umsatzklassen [Mio. DM] / Ober- vs. Tochtergesellschaften	Klassenumfang	Branchendiversifizierung	N	Branchendiversifikation	%	N	Branchendiversifikation	%	Pearson Chi-Quadrat	Sig.	„Exakte" Sig. nach Fisher
Gesamt	122	37	91	32	35,2 %	31	5	16,1 %	3,97	0,046	0,069
> 11.322	30	7	16	5	31,3 %	14	2	14,3 %	1,20⁺	0,273	0,399
4.258 – 11.322	31	9	24	8	33,3 %	7	1	14,3 %	0,95⁺	0,329	0,639
1.354 – 4.258	31	11	28	10	35,7 %	3	1	33,3 %	0,07⁺	0,935	1,000
0 – 1.354	30	10	23	9	39,1 %	7	1	14,3 %	1,49⁺	0,222	0,372
Obergesellschaften	87	31	70	28	40,0 %	17	3	17,6 %	2,98	0,084	0,098
Tochtergesellschaften	35	6	21	4	19,1 %	14	2	14,3 %	0,13⁺	0,714	1,000

Hinweis: Die Prozentwerte zeigen den Anteil der diversifizierten Unternehmen in den beiden Teilgruppen „Einsatz von Währungsderivaten" und „Kein Einsatz von Währungsderivaten". ⁺ Da die Bedingung des Chi-Quadrat-Tests, eine erwartete Häufigkeit von mindestens fünf für alle Felder der Vierfeldertafel, nicht erfüllt wird, ist hier auf die „exakte" Signifikanz nach Fisher abzustellen.

Tabelle A 17: Univariate Befunde: Auslandswertschöpfung und Währungsderivateeinsatz – Gesamt- und Teilsample

	Einsatz von Währungsderivaten				**Kein Einsatz von Währungsderivaten**				**Mann-Whitney-U-Test**		
									Ø Rang		
Branchenimportquote (Hauptgeschäftsfeld)	N	Arith. Mittel	Median	Std. abw.	N	Arith. Mittel	Median	Std. abw.	WK-Derivate	Keine WK-Derivate	Sig.
Gesamt	84	0,31	0,31	0,26	24	0,15	0,00	0,22	59,3	37,9	0,003
> 0,29	19	0,28	0,33	0,15	3	0,13	0,11	0,15	12,2	7,2	0,226
0,2 – 0,29	23	0,43	0,52	0,25	2	0,38	0,38	0,54	13,0	13,3	0,960
0 – 0,19	27	0,27	0,22	0,26	5	0,06	0,00	0,14	17,8	9,4	0,068
0	15	0,21	0,04	0,26	14	0,15	0,00	0,20	16,5	13,4	0,331

Tabelle A 18: Korrelationen erklärender Variablen – Rangkorrelationskoeffizienten nach Spearman

	Umsatzwachstum (3 Jahre)	Market-to-book-ratio	Investitionen / Umsatz	Investitionen / Cashflow I	Fremdkapital / Bilanzsumme	Fremdkapital / Unternehmenswert	Cashflow I / Fremdkapital	EBIT / Zinsaufwand	Liquide Mittel / Cashflow I	Liquide Mittel / Kurzf. Verbl.	Umlaufvermögen / Kurzf. Verbl.	Dividende / Cashflow I	Dividende / Jahresüberschuss	Dividende / Marktwert Eigenkapital
Bilanzsummenwachstum (5 J.)	0,79	0,07	0,03	–0,02	–0,12	–0,08	0,10	0,20	0,17	0,03	–0,10	0,14	0,11	0,07
Bilanzsummenwachstum (3 J.)	0,72	0,13	–0,04	–0,10	–0,13	–0,24	0,09	0,16	0,05	0,06	–0,15	0,15	0,11	0,07
Umsatzwachstum (5 Jahre)	0,83	0,04	–0,08	–0,01	0,00	0,07	0,01	0,14	0,20	0,02	–0,06	0,07	0,02	0,06
Investitionen / Bilanzsumme	–0,02	0,12	0,73	0,30	–0,21	–0,27	0,38	–0,04	–0,36	–0,10	–0,08	–0,17	–0,16	–0,13
Investitionen / Cashflow II	0,06	–0,08	0,23	0,99	0,18	0,23	–0,23	–0,13	0,27	–0,18	–0,15	–0,22	0,04	–0,27
Investitionen / UW	–0,10	–0,15	0,66	0,38	–0,11	–0,03	0,15	–0,19	–0,34	–0,27	–0,25	–0,34	–0,23	–0,09
Cashflow II / Fremdkapital	0,09	0,23	0,23	–0,24	–0,81	–0,82	0,98	0,54	–0,34	0,44	0,34	0,36	0,01	0,43
Liquide Mittel / Cashflow II	–0,03	–0,13	–0,26	0,24	0,17	0,25	–0,35	–0,01	0,82	0,27	0,07	0,11	0,25	–0,19
Dividende / Cashflow II	0,05	0,08	–0,03	–0,22	–0,31	–0,53	0,36	0,38	0,04	0,26	0,16	1,00	0,76	0,76
Importquote (Durchschnitt)	–0,02	–0,02	–0,11	–0,01	–0,28	–0,24	0,14	0,15	0,08	0,19	0,34	0,15	0,04	0,09
Importquote (Maximum)	–0,06	–0,00	–0,12	0,04	–0,23	–0,20	0,09	0,24	0,10	0,20	0,35	0,18	0,10	0,08

	Umsatz (Mio. DM)	Bilanzsumme (Mio. DM)	Unternehmenswert (Mio. DM)	Zins- oder Güterpreisderivate	Managerbezüge (Mio. DM)	Managerbeteiligung	Streubesitz	1-Herfindahl-Index	Auslandsumsatzanteil	Importquote (Hauptgeschäftsfeld)	Auslandswertschöpfungsanteil	Familienunternehmen	Tochtergesellschaft	Börsengesellschaft	Bankenbeteiligung	Branchendiversifizierung
Bilanzsummenwachstum (5 J.)	–0,08	–0,05	–0,04	–0,10	–0,17	0,07	–0,04	0,06	0,00	–0,13	–0,02	0,10	0,05	0,14	–0,08	–0,21
Bilanzsummenwachstum (3 J.)	–0,06	–0,05	–0,01	–0,04	–0,11	0,15	–0,07	–0,00	0,04	–0,13	0,03	0,20	0,04	0,06	–0,16	–0,15
Umsatzwachstum (5 Jahre)	–0,11	–0,08	–0,08	–0,06	–0,15	0,09	0,02	0,10	0,09	–0,06	–0,08	0,19	–0,02	0,19	–0,03	–0,08
Investitionen / Bilanzsumme	0,10	0,11	0,12	0,01	–0,09	–0,00	–0,08	–0,06	0,08	–0,02	0,02	0,10	–0,06	–0,01	0,08	–0,09
Investitionen / Cashflow II	0,03	0,02	–0,02	–0,02	–0,08	0,09	–0,07	–0,04	–0,12	0,10	–0,17	0,06	0,03	0,01	–0,04	–0,02
Investitionen / UW	0,13	0,14	0,12	–0,03	0,02	–0,14	–0,07	0,00	0,02	–0,07	0,05	0,03	0,06	0,00	0,16	–0,06
Cashflow II / Fremdkapital	–0,12	–0,09	–0,03	–0,12	–0,01	0,14	–0,07	–0,08	0,08	0,13	0,06	0,12	–0,04	0,04	–0,07	–0,06
Liquide Mittel / Cashflow II	–0,10	–0,09	–0,12	–0,01	–0,06	0,04	0,05	0,14	–0,05	0,06	0,02	–0,02	–0,03	0,17	0,06	0,01
Dividende / Cashflow II	–0,12	–0,09	–0,11	–0,15	0,00	0,06	–0,04	–0,01	–0,14	0,24	–0,19	–0,09	0,11	0,02	–0,19	–0,01
Importquote (Durchschnitt)	–0,13	–0,13	–0,12	–0,08	–0,08	0,07	–0,02	–0,07	0,35	0,85	0,22	0,09	0,03	0,08	–0,01	0,12
Importquote (Maximum)	–0,09	–0,10	–0,09	–0,08	–0,04	0,11	–0,01	–0,05	0,30	0,84	0,15	0,10	–0,02	0,04	–0,01	0,26

Hinweis: Grau eingefärbte Felder markieren Korrelationskoeffizienten mit einem absoluten Wert von über 0,5.

Tabelle A 19: Korrelationen zwischen Branchenvariablen und erklärenden Variablen – Rangkorrelationskoeffizienten nach Spearman

	Umsatzwachstum (3 Jahre)	Market-to-book-ratio	Investitionen / Umsatz	Investitionen / Cashflow I	Fremdkapital / Bilanzsumme	Fremdkapital / Unternehmenswert	Cashflow I / Fremdkapital	EBIT / Zinsaufwand	Liquide Mittel / Cashflow I	Liquide Mittel / Kurzf. Verbl.	Umlaufvermögen / Kurzf. Verbl.	Dividende / Cashflow I	Dividende / Jahresüberschuss	Dividende / Marktwert Eigenkapital
Bergbau / Mineralöl	–0,10	0,08	0,12	0,26	0,01	–0,07	0,06	0,01	–0,06	0,06	–0,01	–0,02	0,00	–0,10
Konsum	–0,14	–0,05	0,08	0,02	–0,25	–0,26	0,16	0,13	0,10	0,13	0,06	0,14	0,11	0,17
Chemie	0,06	0,19	0,09	–0,07	–0,16	–0,16	0,15	–0,09	–0,17	–0,02	0,06	–0,14	–0,16	0,10
Metall	–0,09	–0,07	–0,06	0,12	0,11	0,12	0,02	–0,06	–0,08	–0,13	0,02	–0,09	–0,13	–0,14
Maschinenbau	–0,11	–0,19	–0,07	–0,01	0,26	0,32	–0,24	–0,08	–0,03	–0,05	0,18	–0,07	0,02	–0,11
Elektro	0,05	0,06	–0,05	–0,12	–0,03	0,03	0,05	–0,01	–0,09	0,05	0,18	0,05	0,05	0,17
Fahrzeugbau	–0,01	0,00	0,07	0,12	0,21	0,06	–0,12	–0,07	–0,07	–0,04	0,03	–0,07	0,07	–0,20
Versorgung	0,01	0,14	–0,02	0,02	0,05	0,05	–0,07	–0,04	0,02	0,16	0,06	0,14	0,12	0,03
Bau	–0,05	–0,23	–0,10	–0,19	0,18	0,30	–0,22	–0,06	0,51	0,11	0,02	0,03	0,27	–0,11
Handel	–0,06	–0,31	–0,13	0,00	0,03	–0,02	–0,04	0,08	–0,02	–0,16	–0,24	–0,04	–0,12	–0,03
Dienstleistung	0,22	0,17	–0,01	0,15	–0,13	–0,22	0,08	0,23	–0,05	–0,01	–0,10	0,12	0,06	0,10

	Umsatz (Mio. DM)	Bilanzsumme (Mio. DM)	Unternehmenswert (Mio. DM)	Zins- oder Güterpreisderivate	Managerbezüge (Mio. DM)	Managerbeteiligung	Streubesitz	1-Herfindahl-Index	Auslandsumsatzanteil	Importquote (Hauptgeschäftsfeld)	Auslandswertschöpfungsanteil	Familienunternehmen	Tochtergesellschaft	Bankenbeteiligung	Börsengesellschaft	Branchendiversifizierung
Bergbau / Mineralöl	–0,06	–0,05	–0,05	–0,12	–0,07	–0,11	–0,04	–0,04	–0,13	–0,06	–0,00	–0,21	0,18	0,11	–0,22	0,23
Konsum	–0,21	–0,19	–0,22	–0,01	–0,01	0,12	–0,04	0,02	–0,01	0,47	–0,15	0,27	–0,10	0,12	0,07	–0,02
Chemie	0,16	0,14	0,22	0,07	0,22	0,01	0,17	0,07	0,34	–0,01	0,42	–0,09	–0,03	0,06	0,02	0,25
Metall	–0,05	–0,08	–0,07	0,17	0,17	0,04	0,10	0,01	0,28	0,10	0,20	0,01	–0,06	0,07	–0,04	0,55
Maschinenbau	–0,01	–0,04	–0,07	0,19	0,07	–0,06	0,15	0,05	0,28	0,02	0,14	–0,03	–0,09	–0,02	0,05	0,32
Elektro	0,07	0,15	0,16	–0,03	–0,03	0,10	–0,09	–0,13	0,05	0,23	–0,01	0,11	–0,03	–0,09	–0,05	0,11
Fahrzeugbau	0,19	0,12	0,17	0,04	0,01	–0,10	–0,04	–0,09	0,20	0,01	–0,03	–0,05	0,10	–0,03	0,05	0,02
Versorgung	0,16	0,21	0,18	0,02	–0,04	–0,11	0,04	0,19	–0,23	–0,26	–0,21	–0,22	–0,09	0,02	–0,02	0,08
Bau	–0,10	–0,07	–0,11	–0,06	–0,16	0,12	0,02	0,08	–0,09	–0,08	0,11	0,04	–0,02	0,17	0,18	0,04
Handel	–0,10	–0,18	–0,18	–0,11	–0,01	–0,04	–0,07	–0,06	–0,25	–0,05	–0,22	0,12	–0,04	–0,03	–0,11	0,08
Dienstleistung	–0,06	–0,01	–0,07	0,14	–0,09	0,17	0,02	0,02	–0,18	–0,18	–0,15	0,04	–0,14	–0,09	–0,01	–0,15

Hinweis: Grau eingefärbte Felder markieren Korrelationskoeffizienten mit einem absoluten Wert von über 0,5.

Tabelle A 20: Branchenkorrelationen – Rangkorrelationskoeffizienten nach Spearman

	Bergbau / Mineralöl	Konsum	Chemie	Metall	Maschinenbau	Elektro	Fahrzeugbau	Versorgung	Bau	Handel	Dienstleistung
Bergbau / Mineralöl	1,00	–0,14	0,18	0,07	–0,04	–0,12	–0,09	–0,01	–0,08	–0,16	–0,07
Konsum		1,00	–0,19	–0,16	–0,18	–0,11	–0,13	–0,15	–0,03	–0,01	–0,10
Chemie			1,00	0,06	–0,21	–0,09	–0,15	0,02	–0,14	–0,26	–0,12
Metall				1,00	0,32	0,01	–0,00	–0,12	–0,10	–0,05	–0,08
Maschinenbau					1,00	–0,08	0,17	–0,05	–0,00	–0,13	–0,09
Elektro						1,00	–0,11	–0,13	–0,00	–0,13	–0,09
Fahrzeugbau							1,00	–0,09	–0,07	–0,14	–0,06
Versorgung								1,00	0,02	–0,16	–0,08
Bau									1,00	–0,05	–0,06
Handel										1,00	–0,11
Dienstleistung											1,00

Tabelle A 21: Multiple Logit-Analyse (1)

Modell (A1): Modellschätzung mit Branchenvariablen bei Ausschluss ausländischer Tochtergesellschaften
Modell (A2): Modellschätzung mit Branchenvariablen bei Ausschluss der Variablen „Managerbezüge"
Modell (A3): Modellschätzung mit Branchenvariablen bei Ausschluss von Variablen mit Missing Values

Modell	**(A1)**		**(A2)**		**(A3)**	
Erklärende Variablen:						
Fremdkapital / Bilanzsumme	0,72	(0,867)	3,65	(0,210)	3,98	(0,144)
Investitionen / Umsatz	−4,23	(0,671)	−4,42	(0,550)		
Liquide Mittel / Cashflow I	−0,08	(0,698)	−0,15	(0,356)		
Liquide Mittel / Kurzf. Verbl.					−0,22	(0,716)
Dividende / Cashflow I	−8,58*	(0,097)	−2,70	(0,150)		
Umsatz (Mrd. DM)	−0,02	(0,665)	0,04	(0,280)	0,05	(0,207)
Managerbezüge (Mio. DM)	3,95**	(0,047)				
Streubesitz	−3,97	(0,105)	−4,25**	(0,013)	−3,71**	(0,014)
Inländ. Tochtergesellschaft	−1,94	(0,271)	−1,88*	(0,094)	−1,03	(0,275)
Ausländ. Tochtergesellschaft			−5,96***	(0,000)	−5,57***	(0,000)
Familienunternehmen	−4,13**	(0,016)	−3,82***	(0,001)	−3,19***	(0,001)
Börsengesellschaft	−1,31	(0,558)	1,38	(0,170)	0,90	(0,301)
Bankenbeteiligung	−0,04	(0,982)	−1,33	(0,301)	−0,79	(0,453)
Auslandsumsatzanteil	4,73**	(0,037)	4,39***	(0,008)	4,47***	(0,006)
Bergbau / Mineralöl	3,07	(0,264)	1,82	(0,246)	1,08	(0,437)
Konsum	6,14*	(0,051)	3,81**	(0,020)	3,30**	(0,032)
Chemie	4,98	(0,167)	1,84	(0,198)	1,49	(0,249)
Metall	−3,31	(0,227)	0,50	(0,749)	0,33	(0,832)
Maschinenbau	13,90	(0,677)	7,94	(0,734)	8,35	(0,708)
Elektro	7,58*	(0,050)	3,38**	(0,045)	3,06*	(0,053)
Fahrzeugbau	3,20	(0,318)	−1,09	(0,544)	−1,08	(0,533)
Versorgung	5,59	(0,167)	1,39	(0,452)	0,46	(0,774)
Bau	3,06	(0,240)	0,22	(0,903)	−0,94	(0,560)
Handel	4,40*	(0,075)	1,06	(0,447)	1,49	(0,303)
Dienstleistung	5,55	(0,132)	2,32	(0,265)	1,36	(0,464)
Konstante	−2,49	(0,588)	−1,25	(0,676)	−2,43	(0,389)
Gütemaße:						
Likelihood-Ratio-Test						
Model Chi-Square	62,4	(0,000)	60,2	(0,000)	59,8	(0,000)
Bestimmtheitsmaß n. McFadden	0,607		0,468		0,433	
Klassifikationstrefferquote	0,874		0,841		0,861	
Trefferquote bei Zufallsklassifikation	0,644		0,618		0,646	
Hosmer-Lemeshow-Anpassungstest						
Hosmer-Lemeshow-Teststatistik	2,48	(0,963)	7,19	(0,517)	2,00	(0,981)
Anzahl	95		113		122	

Hinweis: Die dichotome abhängige Variable nimmt im Falle eines Währungsderivateeinsatzes den Wert eins an. Angegeben sind für die einzelnen erklärenden Variablen die Schätzwerte für die Parameter β_k; daneben in Klammern befinden sich die zugehörigen Signifikanzwerte für die Nullhypothese H_0: $\beta_k = 0$. Für die mit *, ** bzw. *** gekennzeichneten Koeffizientenschätzer kann die Nullhypothese auf einem Signifikanzniveau von 10 %, 5 % bzw. 1 % verworfen werden. Für den Likelihood-Ratio-Test und den Hosmer-Lemeshow-Anpassungstest sind in Klammern die Signifikanzwerte der chi-quadrat-verteilten Teststatistiken angegeben.

Tabelle A 22: Multiple Logit-Analyse (2)

Modell (A4):	Modellschätzung bei Ausschluss der Variablen „Managerbezüge" und Verwendung der Modell (1) zugrunde liegenden 103 Unternehmen
Modell (A5):	Modellschätzung bei Ausschluss der drei Unternehmen mit Extremwerten für die Kennzahl „EBIT / Zinsaufwand"
Modell (A6):	Modellschätzung mit Interaktionsterm aus den Variablen „Market-to-book-ratio" und „Fremdkapital / Unternehmenswert"

Modell	**(A4)**		**(A5)**		**(A6)**	
Erklärende Variablen:						
Fremdkapital / Bilanzsumme	2,21	(0,343)				
EBIT / Zinsaufwand			–0,02	(0,510)		
Fremdkapital / Unternehmenswert					4,69	(0,193)
Investitionen / Umsatz	–4,88	(0,391)	–5,09	(0,403)		
Market-to-book-ratio					0,74	(0,248)
(Market-to-book-ratio) x (Fremdkapital / Unternehmenswert)					–1,45	(0,246)
Liquide Mittel / Cashflow I	–0,18	(0,119)	–0,16	(0,138)	–0,10	(0,302)
Dividende / Cashflow I	–1,35	(0,339)	–0,39	(0,823)	–1,08	(0,657)
Umsatz (Mrd. DM)	0,02	(0,630)	–0,02	(0,547)	–0,01	(0,681)
Managerbezüge (Mio. DM)			2,67**	(0,023)	2,87**	(0,029)
Streubesitz	–2,90*	(0,071)	–3,85**	(0,024)	–3,29*	(0,065)
Inländische Tochtergesellschaft	–2,02*	(0,054)	–1,57	(0,158)	–1,68	(0,213)
Ausländische Tochtergesellschaft	–4,01***	(0,003)	–4,00**	(0,005)	–2,97	(0,106)
Familienunternehmen	–2,61***	(0,008)	–2,37**	(0,016)	–2,21**	(0,043)
Börsengesellschaft	0,53	(0,546)	0,03	(0,979)		
Bankenbeteiligung	–0,93	(0,349)	–0,55	(0,594)	–0,71	(0,476)
Auslandsumsatzanteil	0,90	(0,287)	4,73***	(0,003)	4,08**	(0,015)
Branchendiversifizierung	4,51***	(0,001)	0,99	(0,308)	1,07	(0,309)
Konstante	1,24	(0,547)	1,14	(0,423)	–2,33	(0,369)
Gütemaße:						
Likelihood-Ratio-Test						
Model Chi-Square	41,4	(0,000)	45,9	(0,000)	35,7	(0,000)
Bestimmtheitsmaß nach McFadden	0,355		0,417		0,381	
Klassifikationstrefferquote	0,823		0,850		0,792	
Trefferquote bei Zufallsklassifikation	0,623		0,635		0,619	
Hosmer-Lemeshow-Anpassungstest						
Hosmer-Lemeshow-Teststatistik	3,34	(0,912)	4,13	(0,845)	3,64	(0,887)
Anzahl	103		100		82	

Hinweis: Die dichotome abhängige Variable nimmt im Falle eines Währungsderivateeinsatzes den Wert eins an. Angegeben sind für die einzelnen erklärenden Variablen die Schätzwerte für die Parameter β_k; daneben in Klammern befinden sich die zugehörigen Signifikanzwerte für die Nullhypothese H_0: $\beta_k = 0$. Für die mit *, ** bzw. *** gekennzeichneten Koeffizientenschätzer kann die Nullhypothese auf einem Signifikanzniveau von 10 %, 5 % bzw. 1 % verworfen werden. Für den Likelihood-Ratio-Test und den Hosmer-Lemeshow-Anpassungstest sind in Klammern die Signifikanzwerte der chi-quadrat-verteilten Teststatistiken angegeben.

Tabelle A 23: Multiple Logit-Analyse (3)

Modell (A7): Modellschätzung mit der Verschuldungsvariablen „Cashflow I / Fremdkapital“ und Branchenvariablen

Modell (A8): Modellschätzung mit der Verschuldungsvariablen „EBIT / Zinsaufwand“ und Branchenvariablen

Modell (A9): Modellschätzung mit Interaktionsterm aus den Variablen „Investitionen / Umsatz“ und „Liquide Mittel / Cashflow I“

Modell	**(A7)**		**(A8)**		**(A9)**	
Erklärende Variablen:						
Fremdkapital / Bilanzsumme					2,97	(0,241)
EBIT / Zinsaufwand			−0,01*	(0,060)		
Cashflow I / Fremdkapital	−6,13	(0,115)				
Investitionen / Umsatz	−3,98	(0,630)	−6,55	(0,433)	−3,85	(0,529)
Liquide Mittel / Cashflow I	−0,31	(0,136)	−0,15	(0,509)	−0,20*	(0,086)
(Invest./Ums.) x (1/(Liqu. Mit./Cashfl. I))					−0,02	(0,706)
Dividende / Cashflow I	−3,77	(0,211)	−3,82	(0,194)	−1,57	(0,299)
Umsatz (Mrd. DM)	0,00	(0,924)	−0,01	(0,859)	−0,02	(0,471)
Managerbezüge (Mio. DM)	2,74*	(0,050)	3,27**	(0,033)	2,30**	(0,031)
Streubesitz	−5,36**	(0,027)	−5,64**	(0,035)	−3,78**	(0,029)
Inländische Tochtergesellschaft	−1,96	(0,236)	−1,56	(0,334)	−1,93*	(0,088)
Ausländische Tochtergesellschaft	−6,51***	(0,002)	−6,71***	(0,002)	−4,64***	(0,002)
Familienunternehmen	−4,52***	(0,009)	−4,71***	(0,007)	−2,74***	(0,009)
Börsengesellschaft	1,45	(0,327)	0,58	(0,692)	0,67	(0,487)
Bankenbeteiligung	−0,71	(0,642)	−0,32	(0,837)	−0,73	(0,476)
Auslandsumsatzanteil	6,09***	(0,005)	7,82***	(0,006)	4,24***	(0,003)
Branchendiversifizierung					0,83	(0,341)
Bergbau / Mineralöl	2,28	(0,274)	3,55	(0,132)		
Konsum	4,09*	(0,068)	5,99**	(0,027)		
Chemie	0,88	(0,658)	1,46	(0,476)		
Metall	−1,07	(0,705)	−1,53	(0,555)		
Maschinenbau	9,27	(0,794)	10,80	(0,754)		
Elektro	3,81	(0,103)	5,69**	(0,047)		
Fahrzeugbau	−1,22	(0,607)	0,42	(0,864)		
Versorgung	2,05	(0,427)	3,63	(0,189)		
Bau	0,95	(0,662)	1,60	(0,482)		
Handel	1,95	(0,298)	4,38*	(0,079)		
Dienstleistung	2,70	(0,278)	5,53*	(0,092)		
Konstante	0,49	(0,851)	−2,27	(0,462)	−0,65	(0,785)
Gütemaße:						
Likelihood-Ratio-Test						
Model Chi-Square	65,9	(0,000)	65,9	(0,000)	47,0	(0,000)
Bestimmtheitsmaß nach McFadden	0,566		0,566		0,404	
Klassifikationstrefferquote	0,874		0,874		0,816	
Trefferquote bei Zufallsklassifikation	0,623		0,623		0,623	
Hosmer-Lemeshow-Anpassungstest						
Hosmer-Lemeshow-Teststatistik	5,99	(0,648)	5,99	(0,648)	4,15	(0,843)
Anzahl	103		103		103	

Hinweis: siehe Tabelle A 22.

Tabelle A 24: Multiple Logit-Analyse (4)

Modell (A10):	Modellschätzung mit der Liquiditätsvariablen „Liquide Mittel / Kurzf. Verbl." und Branchenvariablen
Modell (A11):	Modellschätzung mit der Liquiditätsvariablen „Umlaufvermögen / Kurzf. Verbl." und Branchenvariablen
Modell (A12):	Modellschätzung bei Ausschluss der Unternehmen mit einer Dividendenhöhe von null

Modell	**(A10)**		**(A11)**		**(A12)**	
Erklärende Variablen:						
Fremdkapital / Bilanzsumme	0,31	(0,933)	0,67	(0,849)	4,99*	(0,056)
Investitionen / Umsatz	–5,02	(0,554)	–6,75	(0,433)	–5,02	(0,393)
Liquide Mittel / Cashflow I					–0,40**	(0,042)
Liquide Mittel / Kurzf. Verbl.	–1,36	(0,143)				
Umlaufvermögen / Kurzf. Verbl.			–0,53	(0,113)		
Dividende / Cashflow I	–4,09	(0,101)	–4,20	(0,127)	–0,41	(0,859)
Umsatz (Mrd. DM)	–0,01	(0,824)	–0,01	(0,763)	0,01	(0,843)
Managerbezüge (Mio. DM)	2,89**	(0,031)	3,19**	(0,028)	1,86	(0,253)
Streubesitz	–5,65**	(0,026)	–5,22**	(0,032)	–5,86***	(0,029)
Inländische Tochtergesellschaft	–2,50	(0,145)	–1,88	(0,229)	–5,62**	(0,044)
Ausländische Tochtergesellschaft	–7,29***	(0,001)	–6,27***	(0,002)	–8,10***	(0,006)
Familienunternehmen	–5,19***	(0,006)	–4,79***	(0,005)	–6,63***	(0,005)
Börsengesellschaft	1,20	(0,416)	0,71	(0,630)	3,25*	(0,051)
Bankenbeteiligung	–0,94	(0,551)	–0,29	(0,844)	–1,21	(0,492)
Auslandsumsatzanteil	6,85***	(0,009)	6,19***	(0,008)	7,45***	(0,009)
Branchendiversifizierung					1,16	(0,326)
Bergbau / Mineralöl	3,44	(0,138)	2,42	(0,231)		
Konsum	4,40**	(0,027)	4,45**	(0,041)		
Chemie	0,35	(0,852)	1,13	(0,563)		
Metall	–1,16	(0,656)	–0,96	(0,754)		
Maschinenbau	9,52	(0,787)	10,32	(0,770)		
Elektro	4,04**	(0,049)	4,98**	(0,036)		
Fahrzeugbau	–0,60	(0,784)	–0,10	(0,965)		
Versorgung	2,41	(0,288)	2,46	(0,294)		
Bau	0,26	(0,892)	–0,02	(0,992)		
Handel	2,64	(0,167)	2,40	(0,222)		
Dienstleistung	2,85	(0,229)	3,15	(0,212)		
Konstante	–0,28	(0,945)	–0,30	(0,940)	–4,55	(0,184)
Gütemaße:						
Likelihood-Ratio-Test						
Model Chi-Square	64,8	(0,000)	65,2	(0,000)	47,3	(0,000)
Bestimmtheitsmaß nach McFadden	0,557		0,560		0,527	
Klassifikationstrefferquote	0,884		0,893		0,880	
Trefferquote bei Zufallsklassifikation	0,623		0,623		0,635	
Hosmer-Lemeshow-Anpassungst.						
Hosmer-Lemeshow-Teststatistik	1,95	(0,983)	2,57	(0,958)	2,69	(0,912)
Anzahl	103		103		75	

Hinweis: siehe Tabelle A 23

Tabelle A 25: Multiple Logit-Analyse (5)

Modell (A13):	Modellschätzung mit der Dividendenvariablen „Dividende / Jahresüberschuss" und Ausschluss der Unternehmen mit einer Dividendenhöhe von null
Modell (A14):	Modellschätzung mit der Dividendenvariablen „Dividende / Jahresüberschuss" und Branchenvariablen
Modell (A15):	Modellschätzung mit der Größenvariablen „Bilanzsumme" und Branchenvariablen

Modell	**(A13)**		**(A14)**		**(A15)**	
Erklärende Variablen:						
Fremdkapital / Bilanzsumme	4,86*	(0,058)	4,98*	(0,059)	2,81	(0,417)
Investitionen / Umsatz	−7,38	(0,126)	−11,76*	(0,092)	−6,20	(0,467)
Liquide Mittel / Cashflow I	−0,59**	(0,027)	−0,79	(0,162)	−0,23	(0,236)
Dividende / Cashflow I					−4,60	(0,129)
Dividende / Jahresüberschuss	0,87	(0,262)	−0,25	(0,678)		
Umsatz (Mrd. DM)	0,06	(0,468)	−0,02	(0,807)		
Bilanzsumme (Mrd. DM)					0,03	(0,594)
Unternehmenswert (Mrd. DM)						
Managerbezüge (Mio. DM)	1,85	(0,253)	1,88	(0,238)	2,42*	(0,079)
Streubesitz	−6,75**	(0,020)	−5,09**	(0,032)	−4,49*	(0,055)
Inländische Tochtergesellschaft	−6,60**	(0,024)	−1,27	(0,536)	−1,98	(0,214)
Ausländische Tochtergesellschaft	−10,88***	(0,010)	−10,19**	(0,034)	−6,42***	(0,002)
Familienunternehmen	−9,00***	(0,009)	−8,92**	(0,029)	−4,49***	(0,009)
Börsengesellschaft	4,17**	(0,017)	3,86*	(0,094)	1,52	(0,291)
Bankenbeteiligung	−0,19	(0,916)	0,24	(0,914)	−0,80	(0,590)
Branchendiversifizierung	1,22	(0,350)				
Auslandsumsatzanteil	8,20***	(0,008)	6,50**	(0,042)	4,91**	(0,011)
Bergbau / Mineralöl			2,94	(0,303)	2,47	(0,208)
Konsum			5,39*	(0,067)	4,46**	(0,039)
Chemie			6,04	(0,142)	1,30	(0,482)
Metall			−3,21	(0,246)	−1,45	(0,520)
Maschinenbau			15,90	(0,761)	10,35	(0,762)
Elektro			6,38*	(0,061)	4,15*	(0,060)
Fahrzeugbau			12,84	(0,883)	−0,67	(0,763)
Versorgung			3,01	(0,294)	2,45	(0,347)
Bau			2,35	(0,372)	0,97	(0,650)
Handel			3,41	(0,154)	2,11	(0,247)
Dienstleistung			6,81*	(0,075)	2,71	(0,263)
Konstante	−4,98	(0,151)	−5,28	(0,249)	−2,50	(0,485)
Gütemaße:						
Likelihood-Ratio-Test						
Model Chi-Square	48,5	(0,000)	62,1	(0,000)	64,5	(0,000)
Bestimmtheitsmaß nach McFadden	0,512		0,614		0,555	
Klassifikationstrefferquote	0,859		0,891		0,874	
Trefferquote bei Zufallsklassifikation	0,635		0,636		0,623	
Hosmer-Lemeshow-Anpassungstest						
Hosmer-Lemeshow-Teststatistik	5,92	(0,565)	2,15	(0,976)	2,23	(0,973)
Anzahl	71		92		103	

Hinweis: siehe Tabelle A 23

Tabelle A 26: Multiple Logit-Analyse (6)

Modell (A16):	Modellschätzung mit der Managervariablen „Managerbeteiligung“ und Verwendung der Modell (1) zugrunde liegenden 103 Unternehmen
Modell (A17):	Modellschätzung mit der Managervariablen „Managerbeteiligung“ und Branchenvariablen
Modell (A18):	Modellschätzung mit den Variablen „Managerbezüge“, „Managerbeteiligung“ und „1-Herfindahl-Index“

Modell	**(A16)**		**(A17)**		**(A18)**	
Erklärende Variablen:						
Fremdkapital / Bilanzsumme	2,97	(0,249)	4,86	(0,126)	3,74	(0,169)
Investitionen / Umsatz	−3,86	(0,537)	−1,07	(0,893)	−2,33	(0,709)
Liquide Mittel / Cashflow I	−0,21	(0,091)	−0,17	(0,367)	−0,22*	(0,084)
Dividende / Jahresüberschuss	−1,68	(0,268)	−2,49	(0,183)	−1,49	(0,327)
Umsatz (Mrd. DM)	0,02	(0,627)	0,04	(0,305)	−0,02	(0,573)
Managerbezüge (Mio. DM)					1,95*	(0,060)
Managerbeteiligung	3,33**	(0,018)	2,39*	(0,099)	3,09**	(0,026)
1-Herfindahl-Index					−1,85	(0,208)
Streubesitz	−3,47**	(0,047)	−4,19**	(0,018)		
Inländische Tochtergesellschaft	−2,06*	(0,065)	−1,90	(0,114)	−1,58	(0,161)
Ausländische Tochtergesellschaft	−4,24***	(0,003)	−6,21***	(0,001)	−4,31***	(0,006)
Familienunternehmen	−3,44***	(0,002)	−4,59***	(0,001)	−2,78***	(0,005)
Börsengesellschaft	0,38	(0,684)	1,24	(0,246)	−0,01	(0,990)
Bankenbeteiligung	−0,53	(0,622)	−1,34	(0,344)	−0,19	(0,859)
Auslandsumsatzanteil	5,62***	(0,001)	5,10***	(0,005)	0,43	(0,635)
Branchendiversifizierung	0,48	(0,598)			4,54***	(0,005)
Bergbau / Mineralöl			1,92	(0,245)		
Konsum			4,10**	(0,024)		
Chemie			2,05	(0,157)		
Metall			0,40	(0,812)		
Maschinenbau			7,86	(0,734)		
Elektro			3,18*	(0,066)		
Fahrzeugbau			−1,14	(0,545)		
Versorgung			1,32	(0,498)		
Bau			0,07	(0,972)		
Handel			1,33	(0,352)		
Dienstleistung			1,31	(0,550)		
Konstante	0,85	(0,710)	−2,32	(0,479)	−0,95	(0,706)
Gütemaße:						
Likelihood-Ratio-Test						
Model Chi-Square	48,7	(0,000)	63,5	(0,000)	41,13	(0,000)
Bestimmtheitsmaß nach McFadden	0,425		0,494		0,422	
Klassifikationstrefferquote	0,884		0,858		0,884	
Trefferquote bei Zufallsklassifikation	0,623		0,618		0,623	
Hosmer-Lemeshow-Anpassungstest						
Hosmer-Lemeshow-Teststatistik	7,71	(0,463)	1,37	(0,995)	25,0	(0,002)
Anzahl	103		113		103	

Hinweis: siehe Tabelle A 23

Tabelle A 27: Multiple Logit-Analyse (7)

Modell (A19):	Modellschätzung mit Corporate Governance-Variable „1-Herfindahl-Index" und Branchenvariablen
Modell (A20):	Modellschätzung mit Interaktionsterm aus den Variablen „Managerbezüge" und „Streubesitz"
Modell (A21):	Modellschätzung mit Ausschluss der Streubesitzvariablen

Modell	**(A19)**		**(A20)**		**(A21)**	
Erklärende Variablen:						
Fremdkapital / Bilanzsumme	3,01	(0,360)	2,87	(0,257)	2,54	(0,292)
Investitionen / Umsatz	–3,91	(0,601)	–3,85	(0,528)	–3,38	(0,547)
Liquide Mittel / Cashflow I	–0,24*	(0,199)	–0,20*	(0,092)	–0,19	(0,114)
Dividende / Jahresüberschuss	–4,01	(0,135)	–1,55	(0,303)	–1,48	(0,302)
Umsatz (Mrd. DM)	0,00	(0,952)	–0,02	(0,542)	–0,01	(0,779)
Managerbezüge (Mio. DM)	2,34*	(0,061)	2,24*	(0,086)	1,66*	(0,070)
1-Herfindahl-Index	–1,35	(0,379)				
Streubesitz			–3,74	(0,303)		
Managerbezüge x Streubesitz			0,03	(0,994)		
Inländische Tochtergesellschaft	–1,38	(0,314)	–1,91*	(0,090)	–1,11	(0,233)
Ausländische Tochtergesellschaft	–5,64***	(0,002)	–4,56***	(0,002)	–3,05***	(0,008)
Familienunternehmen	–3,59***	(0,005)	–2,68***	(0,010)	–1,83**	(0,033)
Börsengesellschaft	0,54	(0,685)	0,63	(0,511)	–0,23	(0,775)
Bankenbeteiligung	–0,62	(0,660)	–0,77	(0,468)	–0,78	(0,426)
Auslandsumsatzanteil			4,23***	(0,003)	3,69***	(0,006)
Branchendiversifizierung	4,62**	(0,016)	0,84	(0,332)	0,89	(0,295)
Bergbau / Mineralöl	2,42	(0,227)				
Konsum	4,31*	(0,053)				
Chemie	1,30	(0,483)				
Metall	–2,18	(0,284)				
Maschinenbau	10,60	(0,754)				
Elektro	4,26*	(0,060)				
Fahrzeugbau	–0,24	(0,914)				
Versorgung	2,69	(0,262)				
Bau	1,22	(0,557)				
Handel	2,00	(0,268)				
Dienstleistung	2,21	(0,323)				
Konstante	–2,85	(0,422)	–0,60	(0,802)	–0,89	(0,689)
Gütemaße:						
Likelihood-Ratio-Test						
Model Chi-Square	63,5	(0,000)	46,8	(0,000)	41,5	(0,000)
Bestimmtheitsmaß nach McFadden	0,494		0,402		0,356	
Klassifikationstrefferquote	0,858		0,825		0,806	
Trefferquote bei Zufallsklassifikation	0,618		0,623		0,623	
Hosmer-Lemeshow-Anpassungstest						
Hosmer-Lemeshow-Teststatistik	1,37	(0,995)	4,53	(0,801)	5,83	(0,666)
Anzahl	113		103		103	

Hinweis: siehe Tabelle A 23

Tabelle A 28: Multiple Logit-Analyse (8)

Modell (A22):	Modellschätzung mit Ausschluss der Variablen „Inländische Tochtergesellschaft", „Familienunternehmen" und „Bankenbeteiligung" sowie Ausschluss der Tochtergesellschaften ausländ. Konzerne
Modell (A23):	Modellschätzung ohne Variable „Börsengesellschaft"
Modell (A24):	Modellschätzung mit Variablen „Auslandsumsatzanteil", „Branchenimportquote" und „Auslandswertschöpfung"

Modell	**(A22)**		**(A23)**		**(A24)**	
Erklärende Variablen:						
Fremdkapital / Bilanzsumme	2,93	(0,283)	2,60	(0,294)	4,86	(0,124)
Investitionen / Umsatz	−1,13	(0,850)	−4,02	(0,509)	−6,27	(0,403)
Liquide Mittel / Cashflow I	−0,15	(0,157)	−0,18	(0,108)	−0,22	(0,179)
Dividende / Jahresüberschuss	−1,91	(0,217)	−1,54	(0,301)	−4,06*	(0,072)
Umsatz (Mrd. DM)	0,01	(0,730)	−0,02	(0,488)	−0,03	(0,483)
Managerbezüge (Mio. DM)	2,78**	(0,023)	2,21**	(0,032)	3,11*	(0,063)
Streubesitz	−1,97	(0,203)	−3,25**	(0,034)	−5,82**	(0,014)
Managerbezüge x Streubesitz						
Inländische Tochtergesellschaft			−1,83*	(0,096)	−2,66*	(0,095)
Ausländische Tochtergesellschaft			−4,41***	(0,002)		
Familienunternehmen			−2,45***	(0,010)	−4,78***	(0,007)
Börsengesellschaft	−0,95	(0,344)			1,26	(0,398)
Bankenbeteiligung			−0,65	(0,511)	−0,92	(0,503)
Auslandsumsatzanteil	4,16**	(0,010)	4,41***	(0,002)	8,67***	(0,007)
Branchenimportquote					0,47	(0,750)
Auslandswertschöpfung					−5,96*	(0,081)
Branchendiversifizierung	1,26	(0,202)	0,78	(0,364)	1,64	(0,191)
Konstante	−2,62	(0,264)	−0,25	(0,913)	−0,38	(−0,899)
Gütemaße:						
Likelihood-Ratio-Test						
Model Chi-Square	40,5	(0,000)	39,9	(0,000)	54,7	(0,000)
Bestimmtheitsmaß nach McFadden	0,394		0,399		0,554	
Klassifikationstrefferquote	0,821		0,815		0,913	
Trefferquote bei Zufallsklassifikation	0,648		0,648		0,648	
Hosmer-Lemeshow-Anpassungstest						
Hosmer-Lemeshow-Teststatistik	5,07	(0,750)	6,30	(0,614)	4,75	(0,784)
Anzahl	95		103		92	

Hinweis: Die dichotome abhängige Variable nimmt im Falle eines Währungsderivateeinsatzes den Wert eins an. Angegeben sind für die einzelnen erklärenden Variablen die Schätzwerte für die Parameter β_k; daneben in Klammern befinden sich die zugehörigen Signifikanzwerte für die Nullhypothese H_0: $\beta_k = 0$. Für die mit *, ** bzw. *** gekennzeichneten Koeffizientenschätzer kann die Nullhypothese auf einem Signifikanzniveau von 10 %, 5 % bzw. 1 % verworfen werden. Für den Likelihood-Ratio-Test und den Hosmer-Lemeshow-Anpassungstest sind in Klammern die Signifikanzwerte der chi-quadrat-verteilten Teststatistiken angegeben

Literaturverzeichnis

Adam, T.R. (1997): Risk Management in the Gold Mining Industry, Working Paper, Hong Kong University, April 1997.

Adam-Müller, A. (1997): Merkmale und Einsatz von exotischen Optionen, in: Bewertung und Einsatz von Derivaten, Zeitschrift für betriebswirtschaftliche Forschung, Sonderheft Nr. 38, hrsg. von G. Franke, Düsseldorf, Frankfurt/M., S. 127-154.

Adler, H./ Düring, W./ Schmaltz, K. (1995): Rechnungslegung und Prüfung der Unternehmung, bearbeitet von K.-H. Forster, R. Goerdeler, J. Lanfermann, H.-P. Müller, G. Siepe, K. Stolberg, Teilband 2, 6. Aufl., Stuttgart.

Adler, H./ Düring, W./ Schmaltz, K. (1996): Rechnungslegung und Prüfung der Unternehmung, bearbeitet von K.-H. Forster, R. Goerdeler, J. Lanfermann, H.-P. Müller, G. Siepe, K. Stolberg, Teilband 3, 6. Aufl., Stuttgart.

Adler, M./ Dumas, B. (1984): Exposure to Currency Risk: Definition and Measurement, in: Financial Management, Vol. 13, S. 41-50.

Ahkam, S.N. (1995): A Model for the Evaluation of and Response to Economic Exposure Risk by Multinational Companies, in: Managerial Finance, Vol. 21, S. 7-22.

Aldrich, J./ Nelson, F. (1984): Linear Probability, Logit, and Probit Models, London u.a.

Allayannis, G. (1996): Exchange Rate Exposure Revisited, Working Paper, New York University, December 1996.

Allayannis, G./ Monzumdar, A. (1998): Cash Flow, Investment, and Hedging, Working Paper, University of Virginia, November 1998.

Allayannis, G./ Ofek, E. (1998): Exchange Rate Exposure, Hedging, and the Use of Foreign Currency Derivatives, Working Paper, New York University, April 1998.

Allayannis, G./ Weston, J.P. (1998): The Use of Foreign Currency Derivatives and Firm Market Value, Working Paper, University of Virginia, Oct. 1998.

Altman, E. (1984): A Further Empirical Investigation of the Bankruptcy Cost Question, in: Journal of Finance, Vol. 39, S. 1067-1089.

Amihud, Y. (1994): Exchange Rates and the Valuation of Equity Shares, in: Exchange Rates and Corporate Performance, hrsg. von Y. Amihud und R.M. Levich, New York, S. 49-59.

Andrade, G./ Kaplan, S. (1998): How Costly Is Financial (Not Economic) Distress? Evidence from Highly Leveraged Transactions that Became Distressed, in: Journal of Finance, Vol. 53, S. 1443-1493.

Arak, M./ Estrella, A./ Goodmann, L./ Silver, A. (1988): Interest Rate Swaps: An Alternative Explanation, in: Financial Management, Vol. 17, S. 12-18.

Baetge, J. (2000): Konzernbilanzen, 4. Aufl, Düsseldorf.

Baker, J.C. (1998): International Finance – Management, Markets, and Institutions, Upper Saddle River.

Barclay, M.J./ Smith, C.W. (1995): The Maturity Structure of Corporate Debt, in: Journal of Finance, Vol. 50, S. 609-631.

Barnea, A./ Haugen, R./ Senbet, L.W. (1980): A Rationale for Debt Maturity Structure and Call Provisions in the Agency Theoretic Framework, in: Journal of Finance, Vol. 35, S. 1223-1234.

Baron, D. (1976): Flexible Exchange Rates, Forward Markets, and the Level of Trade, in: American Economic Review, Vol. 66, S. 253-266.

Bartov, E./ Bodnar, G.M. (1994): Firm Valuation, Eamings Expectations, and the Exchange Rate Exposure Effect, in: Journal of Finance, Vol. 44, S. 1755-1785.

Bartov, E./ Bodnar, G.M./ Kaul, A. (1996): Exchange Rate Variability and the Riskiness of US Multinational Firms: Evidence from the Breakdown of the Bretton Woods System, in: Journal of Financial Economics, Vol. 42, S. 105-132.

Bartram, S.M. (1999a): Die Praxis unternehmerischen Risikomanagements von Industrie- und Handelsunternehmen, in: Finanz Betrieb, Vol. 1, S. 71-77.

Bartram, S.M. (1999b): Corporate Risk Management, Eine empirische Analyse der finanzwirtschaftlichen Exposures deutscher Industrie- und Handelsunternehmen, Bad Soden /Ts., zugl. Diss. WHU Koblenz 1998.

Becht, M./ Boehmer, E. (1999): Transparency of Ownership and Control in Germany, Working Paper, Humboldt-Universität zu Berlin, Februar 1999.

Beck, M. (1989): Devisenmanagement – Wechselkursrisiken aus operativer und strategischer Sicht, Wiesbaden.

Berger, P.G./ Ofek, E. (1995): Diversification's Effect on Firm Value, in: Journal of Financial Economics, Vol. 37, S. 39-65.

Berkman, H./ Bradbury, M.E. (1996): Empirical Evidence on the Corporate Use of Derivatives, in: Financial Management, Vol. 25, S. 5-13.

Berkman, H./ Bradbury, M.E./ Magan, S. (1997): An International Comparison of Derivative Use, in: Financial Management, Vol. 26, S. 69-73.

Bernhard, Wolfgang (1992): Management von Wechselkursrisiken – Ein Konzept zur Führung internationaler Unternehmen, Frankfurt/M., zugl. Diss. Univ. Frankfurt/M. 1990.

Bessembinder, H. (1991): Forward Contracts and Firm Value: Investment Incentive and Contracting Effects, in: Journal of Financial and Quantitative Analysis, Vol. 26, S. 519-532.

Bilson, J.F. (1994): Managing Economic Exposure to Foreign Exchange Risk: A Case Study of American Airlines, in: Exchange Rates and Corporate Performance, hrsg. von Y. Amihud und R.M. Levich, New York, S. 221-246.

Bleymüller, J./ Gehlert, G./ Gülicher, H. (1996): Statistik für Wirtschaftswissenschaftler, 10. Aufl., München.

Bodnar, G.M./ Dumas, B./ Marston, R.C. (1999): Pass-through and Exposure, Working Paper Wharton School, July 1999.

Bodnar, G.M./ Gebhardt, G. (1999): Derivatives Usage in Risk Management by US and German non-financial Firms: A Comparative Survey, in: Journal of International Financial Management and Accounting, Vol. 10, S. 154-187.

Bodnar, G.M./ Gentry, W.M. (1993): Exchange Rate Exposure and Industry Characteristics: Evidence from Canada, Japan, and the USA, in: Journal of International Money and Finance, Vol. 12, S. 29-45.

Bodnar, G.M./ Hayt, G.S./ Marston, R.C. (1996): Wharton Survey of Derivatives Usage by US non-financial Firms, in: Financial Management, Vol. 25, S. 113-133.

Bodnar, G.M./ Hayt, G.S./ Marston, R.C./ Smithson, C.W. (1995): Wharton Survey of Derivatives Usage by US non-financial Firms, in: Financial Management, Vol. 24, S. 104-114.

Bodnar, G.M./ Marston, R. (1996): Survey of Derivative Usage by US non-financial Firms, Working Paper, Wharton School, April 1996.

Bodnar, G.M./ Wong, F. (1999): Estimating Exchange Rate Exposure: Some Weights Issues, Working Paper, Wharton School, October 1999.

Boehmer, E. (1999): Who controlls Germany? An exploratory Analysis, Working Paper, U.S. Securities and Exchange Commission, December 1999.

Bohren, O./ Eckbo, E.B./ Michalsen, D. (1997): Why Underwrite Rights Offerings? Some new Evidence, in: Journal of Financial Economics, Vol. 46, S. 223-261.

Bolton, P./ Thadden, E.-L. (1998): Blocks, Liquidity, and Corporate Control, in: Journal of Finance, Vol. 53, S. 1-25.

Booth, L.D./ Rotenberg, W. (1990): Assessing Foreign Exchange Exposure: Theory and Application Using Canadian Firms, in: Journal of International Financial Management and Accounting, Vol. 2, S. 1-22.

Brealey, R./ Kaplanis, E. (1995): Discrete Exchange Rate Hedging Strategies, in: Journal of Banking and Finance, Vol. 19, S. 765-784.

Brealey, R./ Myers, S. (1996): Principles of Corporate Finance, New York u.a.

Breeden, D./ Viswanathan, S. (1998): Why Do Firms Hedge? An Asymmetrie Information Model, Working Paper, Wharton School, February 1998.

Breuer, W. (1997a): Hedging von Wechselkursrisiken bei internationalen Ausschreibungen, in: Zeitschrift für Betriebswirtschaft, Vol. 67, S. 81-103.

Breuer, W. (1997b): Unternehmerisches Währungsmanagement: Eine anwendungsorientierte Einführung, Wiesbaden.

Breuer, W. (1998): Zinsswaps als Instrument der Unternehmensfinanzierung, in: Unternehmensführung und Kapitalmarkt, hrsg. von G. Franke und H. Laux, Berlin u.a., S. 1-34.

Buckley, A. (1996): Multinational Finance, 3. Aufl., London.

Bühlmann, B. (1998): Corporate Hedging: Über die Wertsteigerungsmöglichkeiten durch finanzwirtschaftliches Risikomanagement, Zürich, zugl. Diss. Univ. Zürich 1998.

Büschgen, H.E. (1997): Internationales Finanzmanagement, 3. Aufl., Frankfurt/M.

Busse von Colbe, W./ Ordelheide, D. (1993): Konzernabschluss, 6. Aufl., Wiesbaden.

Campbell, T.S./ Kracaw, W.A. (1987): Optimal Managerial Contracts and the Value of Corporate Insurance, in: Journal of Financial and Quantitative Analysis, Vol. 22, S. 315-328.

Chang, C. (1997): Does Hedging Aggravate or Alleviate Agency Problems? A Managerial Theory of Risk Management, Working Paper, University of Minnesota, July 1997.

Cheon, Y./ Duchac, J./ Goldberg, S. (1998): The Effect of Derivatives Usage on Risk, Working Paper, Grand Valley State University, August 1998.

Choi, J.J./ Prasad, A.M. (1995): Exchange Risk Sensitivity and its Determinants: A Firm and Industry Analysis of US Multinationals, in: Financial Management, Vol. 24, S. 77-88.

Choi, J.J./ Rajan, M. (1997): A Joint Test of Market Segmentation and Exchange Risk Factor in International Capital Markets, in: Journal of International Business Studies, Vol. 28, S. 29-49.

Chow, E.H./ Lee, W.Y./ Solt, M.L. (1997): The Economic Exposure of US Multinational Firms, in: Journal of Financial Research, Vol. 20, S. 191-210.

Coenenberg, A.G. (2000): Jahresabschluss und Jahresabschlussanalyse, 17. Aufl., Lech.

Colquitt, L.L./ Hoyt, R.E. (1997): Determinants of Corporate Hedging Behavior: Evidence from the Life Insurance Industry, in: Journal of Risk and Insurance, Vol. 64, S. 649-671.

Cornell, B./ Shapiro, A.C. (1987): Corporate Stakeholders and Corporate Finance, in: Financial Management, Vol. 16, S. 5-14.

Commerzbank (Hrsg.) (1997): Beteiligungsverhältnisse in Deutschland: Wer gehört zu Wem?, 19. Aufl., Frankfurt/M.

Cools, K. (1993): Capital Structure Choice; Confronting (Meta) Theory, Universiteit Brabant, 1993.

Cooper, I./ Mello, A. (1999): Corporate Hedging: The Relevance of Contract Specifications and Banking Relationships, in: European Financial Review, Vol. 2, S. 195-223.

Cragg, J. (1971): Some Statistical Models for Limited Dependent Variable with Application to the Demand for Durable Goods, in: Economica, Vol. 39, S. 829-844.

Culp, C./ Miller, M. (1995): Metallgesellschaft and the Economics of Synthetic Storage, in: Zeitschrift für Bankrecht und Bankwirtschaft, Vol. 7, S. 2-14.

Cummins, J./ Phillips, R./ Smith, S. (1998): The Rise of Risk Management, in: Economic Review, Vol. 83, S. 30-40.

DeMarzo, P.M./ Duffie, D. (1991): Corporate Financial Hedging with Proprietary Information, in: Journal of Economic Theory, Vol. 53, S. 261-286.

DeMarzo, P.M./ Duffie, D. (1995): Corporate Incentives for Hedging and Hedge Accounting, in: Review of Financial Studies, Vol. 8, S. 743-771.

Denis, D.J./ Denis, D.K./ Sarin, A. (1997): Managerial Incentives and Corporate Diversification Strategies, in: Journal of Applied Corporate Finance, Vol. 10; S. 72-80.

DeSantis, G./ Gérard, B. (1999): How Big is the Premium for Currency Risk?, in: Journal of Financial Economics, Vol. 49, S. 375-412.

Diamond, D.W. (1991): Debt Maturity Structure and Liquidity Risk, in: Quarterly Journal of Economics, Vol. 33, S. 709-797.

Diamond, D.W. (1993): Seniority and Maturity of Debt Contracts, in: Journal of Financial Economics, Vol. 43, S. 341-368.

DiIorio, A./ Faff, R. (2000): An Analysis of Asymmetry in Foreign Currency Exposure of the Australian Equities Market, in: Journal of Multinational Financial Management, Vol. 10, S. 133-159.

Dobson, J./ Soenen, L. (1993): Three Agency-Cost Reasons for Hedging Foreign Exchange Risk, in: Managerial Finance, Vol. 19, S. 35-44.

Doherty, N./ Smith, C.W. (1993): Corporate Insurance Strategy: The Case of British Petroleum, in: J. of Applied Corporate Finance, Vol. 6, S. 4-15.

Dolde, W. (1993): The Trajectory of Corporate Financial Risk Management, in: Journal of Applied Corporate Finance, Vol. 6, S. 33-41.

Dolde, W. (1995): Hedging, Leverage, and Primitive Risk, in: Journal of Financial Engineering, Vol. 4, S. 187-216.

Donnelly, R./ Sheehy, E. (1996): The Share Price Reaction of U.K. Exporters to Exchange Rate Movements: An Empirical Study, in: Journal of International Business Studies, Vol. 27, S. 157-165.

Dornbusch, R. (1994): Exchange Rates and the Economy, in: Exchange Rates and Corporate Performance, hrsg. von Y. Amihud und R.M. Levich, New York, S. 15-36.

Douklas, J./ Hall, P.H./ Lang L. (1998): Exchange-Rate Exposure, Stock Returns, and the Pricing of Currency Risk in Japan, Working Paper, Old Dominion University.

Drukarczyk, J. (1993): Theorie und Politik der Finanzierung, 2. Aufl., München.

Drukarczyk, J. (1998): Unternehmensbewertung, 2. Aufl., München.

Drukarczyk, J./Richter, F. (1995): Unternehmensgesamtwert, anteiseignerorientierte Finanzentscheidungen und APV-Ansatz, in: Die Betriebswirtschaft, Vol 55g, S. 559-579.

Dufey, G./ Srinivasulu, S.L. (1983): The Case for Corporate Management of Foreign Exchange Risk, in: Financial Management, Vol. 12, S. 54-62.

Dukas S.P./ Fatemi, A.M./ Tavakkol, A. (1996): Foreign Exchange Exposure and the Pricing of Exchange Rate Risk, in: Global Finance Journal, Vol. 7, S. 169-189.

Dumas, B./ Solnik, B. (1995): The World Price of Foreign Exchange Risk, in: Journal of Finance, Vol. 50, S. 445-479.

Eckbo, E.B./ Masulis, R.W. (1992): Adverse Selection and the Rights Offer Paradox, in: Journal of Financial Economics, Vol. 32, S. 119-151.

Edwards, J./ Fischer, K. (1994): Banks Finance and Investment in Germany, Cambridge.

Eiteman, D./ Stonehill, A./ Moffett, M. (2001): Multinational Business Finance, 9. Aufl., Readings u.a.

Ellrott, H. (1995): Kommentierung zu § 285 HGB und § 314 HGB, in: Beck'scher Bilanz-Kommentar, hrsg. von W.D. Budde, H. Clemm, H. Ellrott und G. Förschel, 3. Aufl., München.

Entrup, U. (1995): Kapitalmarktreaktionen auf Optionsanleihen, Wiesbaden, zugl. Frankfurt/M. 1994.

Eytan, H. (1990): Corporate Taxes and Hedging with Futures, in: Journal of Futures Markets, Vol. 10, S. 535-540.

Fama, E.F. (1970): Efficient Capital Markets: A Review of Theory and Empirical Work, in: Journal of Finance, Vol. 25, S. 383-417.

FASB (Hrsg.) (1981): SFAS No. 52: Foreign Currency Translation, Stamford.

FASB (Hrsg.) (1990): SFAS No. 105: Disclosure of Information about Financial Instruments with Off-Balance-Sheet Risk and Financial Instruments with Concentrations of Credit Risk, Stamford.

FASB (Hrsg.) (1994): SFAS No. 119: Disclosure about Derivative Financial Instruments and Fair Value of Financial Instruments, Stamford.

Fastrich, H./ Hepp, S. (1991): Währungsmanagement international tätiger Unternehmen, Stuttgart.

Fazzari, S.M./ Hubbard, R.G./ Petersen, B.C. (1988): Financing Constraints and Corporate Investment, in: Brookings Papers on Economic Activity, Vol. 1, S. 141-195.

Fenn, G.W./ Post, M./ Sharpe, S.A. (1997): Does Corporate Risk Management Create Shareholder Value? A Survey of Economic Theory and Evidence, in: Financial Risk and the Corporate Treasury – New Developments in Strategy and Control, hrsg. von R. Jameson, London, S. 13-31.

Fenn, G.W./ Post, M./ Sharpe, S.A. (1996): Debt Maturity and the Use of Interest Rate Derivatives by non-financial Firms, Working Paper, Federal Reserve Board, Washington, August 1996.

Fite, D./ Pfleiderer, P. (1995): Should Firms Use Derivatives to Manage Risks?, in: Risk Management: Problems and Solutions, hrsg. von W. Beaver und G. Parker, New York, S. 139-169.

Flannery, M. (1986): Asymmetric Information and Risky Debt Maturity Choice, in: Journal of Finance, Vol. 41, S. 19-37.

Flood, E./ Lessard, D.R. (1986): On the Measurement of Operating Exposure to Exchange Rates: A Conceptual Approach, in: Financial Management, Vol. 15, S. 25-36.

Francis, J./ Stephan, J. (1993): Characteristics of Hedging Firms: An Empirical Examination, in: Advanced Strategies in Financial Risk Management, hrsg. von R.J. Schwarz und C.W. Smith, Englewood Cliffs, S. 615-635.

Franke, G. (1989): Währungsrisiken, in: Handwörterbuch Export und Internationale Unternehmung, hrsg. von K. Macharzina und M.K. Welge, Stuttgart, Sp. 2196-2213.

Franke, G. (1997): Neue Finanzinstrumente, Allgemeines Statistisches Archiv, Vol. 81, S. 1-24.

Franke, G./ Hax, H. (1999): Finanzwirtschaft des Unternehmens und Kapitalmarkt, 4. Aufl., Berlin.

Franke, G./ Menichetti, M.J. (1994): Management von Währungsrisiken, in: Meilensteine im Management – Finanzielle Führung, Finanzinnovationen und Financial Engineering, hrsg. von H. Siegwart, J. Mahari und M. Abresch, Stuttgart u.a., S. 667-683.

Frankel, J.A./ Rose, A.K. (1996): A Panel Project on Purchasing Power Parity: Mean Reversion within and between Countries, in: Journal of International Economics, Vol. 40, S. 209-224.

Franks, J./ Mayer, C. (1997a): Corporate Ownership and Control in the U.K., Germany, and France, in: Journal of Applied Corporate Finance, Vol. 9, S. 30-45.

Franks, J./ Mayer, C. (1997b): Ownership, Control, and the Performance of German Corporations, Working Paper, London Business School/ University of Oxford, November 1997.

Froot, K.A./ Scharfstein, D.S./ Stein, J.C. (1993): Risk Management: Coordinating Corporate Investment and Financing Policies, in: Journal of Finance, Vol. 48, S. 1629-1658.

Froot, K.A./ Scharfstein, D.S./ Stein, J.C. (1994): A Framework for Risk Management, in: Harvard Business Review, Vol. 72, S. 91-102.

Gamper, P.C. (1995): Währungs-Exposure Management, Bern u.a., zugl. Diss. Univ. Zürich 1995.

Garner, K.C./ Shapiro, A.C. (1984): A Practical Method of Assessing Foreign Exchange Risk, in: Midland Corporate Finance Journal, Vol. 2, S. 6-17.

Gaver, J.J./ Gaver, K.M. (1993): Additional Evidence on the Association between the Investment Opportunity Set and Corporate Financing, Dividend, and Compensation Policies, in: Journal of Accounting and Economics, Vol. 16, S. 125-146.

Gay, G.D./ Nam, J. (1998): The Underinvestment Problem and Corporate Derivative Use, in: Financial Management, Vol. 27, S. 53-69.

Gebhardt, G. (1985): Finanzielle Planung und Kontrolle bei internationaler Unternehmenstätigkeit, unveröffentlicht Habilitationsschrift, Univ. Bochum.

Gebhardt, G. (1997): Entwicklungen in der Berichterstattung über das Risikomanagement unter Einsatz derivativer Instrumente bei deutschen Industrie- und Handelsunternehmen, in: Recht der Internationalen Wirtschaft, Vol. 43, S. 393-401.

Gebhardt, G. (1999): Kapitalflussrechnung, in: Beck'sches Handbuch der Rechnungslegung, hrsg. von E. Castan/ G. Heymann/ E. Müller/ D. Ordelheide/ E. Scheffler, München.

Gebhardt, G./ Bergmann, J. (1991): Internationale Konzernabschlüsse, in: Handbuch des Jahresabschlusses in Einzeldarstellungen, hrsg. von K. von Wysocki und J. Schulze-Osterloh, Abt. V/7, Köln.

Gebhardt, G./ Heiden, S./ Daske, H. (2001): Determinants of Capital Market Reactions
to Seasoned Equity Offers by German Corporations, Working Paper, Universität Frankfurt/M., Juni 2000.

Gebhardt, G./ Ruß, O. (1999): Einsatz von derivativen Finanzinstrumenten im Risikomanagement deutscher Industrieunternehmen, in: Rechnungswesen und Kapitalmarkt, Zeitschrift für betriebswirtschaftliche Forschung, Sonderheft Nr. 41, hrsg. von G. Gebhardt und B. Pellens, Düsseldorf, Frankfurt/M., S. 23-83.

Gebhardt, G./ Mansch, H. (2001): Risikomanagement und Risikocontrolling in Industrie- und Handelsunternehmen, Sonderheft Nr. 46, Düsseldorf, Frankfurt/M.

Gèczy, C./ Minton, B.A./ Schrand, C. (1997): Why Firms use Currency Derivatives, in: Journal of Finance, Vol. 52, S. 1322-1354.

Gendreau, B. (1994): Comments on Exchange Rates, the Macroeconomic Environment, and the Firm, in: Exchange Rates and Corporate Performance, hrsg. von Y. Amihud und R.M. Levich, New York, S. 67-71.

Giddy, I.H. (1977): Exchange Risk: Whose View?, in: Financial Management, Vol. 6, S. 23-33.

Giddy, I.H. (1994): Global Financial Markets, Lexington.

Giddy, I.H./ Dufey, G. (1995): Uses and Abuses of Currency Options, in: Journal of Applied Corporate Finance, Vol. 8, S. 49-57.

Gillenkirchen, R./ Velthuis, L. (1997): Lineare Anreizverträge für Manager bei systematischen und unsystematischen Risiken, in: Zeitschrift für betriebswirtschaftliche Forschung, Vol. 49, S. 121-140.

Glaum, M. (1990): Strategic Management of Exchange Rate Risk, in: Long Range Planning, Vol. 23, S. 65-72.

Glaum, M. (1991): Finanzinnovationen und ihre Anwendungen in internationalen Unternehmungen, Gießener Schriftenreihe zur Internationalen Unternehmung, Band 4, hrsg. von E. Pausenberger, Gießen, zugl. Diss. Univ. Gießen.

Glaum, M. (1994): Informationseffizienz der Devisenmärkte und unternehmerisches Wechselkursrisiko-Management, in: Kredit und Kapital, Vol. 27, S. 67-99.

Glaum, M./ Förschle, G. (2000): Finanzwirtschaftliches Risikomanagement deutscher Industrie- und Handelsunternehmen, Universität Gießen/ PwC Deutsche Revision, Frankfurt/M.

Glaum, M./ Brunner, M./ Himmel, M. (2000): The DAX and the Dollar: The Economic Exchange Rate Exposure of German Corporations, in: Journal of International Business Studies, Vol. 31, S. 715-724.

Glaum, M./ Roth, A. (1993): Wechselkursrisiko-Management in deutschen Unternehmen, in: Zeitschrift für betriebswirtschaftliche Forschung, Vol. 63, S. 1181-1206.

Goldberg, S./ Godwin, J./ Kim, M.-S./ Tritschler, C. (1998): On the Determinants of Corporate Usage of Financial Derivatives, in: Journal of International Financial Management and Accounting, Vol. 9, S. 132-166.

Graham, J.R. (1996): Proxies for the Corporate Marginal Tax Rate, in: Journal of Financial Economics, Vol. 42, S. 187-221.

Graham, J.R./ Rogers, D.A. (1999): Is Corporate Hedging Consistent with Value Maximization? An Empirical Analysis, Working Paper, Duke University, June 1999.

Graham, J.R./ Smith, C.W. (1998): Tax Incentives to Hedge, Working Paper, Duke University 1998.

Grant, K./ Marshall, A.P. (1997): Large UK Companies and Derivatives, in: European Financial Management, Vol. 3, S. 191-208.

Grant, R./ Soenen, L.A. (1991): Conventional Hedging: An Inadequate Response to Long-Term Foreign Exchange Exposure, in: Managerial Finance, Vol. 17, S. 1-4.

Grebe, U. (1993): Finanzwirtschaftliches Risikomanagement in Nichtbanken: Eine konzeptionelle Analyse unter Berücksichtigung innovativer Instrumente, Frankfurt/M. u.a., zugl. Diss. Univ. Gießen.

Green, W.H. (1998): LIMDEP, User's Manual, Econometric Software, New York.

Greenwich Associates (Hrsg.) (1996): North America Treasury Services, December 1996.

Grillet, L. (1992a): Corporate Insurance and Corporate Stakeholders: Transaction Costs Theory, in: Journal of Insurance Regulation, Vol. 11, S. 233-251.

Grillet, L. (1992b): Organizational Capital and Corporate Insurance Hedging, in: Journal of Risk and Insurance, Vol. 59, S. 462-469.

Guay, W.R. (1999): The Impact of Derivatives on Firm Risk: An Empirical Examination of New Derivatives Users, in: Journal of Accounting and Economics, Vol. 26, S. 319-351.

Gujarati, D. (1995): Basic Econometrics, 3. Aufl., New York u.a. 1995.

Gunther, J.W./ Siems, T.F. (1995): Who's Capitalizing on Derivatives?, in: Financial Industry Studies, Federal Reserve Bank of Dallas, S. 1-8.

Gupta, M./ Finnery, J.E. (1992): The Currency Risk Factor in International Equity Pricing, in: Review of Quantitative Finance and Accounting, Vol. 2, S. 245-257.

Hacketal, A./ Schmidt, R.H. (2000): Financing Patterns: Measurement Concepts and Empirical Results, Working Paper, Universität Frankfurt/M., Mai 2000.

Haley, C.W./ Schall, L.D. (1973): The Theory of Financial Decisions, New York u.a.

Harhoff, D. (1998): Are there Financial Constraints for R&D and Investment in German Manufacturing Firms?, in: Annales d'Économie et de Statistique, S. 421-448.

Hartung, J. (1998): Statistik: Lehr- und Handbuch der angewandten Statistik, München u.a.

Haushalter, G.D. (2000): Financing Policy, Basis Risk, and Corporate Hedging: Evidence from Oil and Gas Production, in: Journal of Finance, Vol. 60, S. 107-152.

Hayt, G. (1996): Wharton/CIBC Wood Gundy – Survey of Derivatives Usage among US non-financial Firms, in: Managing Financial Risk – Yearbook 1996, hrsg. von C.W. Smithson, New Jersey, S. 19-57.

He, J./ Ng, L.K. (1998): The Foreign Exchange Exposure of Japanese Multinational Corporations, in: Journal of Finance, Vol. 53, S. 733-753.

He, J./ Ng, L.K./ Wu, X. (1996): Foreign Exchange Exposure, Risk and the Japanese Stock Market, Working Paper, Univ. of Hong Kong, June 1996.

Heiden, S./ Gebhardt, G./ Burkhardt, I. (1997): Einflussfaktoren für Kursreaktionen auf die Ankündigung von Kapitalerhöhungen deutscher Aktiengesellschaften, Working Paper, Universität Frankfurt/M., Dezember 1997.

Hentschel, L./ Kothari, S.P. (1999): Are Corporations Reducing or Taking Risks with Derivatives?, Working Paper, University of Rochester, November 1999.

Herbeck, T. (1997): Cashflow-Risiken im Risikomanagement der Unternehmung - mit einer Fallstudie zur Metallgesellschaft AG, St. Gallen, zugl. Diss. Univ. St. Gallen.

Herrmann, A. (1988): Wechselkursrisiko und Unternehmensverhalten – Ergebnisse einer Befragung, Diskussionsbeiträge des Sonderforschungsbereichs 178 "Internationalisierung der Wirtschaft" der Universität Konstanz, Serie II, Nr. 64.

Hinz, H. (1989): Optimierungsansätze für das Devisenmanagement, Kieler Schriften zur Finanzwirtschaft, Band 7, Kiel.
Hochstädter, D. (1989): Einführung in die Statistische Methodenlehre, 6. Aufl., Frankfurt/M.
Holland, J. (1993): International Financial Management, 2. Aufl., Oxford.
Hoppenstedt (Hrsg.) (1995): Saling Aktienführer 1996, 89. Ausg., Darmstadt u.a.
Hosmer, D./ Lemeshow, S. (1989): Applied Logistic Regression, New York u.a.
Howton, S.D. (1997): The Determinants of Derivative Usage in Publicly Held Corporations: An Empirical Analysis, Diss. Florida State University.
Howton, S.D./ Perfect, S.B. (1998a): Currency and Interest-Rate Derivatives Use in US Firms, in: Financial Management, Vol. 27, S. 111-121.
Howton, S.D./ Perfect, S.B. (1998b): Managerial Compensation and Firm Derivative Usage: An Empirical Analysis, in: Journal of Derivatives, Vol. 6, S. 53-64.
Hubbard, R.G. (1998): Capital Market Imperfections and Investment, in: Journal of Economic Literature, Vol. 36, S. 193-225.

IASC (Hrsg.) (1983): IAS No. 21: The Effect of Changes in Foreign Exchange Rates, London.
IDW (Hrsg.) (1998): Wirtschaftsprüfer-Handbuch 1998: Handbuch für Rechnungslegung, Prüfung und Beratung, Band 2, 11. Aufl., Düsseldorf, bearbeitet von G. Siepe, S. 1-141.
IDW (Hrsg.) (2000): Grundsätze zur Durchführung von Unternehmensbewertungen (IDW S 1), in: Die Wirtschaftsprüfung, Vol. 36, S. 200-216.

Jensen, M.C. (1986): Agency Costs of Free Cash Flow, Corporate Finance, and Takeovers, in: American Economic Review, Vol. 76, S. 323-329.
Jensen, M.C./ Meckling, H.W. (1976): Theory of the Firm: Managerial Behavior, Agency Costs, and Ownership Structure, in: Journal of Financial Economics, Vol. 3, S. 305-360.
Jorion, P. (1990): The Exchange-Rate Exposure of US Multinationals, in: Journal of Business, Vol. 63, S. 331-345.
Jorion, P. (1991): The Pricing of Exchange Rate Risk in the Stock Market, in: Journal of Financial and Quantitative Analysis, Vol. 26, S. 363-376.
Jorion, P./ Khoury, S.J. (1995): Financial Risk Management, Cambridge u.a.
Joseph, N.L. (2000): The Choice of Hedging Techniques and the Characteristics of U.K. Industrial Firms, in: Journal of Multinational Financial Management, Vol. 10, S. 161-184.

Khoo, A. (1994): Estimation of Foreign Exchange Exposure: An Application to Mining Companies in Australia, in: Journal of International Money and Finance, Vol. 13, S. 342-363.
Klingenbeck, M. (1996): Management makroökonomischer Risiken in Industrieunternehmen: Möglichkeiten einer effektiveren Gestaltung am Beispiel des

Währungsrisikos, Schriftenreihe für Kreditwirtschaft und Finanzierung, Band 23, zugl. Diss. Univ. Frankfurt/M. 1996.

Knopf, J./ Nam, J./ Thornton, J.H. (2000): Managerial Stock Option Sensitivities and Corporate Hedging, Working Paper, Kent State University, June 2000.

Kogut, B./ Kulatilaka, N. (1994): Operational Flexibility, Global Manufacturing, and the Option Value of a Multinational Network, in: Management Science, Vol. 40, S. 123-139.

Krafft, M. (1997): Der Ansatz der Logistischen Regression und seine Interpretation, in: Zeitschrift für Betriebswirtschaft, Vol. 67, S. 625-645.

Kropp, M. (1995): Die Öltermingeschäfte der Metallgesellschaft – Anmerkungen zu einer Kontroverse, in: Zeitschrift für Bankrecht und Bankwirtschaft, Vol. 7, S. 14-32.

Küting, K./ Weber, C.-P. (1993): Die Bilanzanalyse: Lehrbuch zur Beurteilung von Einzel- und Konzernabschlüssen, Stuttgart.

Leland, H.E. (1998): Agency Cost, Risk Management, and Capital Structure, in: Journal of Finance, Vol. 53, S. 1213-1243.

Lessard, D.R. (1990): Global Competition and Corporate Finance in the 1990's, in: Journal of Applied Corporate Finance, Vol. 3, S. 59-72.

Lessard, D.R./ Lightstone, J.B. (1986): Volatile Exchange Rates can put Operations at Risk, in: Harvard Business Review, Vol. 64, S. 107-114.

Levi, M.D. (1994): Exchange Rates and the Valuation of Firms, in: Exchange Rates and Corporate Performance, hrsg. von Y. Amihud und R.M. Levich, New York, S. 37-47.

Levi, M.D. (1996): International Finance, 3. Aufl., New York u.a.

Levi, M.D./ Sercu, P. (1991): Erroneous and Valid Reasons for Hedging Foreign Exchange Rate Exposure, in: Journal of Multinational Financial Management, Vol. 1, S. 25-37.

Lewent, J./ Kearney, J. (1990): Identifying, Measuring, and Hedging Currency Risk at Merck, in: Journal of Applied Corporate Finance, Vol. 3, S. 19-28.

Liepach, W.E. (1993): Effizientes Devisenmanagement durch Kombination von Kurssicherungsinstrumenten – Überlegungen zur Erfassung und systematischen Bewältigung von Devisenrisiken durch Hedging, Frankfurt/M. u.a., zugl. Diss. Univ. Konstanz 1992.

Linke, M./ Regnitter, R. (1991): Die Bedeutung von Finanzinnovationen in Industrie- und Handelsunternehmen, in: Die Bank, o. Jg., S. 29-35.

Litzenberger, R.H. (1992): Presidential Address: Swaps, in: Journal of Finance, Vol. 47, S. 831-850.

Löffler, E. (1991): Der Konzern als Finanzintermediär, Schriftenreihe für Kreditwirtschaft und Finanzierung, Band 9, Wiesbaden, zugl. Diss. Univ. Frankfurt/M. 1989.

Logue, D.E./Oldfield, G.S. (1977): Managing Foreign Assets when Foreign Exchange Markets are Efficient, in: Financial Management, Vol. 6, S. 16-22.

Loudon, G. (1993): The Foreign Exchange Operating Exposure of Australian Stocks, in: Accounting and Finance, Vol. 33, S. 19-32.

Lypny, G.J. (1993): An Experimental Study of Managerial Pay and Firm Hedging Decisions, in: Journal of Risk and Insurance, Vol. 60, S. 208-229.

MacMinn, R. (1987): Forward Markets, Stock Markets, and the Theory of the Firm, in: Journal of Finance, Vol. 42, S. 1167-1185.

Maddala, G.S. (1983): Limited-Dependent and Qualitative Variables in Econometrics, Cambridge.

Maddala, G.S. (1991): A Perspective on the Use of Limited-Dependent and Qualitative Variables Models in Accounting Research, in: Accounting Review, Vol. 66, S. 788-807.

Madura, J. (1995): International Financial Management, 4. Aufl., St. Paul u.a.

Makar, S.D./ BeBruin, J./ Huffman, S.P. (1999): The Management of Foreign Currency Risk: Derivatives Use and the Natural Hedge of Geographic Diversification, in: Accounting and Business Research, Vol. 29, S. 229-237.

Mandl, G./ Rabel, K. (1997): Unternehmensbewertung, Wien.

Mansch, H./ von Wysocki, K. (1996): Finanzierungsrechnung im Konzern, Zeitschrift für betriebswirtschaftliche Forschung, Sonderheft Nr. 37, Düsseldorf, Frankfurt/M.

Marshall, A.P. (2000): Foreign Exchange Risk Management in U.K., USA, and Asia, in: Pacific Multinational Companies, Vol. 10, S. 185-211.

Martinez-Solano, P. (1998): Foreign Exchange Exposure on the Spanish Stock Market, Working Paper, Lancaster University, July 1998.

Maug, E. (1998): Large Shareholders as Monitors: Is there a Trade-Off between Liquidity and Control?, in: Journal of Finance, Vol. 53, S. 65-97.

May, D.O. (1995): Do Managerial Motives influence Firm Risk Reduction Strategies?, in: Journal of Finance, Vol. 50, S. 1291-1308.

Mayers, D./ Smith, C.W. (1982): On the Corporate Demand for Insurance, in: Journal of Business, Vol. 55, S. 281-296.

Mayers, D./ Smith, C.W. (1987): Corporate Insurance and the Underinvestment Problem, in: Journal of Risk and Insurance, Vol. 53, S. 45-54.

Mayers, D./ Smith, C.W. (1990): On the Corporate Demand for Insurance: Evidence from the Reinsurance Market, in: Journal of Business, Vol. 63, S. 19-40.

Mayers, D./ Smith, C.W. (1992): The Corporate Insurance Decision, in: The Revolution in Corporate Finance, hrsg. von J.M. Stern und D.H. Chew, Oxford u.a., S. 346-354.

Mayrhofer, H. (1992): Methodenorientiertes Währungsrisikomanagement, Bern u.a., zugl. Diss. St. Gallen 1992.

Mello, A.S./ Parsons, J.E. (1995): Maturity Structure of Hedge Matters: Lessons from Metallgesellschaft Debacle, in: Journal of Applied Corporate Finance, Vol. 7, S. 106-120

Mello, A.S./ Parsons, J.E. (2000): Hedging and Liquidity, in: Review of Financial Studies, Vol. 13, S. 127-153.

Mello, A.S./ Parsons, J.E./ Triantis, A.J. (1995): An Integrated Model of Multinational Flexibility and Financial Hedging, in: Journal of International Economics, Vol. 39, S. 27-51.

Menichetti, M. (1993): Währungsrisiken bilanzieren und hedgen: Implikationen der deutschen Rechnungslegung auf die Hedge-Entscheidung, Wiesbaden, zugl. Diss. Univ. Konstanz 1993.

Metallgesellschaft AG (1994): Geschäftsbericht 1993/1994, Frankfurt/M.

Mian, S.L. (1996): Evidence on Corporate Hedging Policy, in: Journal of Financial and Quantitative Analysis, Vol. 31, S. 419-439.

Miller, K.D./ Reuer, J.J. (1998): Firm Strategy and Economic Exposure to Foreign Exchange Rate Movements, in: Journal of International Business Studies, Vol. 29, S. 493-513.

Miller, M.H. (1977): Debt and Taxes, in: Journal of Finance, Vol. 32, S. 261-276.

Modigliani, F./ Miller, M.H. (1958): The Cost of Capital, Corporate Finance and the Theory of Investment, in: American Economic Review, Vol. 48, S. 261-297.

Moffett, M.H./ Karlsen, J.K. (1994): Managing Foreign Exchange Rate Economic Exposure, in: Journal of International Financial Management and Accounting, Vol. 5, S. 157-175.

Moser, R. (1985): Preis- und Finanzierungsentscheidungen im Auslandsgeschäft – Ein Corporate-Modelling-Ansatz, Wien.

Myers, S.C. (1977): Determinants of Corporate Borrowing, in: Journal of Financial Economics, Vol. 5, S. 147-175.

Myers, S.C. (1984): The Capital Structure Puzzle, in: Journal of Finance, Vol. 39, S. 575-592.

Myers, S.C./ Majluf, N.S. (1984): Corporate Financing and Investment Decisions when Firms have Information that Investors do not have, in: Journal of Financial Economics, Vol. 13, S. 187-221.

Nance, D.R./ Smith, C.W./ Smithson, C.W. (1993): On the Determinants of Corporate Hedging, in: Journal of Finance, Vol. 48, S. 267-284.

Niehaus, H.J. (1987): Früherkennung von Unternehmenskrisen: Die Statistische Jahresabschlussanalyse als Instrument der Abschlussprüfung, Düsseldorf.

Obermeier, G. (1994): Aufbau und Steuerung eines Holding-Konzerns nach finanzpolitischen Kriterien, in: Meilensteine im Management – Finanzielle Führung, Finanzinnovationen und Financial Engineering, hrsg. von H. Siegwart, J. Mahari und M. Abresch, Stuttgart u.a., S. 271-286.

Opler, T.C./ Titman, S. (1996): The Debt-Equity Choice, Working Paper, Ohio State University, March 1996.

Oxelheim, L./ Wihlborg, C. (1997): Managing in the Turbulent World Economy: Corporate Performance and Risk Exposure, Chichester u.a.

Parrino, R./ Weisbach, M.S. (1999): Measuring Investment Distortions arising from Stockholder-Bondholder Conflicts, in: Journal of Financial Economics, Vol. 53, S. 3-42.

Pausenberger, E./ Glaum, M. (1993): Management von Währungsrisiken, in: Handbuch des Finanzmanagements – Instrumente und Märkte der Unternehmensfinanzierung, hrsg. von G. Gebhardt, W. Gerke und M. Steiner, München, S. 763-785.

Perlitz, M./ Segner, F. (1994): The Role of Universal Banks in German Corporate Governance, in: Business and the Contemporary World, Vol. 6, S. 49-66.

Perridon, L./ Steiner, M. (1995): Finanzwirtschaft der Unternehmung, 8. Aufl., München.

Pfennig, M. (1998): Optimale Steuerung des Währungsrisikos mit derivativen Instrumenten, Beiträge zur betriebswirtschaftlichen Forschung, Band 83, Wiesbaden, zugl. Diss. Univ. München 1997.

Phillips, A.L. (1995): Derivatives Practices and Instruments Survey, in: Financial Management, Vol. 24, S. 115-125.

Po, T. (1997): End-Users, in: Managing Financial Risk – Yearbook 1996, hrsg. von C.W. Smithson, New Jersey, S. 19-57.

Prasad, A.M./ Rajan, M. (1995): The Role of Exchange and Interest Risk in Equity Valuation: A Comparative Study of International Stock Markets, in: Journal of Economics and Business, Vol. 47, S. 457-472.

Price Waterhouse (Hrsg.) (1994): Treasury Management in Deutschland – eine empirische Untersuchung, Universität Ulm/ Bundesverband der Deutschen Industrie, Stuttgart, März 1994.

Pringle, J.J./ Connolly, R.A. (1993): The Nature and Causes of Foreign Currency Exposure, in: Journal of Applied Corporate Finance, Vol. 6, S. 61-72.

Pritsch, G./ Hommel, U. (1997): Hedging im Sinne des Aktionärs, in: Die Betriebswirtschaft, Vol. 57, S. 672-693.

Raposo, C.C. (1999): Corporate Hedging: What have we learned so far?, in: Derivatives Quarterly, o. Vol., S. 41-51.

Rawl, S./ Smithson, C.W. (1990): Strategic Risk Management, in: Journal of Applied Corporate Finance, Vol. 2, S. 6-18.

Rees, W./ Unni, S. (1997): Exchange Rate Exposure among European Firms: Evidence from the U.K., Germany, and France, Working Paper, University of Strathclyde.

Richter, F. (1996): Konzeption eines marktwertorientierten Steuerungs- und Monitoringsystems, Regensburger Beiträge zur betriebswirtschaftlichen Forschung, Band 12, Frankfurt/M. u.a., zugl. Diss. Univ. Regensburg 1996.

Ross, M.P. (1996): Corporate Hedging: What, Why and How?, Working Paper, University of California (Berkley), Spring 1999.

Ross, S.A./ Westerfield, R.W./ Jaffe, J. (1999): Corporate Finance, Chicago u.a.

Roth, A. (1997): Das ökonomische Wechselkursrisiko internationaler Unternehmungen, Gießener Schriftenreihe zur internationalen Unternehmung, Band 10, Gießen, zugl. Diss. Univ. Gießen 1997.

Ryan, T.R. (1997): Modern Regression Methods, New York u.a.

Sachs, L. (1997): Angewandte Statistik: Anwendung statistischer Methoden, 8. Aufl., Berlin u.a.

Saerndal, C.-E./ Swensson, B./ Wretman, J. (1992): A Model assisted Survey Sampling, New York u.a.

Samant, A. (1996): An Empirical Study of Interest Rate Swap Usage by non-financial Corporate Businesses, in: Journal of Financial Services Research, Vol. 10, S. 43-57.

Saunders, K.T. (1998): The Interest Rate Swap: Theory and Evidence, in: Journal of Corporate Finance, Vol. 5, S. 55-78.

Schmacke, E. (1996): Die Großen 500, Berlin u.a.

Schmid, F. (1996a): Banken, Aktionärsstruktur und Unternehmenssteuerung (Teil I), in: Kredit und Kapital, Vol. 29, S. 402-427.

Schmid, F. (1996b): Banken, Aktionärsstruktur und Unternehmenssteuerung (Teil II), in: Kredit und Kapital, Vol. 29, S. 545-564.

Schmid, F. (1997): Vorstandsbezüge, Aufsichtsratvergütung und Aktionärsstruktur, in: Zeitschrift für Betriebswirtschaft, Vol. 67, S. 67-83.

Schmidt, R.H./ Terberger, E. (1999): Grundzüge der Investitions- und Finanzierungstheorie, 4. Aufl., Wiesbaden.

Schrand, C. (1998): Who uses Interest Rate Swaps? A Cross-Sectional Analysis, in: Journal of Accounting, Auditing and Finance, Vol. 13, S. 201-205.

Schwenold, F. (2000): Finanzierungsentscheidungen börsennotierter deutscher Aktiengesellschaften – Eine Cash Flow orientierte Logit-Analyse, Diss. Univ. Frankfurt/M. 2001.

Sercu, P./ Uppal, R. (1995): International Financial Markets and the Firm, Cincinnati.

Shapiro, A.C. (1996): Multinational Financial Management, 5. Aufl., New Jersey u.a.

Shapiro, A.C./ Titman, S. (1986): An Integrated Approach to Corporate Risk Management, in: The Revolution in Corporate Finance, hrsg. von J.M. Stern und D.H. Chew, Oxford u.a., S. 215-229.

Shin, H.-H./ Soenen, L. (1999): Exposure to Currency Risk by US Multinational Corporations, in: Journal of Multinational Financial Management, Vol. 9, S. 195-207.

Simkins, B.J. (1997): Corporate Risk Management, Diss. Case Western Reserve University.

Sinkey, J.F./ Cater, D. (1995): The Determinants of Hedging and Derivatives Activatives by US Commercial Banks, Working Paper, University of Georgia.

Smith, C.W. (1995): Corporate Risk Management: Theory and Practice, in: Journal of Derivatives, Vol. 2, S. 21-30.

Smith, C.W./ Smithson, C.W./ Wilford, S.D. (1990): Financial Engineering: Why Hedge?, in: Handbook of Financial Engineering, hrsg. von C.W. Smith und C.W. Smithson, New York, S. 126-137.

Smith, C.W./ Smithson, C.W./ Wilford, S.D. (1995): Managing Financial Risk : A Guide to Derivative Products, Financial Engineering, and Value Maximization, 2. Aufl., New York.

Smith, C.W./ Stulz, R.M. (1985): The Determinants of Firm's Hedging Policies, in: Journal of Financial and Quantitative Analysis, Vol. 20, S. 391-405.

Smith, C.W./ Watts, R.L. (1992): The Investment Opportunity Set and Corporate Financing, Dividend, and Compensation Policies, in: Journal of Financial Economics, Vol. 32, S. 263-292.

Spremann, K./ Herbeck, T. (1997): Zur Metallgesellschaft AG und ihrer Risikomanagement-Strategie, in: Bewertung und Einsatz von Derivaten, Zeitschrift für betriebswirtschaftliche Forschung, Sonderheft Nr. 38, hrsg. von G. Franke, Düsseldorf, Frankfurt/M., S. 155-190.

Srinivasulu, S.L. (1981): Strategic Response to Foreign Exchange Risks, in: Columbia Journal of World Business, Vol. 16, S. 13-23.

Srinivasulu, S.L. (1983): Classifying Foreign Exchange Exposure, in: Financial Executive, Vol. 51, S. 36-44.

Statistisches Bundesamt (Hrsg.) (1998a): Statistisches Jahrbuch 1998 für die Bundesrepublik, Wiesbaden.

Statistisches Bundesamt (Hrsg.) (1998b): Außenhandel, Fachserie 7, Dezember, Wiesbaden.

Stephan, J. (1989): Entscheidungsorientierte Wechselkurssicherung, Bergisch-Gladbach, Köln, zugl. Diss. Univ. Köln 1989.

Stocker, K. (1997): Internationales Finanzrisikomanagement: Ein praxisorientiertes Lehrbuch, Wiesbaden.

Stohs, M./ Mauer, D. (1996): The Determinants of Corporate Debt Maturity Structur, in: Journal of Business, Vol. 69, S. 279-312.

Stulz, R.M. (1984): Optimal Hedging Policies, in: Journal of Financial and Quantitative Analysis, Vol. 19, S. 127-140.

Stulz, R.M. (1990): Managerial Discretion and Optimal Financing Policies, in: Journal of Financial Economics, Vol. 26, S. 3-27.

Stulz, R.M. (1996): Rethinking Risk Management, in: Journal of Applied Corporate Finance, Vol. 9, S. 8-24.

Stulz, R.M./ Williamson, R.G. (1997): Identifying and Quantifying Exposures, in: Financial Risk and the Corporate Treasury – New Developments in Strategy and Control, hrsg. von R. Jameson, London, S. 33-51.

Stützet, W. (1970): Die Relativität der Risikobeurteilung von Vermögensbeständen, in: Entscheidungen bei unsicheren Erwartungen, Beiträge zur Theorie der Unternehmung, hrsg. von H. Hax, Köln u.a., S. 9-26.

Swoboda, P. (1994): Betriebliche Finanzierung, 3. Aufl., Heidelberg 1994.

Titman, S. (1992): Interest Rate Swaps and Corporate Financing Choices, in: Journal of Finance, Vol. 47, S. 1503-1516.

Titman, S./ Wessels, R. (1988): The Determinants of Capital Structure Choice, in: Journal of Finance, Vol. 43, S. 1-19.

Treasury Management Association (Hrsg.) (1996): Results of the 1996 Survey Questionnaire on Disclosure of Accounting Policies and Market Risk Relative to Derivative Financial and Commodity Instruments, October 1996.

Tufano, P. (1996): Who Manages Risk? An Empirical Examination of the Risk Management Practices in the Gold Mining Industry, in: Journal of Finance, Vol. 51, S. 1097-1137.

Tufano, P. (1998): The Determinants of Stock Price Exposure: Financial Engineering and the Gold Mining Industry, in: Journal of Finance, Vol. 53, S. 1015-1052.

Turnbull, S.M. (1987): Swaps: A Zero Sum Game?, in: Financial Management, Vol. 16, S. 15-21.

Urban, D. (1993): Logit Analyse: Statistische Verfahren zur Analyse von Modellen mit qualitativen Response-Variablen, Stuttgart u.a.

Viswanathan, G. (1998): Who uses Interest Rate Swaps? A Cross-Sectional Analysis, in: Journal of Accounting, Auditing and Finance, Vol. 13, S. 173-200.

Wagner, F.W. (1999): Der Einfluss idealer und real existierender Steuersysteme auf den Wert der Unternehmung, Symposion „Unternehmensbewertung – quo vadis?“, Wirtschaftsuniversität Wien.

Wall, L.D. (1989): Interest Rate Swaps in an Agency Theoretic Model with Uncertain Interest Rates, in: Journal of Banking and Finance, Vol. 13, S. 261-270.

Wall, L.D./ Pringle, J.J. (1989): Alternative Explanations of Interest Rate Swaps: A Theoretical and Empirical Analysis, in: Financial Management, Vol. 18, S. 59-73.

Walsh, E.J. (1994): Operating Income, Exchange Rate Changes, and the Value of the Firm: An Empirical Analysis, in: Journal of Accounting, Auditing and Finance, Vol. 9, S. 703-724.

Warner, J.B. (1977): Bankruptcy Costs: Some Evidence, in: Journal of Finance, Vol. 32, S. 337-347.

Wenger, E. (1992): Universalbankensystem und Depotstimmrecht (mit Diskussion), in: Der Markt für Unternehmenskontrolle, Schriften des Vereins für Socialpolitik, Band 124, hrsg. von H. Görner, Berlin, S. 73-118.

Wonnacott, T.H./ Wonnacott, R.J. (1990): Introductory Statistics, 5. Aufl. , New York u.a.

Wysocki, P.D. (1998): Managerial Motives and Corporate Use of Derivatives: Some Evidence, Working Paper, University of Michigan, July 1998.

Zwirner, T. (1989): Devisenkursrisiko, Unternehmen und Kapitalmarkt, Wiesbaden, zugl. Diss. Univ. Passau 1988.